国際法の新展開と課題

謹んで古稀をお祝いし

林 司宣先生に

捧げます

執筆者一同

林 司宣先生 近影

国際法の新展開と課題

林 司宣先生古稀祝賀

信山社

は し が き

　林 司宣先生は，2008年1月にめでたく古稀を迎えられました。心よりお慶びを申し上げます。

　林先生は，ご略歴・主要業績目録からもおわかりのように，日本人の国際公務員の草分けのおひとりとして，国際連合において30年近くご活躍されました。最初 W・ウィルソン・センターのフェローとして海洋法研究を始められ，その後，国連事務局の法務局法典部に勤務，第3次国連海洋法会議で条約の完成に大いに尽力され，また我が国の海洋法専門家の中心として海洋問題や環境問題に取り組まれ，学界に多大の貢献をされました。

　大きな変革のうねりの中にあった海洋法問題の発展と解決において直接陣頭指揮をとられ，国家間の利害が対立する諸問題を，国連の立場からまた我が国政府代表団の立場から調整することに力を尽くされました。その点で，林先生は国際公務員と外交官の立場を合わせ持ち，実務と外交交渉の経験者として学界に燦然と光を放つ存在であることは疑う余地がありません。

　1999年に早稲田大学法学部に奉職されると，こうした国連におけるご経験を踏まえて国際関係論を担当され，海洋法の講義やゼミナールで，多くの前途有為な学生を指導されました。しばしば観念的な議論が先行しがちな学部学生に対して，ご自身の経験に裏打ちされた「現実としての国際法」を語られるお姿は，自信と威厳に満ちたものでした。一方で，国際公務員や外交官を志望する学生には，懇切丁寧に具体的なアドバイスをされ，林先生の薫陶を受けた学生の多くが，外務省，国際機関，NGOなどの国際舞台で活躍していることは，「自らの姿をもって手本とする」すぐれた教育者としての理想を示すものです。

　また，先生は，大学院生や後輩の国際法研究者に対しても，常に暖かい指導と激励をしてくださいました。早稲田大学法学研究科出身の研究者で組織する「早稲田大学国際法研究会」には毎回必ず出席され，意気込みが空回りしたような若手研究者の拙い議論に対しても，問題の本質を的確についたコメントをされておられます。

　本書は，林先生のこのような学界へのご貢献に敬意を表しつつ，めでたく

迎えられた古稀をお祝いして編まれたものであります。この企画にあたっては、早稲田大学国際法研究会のメンバーにお集まりいただき、先生のご功績にふさわしい書物を作りたいと念願いたしました。本書を編むに際しては、国際法の実務に長くかかわってこられた林先生のご業績を念頭に、国際法が直面するさまざまな問題について、実践的な観点を踏まえた論考を結集することといたしました。

林先生は、2008年2月に浩瀚なご著書『現代海洋法の生成と課題』(信山社) を上梓され、11月にはめでたく「早稲田大学博士（法学）」の学位を授与されました。そして、2008年4月からは、海洋政策研究財団に特別研究員として奉職され、国内外のシンポジウム等において報告者・スピーカーを勤められるなど、引き続き海洋法の研究に専心されています。すでに十分な研究業績を積まれている先生が、一国際法学徒としてさらに研究に挑戦されるお姿は、これに続く我々としても大いに触発を受けるものです。今後とも先生がご健勝で、いつまでも我々後輩をみちびいてくださることを念願しております。

なお、本書は林先生もその一員である「早稲田大学社会安全政策研究所」の「犯罪の国際化に関する多角的研究グループ」の研究成果の一部を含んでおります。本書の上梓にあたり、同研究所および「財団法人 社会安全研究財団」の関係者の皆様の暖かいご協力がありました。記して篤く御礼を申し上げます。

最後になりましたが、お忙しいなかご執筆をお引き受けいただいた皆様に感謝申し上げるとともに、出版事情のきびしいなか、本書の出版をご快諾いただき、種々のご教示を頂戴した信山社の渡辺左近氏、鳥本裕子氏に心より感謝致します。

本書を謹んで林司宣先生に捧げるとともに、先生のますますのご活躍を祈念する次第です。

2009年2月吉日

編集代表者
島田 征夫
古谷 修一

目　次

はしがき

第 1 部　国際犯罪の抑圧

第 1 章　NBCテロ犯罪に関する国際義務の履行確保責任
　　　　──安保理決議1540を素材として ………… 萬歳寛之 … 3

  I　序 (3)
  II　大量破壊兵器関連条約における輸出管理規制の問題点 (6)
  　 1．テロリストへの大量破壊兵器の拡散問題 (6)
  　 2．大量破壊兵器の不拡散に関する国際枠組みの問題点──
  　　 テロへの対応力 (10)
  III　大量破壊兵器の不拡散体制における安保理決議1540 (17)
  　 1．安保理決議1540の法構造 (17)
  　 2．安保理決議1540における輸出管理制度 (19)
  　 3．安保理決議1540の履行確保責任 (22)
  IV　結　び (28)

第 2 章　国際組織犯罪防止条約と共謀罪の制定
　　　　──条約の国内実施の観点から …………… 古谷修一 …31

  I　はじめに (31)
  II　犯罪化されるべき行為 (35)
  　 1．第 5 条の射程 (35)
  　 2．「国内法の基本原則」による制約可能性 (38)
  III　共謀罪の制定における必要条件 (42)

iii

目　次

　　　1．第5条における要件 (42)
　　　2．第34条2項における要件 (44)
　　Ⅳ　解釈宣言または留保の可能性 (47)
　　　1．第5条に対する解釈宣言・留保の許容性 (47)
　　　2．第34条2項に対する解釈宣言・留保の許容性 (48)
　　Ⅴ　結びにかえて (53)

第3章　逃亡犯罪人引渡思想の系譜 ……………… 島田征夫 …57

　　Ⅰ　はじめに (57)
　　Ⅱ　外国への逃亡と庇護 (58)
　　　1．犯罪人の国外逃亡と庇護の必要性 (58)
　　　2．不引渡と庇護の関係 (59)
　　Ⅲ　犯罪人引渡の歴史 (61)
　　　1．17世紀までの犯罪人引渡 (61)
　　　2．中世社会と犯罪 (62)
　　　3．中世の刑法思想 (65)
　　Ⅳ　犯罪人引渡制度の確立 (71)
　　　1．啓蒙思想の登場 (71)
　　　2．ベッカリーアの『罪と罰』(77)
　　　3．犯罪人引渡制度への影響 (80)
　　　4．罪刑法定主義の確立 (81)
　　Ⅴ　犯罪人引渡に関する諸原則 (88)
　　Ⅵ　結 (91)

第4章　テロリズム等の重大な人権侵害に対する米国外国
　　　　主権免除法 (FSIA) の対応の変遷 …… 黒田秀治 …93

　　Ⅰ　はじめに (93)
　　Ⅱ　1996年FSIA修正以前 (96)
　　　1．FSIA1605条(a)項(5)号「不法行為例外」の援用 (96)
　　　2．FSIA1605条(a)項(2)号「商業活動例外」の援用 (99)

3．FSIA1604条但書「国際協定例外」とFSIA1605条(a)項(1)
　　　号「免除放棄例外」の援用（101）
　Ⅲ　1996年FSIA修正以降（108）
　　1．1996年FSIA修正に至る経緯（108）
　　2．国家支援テロ例外とフラトウ修正の関係（109）
　　3．テロ支援国家による「物質的支援若しくは資源」の提供
　　　（114）
　　4．1996年FSIA修正上の訴訟原因（116）
　Ⅳ　おわりに（122）

第2部　世界平和と人権

第5章　国連安保理決議の法的拘束力と国内的実施に関する
　　　　一考察……………………………………… 杉山晋輔 …129

　Ⅰ　はじめに（129）
　Ⅱ　安保理決議の国際法上の法的拘束力（131）
　　1．問題の所在（131）
　　2．ナミビア事件に関する国際司法裁判所の勧告的意見
　　　（132）
　　3．安保理決議の法的拘束力に関する私見（133）
　　4．若干の批判的見解（137）
　Ⅲ　安保理決議の国内法上の実施（139）
　　1．はじめに（139）
　　2．安保理決議と「条約の国内的実施」（140）
　　3．イランの核問題に関する経済制裁の安保理決議とその国
　　　内的実施（142）
　　4．北朝鮮のミサイル発射に関する安保理決議及び核実験に
　　　関する安保理決議とその国内的実施（155）
　Ⅳ　終わりに──若干の結語（165）

目　次

第6章　武力不行使原則から見た「対抗措置」概念の機能
　　　　──国家責任条文と国際判例の比較検討… 宮内靖彦 …175

　　Ⅰ　はじめに（175）
　　Ⅱ　国家責任条文の「対抗措置」（177）
　　　1．「対抗措置」概念の成立過程（177）
　　　2．国家責任条文上の概念・概観（180）
　　　3．国家責任条文の「対抗措置」概念の分析（184）
　　Ⅲ　判例における武力不行使原則の解釈と「対抗措置」の位置づけ（189）
　　　1．ニカラグア判決における「対抗措置」との異同（189）
　　　2．その後の武力不行使原則関係の判決の状況（191）
　　Ⅳ　「対抗措置」概念の現実の機能範囲（193）
　　　1．対抗措置の目的の「限定」について（193）
　　　2．武力行使を伴う対抗措置そのものの許容性の問題（194）
　　　3．組織性・普遍性の問題（197）
　　Ⅴ　おわりに（199）

第7章　国連人権理事会の創設とその活動に関する一考察
　　　　………………………………………………… 今井　直 …201

　　Ⅰ　はじめに（201）
　　Ⅱ　人権理事会の創設の背景・経緯（204）
　　　1．創設の提案（204）
　　　2．人権委員会の政治化・二重基準の諸相（209）
　　　3．創設決議の交渉過程（215）
　　Ⅲ　人権理事会の活動──制度構築の問題を中心に（219）
　　　1．概　観（221）
　　　2．普遍的定期審査（Universal Periodic Review, UPR）（理事会決議5/1, 付属文書Ⅰ, 1-38項）（224）
　　　3．特別手続（Special Procedures）（理事会決議5/1, 付属文書, Ⅱ, 39-64項）（228）

4．人権理事会諮問委員会 (Human Rights Council Advisory Committee)（理事会決議5/1, 付属文書, III, 65-84項）(232)
　　　5．申立手続 (Complaints Procedure)（理事会決議5/1, 付属文書, IV, 85-109項）(233)
　　　6．小　括 (235)
　　IV　おわりに (236)

第8章　人権侵害加害者の不処罰に対する国連の取組み
　　　　　　　　　　　　　　　　　　　　　　　　　山下恭弘 …239

　　I　はじめに (239)
　　II　国連内の動き——不処罰と闘うための原則の成立と更新 (241)
　　　1．ジョアネ報告書——原則の成立 (241)
　　　2．オレントリッチャー報告書——原則の更新 (244)
　　III　被害者の3つの権利 (246)
　　　1．知る権利 (247)
　　　2．裁判を求める権利 (249)
　　　3．賠償を求める権利 (253)
　　IV　真実委員会・恩赦との関係 (258)
　　　1．真実委員会の対応 (258)
　　　2．恩赦の制限 (261)
　　V　おわりに (265)

第9章　ジェンダーの主流化／文明化の使命
　　　　——国際法における〈女性〉の表象　………　阿部浩己 …269

　　I　真理の体制と国際法言説 (269)
　　II　〈女性〉の表象をたどる (273)
　　　1．「出来事」の系譜 (273)
　　　2．「女性の権利は人権である」ということ (278)
　　III　主流化の深層 (282)

目次

　　　1．ジェンダーのレトリック，リアリティ (282)
　　　2．〈近代化〉とのきずな (288)
　　Ⅳ　フェミニズム，国際法の使命 (295)
　　　1．開発・環境とジェンダー言説 (295)
　　　2．取り残されることと抗うこと (298)

第3部　国際機構と国際協力

第10章　国際機構の国際法人格
　　　　　──非加盟国に対する対抗力 ……………江藤淳一…305

　　Ⅰ　はじめに (305)
　　Ⅱ　損害賠償事件 (307)
　　　1．法人格の意義 (307)
　　　2．法人格の論証 (309)
　　　3．法人格の対抗力 (310)
　　Ⅲ　学説の展開 (311)
　　　1．問題の整理 (311)
　　　2．主観説 (313)
　　　3．客観説 (315)
　　　4．推定説 (319)
　　Ⅳ　法典化作業 (321)
　　　1．国際法学会リスボン決議 (322)
　　　2．国際法委員会の暫定条文草案 (325)
　　Ⅴ　おわりに (328)

第11章　ECの国際責任
　　　　　──ILC国際組織責任条約草案と混合協定…荒木教夫…331

　　Ⅰ　はじめに (331)
　　Ⅱ　ILCにおける国際組織責任条約草案の審議 (335)

viii

1．審議の経過（335）
　　2．国際組織への行為の帰属と責任の帰属の関係（336）
　　3．国際組織への行為の帰属に関する一般原則について（4条）（338）
　　4．国家または国際組織によって他の国際組織の使用に委ねられた機関またはagentsの行為（5条）（339）
　　5．国際組織により国際組織自身の行為として認められかつ採用された行為（7条）（340）
　　6．国際組織の違法行為に関連する国家の責任（29条）（341）
Ⅲ　混合協定とECの国際責任（343）
　　1．二国間的混合協定と多角的混合協定（344）
　　2．多角的混合協定における権限配分の型と国際責任（346）
　　3．垂直的共存権限と行為の帰属（347）
　　4．水平的共存権限（349）
　　5．競合権限をめぐる問題（350）
　　6．権限宣言や明示規定があるとき（350）
　　7．明示規定や権限宣言がない場合（354）
Ⅳ　結　語（359）

第12章　無害通航制度における沿岸国の権利と義務
　………………………………………………… 佐古田彰 …363

Ⅰ　はじめに（363）
Ⅱ　国連海洋法条約規定の概観（367）
　　1．国連海洋法条約規定における権利と義務（367）
　　2．条約規定の整理と問題点（371）
Ⅲ　無害通航制度において沿岸国が執りうる措置（373）
　　1．有害通航に対し一般に沿岸国が執りうる措置（373）
　　2．無害通航に対し一般に沿岸国が執りうる措置（375）
　　3．船舶の義務の違反に対し沿岸国が執りうる措置（376）
　　4．海洋汚染行為に関して沿岸国が執りうる措置（379）
　　5．小　括（381）

目　次

　　Ⅳ　無害通航制度における沿岸国の権利と義務 (382)
　　　1．権利侵害・義務違反の法的効果：権利と義務の法的性質 (383)
　　　2．無害通航制度の基本原理からの論理的帰結 (387)
　　Ⅴ　結　論 (388)

第13章　生物多様性における環境影響評価の履行
　　　　　　　………………………………………… 井上秀典 …395

　　Ⅰ　はじめに (395)
　　Ⅱ　生物多様性とEIA (398)
　　　1．定　義 (398)
　　　2．EIAの原則および枠組み (401)
　　Ⅲ　EIAに関連する国際条約 (402)
　　　1．オーフス条約 (404)
　　　2．エスポー条約・SEA議定書および越境EIAガイドライン (407)
　　Ⅳ　EIAの各段階における生物多様性の問題 (412)
　　　1．生物多様性においてEIAを取り入れるべきレベル (412)
　　　2．EIAにおける生物多様性の価値 (413)
　　　3．EIA手続き段階での生物多様性の考慮 (415)
　　　4．生物多様性に関するEIAおよびSEAの役割 (423)
　　　5．発展途上国における生物多様性とキャパシティビルディング (423)
　　　6．公衆参加・パートナーシップ (424)
　　Ⅴ　おわりに (426)

林　司宣先生略歴・業績一覧 (429)

執筆者紹介 (五十音順)

阿部 浩己 (あべ・こうき)　　　神奈川大学法科大学院教授
荒木 教夫 (あらき・のりお)　　白鴎大学法学部教授
井上 秀典 (いのうえ・ひでのり)　明星大学経済学部教授
今井 　直 (いまい・ただし)　　宇都宮大学国際学部教授
江藤 淳一 (えとう・じゅんいち)　上智大学法学部教授
黒田 秀治 (くろだ・ひではる)　　東北学院大学法学部准教授
佐古田 彰 (さこた・あきら)　　小樽商科大学商学部教授
島田 征夫 (しまだ・ゆきお)　　早稲田大学法学部教授
杉山 晋輔 (すぎやま・しんすけ)　外務省地球規模問題審議官
古谷 修一 (ふるや・しゅういち)　早稲田大学法科大学院教授
萬歲 寛之 (ばんざい・ひろゆき)　駿河台大学法学部准教授
宮内 靖彦 (みやうち・やすひこ)　國學院大學法学部教授
山下 恭弘 (やました・やすひろ)　福岡大学法学部教授

第1部
国際犯罪の抑圧

第1章

NBCテロ犯罪に関する国際義務の履行確保責任
――安保理決議1540を素材として――

萬 歳 寛 之

  I 序
  II 大量破壊兵器関連条約における輸出管理規制の問題点
  III 大量破壊兵器の不拡散体制における安保理決議1540
  IV 結び

I 序

　2001年9月11日の米国同時多発テロ以降,国際安全保障上の「脅威」は根本的に変化したといわれる。冷戦期を含む20世紀の脅威が大規模な国家間の対立を想定していたのに対し,同時多発テロ以降の新たな脅威は,イスラム過激派のような非国家主体(non-state actors)によるテロリズム[1]にあるとされている[2]。
　こうした「脅威」の変化を受けて,2006年2月に作成された米国の「4年ごとの国防政策見直し」(Quadrennial Defense Review)は,イラクとアフガニスタンに集中しているテロの脅威が世界的な規模に拡大する危険性を指摘し,対テロ戦争を冷戦並みの労力と時間を要する「長期戦争」(long war)と位置

---

 1) テロリズムの用語について国際法上一般的に合意されている定義は存在しない。国連総会において「特別委員会」を設置して包括的テロ防止条約案を審議中であるが,犯罪行為の定義と軍隊構成員に対する管轄権をめぐって見解が対立し成案をえていない。国際法学会［編］『国際関係法辞典〔第2版〕』635頁(「テロリズム」の項,西井正弘担当)(三省堂,2005年)。他方,警察庁組織令第38条4項によれば,テロリズムとは「広く恐怖又は不安を抱かせることによりその目的を達成することを意図して行われる政治上その他の主義主張に基づく暴力主義的破壊活動をいう」とされ,国際テ

づけ，安全保障政策の転換の必要性にふれている。なかでも，テロリストなどの非国家主体が大量破壊兵器およびその開発能力[3]を取得してこれを使用した場合には破滅的な事態が起こりうるとし，テロリストへの大量破壊兵器の不拡散は各国が協力して取り組まなければならない喫緊の課題であると述べている[4]。

　しかし，テロリストへの大量破壊兵器の不拡散に特化した条約は今のとこ

ロリズムとは第40条で「外国人又はその活動の本拠が外国に在る日本人によるテロリズム」と定義されている。講学上は，テロリズムを厳格に定義せず，動機の如何に関わらず国家の安全保障や市民の生命等に対して恐怖を抱かせるような暴力的行為一般を指す傾向があり，また，テロリズムの国際性についても，犯人の国籍や根拠地だけでなく，テロ行為の容疑者・行為地・被害者・対象国などが複数にまたがることを基準にしている。T. Marauhn, "Terrorism", in R. Bernhardt (ed.), *Encyclopedia of Public International Law,* Vol. 4 (2000), p. 849. 本稿においても，基本的に講学上の一般的な用語法にしたがって検討を進めていく。

2) 2002年の「ブッシュ・ドクトリン」によれば，先制攻撃した国家に対して大量報復で反撃する戦略で相手の行動を抑える抑止は，「守るべき国も国民ももたない影のようなテロリスト・ネットワーク」には無意味であり，新たな脅威に適合する軍事力の再編を提唱している。"President Bush Delivers Graduation Speech at West Point", cited from http://www.whitehouse.gov/news/releases/2002/06/20020601-3.html.

3) 本稿では表現の煩雑さを避けるために，以下では「大量破壊兵器およびその開発能力」という表現を，とくに問題とならないかぎり，単に「大量破壊兵器」とする。なお，大量破壊兵器とは一般に，ABC兵器，すなわち原子力（Atomic），生物（Biological），化学（Chemical）兵器のことを意味する。国際法学会編『前掲書』（注1）583-584頁（「大量破壊兵器」の項，杉島正秋担当・「大量破壊兵器の拡散」の項，納家政嗣担当）。「海洋航行の安全に対する不法な行為の防止に関する条約」の2005年改正議定書第2条ではBCN兵器の語が用いられ，生物兵器，化学兵器，そして核兵器および核爆発装置（Nuclear Weapons and Nuclear Explosive Devises）を指すとされている。しかし，講学上はNBC兵器の方が頻繁に使用されており，本稿でもNBC兵器の語を用いていくことにする。

4) *Quadrennial Defense Review Report,* February 6, 2006, pp. 1, 32-33, cited from http://www.defenselink.mil/qdr/report/Report20060203.pdf. また，2007年のハイリゲンダム・サミットにおける首脳声明を参照。"G8 Summit Statement on Counter Terrorism-Security in the Era of Globalization", para. 7, cited from http://www.g-8.de/Content/EN/Artikel/_g8-summit/anlagen/ct-statement-final,templateId=raw,property=publicationFile.pdf/ct-statement-final.

ろ存在しない。そこで，2004年にこのような法の欠缺を埋めるために採択されたのが国連安全保障理事会決議1540である。テロリストによる大量破壊兵器の取得を目指す動きは、「核の闇市場」に代表されるように、通常の貿易活動を装って行われてきた。それゆえ、決議1540はこのような実態に鑑み、テロリストへの大量破壊兵器の不拡散を目的とした「輸出管理」[5]のための国内法整備を各国に義務づけている。輸出管理に関しては、これまでも核兵器関連資機材に関する原子力供給国グループ（以下、NSG）や生物・化学兵器関連資機材に関するオーストラリア・グループ（以下、AG）が各国の輸出管理政策の調整を行ってきたが、これらの活動は法的拘束力をもつ国際協力の形態ではなかった[6]。それゆえ、決議1540が輸出管理について拘束力を有する決定を行った意義は大きく、相当な効果をあげるものと期待されていた。しかしその一方で、決議1540の履行に関しては一貫した国内実施がなく、大量破壊兵器の拡散を防止するための欠缺を有効に埋めることができていないとの批判も存在する[7]。

　この点について、たとえば輸出管理に関する第3項の義務の内容をみてみると、「国内管理を確立するための効果的な措置を採用し実施する」と規定す

---

[5] 輸出管理とは、兵器に使用される技術や関連部品などの輸出を懸念国や懸念グループに対して管理することにより、兵器を研究、開発、生産する際の障害を高くし、その拡散を防ごうとする手段である。村山裕三「輸出管理の役割と課題」浅田正彦編『兵器の拡散防止と輸出管理―制度と実践』（有信堂、2004年）6頁。なお、経済産業省では「安全保障貿易管理」の語が用いられている。それは、まず管理の目的が安全保障に関わるものであること、次に管理の対象が貿易全体、すなわち、自国からの輸出だけでなくその後の行き先も考慮し、科学者や技術者の交流を含む技術移転にまで拡げて考える必要があるためである。鈴木達治郎・田所昌幸・城山英明・青木節子・久住涼子「日本の安全保障貿易管理―その実践と課題」『国際安全保障』第32巻2号（2004年9月）2－3頁。本稿も、貿易全体の過程を検討の対象とし、技術の移転等も考察から排除するものではないが、講学上は一般に、輸出管理の語を安全保障貿易管理の趣旨を表わす広い意味で用いているので、本稿でも「輸出管理」を広義の意味で用いていくことにする。

[6] 外務省軍縮不拡散・科学部［編］『日本の軍縮・不拡散外交〔第4版〕』（2008年）118頁。

[7] P. Crail, "Implementing UN Security Council Resolution 1540 : A Risk Based Approach", *Nonproliferation Review*, Vol. 13, No. 2(2006), p. 356.

るのみで，安保理決議自体が各加盟国の事情に照らした輸出管理措置の採用を認めており，また効果的な「手段」をとってさえいれば，仮に大量破壊兵器がテロリストに渡ったとしても安保理決議の不履行にはならず，一見すると加盟国の措置の「合法性」(legality)は問題にならない規定ぶりになっている[8]。他方で，上述の批判のように，テロリストに大量破壊兵器が渡らないという「結果」の達成を重視する見解においては，決議の「実効性」(effectiveness)[9]が重要な視点となる。このように，安保理決議の履行をめぐっては，手段と結果，合法性と実効性のいずれに判断基準の重きをおくかによって，その評価が変わってくる可能性がある。

本稿では，安保理決議1540を素材として，国際安全保障上の新たな脅威に対応するために各国がどのように努力していくべきか，その方向性を検討していくことにする。その際，次のIIでは既存の大量破壊兵器の不拡散体制のテロリズムへの対応力とその問題点を検討し，IIIでは，安保理決議の国内実施[10]に焦点をあて，安保理決議1540の履行確保制度の特徴を考察していきたいと思う。

II 大量破壊兵器関連条約における輸出管理規制の問題点

1．テロリストへの大量破壊兵器の拡散問題
(1) 大量破壊兵器の拡散の実態
2004年に国際原子力機関（以下，IAEA）がリビアで実施した査察によって，

---

[8] B. Kellman, "Criminalization and Control of WMD Proliferation", *Nonproliferation Review*, Vol. 11, No. 2 (2005), pp. 153-155.

[9] 本稿における「実効性」とは，ゴーランド・デバスの用法にならい，国内平面における実施を通じた安保理の決定の遵守を確保すること，という意味で用いていくことにする。V. Gowlland-Debbas, "Implementing Sanctions Resolutions in Domestic Law", in V. Gowlland-Debbas (ed.), *National Implementation of United Nations Sanctions : A Comparative Study* (2004), p. 33.

[10] 日本との関係においてであるが，安保理決議の国内実施措置のあり方を，決定・要請・自発的協力の3段階に分類して検討するものとして，森川幸一「国連安全保障理事会決議への日本の対応」『ジュリスト』第1232号（2002年10月）53頁。

同国で未申告の遠心法ウラン濃縮装置が発見され、リビアによる核開発計画の存在が裏づけられることになった。リビアは核開発計画を単独でなしうる技術を有しておらず、「核の闇市場」を通じて核開発関連資機材と技術が供給されていたことが判明したのである[11]。

リビアが遠心法ウラン濃縮装置を取得するための経路は大変複雑で、様々な国や企業を経由するため、一般企業が輸出許可申請の際に行う用途確認や需要者確認では到底見抜けないレベルの巧妙なネットワークが張り巡らされていた。それゆえ、各国の貿易管理当局や治安当局の相互協力のもとで収集した情報を速やかに開示したり、違反事例を摘発したりするなど、積極的な対応が求められることになる。

大量破壊兵器関連資機材の拡散は先進技術国であるわが国にとっても無関係ではない。リビアでのIAEAの査察により、遠心法ウラン濃縮装置とともに核開発に転用可能な三次元測定機が発見され、同測定機がわが国の精密機器メーカー「ミツトヨ」製であることが判明し、警視庁公安部が外為法違反（無許可輸出）の容疑で捜査を進めていた。ミツトヨは、シンガポールに設立した同社の子会社に無許可で三次元測定機を輸出した後、マレーシアに設立した孫会社へと再輸出を行い、かねてより疑惑のあったマレーシアの自動車部品・精密機械製造会社（SCOPE）に転売する方法をとっていた。そして、このSCOPEが核の闇市場を通じてリビアに遠心法ウラン濃縮装置や三次元測定機を輸出していたとされている[12]。このことからも、わが国が資本輸出国として大量破壊兵器の不拡散に対して相応の責任を負うべきことがあらためて明確になったのである[13]。

こうした事例は確かにリビアという国家への大量破壊兵器の拡散が問題と

---

11) M. Richard, "Beyond Iraq: The New Challenges to the Nuclear Non Proliferation Regime", in R. Avenhaus, N. Kyriakopoulos, M. Richard and G. Stein (eds.), Verifying Treaty Compliance : Limiting Weapons of Mass Destruction and Monitoring Kyoto Protocol Provisions (2006), pp. 277-278.

12) 読売新聞、2006年8月27日夕刊。詳細については、吉田文彦［編］・朝日新聞特別取材班『核を追う―テロと闇市場に揺れる世界』（朝日新聞社、2005年）25-29頁。

13) 村山裕三「軍民両用技術の管理と日本の役割」黒澤満編『大量破壊兵器の軍縮論』（信山社、2004年）279-300頁。

なっているが，大量破壊兵器の取得の努力が私人間の貿易活動を通じて行われていることからも，テロリストなどの非国家主体も同様の経路で取得を目指すものと考えられる[14]。また，サリンという化学兵器ではあったが，わが国のオウム真理教による松本・地下鉄両サリン事件からも明らかなように，一定の技術・施設・資材・原料等があれば非国家主体であっても大量破壊兵器の開発は可能と考えてよい[15]。それゆえ，通常の貿易活動を装ったテロリストによる大量破壊兵器の取得・開発が現実の「脅威」として認識されることになったのである[16]。

(2) わが国におけるテロの未然防止の問題点

リビアの事例を通じて明らかなのは，大量破壊兵器の最終需要者が直接輸出者に発注するのではなく，発注から取得まで様々な企業や人が介在する複雑な迂回経路を通じて最終需要者に渡るシステムになっていることである。それゆえ，取引の中間段階にいる企業が虚偽の最終用途・最終需要者の情報を与えられた場合，発注元が「外国ユーザーリスト」[17]等に記載されていないならば，本来の最終用途や最終需要者を見抜くことは極めて困難である。また，発注元に製品を引き渡した後に懸念国ないしテロリストに転売されてしまった場合，製品輸出国としてはこれをとめる術はない。それゆえ，輸出管理制度が有効に機能するためには，テロ関連情報が重要な役割を果すことは疑いなく，海外の治安情報機関との情報交換や国内における不振動向の把握や潜在する違反事案の検挙等の諸活動により，テロリストの人定情報を最

---

14) White House, *The National Security Strategy of the United States of America* (2002), p. 14, cited from http://www.whitehouse.gov/nsc/nss.pdf.

15) J. S. Nye, *Understanding International Conflicts: An Introduction to Theory and History* (5th ed., 2005), pp. 146, 253-254. ジョセフ・S・ナイ・ジュニア（田中明彦・村田晃嗣訳）『国際紛争―理論と歴史〔原書第5版〕』（有斐閣，2005年）180，311頁。

16) G. Cameron, "Multi-track Microproliferation: Lessons from Aum Shinrikyo and Al Qaida", *Studies in Conflict and Terrorism*, Vol. 22, No. 4 (1999), pp. 277-309.

17) 2008年の外国ユーザーリストには，イスラエル（2社），イラン（68社），インド（26社），北朝鮮（73社），シリア（8社），台湾（1社），中国（17社），パキスタン（26社），アフガニスタン（1社），アフガニスタン・パキスタン（1社）の223社が掲載されている。http://www.meti.go.jp/policy/anpo/index.html.

も知りうる立場にある警察からの的確な情報提供が鍵を握ることはいうまでもない[18]。しかし，わが国の国際テロ対策は，輸出管理制度と十分に関連づけて策定されているとはいえないのが現状である。

政府は国際組織犯罪等・国際テロ対策推進本部を設置し，2004年に「テロの未然防止に関する行動計画」（以下，「行動計画」）を決定した。これを受けて警察当局はテロ未然防止のための基本三原則を策定し，必要な組織改革を行うなどの対策を講じている。

基本三原則は，①テロを国内に入れない（水際対策の強化），②拠点を作らせない（テロ情報の収集・分析およびテロリストの発見取り締まりの強化，テロ資金対策），③テロを起こさせない（物質規制と警戒警備）の3点からなる。輸出管理は③と関連しうるものであり，警察では「NBCテロに使用されるおそれのある物質の不自然な取引等に関する情報収集に努めるとともに，これらの物質を管理する事業者等に対し，盗難防止対策についての指導等を行った」とされる[19]。

しかし，ここでの管理は，日本国内への輸入が主たる対象となっており，資本・技術の輸出国としての管理という発想が稀薄であることは否めない。たとえば，「行動計画」では，強化措置を講じた分野の1つにNBCテロ対策を挙げているものの[20]，貿易については輸入の際の水際対策に主眼がおかれ[21]，日本の技術を用いた外国ないし外国を経由して日本を対象とする大量破壊兵器の開発・使用を未然に防止するための対応がほとんど含まれていない。しかし，このような「行動計画」における間隙は，「行動計画」を決定した段階での国際法の発展状況とも関係があり，ひとりわが国だけの問題ではない[22]。

---

18) たとえば，大嶌正洋「我が国の警察における国際テロ対策について」『警察学論集』第59巻12号（2006年12月）63頁。

19) 同上，61－65頁。

20) 国際組織犯罪等・国際テロ対策推進本部『テロの未然防止に関する行動計画』（2004年）16頁。http://www.fdma.go.jp/html/intro/form/pdf/kokumin_041224_sanko2.pdf.

21) 阿久津正好「我が国において関係行政機関及び事業者等が講ずるテロ対策に資する措置等について」『警察学論集』第59巻11号（2006年11月）65－66頁。

22) テロ資金対策については，安保理決議1373（2001年）の履行が『行動計画』のなかでも明確に位置づけられ，すでに法整備等の対策を講じた分野の1つに挙げられてい

第1部　国際犯罪の抑圧

そこで以下では，大量破壊兵器関連条約とNSGやAGの輸出管理制度を検討することで，安保理決議1540以前の輸出管理に関する国際法の問題点を明らかにしていきたいと思う。

2．大量破壊兵器の不拡散に関する国際枠組みの問題点―テロへの対応力

通常の貿易経路を通じて大量破壊兵器の取得をはかるテロリストが基本的に私人であることに鑑みれば，大量破壊兵器関連条約が輸出管理と「最も直接的に関連しうるのは国内実施の側面である」といえる[23]。そしてこの国内実施を補完するために，条約体制の外で，兵器や関連汎用品の供給サイドにたつ先進工業国が中心となって組織したNSGやAGなどの輸出管理レジームが存在する。以下では，国内実施と輸出管理制度の関係を検討しながら，既存の国際枠組みの問題点について考察していくことにする。

(1) 核不拡散体制における輸出管理制度

核不拡散条約（以下，NPT）は国内実施に関する明文の規定を有しておらず，政府の活動だけでなく，私人の活動も条約規制の対象となっているか否かが問題となる。

核兵器国の義務を定める第1条は「核兵器その他の核爆発装置又はその管理（以下，核兵器等）」のいかなる者に対する移譲と非核兵器国に対する核兵器等の取得や製造の援助・奨励・勧誘を禁止しているが，一般的な規定にとどまっている。この点について江藤教授は，NPTの起草過程を詳細に検討したうえで「核兵器国が自国の管轄下の私企業に対し第1条の行為を禁止するために適当な措置をとるのは当然との見方が承認されたものといえる」と結論づけている[24]。

　　る。国際組織犯罪等・国際テロ対策推進本部「前掲資料」（注20），10, 18頁。これに対して，輸出管理に関する安保理決議1540（2004年4月）は『行動計画』（2004年12月）と同年に出されたものであり，今後どのようなかたちで輸出管理をテロの未然防止のための手段として政府内で位置づけていくかは，各官庁の連携を含めて検討を進めていくべき課題であろう。経済産業省の取り組みは，本稿Ⅲ2で検討する。

23) 浅田正彦「安保理決議1540と国際立法―大量破壊兵器テロの新しい脅威をめぐって」『国際問題』第547号（2005年10月）37-38頁。

24) なお，自国企業といっても，他国領域に所在する自国企業の活動規制にまで第1条

他方，非核兵器国は第２条で，核兵器の受領・製造・取得および製造に関する援助要求を禁止され，なかでも製造の禁止義務の履行が第３条１項にもとづくIAEAの保障措置のもとで検証されることになっている[25]。IAEAの保障措置は「非核兵器国の領域内若しくはその管轄下」にある場所や「場所のいかんを問わずその管理の下で行われる」国や私企業による「すべての平和的な原子力活動」に適用されることになっている。それゆえ，保障措置の対象となる事項について，締約国は属地的ないし属人的な連関を基礎に国内実施することが前提にされているといえる[26]。このような検討から解釈上，NPTは核兵器国と非核兵器国の双方に私人に対する国内実施義務を課しているということができよう。
　こうした国内実施義務を基礎としてNPTは，輸出管理について第３条２項で，特定の原子力関連資機材を輸出する際には受領国において当該資機材に対するIAEAの保障措置の適用を条件とすべきことを規定している[27]。このようにNPTは第３条１項と２項を通じて，IAEAによる義務履行の検証と輸出管理を「車の両輪」と位置づけているということができる[28]。しかし，NPTの

　　の義務が及ぶのか，義務の場所的範囲については不明確な部分が残っている。江藤淳一「軍縮条約における『管轄又は管理』の用法」『東洋法学』第44巻１号（2000年９月）126頁。
25) 萬歳寛之「大量破壊兵器の不拡散に関する国際的規制」『駿河台法学』第19巻２号（2006年２月）25頁。
26) 江藤「前掲論文」（注24）127頁。
27) F. W. Schmidt, "Nuclear Export Controls: Closing Gaps", *IAEA Bulletin*, Vol. 46, No.2 (2005), pp. 32-33. 第３条２項は輸出管理の対象を原料物質，特殊核分裂性物質，特殊核分裂性物質のための設備もしくは資材と一般的に規定するのみであったので，対象品目の明確化をはかるために原子力供給国が第３条２項の解釈を目的とする非公式の会合を設置することになった。この非公式の会合はザンガー委員会と呼ばれ，輸出規制の対象となる品目をトリガー・リストとしてまとめるなどの活動を行っているが，当該リストの対象品目は第３条２項の範囲内にとどまるため原子力専用品に限定されている。なおザンガー委員会に対し，NPTの枠外で活動しているNSGは原子力汎用品も含めて輸出管理品目の対象にしている。
28) 牧野守邦「核兵器関連の輸出管理レジーム」浅田正彦編『兵器の拡散防止と輸出管理―制度と実践』（有信堂，2004年）22頁。

検証措置と輸出管理制度では，湾岸戦争後に判明したイラクの核開発計画からも明らかなように，締約国の核開発計画すら防止することができなかった。そこで，このような欠陥を埋めるべく，1993年に保障措置の強化を目指した「93＋2」計画では，締約国はその原子力活動の全体像をつかむために必要な核物質・特定の原子力関連設備・非核物質の輸出入に関する情報をIAEAに提供するという「ユニバーサル・レポーティング」を義務化することになったのである[29]。

しかし，「93＋2」計画によってNPTの検証措置と輸出管理制度が補強・改善されたとしても，その目的はあくまで非核兵器国による軍事転用の防止にあり，私人による核兵器等の取得の防止ではない。つまり，前述したようにテロリストが通常の貿易経路を通じて大量破壊兵器を取得しようとしているのに対し，NPTの検証措置と輸出管理制度は，貿易活動を通じて国家が核兵器等を取得するのを探知し防止するための制度であるため，最終需要者とテロリストとの関係を考慮するための効果的な仕組みが用意されていないのである。このように，国内実施を通じて私人の貿易活動を規制するにしても，テロリストによる核開発の探知・防止は，本来国家間の核不拡散を目的とするNPTでは有効に対処できない問題であるといえよう[30]。

そこでテロリストによる核兵器等の取得の防止については，NPTの枠外で原子力資機材等の輸出管理を行っているNSGの活動が注目に値する。NSGは，元々国家間の核拡散の防止を目指して受領国や最終需要者の審査を中心とするガイドラインを作成していたが，2001年の米国同時多発テロを契機として，核テロへの転用に対しても十分に考慮すべきことを明確に規定した改定ガイドラインを作成した[31]。それゆえ，テロリストに核が渡ることを阻止するた

---

29) 萬歳「前掲論文」(注25) 28－32頁。拡大申告の対象については，追加議定書第2条(a)(ix)と第2附属書にある特定設備・資材の輸出入情報を参照。http://www.iaea.org/Publications/Documents/Infcircs/1997/infcirc540corrected.pdf.

30) 浅田教授は「NPTには私人による核開発を防止する（またはその防止に寄与する）メカニズムがほとんど見当たらず，条約の国内実施に関する特段の規定も置かれていない」と述べている。浅田「前掲論文」(注23) 38頁。

31) INFCIRC/254/Rev.8/Part1, p. 3, paras. 10, 12 and INFCIRC/254/Rev.7/Part2, paras. 1-2, 4, 20 March, 2006.

めに，最終需要者がこれまでテロリストと何らかの関係がなかったかなどの情報を収集し，また当該情報を各国で共有することの重要性が指摘されている[32]。しかしながら，NSGの活動は，原子力技術をすでに有している国による技術移転の制限と技術格差の固定化を強化する可能性があるため，途上国や原子力技術の後発国にとって容認しがたいものになっている[33]。

(2) 生物・化学兵器の不拡散体制における輸出管理制度

生物毒素兵器廃棄条約（以下，BWC）は，軍縮条約で初めて国内実施を明文化した条約として注目されるが，生物兵器の不拡散に関する第3条は，生物剤・毒素・兵器等の移譲禁止や製造の援助禁止を一般的に規定するのみで，輸出管理に関する固有の制度を有していない[34]。これに対し，化学兵器禁止条約（以下，CWC）は，締約国の国内実施の範囲を明確にしつつ，詳細な輸出管理制度を設けている。

CWCは第1条で，化学兵器の廃棄義務と開発・生産・貯蔵・使用の禁止を定め，不拡散に関しても条約上禁止される活動の援助・奨励・勧誘を禁止するというかたちで対応している。これらの義務を履行するために締約国は第7条で「自国の領域内のいかなる場所又は国際法によって認められる自国の管轄の下にあるその他のいかなる場所」においても罰則を含む国内法令を制定する義務を課されている。他方で，国際法によって認められていない，あるいは争いのある場所を「自国の管理の下にある場所」とし，そこでは場所の性質上国内法令の制定そのものは要請せず，CWCで禁止されている活動の不承認など何らかのかたちでCWCの義務の履行を実施すべきとされている。そして，刑事立法等の域外適用は「自国の国籍を有する自然人が行った行動（場所のいかんを問わない。）」とすることで，法人を除いてはいるものの，CWCの実施のための域外適用を明示に認めている[35]。

---

32) 牧野「前掲論文」（注28）37−39頁。
33) 村山「前掲論文」（注5）14頁。
34) BWCの改正議定書の交渉では，輸出管理について，途上国からは生物科学へのアクセスを妨げるものであるとされ，また先進国からは現行の輸出管理基準を下げることに抵抗が示されるなど，AGの活動の取扱いを含めて，見解がまとまらない状況にある。J. Goldblat, *Arms Control : The New Guide to Negotiations and Agreements* (Fully Revised and Updated Second Edition, 2002), pp. 139, 142-143.

このようにCWCは，私人に対する刑事罰等の国内実施の範囲を明確にする一方で，実効的な国内実施を担保するために条約固有の機関として化学兵器禁止機関（以下，OPCW）を設置し[36]，輸出管理に関してはOPCWの検証措置（産業検証）の対象となる化学物質の区分にしたがった詳細な制度を検証附属書第6～8部に設けている[37]。

　検証附属書第6部は実戦使用された化学兵器と条約目的に「高度の危険」をもたらす化学物質（表1剤）を対象とし，研究・医療等の目的に限り締約国への移譲（輸出）のみを認め（第3項），移譲された化学物質の再移譲（再輸出）は禁止されている（第4項）。また他の締約国への移譲の30日以上前にOPCWに通報することが義務づけられている（第5項）。他方，条約目的に「相当の危険」をもたらす化学物質（表2剤）については，検証附属書第7部第31項で非締約国との移譲・受領（輸出入）を禁止され，条約目的に「危険」をもたらす化学物質（表3剤）については，検証附属書第8部第26項で非締約国への移譲の際には再移譲しないことや最終用途・使用者の証明書を要請すべきとされている。

　このようにCWCは詳細な輸出管理制度を有しているが，この制度は締約国であるか否かによって，一定の化学物質の輸出入禁止を決めることになっている。それゆえ，輸出許可の際に最終用途や最終使用者のテロリストとの関わりを考慮に入れることは，国家単位で輸出管理措置を決定するCWCでは対応の難しい問題であるといえよう[38]。

---

35) *Ibid.*, pp. 151-152.
36) OPCWによる査察には，化学兵器の廃棄の監視に関わる「廃棄検証」，化学兵器の製造が可能な化学産業の申告にもとづく監視といった「産業検証」，そして締約国が他の締約国による条約違反の疑いを申し立てた場合に行う査察（申立査察）の3種類がある。このように，制度上は完全な規定振りやシステムを有しているCWCやOPCWも，財政的制約等により，実際の運用面では履行確保措置の不完全な実施しかできていないといわれている。萬歳「前掲論文」（注25）45－46頁。
37) 詳細については，浅田正彦「化学兵器禁止条約の基本構造・下」『法律時報』第68巻2号（1996年2月）59－60頁。
38) 浅田正彦「生物・化学兵器関連の輸出管理レジーム」浅田編『前掲書』（注28）67－68頁。

この点で，CWCの枠外で活動しているAGは，生物・化学兵器の不拡散の目的達成のために重要な役割を果たしているといえる。たとえば，OPCWの検証措置の対象となる化学物質は化学剤のみであり，また締約国と非締約国とで異なった扱いがなされているが，AGでは化学剤・生物剤とその関連資機材も対象とされ，BWCやCWCの間隙を埋めるかたちで，基本的にすべての国に輸出管理措置をとることにしている。そして，AGは，品目に着目した「リスト規制」だけでなく，最終用途に着目した「キャッチ・オール規制」にもとづく輸出管理も行っているため，テロとの関係が疑わしい最終用途や最終使用者への輸出を相当程度防止できるようになっている[39]。

しかし，CWCとAGの相互補完的な輸出管理には高い評価がなされているが，NSGと同様，AGを通じた民生技術の管理は，先進国にとっては安全保障政策の一環である一方，途上国にとっては経済発展の阻害要因とみなされ，第三世界からの理解をえることが難しいとされている[40]。

(3) 非国家主体への大量破壊兵器の不拡散に関する法の欠缺

以上の検討から，現在の大量破壊兵器の不拡散体制では「テロと大量破壊兵器との結合」を有効に阻止できないといわざるをえない。大量破壊兵器関連条約は，「領域」「管轄」「管理」という概念を国内実施の範囲を特定するための根拠として用いているが，その用語法に統一性はなく[41]，締約国による

---

39) A. Kelle, "CBW Export Control : Towards Regime Integration?", D. Joyner (ed.), *Non-Proliferation Export Controls: Origins, Challenges, and Proposals for Strengthening* (2006), pp. 103-104.

40) 村山「前掲論文」(注5) 13－15頁。

41) CWCは領域・管轄・管理の用語は統一的にすべて「場所」にかけられているが，BWCは管轄と管理を生物剤等の物質（第2条）や場所（第4条）にかけていたり，NPTは管理を「活動」にかけているなど，国家の権限行使の対象が場所・物質・事項と様々なものに設定され統一性はみられない。江藤「前掲論文」(注24) 117頁。他方で，国際法委員会は，2001年に採択した「国際法で禁止されていない行為から生ずる有害な影響に対する国際的なライアビリティ（危険な活動から生じる越境損害の防止）」に関する草案において，領域・管轄・管理の用語を次のように定式化している。「領域」は，国家が管轄又は管理を行使する全ての場合を包含するものではないが，管轄の存在の決定的証拠となるものである。他方，「管轄」は，国家の一定の活動が国際法上属地的・属人的権限の行使として認められている場合に用いられ，「管理」は，国際法上承

国内実施や条約上の検証措置も不完全にしか機能していないのが現状である。また既存の条約は，そもそも国家間の不拡散を念頭においた制度を採用しており，テロリストによる大量破壊兵器の取得と開発を探知し防止するための効果的なメカニズムは存在していない。そして，このような欠缺を補完するかたちで，先進国を中心に組織されたNSGとAGが活動してきたが，途上国からの賛同を得られていないのは如上の通りである。しかし，経済のグローバル化にともない軍民両用技術や産品が世界的規模で流通するようになったため，輸出管理レジーム外の国家が「抜け穴」として利用され，結果として輸出管理に関する国際的努力を危うくするような事態が生じてきていることも確かである[42]。

このように輸出管理に関する国際枠組みの抱える課題は，①テロリストによる大量破壊兵器の取得と開発を探知し防止するためのメカニズムの構築，②輸出管理制度の普遍化という2点に集約することができる。このような状況に鑑みれば，安全保障理事会が，国連加盟国に輸出管理を含めたテロ対策の国内法整備とその実施を義務づけた決議1540を全会一致で採択し，輸出管理制度の普遍化を目指そうとしたことは，テロリストへの大量破壊兵器の不拡散を達成するうえで極めて重要な出来事であったと評価することができよう。以下では，決議1540が既存の輸出管理に関する国際枠組みの欠缺をどのように埋め，いかなるかたちでテロリストへの大量破壊兵器の不拡散という目的を達成しようとしているのか，その規則内容と履行確保のあり方について検討を加えていくことにする。

認されていない国家の活動に一定の法効果を付与するための概念として用いられるとしている。*Report of International Law Commission on the Work of its Fifty-Third Session* (23 April- 1 June and 2 July-10 August 2001), *G.A.O.R.*, Fifty-Sixth Session, Supplement No. 10 (A/56/10), pp. 383-385, paras. 7-12.

42) S. Jones, "Resolution 1540: Universalizing Export Control Standards?", *Arms Control Today* (2006), pp. 1-2, cited from http://www.armscontrol.org/act/2006_05/1540.asp.

III 大量破壊兵器の不拡散体制における安保理決議1540

1. 安保理決議1540の法構造

　安保理決議1540は，非国家主体による大量破壊兵器の取得等が「国際の平和と安全に対する脅威を構成することを確認」し，大量破壊兵器の拡散を防止する「追加的な効果的措置」(additional effective measures) をとるために採択されたものである[43]。

　「追加的な効果的措置」とは，決議1540はNPT・CWC・BWCの権利義務と抵触するものではなく（第5項），すべての国に対してこれらの多数国間条約の完全実施と参加促進を求めているなど（第8項），既存の大量破壊兵器不拡散体制の一部を構成・補完するものという意味である。そして，既存の不拡散体制の「追加的な」措置という意味では，第3項に規定されている大量破壊兵器の拡散防止のための国内管理（計量管理・物理的防護・国境取締・輸出管理などを含む）を「確立するための効果的な措置を採用し実施する」義務を課している点が注目される。なかでも，従来NSGやAGといった限定的メンバーによる国内法上の措置しかとられていなかったものを，安保理決議を通じて「実施」までも義務づけていることは，普遍的な輸出管理制度の構築のための法的基盤をなすものとして評価することができる[44]。

　また，「効果的」措置という意味では，決議1540は第4項で，国内実施の実効性を担保するべく「決議の実施のためにとった又はとろうとする措置」に関する報告を加盟国に求め，この報告の提出を受ける1540委員会 (1540 Committee) を安保理の補助機関として設置した[45]。そして，第7項で，決議

---

[43] *Report of the Committee Established Pursuant to Resolution* 1540(2004), S/2006/257, p. 5, para. 1.

[44] *Ibid.*, p. 5, para. 2.

[45] 1540委員会は当初2年間の活動期間を予定しており，2006年4月に決議1540の実施状況に関する報告書（注43に掲げたもの）を安保理に提出した。報告書の提出後，安保理決議1673（2006年）によって，1540委員会の活動期間が更に2年間延長され，2008年4月までに再度報告書を提出すべきものとされた。1540委員会の活動については，http://www.un.org/sc/1540/index.shtml.

の実施にあたって「法令上の基盤，実施の経験，資源」を欠いている国に対する支援・援助を定め，履行能力の構築（capacity-building）という観点も導入している[46]。

このように決議1540は，テロリストに対する大量破壊兵器の拡散を防止するために種々の国内管理措置を国家に義務づけ，報告と援助を履行確保制度のなかに組み込むことによって，継続的なかたちで決議の目的を達成する動態的な過程を採用している。しかし，国内実施に関する報告書の提出は，全加盟国192カ国のうち137カ国と1国際機関（EU）にとどまっており，提出済みの報告書も提出期限を大幅に遅れたものや数行しか書かれていないものも多く，実際の履行面では大きな問題を抱えている[47]。たとえば，ドバイのように多くの貨物が行き交う重要な港湾を有しかつ以前はリビアとの関係で核兵器関連資機材の中継港として利用されたアラブ首長国連邦は報告書を提出したものの，加盟している条約と関連国内法令の名前を列挙するのみで具体的な措置については触れていない[48]。また，マレーシアも，輸出管理法令を欠いていたためにリビアへの核兵器関連資機材の供給地点として利用されたにもかかわらず，経済権益の毀損を懸念して決議1540に対して非協力的態度をとり，第7項にもとづく「援助を必要としない」と報告書で述べている[49]。

このように，主権平等にもとづく交渉という過程を通じて合意に至る条約とは異なり，安保理がトップダウンの形式で加盟国に義務を課す場合，決議で新たに課せられることになった義務を当初から履行する政治的意思のない国家に対して，如何に対処していくかが重要な課題となってくるのである。また，決議の履行意思はあっても，トップダウンの形式で突然降ってきた決議の義務をどのように履行すればよいのか，実施のための国内体制を十分に整えることのできない国家も存在する[50]。

---

46) *Report of the Committee Established Pursuant to Resolution* 1540 (2004), *supra* note 43, p. 29, para. 136 (e).
47) この数字は2008年12月現在のものである。各加盟国の報告書の提出については，http://www.un.org/sc/1540/nationalreports.shtml.
48) United Arab Emirates, 9 December 2004, S/AC.44/2004/(02)/89, pp. 1-3.
49) Malaysia, 4 November 2004, S/AC.44/2004/(02)/35, pp. 8-9.
50) 意図的に国際義務を履行しない国家への対応を「対決型」とし，義務履行の真摯な

決議1540は，非国家主体に対する措置を国家に義務づけるという点で，完全な国内実施がその実効性の中核にあるといってよい。それゆえ，完全な国内実施を確保することの重要性はいうまでもないが，決議の義務を「いずれの国家がどの程度履行を確保する」必要があるのか[51]，この点の基準が明確にならなければ実効性の有無を判断するための前提を欠くことになる。2．では，輸出管理の国内実施に焦点を絞り，決議1540の履行確保責任の内容とその問題点について検討していくことにする。

2．安保理決議1540における輸出管理制度
(1) 輸出管理義務の概要

安保理決議1540において具体的に輸出管理義務を課しているのは，第3項(c)と(d)である。第3項(c)は不正取引と不正仲介の探知・抑止・防止・対処を定め，第3項(d)は，輸出・通過・積換・再輸出の管理，資金供与の管理，拡散に関する輸出・積換への資金と役務の提供の管理，最終需用者の管理を規定している。これらは，輸出元の国に管理責任を課す輸出管理制度を越えて，貿易全体に関わる「貿易管理」義務を加盟国に課すものと解釈される。こうした措置は，多くの国にとって馴染みがなく新規のものであるが，NSGやAGといった輸出管理レジームに参加してきた国にとっても従来の輸出管理措置の範囲を越える，きわめて広範なものとなっており，各国はあらためて自国の輸出・貿易管理制度の見直しを測らなければならなくなったのである[52]。

たとえば，わが国においても，第3項(c)の不正仲介や第3項(d)の通過・

意思があるにもかかわらず資金・技術面で履行できない国家への対応を「履行促進型」と分類して，それぞれの義務履行確保措置の実効性を検討すべことを指摘するものとして，中谷和弘「国際機構による国際法上の義務履行確保のメカニズムー湾岸危機における国連安保理諸決議の履行確保を主たる素材として一」国際法学会編『国際機構と国際協力（日本と国際法の100年第8巻）』（三省堂，2001年）105－106頁。

51) 国際法の実効性と国際法上の「確保する義務」との関係を取り扱っている注目すべき文献として，兼原敦子「国際義務の履行を『確保する』義務による国際規律の実現」『立教法学』第70号（2006年3月）237，244－245頁。

52) Jones, *supra* note 42, p. 3.

積換・寄港について新たな対応を必要とされている。罰則の一部強化も含めて、決議1540の履行のための新しい措置が2007年6月から施行されているが、とくに通過に関しては国連海洋法条約の「無害通航権」との関係、積換・寄港に関しては外為法上の「輸出」や「輸入」の条件との整合性などが問題になっている。こうした問題の解決にあたって、国際安全保障上の要請だけでなく、わが国企業の国際的活動を不当に阻害しないという経済的要請も勘案して、政府全体でどのように取り組んでいくべきか、わが国の安全保障貿易管理のあり方が問われてくることになる[53]。

(2) 安保理決議1540の国内実施

このように、わが国も決議1540を履行するにあたって、一定の問題を抱えていることになる。わが国の安全保障貿易管理制度は世界的に高い評価を得てきたことに鑑みれば[54]、他の国も決議1540の国内実施にあたり困難な問題に直面しているものと思われる。

しかし、安保理決議1540は、大量破壊兵器関連条約のように「領域」「管轄」「管理」といった国内実施に関する履行範囲を特定する基準を定めていない。大量破壊兵器関連条約は「領域」「管轄」「管理」を統一的用語法のもとで用いていないのは前述の通りであるが、これらの語は①締約国がその国内法を通じて規制権を行使すべき場所的・人的・事項的範囲を特定すると同時に、②ある特定の事態に対して「どの国」が「どの程度」条約義務の履行確保責任を負うのかという、履行確保主体と履行確保責任の程度を特定するための合理的な根拠を提供する基準として用いられている[55]。

これに対し、決議1540は①について、第8項で「一部の国はこの決議の規定をその領域内において実施するにあたり支援を必要とすることを認識し（傍点筆者）」と述べているように、一応は決議の国内実施の範囲を「領域」

---

53) 産業構造審議会貿易経済協力分科会安全保障貿易管理小委員会制度改正ワーキンググループ『中間とりまとめ』(2007年) 12-13頁。なお、『中間とりまとめ』で継続的検討の対象となったものを中心に『最終とりまとめ』が2008年3月に提出された。http://www.meti.go.jp/policy/anpo/index.html。

54) 鈴木・田所・城山・青木・久住「前掲論文」(注5) 2, 27頁。

55) この点を、環境損害の回避、人権保護、人道法遵守の観点から検討するものとして、兼原「前掲論文」(注51) 244-245頁。

に限定しているように思われる。しかし，②については，解釈上指針となるような文言をとくに定めているわけではない。

　テロリストが大量破壊兵器を取得しようとする場合，盗取・強奪ではなく，通常の貿易経路を通じてこれを行おうとすることは前述した。こうした実態を踏まえた場合，大量破壊兵器およびその開発技術の流出の危険性のある国と大量の物資が行き交う貿易の拠点を有している国がテロリストへの大量破壊兵器の拡散のリスクを内包した国ということができる。このように考えると，拡散のリスクを抱えている国とそうでない国に分かれ，安保理決議1540の目的達成にとっては，前者，すなわち拡散のリスクを抱えている国を優先的に監視する必要がある[56]。

　このような実態に鑑み，クレイルは拡散のリスクにもとづいたアプローチ（risk-based approach）を提唱し，決議1540の優先的履行確保主体を特定する基準として「大量破壊兵器の開発能力」と「兵器・資材の所在」をあげ，この2つの基準にしたがって，①大量破壊兵器の開発に関わる施設を有するなど開発能力のある国，すなわち「主たる原因国」（Primary Origin State）と②大量破壊兵器とその関連資機材の輸送地点に使用される国，すなわち「通過国」（Transit State）[57]に分類する。そして，この分類に従って履行確保責任の程度を分け，主たる原因国は輸出管理上の輸出国として第一次的な責任を負い，通過国は輸出国の不完全な措置を補充する第二次的な責任を負うとしている[58]。

　このように考えると，大量破壊兵器の拡散を防止するためには，国家を一律平等に扱ってもあまり意味はなく，大量破壊兵器の開発能力や輸送地点と

---

56) Crail, *supra* note 7, p. 361.
57) ここでクレイルのいう「通過」とは，決議1540第3項(d)でいう「通過」，たとえば沿岸国に寄港せず領海を通航するだけという狭い意味ではなく，貨物の積卸や積換を伴う寄港などを含む広い意味で用いられている。なお，決議1540第3項(d)は狭義の「通過」にまで法的義務を課すものではないとする見解もある。
58) Crail, *supra* note 7, pp. 361-365. この点についてクレイルは，日本のように開発能力や輸送地点の観点から「主たる原因国」と「通過国」双方の側面を有している国もある反面，アラブ首長国連邦のように「通過国」の側面しか有していない国もある，としている。

いう観点から現実的に対応することが重要になってくる。それゆえ，「領域」「管轄」「管理」という国家の規制権を媒介として，締約国に等しく履行実施義務を課す従来の大量破壊兵器関連条約とは異なり，決議1540の場合は，大量破壊兵器の開発能力や輸送地点の観点から各国の事情に応じた履行確保責任を考えていく必要が出てくるのである。それゆえ，クレイルの指摘する大量破壊兵器の拡散の「リスク」という基準は極めて重要な示唆を含むものといえよう。

しかし，このような議論は政治的に可能であったとしても，拡散のリスクにしたがって各国の履行確保責任に差異を設けることが法律上直ちに正当化されるとはいえない。この点について決議1540が直接解釈上の指針となる文言を定めていない以上，決議1540の履行確保責任の内容を特定するにあたって，拡散のリスクという基準を実定法の解釈基準として採用しうるものであるか否かは，決議1540が想定する履行確保制度との関係で明らかにしていく必要があるといえるのである。

3．安保理決議1540の履行確保責任

現在，国際法規範のもつ目的・内容・価値を現実化する方法・過程という意味での「国際法実現プロセス」は多様化しているといわれるが，伝統的にこのプロセスの中核を担ってきたのは，国際義務の違反に対する国家責任の追及であった[59]。しかし，大量破壊兵器関連条約では条約義務の違反・不遵守に対して，国家責任の追及というよりも，IAEAやOPCWといった国際機関を通じた集団的対応措置を採用してきた[60]。安保理決議1540は，このような多元化した国際法実現プロセスのなかで，どのような制度を通じて実効的な履行確保を達成しようとしているのか，以下ではこの点を検討していくことにする。

(1) 安保理決議1540の履行確保における国家責任法の限界

一般に，国家が条約や安保理決議上の国際義務を負う場合，当該国際義務

---

59) 古谷修一「国際法上の個人責任の拡大とその意義－国家責任法との関係を中心として」『世界法年報』第21号（2002年1月）82頁。

60) Goldblat, *supra* note 34, pp. 340-345.

の要請を実現しなかったならば，義務違反にもとづく国家責任を負うものとされる[61]。そして，国際義務の「履行確保責任」という場合，履行を確保する「義務」と履行を確保できなかった場合の「責任」の双方を意味し[62]，両者は密接不可分な関係に立つがゆえに，履行確保の範囲も義務違反を構成しない程度のものが要求されることになる。

決議1540において，国連憲章第25条にもとづき法的拘束力を有する主な「決定」は第1－3項の規定であるが，「決定」は原則として全加盟国が実施の義務を負うため（第48条1項），安保理の許可のない決議の不履行は国家責任を生じさせ，賠償等の責任の内容は安保理により判断されることになる。この点についてゴーランド・デバスはまず，一般に安保理決議には自動執行性がなく，決議の実施にあたっては国内立法が必要であることを認める。しかし，国内的事情の如何を問わず決議の国内実施がなされない場合には，加盟国は国際平面で国家責任を負うことになり，この「責任」こそが決議の実施そのものの誘引措置になっていたとしている。つまり，憲章第24条1項の「迅速かつ有効な（effective）活動」という安保理の措置の実効性の確保は，国家責任法により担保されるものと考えられていたのである[63]。

しかし，決議1540の場合，大量破壊兵器の不拡散という「結果」ではなく，不拡散という目的を達成するために国内法を制定し執行するという「手段・方法」の義務のみを課しているため，仮に大量破壊兵器の拡散が発生してしまった場合でも，青木教授が述べる通り，「決議第1－3項の義務の回避・懈

---

61) 国家責任条文草案第12条は「国家による国際義務の違反が存在するのは，義務の淵源や性格のいかんを問わず，当該国家の行為が国際義務により当該国家に対して要求されているところと合致しない場合である」と規定する。このように国際法委員会は，慣習法，条約，国際機関の決定など，いずれの淵源に属するかを問わず，およそ国家の国際法上の義務違反に対してはすべて国家責任法が適用されるとの立場をとっている。*Report of International Law Commission on the Work of its Fifty-Third Session*, supra note(41), p. 126, para. 3.

62) 兼原敦子「地球環境保護における損害予防の法理」『国際法外交雑誌』第93巻3・4号（1994年10月）161頁。

63) V. Gowlland-Debbas, "Security Council Enforcement Action and Issues of State Responsibility", *I.C.L.Q.*, Vol. 43, Part 1 (1994), pp. 84-87.

怠と拡散という結果との因果関係の特定は困難であり，またその事実から決議1540に基づいて制裁を加えることは文言上困難」ということになるのである[64]。それゆえ，輸出管理義務の懈怠にもとづく責任の内容は，必要な国内法を制定していない状態が義務違反とみなされ，継続的な違法状態の「中止」（cessation）ないしは合法な状態を回復するための「原状回復」（restitution）の義務が国家責任法上発生するとして，必要な国内法を制定していない状態を改善する，つまりは必要な国内法を制定するということにとどまるものと思われる[65]。

決議1540は輸出管理について「適切で効果的な管理」（appropriate effective controls）を行うよう国家に義務づけているが，決議の実効性を担保するための「適切な」国内措置を一義的に定式化することは困難である。国内措置の適切性は，国家によって異なりうるものであり，どの程度の実施を行えば合法性を確保できるのか，解釈上問題が生じる。

大量破壊兵器関連条約は，国家の規制権を媒介として領域国・管轄国・管理国が条約義務を履行すべき範囲を特定していた。決議1540の場合は，クレイルの見解に従えば，拡散のリスクを媒介として「主たる原因国」と「通過国」が，それぞれ「適切な」措置を講じることになる。しかし，決議1540自体が完全な実施のためには長期間の努力を必要とする態度をとっており，決議が出された時点で適切な措置であっても後に不適切となりうる可能性があるため，決議1540に従った国内法令の「更新」（update）の必要性も指摘されている[66]。それゆえ，決議1540の実施義務は，ある特定の時点を区切って国内実施の合法性を判断することが極めて困難な動態的過程のなかで実現されるものといえるのである。

大量破壊兵器関連条約も，一般国際法上はその違反に対して国家責任法が

---

[64] 青木節子「WMD関連物資・技術の移転と国際法」『国際問題』第567号（2007年12月）19頁。

[65] 国内法の不制定の違法性については，*Report of International Law Commission on the Work of its Fifty-Third Session, supra* note 41, p. 73, para. 9. また，中止の一般的な論点については，*Ibid.*, pp. 218-219, paras. 7-8.

[66] *Report of the Committee Established Pursuant to Resolution* 1540(2004), *supra* note 43, p. 14, para. 54, p. 18, para. 80, p. 21, para. 97.

適用されると考えられてきたが[67]，現実の実行上はIAEAやOPCWなどの国際機関を通じた集団的対応がなされてきた[68]。一般国際法のもとでは，大量破壊兵器関連条約を含む軍縮条約の場合，違反国の武装化から生ずるのは，単なる損害ではなく，個々の国家の安全保障上の脅威であるとされ，条約の違反事例を各国の安全保障問題として個別的な処理にゆだねる考え方がとられてきた[69]。しかし，条約の実行上は，大量破壊兵器の禁止・不拡散という国際社会の一般利益の回復のためにIAEAやOPCWを通じた集団的対応がなされてきたのである。換言すれば，大量破壊兵器関連条約の違反事案に対しては，一国の第一次規則の違反によって発生する第二次規則上の新しい法律関係を定める国家責任法ではなく，これまでの法律関係の延長上で条約の履行確保がはかられてきたのである。

このように現在では，国家責任法とは異なる，履行確保のための新たらしいメカニズムが考えられており，その一部を体現しているのが決議1540なのである。したがって，決議1540の履行確保責任の主体や内容を国家責任法の観点から特定することは困難であり，拡散のリスクという基準の妥当性は，決議1540固有の履行確保制度によって判断されることになるのである。

(2) 安保理決議1540の履行確保制度の問題点

決議1540に固有の履行確保の手段は，報告および追加報告の要請と他国への援助要請という極めて限定的なものになっている。また，決議の履行確保

---

67) 国家責任条文草案第42条(b)(ii)では，軍縮条約上の義務は「一体的義務」(integral obligation) と性格規定され，一国の義務違反によって，締約国の「権利の享有と義務の履行に根本的な影響を及ぼす」場合には，違反国以外のすべての締約国が被害国とみなされ違反国に対する責任追及権が認められるとしている。ここで追及できる責任の内容について，国際法委員会は基本的に中止や原状回復であるとしている。*Report of International Law Commission on the Work of its Fifty-Third Session, supra* note 41, pp. 300-301, paras. 13-15.

68) Goldblat, *supra* note 34, pp. 340-345.

69) この点に関し，条約法条約第60条2項(c)と当該条文の趣旨に関する国際法委員会草案第57条2項(c)のコメンタリーを参照。*Yearbook of International Law Commission,* 1966, Vol. II, p. 255, para. 8. 小川芳彦「国際法委員会条約法草案のコメンタリー(4)」『法と政治（関西学院大学）』第20巻1号（1969年3月）198頁。

のために設置された1540委員会には，国家による決議の遵守（compliance）の有無を認定する権限はなく[70]，2006年に安保理に提出した報告書も，各国の決議の実施状況と問題点を指摘するにとどまっている[71]。その結果，報告書中にある決議の実施状況も，最終使用者の管理やキャッチ・オール規制などの措置をとっている国の数をあげるのみで，各国の遵守状況の判断は含まれていない[72]。

このように限定的な履行確保制度にとどまっているのは，なかでも安保理の機能の拡大・変化と関係しているように思われる。安保理が，ある特定の事態を国際の平和と安全に対する脅威と認定し憲章第7章の問題として扱う場合，経済制裁を含む非軍事的措置の決定を行うことなどが，安保理の中核的な役割であると考えられてきた。このような考え方のもとで，安保理は「執行者」(enforcer) としての役割を担い，平和に対する脅威や違法な事態に対して制裁を発動する執行権限 (enforcement authority) を行使してきたのである[73]。そして，国家責任の追及は安保理による執行権限の一部を構成していたのである[74]。

これに対し，決議1540は，大量破壊兵器の拡散を国際の平和と安全に対する脅威と認定して憲章第7章の事項として扱っているものの，現に発生した特定の事態ではなく，一般的な事態を対象としており，その内容も，将来にわたって国家が継続的に遵守していかなければならない拘束力ある規則を「立法」した形式をとっている[75]。そして，このような立法権限が安保理に

---

70) Crail, *supra* note 7, p. 360.

71) *Report of the Committee Established Pursuant to Resolution* 1540 (2004), *supra* note 43, p. 28, para. 133.

72) *Ibid.*, p. 41, Annex IX, States reporting on national legal framework and enforcement measures under paragraph 3(c) and (d), Border and Export Controls.

73) E. C. Luck, *UN Security Council: Practice and Promise* (2006), pp. 3-4.

74) 中谷和弘「国際法治主義の地平―現代国際関係における国家責任法理の『適用』」『岩波講座・現代の法2・国際社会と法』（岩波書店，1997年）135頁。

75) 安保理の立法権限の問題点を扱ったものとして，浅田「前掲論文」(注23) 53-57頁，坂本一也「国連安全保障理事会による国際法の『立法』」『世界法年報』第25号（2006年3月）136-162頁。

存在するか否かが決議1540の起草過程でも問題となった。それゆえ，決議の内容が国際社会に定着する性格のものとなるためにも慎重な政治的プロセスが踏まれ[76]，形式上憲章第25条にもとづき安保理の決定には拘束力があるといっても，脆弱な基礎のうえに構築された法制度であることは否めない。

このような事情を背景として，決議の内容自体はトップダウン方式で決定したとしても，決議の遵守を確保するために，安保理は自らが履行の動機づけや援助をおこなっていかなければならず，履行の「促進者」(facilitator) としての役割を新たに担う必要が出てきたのである[77]。したがって，安保理の立法権限を仮に認めたとしても，その範囲は履行確保制度と密接に関連し，決議の履行の促進者として情報提供・専門技術者の派遣・財政的支援など安保理が現実に援助できる範囲にとどまることになると思われる[78]。それゆえ，決議1540は，限定的ながらも履行能力の構築を重視し，その結果，1540委員会も，報告書の提出すら出来なかった地域（アフリカ・カリブ海諸国・南太平洋諸国）に着目して，これらの地域に対する援助の重要性を強調するにとどまることになったのである[79]。

このような1540委員会の姿勢は，決議の実効性は「大量破壊兵器およびその運搬手段と関わりをもつ潜在的可能性を有しているか否かにかかわらず，すべての国が，決議に規定された条件を十全に実施し，こうした目的をもって相互に緊密に協力する場合にのみ」達成されるという認識にもとづいている[80]。これは，大量破壊兵器の拡散のリスクにもとづいて優先的に監視すべき国を特定しているクレイルとは全く異なる見解といえる。

この両者の対立は，実効的な履行確保措置の必要性の認識と当該措置の各個別国家による現実的な受諾可能性という厳しい緊張関係[81]のなかで，どの

---

76) 安保理決議1540の起草経緯の詳細については，M. Datan, "Security Council Resolution 1540 : WMD and Non-State Trafficking", *Disarmament Diplomacy*, No. 79 (2005).

77) Luck, *supra* note 73, p. 104.

78) たとえば，浅田「前掲論文」（注23）54－55頁。

79) *Report of the Committee Established Pursuant to Resolution* 1540 (2004), *supra* note 43, p. 7, para. 15.

80) *Ibid.*, p. 28, para. 131.

81) 森田章夫『国際コントロールの理論と実行』（東京大学出版会，2000年）4－5頁。

要素（履行能力の構築か拡散のリスクか）を重視した制度設計をすべきか，決議の目的達成の手段・方法に関する見解の相違に起因する。現段階では，安保理および1540委員会は，拡散のリスクにもとづいた優先的履行監視ではなく，履行能力の構築を重視する姿勢をとっている。しかしその結果として，リスク懸念国でなおかつ履行意思の欠如している国家への対応に関しては依然として問題を残したままということは否めず[82]，今後こうした事態への対応が可能になるためには，新たな履行確保措置について各国の受諾可能性が高まるようなかたちで，1540委員会の活動が国際社会に受け入れられていく必要があるといえるであろう[83]。

IV 結　び

これまでの検討から，大量破壊兵器関連条約は国家間の拡散防止を目的としており，テロリストに対する拡散防止については法が欠缺していることがわかった。通常の貿易経路を通じてテロリストが大量破壊兵器の取得を試みていることからも，テロリストへの大量破壊兵器の拡散を防止するためには普遍的な輸出管理制度を構築していくことが有効な対策であるといえる。その意味で，決議1540が輸出管理に関する国内法の制定と執行を義務づけたことは，輸出管理制度の普遍化に寄与し，既存の法の欠缺を埋めることに一定程度成功したと評価することができる。しかし，テロリストによる大量破壊兵器の取得を探知・防止するメカニズムに関しては，各国からの報告を通じて制度の「穴」となりうる国家を確認することができても，決議の違反や不遵守を検証するための仕組みが存在していないため，結果として，国家の履行確保責任の内容も不明確なものになってしまっている。

---

82) 履行意思の欠如している国家に対しては「穏健的で非強制的な執行」（soft or non-coercive enforcement）を発展させていく努力と，履行能力の欠如している国家に対しては能力の構築や最良の実行の習得過程（best-practices-based learning process）の重要性を指摘するものとして，Luck, *supra* note 73, pp. 109-110.

83) 安保理の立法的な決議の合法性判断基準について，決議1373にもとづくテロ対策委員会に関する検討を踏まえ，1540委員会にも同様の条件があてはまるとの指摘を行うものとして，佐藤哲夫『国際組織法』（有斐閣，2005年）347-349頁。

たとえば，日本の通過や積換に関する取組みは，決議1540の完全な国内実施とはいえない部分もあるが，他方で必ずしも義務違反の状態にあるわけでもない。このような決議の履行状態を実効性の観点から批判してみても，何ゆえ日本が今以上の履行を行わなければならないのか，この点に関する法理論上の説明は困難である。

これは，主権国家間の水平的平等を基礎に国家の国際法の履行の意思と能力を前提にして理論構築してきた国際法学が，新たに国家の意思と能力の構築にまで踏み込まなければならないという，大きな理論枠組みの転換の必要性を背景としている。本稿では，決議1540を1つの素材として，国際の平和と安全の維持に関して主要な責任を有している安保理が，従来型の国家責任法アプローチにもとづく法の「執行者」としての役割だけでなく，法規則の「立法者」や履行の「促進者」としての新たな役割をも担うようになってきており，こうした新しい動向に見合った理論枠組みを検討していく必要性を指摘した。

しかし，この安保理の権限の拡大・変化によって，形式上は拘束力を有する規定であったとしても，決議1540上の義務は，即時的な結果のでない長期的かつ動態的な過程のもとで実現すべきものとされたため[84]，義務違反の認定がそもそも困難な性格のものとなっており，国家責任法アプローチのもとで発展してきた義務の履行範囲や履行確保主体の特定基準を欠く結果になっている。また，1540委員会も決議の遵守の判断権を欠いているため，何が決議の適切な履行であるのかが不明確な状態にとどまっている。それゆえ，国家責任法アプローチの限界を認識しつつも，決議1540の履行確保制度が，今後どのようなかたちで国際社会に定着していくのか（あるいは定着していかないのか），1540委員会の活動と国際社会の受け入れの程度に注目していく必要がある[85]。

---

84) *Report of the Committee Established Pursuant to Resolution* 1540(2004), *supra* note 43, p. 2.
85) 青木教授は，決議1540について，「安保理による『国際立法』という新しい現象の達成には成功したが」，1540委員会への報告書の未提出国が多いという事実は，「新しい『国際立法』現象の正当性に対する国際社会の回答を部分的に含んでいると判断し得

さらに，安保理決議1540は形式上義務の名宛人を国家にしているものの，非国家主体によるテロリズムの防止という目的を達成するためにNBCテロの国内法上の犯罪化を求め，実際には個人の行動規制を目的としている。このような安保理－国家－個人という関係性のなかで，「大量破壊兵器のテロリストへの不拡散」という目的を実現していこうとする過程は，多様化しているといわれる「国際法実現プロセス」をまさに体現しているものといえよう[86]。このように，安保理決議1540は国際法の実現意思や能力という国家の内実を問いながら，個人もその規制対象に含むという意味で，非常に複雑で困難な問題を有している。それゆえ，現段階で明確な結論を出すには実行が未成熟であり，今後国際社会がこの問題に対してどのように取り組んでいくのか，安保理や国家の実行を注意深く見守っていく必要があるといえるであろう。

〔付記〕 本稿は，早稲田大学社会安全政策研究所における研究プロジェクト（「犯罪の国際化」グループ）の研究成果の一部として実施されたものである。

る」との傾聴に値する評価をしている。青木節子「核不拡散の新しいイニシアティヴ―PSIと安保理決議1540の挑戦」浅田正彦・戸崎洋史編『核軍縮不拡散の法と政治（黒澤満先生退職記念）』（信山社，2008年）389，393－394頁。

86) 国内法上の犯罪化を義務づける決議1540とは異なるが，古谷教授は，国家責任と個人責任の異同・重複を検討しながら「国際法実現プロセス」の多様化と多元化の現象を検討している。古谷「前掲論文」（注59）86－90頁。

第2章

国際組織犯罪防止条約と共謀罪の制定
――条約の国内実施の観点から――

古谷修一

I　はじめに
II　犯罪化されるべき行為
III　共謀罪の制定における必要条件
IV　解釈宣言または留保の可能性
V　結びにかえて

I　は じ め に

　「国際的な組織犯罪の防止に関する国際連合条約」(以下,国際組織犯罪防止条約) は,2000年11月15日に国連総会において採択され[1],2003年9月29日に同条約38条が定める要件を満たして発効した。現在のところ,締約国は147カ国に及んでいる[2]。日本は2000年12月12日に署名を行い,第156回国会において国会承認が行われている。しかし,この条約を国内実施するために提案された「犯罪の国際化及び組織化に対処するための刑法等の一部を改正する法律案」[3]は,それが規定する共謀罪の導入をめぐって,与野党の間に激しい対立を招く結果となった。同法律案はその後閉会中審査を繰り返したが,

---

[1] United Nations Convention against Transnational Organized Crime, UN Doc. A/RES/55/25 (8 January 2001), Annex I.
[2] これとは別に,ヨーロッパ共同体が当事者となっている。なお,締約国数の最新情報については〈http://www.unodc.org/unodc/en/treaties/CTOC/countrylist.html〉を参照。
[3] 第156回国会,内閣提出第85号。なお,同法律案の共謀罪に関連する部分は,以下のように規定する。
　「第6条の2　次の各号に掲げる罪に当たる行為で,団体の活動として,当該行為を実

平成18年に与党から共謀罪の対象を絞り込む3つの修正案が提案され[4]，さらに民主党の提案する案を与党が受け入れる方向なども模索された。しかし結局，法律案の採択は行われないままに今日に至っている。

　こうした事態が発生した遠因は，国際刑事法に関連する他の条約と比較して，国際組織犯罪防止条約が顕著な特徴を持つことにあると考えられる。一般的に言って，国際刑事法に属する条約は，2つの種類に分類することができる。第一は，国際法が国際的な犯罪行為の構成要件を直接に定め，これを裁判する国際司法機関が条約により設置されるものである。2007年に日本が批准した国際刑事裁判所に関するローマ規程は，その典型的な例である。他方，犯罪行為が多数の国に関連することを念頭に，関係国の国内裁判所における裁判を円滑に進めるために，共通して特定の行為を国内法上犯罪とし，域外での犯罪行為についても裁判権を行使できるよう，国内法の整備を締約国に求める条約がある。この代表的な例としては，ハイジャック・航空機爆破，人質行為，爆弾テロなどの国際テロリズムに関連する諸条約が挙げられる。国際組織犯罪防止条約は，国際裁判所が裁くのか，国内裁判所が裁くのかという基準で見れば，明らかに後者の系列に属することになる[5]。しかし，この条約はテロ関係の諸条約とも異なる点を持つ。

　テロ関係の諸条約が規律する行為は，概していずれの国においても犯罪行為となり得るものである。したがって，国内法による犯罪化という側面では，

　　行するための組織により行われるものの遂行を共謀した者は，当該各号に定める刑に処する。ただし，実行に着手する前に自首した者は，その刑を減軽し，又は免除する。
　　　1　死刑又は無期若しくは長期10年を超える懲役若しくは禁錮の刑が定められている罪　五年以下の懲役又は禁錮
　　　2　長期四年以上10年以下の懲役又は禁錮の刑が定められている罪　2年以下の懲役又は禁錮
　　　2　前項各号に掲げる罪に当たる行為で，第3条第2項に規定する目的で行われるものの遂行を共謀した者も，前項と同様とする。」

4) 第164回国会，内閣提出第22号。衆議院のホームページを参照〈http://www.shugiin.go.jp/index.nsf/html/index_gian.htm〉。

5) 尾崎久仁子「国際組織犯罪防止条約について―国際連合の視点から」『刑事法ジャーナル』第9号（2007年10月）73－74頁。

それほど大きな困難があるわけではない。むしろ、これらの条約の力点は、域外行為について裁判権を行使できるように国内法を整備することにある。これらの条約がいずれも、容疑者が自国に所在する締約国に対し、犯罪行為と直接に関係しない場合であっても、当該容疑者を利害関係国に引き渡さない限り、自国において訴追する義務を科す規定（「引き渡すか、裁くかせよ」（aut dedere aut judicare）方式）を持つのは、こうした趣旨である。

ところが、国際組織犯罪防止条約においては、裁判権に関する規定はそれほど野心的なものではない。「引き渡すか、裁くかせよ」方式の導入は義務的なものではなく、締約国がそれを望めば行うことができるに留まる（15条4項）。一方、犯罪化については、組織的な犯罪集団への参加、資金洗浄、腐敗行為、司法妨害などを国内法上犯罪とすることを求めている。この点では、一見するところテロ関係諸条約と同様のアプローチを採用しているように見えるが、テロ関係の条約がたとえばハイジャック行為といった特定の行為を念頭においた犯罪化を要請しているのに対し、国際組織犯罪防止条約は重大な犯罪の共謀行為、組織的な犯罪集団への参加といった包括的な行為を問題としている点に留意しなければならない。国際法の視点から見るならば、この条約はテロ諸条約に代表される従来の国際刑事協力の枠組を一歩踏み出して、各国の刑事実体法の中身とその運用の統一を図ることを意図していると考えられる[6]。その意味で、国際法の国内法への介入の深度は格段に大きくなっているのである。

こうした国際組織犯罪防止条約の特徴は、各国に特有な経済的、社会的、文化的状況やこれらを背景とした法制度のあり方と摩擦を起こす危険性を強く内包している。しかし他方で、国内制度との摩擦があるからといって、各国の多様性を盲目的に尊重すれば、一律・普遍的な犯罪予防と処罰を志向する条約の趣旨・目的からは外れることになる。したがって、同条約において最も困難な問題は、各国の国内状況の多様性の尊重と、普遍的・画一的は刑事法制の実現との間のバランスを、どのように実現するのかという点にある。上記のような日本における共謀罪の議論は、国際組織犯罪防止条約が本質的

6）奥脇直也「国際法から見た国際刑事協力の現代的展開」『法学教室』第278号（2003年11月）7-8頁。

に内在させるこうした困難性を反映したものと言えるだろう[7]。

　その意味で，同条約と日本の法制度との整合性に関する議論が活発に交わされることは，決して悪いことではない。一般的に，国際刑事法にかかわる国際条約が，国内の法曹関係者や国民一般の関心の対象となる機会が少ないことを考えると，皮肉なことではあるが，共謀罪の可否をめぐる議論によって，国際組織犯罪防止条約が大きな注目を集めたことはむしろ良いことであろう。しかしながら，こうして展開されている議論は，国際法の観点からはやや乱暴で，必ずしも論理的とは言えないものも見うけられる。とりわけ，共謀罪との関係で試みられている国際組織犯罪防止条約の解釈，解釈宣言・留保の可能性，条約交渉過程と国内実施の関係性，条約の履行義務などに関する議論の中には，条約本文や関係文書の正しい理解に基づいていないと考えられるものも散見される。

　本稿は，共謀罪の制定を単純に推奨することを目的とするものではないし，最後に指摘するように内閣提出の法律案には問題があることは事実である。しかし，少なくとも国際組織犯罪防止条約を批准するためには，これまでの日本の刑法的伝統とは異なる共謀罪（あるいは参加罪）の導入を行わざるを得ないことは，同条約の国内実施の観点からは明らかであるように思われる。最終的に刑法の改正を行い，同条約を批准するかどうかは政策判断の問題であり，国会での論戦や広く国民に開かれた議論により決着がつけられるべきであると信じるが，条約や関係文書に関する曖昧な解釈に基づいた議論は回避されなければならないであろう。

　本稿は，こうした趣旨から，共謀罪の可否との関係で問題となる国際組織犯罪防止条約の関連条文を取り上げ，その国際法的な理解を明確にすることを目的としている。したがって，犯罪人引渡，裁判権の設定，没収のための国際協力，法律上の相互援助といった，同条約の内実において重要と思われる論点を取り上げることはしない。また，同条約の意義を検討するに際しては，この条約を補足する3つの議定書[8]についても論じることが不可欠であ

---

[7] 髙橋則夫「国際組織犯罪防止条約と国内対策立法」『法学教室』第278号（2003年11月）21頁。

[8]「国際的な組織犯罪の防止に関する国際連合条約を補足する人（特に女性及び児童

るが，上記のような趣旨からここではあえて論ぜず，他日の検討を期したい。

II　犯罪化されるべき行為

1．第5条の射程

　国際組織犯罪防止条約の主要な目的のひとつは，一定の類型の行為を，その国内法上犯罪とすることを締約国に義務づけることにある。具体的には，締約国は，組織的な犯罪集団への参加（5条），犯罪収益の洗浄（6条），腐敗行為（8条），司法妨害（23条）を犯罪化することが求められる。これらのうち，共謀罪との関係で問題となるのは第5条の規定である。第5条1項(a)は，次のように規定する。

　　1　締約国は，故意に行われた次の行為を犯罪とするため，必要な立法その他の措置をとる。
　　(a) 次の一方又は双方の行為（犯罪行為の未遂又は既遂に係る犯罪とは別個の犯罪とする。）
　　　(i) 金銭的利益その他の物質的利益を得ることに直接又は間接に関連する目的のため重大な犯罪を行うことを一又は二以上の者と合意することであって，国内法上求められるときは，その合意の参加者の一人による当該合意の内容を推進するための行為を伴い又は組織的な犯罪集団が関与するもの
　　　(ii) 組織的な犯罪集団の目的及び一般的な犯罪活動又は特定の犯罪を行う意図を認識しながら，次の活動に積極的に参加する個人の行為
　　　　a　組織的な犯罪集団の犯罪活動

の取引を防止し，抑止し及び処罰するための議定書」(2002年12月9日署名，2005年6月8日国会承認)，「国際的な組織犯罪の防止に関する国際連合条約を補足する陸路，海路及び空路により移民を密入国させることの防止に関する議定書」(2002年12月9日署名，2005年6月8日国会承認)，「国際的な組織犯罪の防止に関する国際連合条約を補足する銃器並びにその部品及び構成部分並びに弾薬の不正な製造及び取引の防止に関する議定書」(2002年12月9日署名，国会未承認)。

　　　　　b　組織的な犯罪集団のその他の活動(当該個人が，自己の参加が当
　　　　　　該犯罪集団の目的の達成に寄与することを知っているときに限る。)

　この規定から明らかなことは，締約国は(i)の共謀罪と(ii)の参加罪の両方，
またはそのいずれかを国内法上犯罪としなければならないということである。
しかも，犯罪行為の既遂または未遂とは独立した犯罪とすることが求められ
ており，仮に犯罪行為が行われなかったとしても，共謀または参加をもって
犯罪を構成するように立法化しなければならない。
　こうした犯罪化の意義について，国連が作成した立法ガイド（Legislative
Guides）は，以下のように説明している。

　「48 ……しばしば，人々は犯罪行為の遂行に直接に参加することなく，
　重大犯罪の計画と実行において組織的な犯罪集団を幇助する。この問題
　に対応して，多くの国は犯罪集団へのより軽度の参加（lesser
　participation）を禁止する刑事法を採用してきた。
　　49．今日まで諸国が採用してきたアプローチは，歴史的，政治的，法
　的背景によって異なっている。大まかに言って，組織的な犯罪集団への
　参加の犯罪化は，2つの方法によって達成されてきた。コモンロー諸国は
　共謀の犯罪（offence of conspiracy）を用いてきたのに対し，大陸法の諸国
　は犯罪組織への関与を禁止する犯罪を用いてきた。他の諸国はこうした
　アプローチを結合させている。本条約は特定の組織の構成員となること
　を禁止することを求めてはいない。
　　50．犯罪集団は国境を越え，しばしば同時に多くの国に影響を与える
　ことから，法律を調整し調和させる必要性は明白である。たとえば，1998
　年12月21日に欧州連合理事会が，同連合の加盟国において犯罪組織への
　参加を刑事犯とする共同行動を採択したように，地域レベルではそうし
　た方向のイニシアティブはすでにとられている。しかしながら，これは
　単に地域的な問題ではなく，実効的な世界的対応が求められる問題であ
　る。
　　51．本条約は，世界的対応の必要性を満たし，犯罪集団への参加行為
　の実効的な犯罪化を確保することを目的としている。条約第5条は，先
　に言及したような犯罪化に対する二つの主要なアプローチを同等なもの

第 2 章 国際組織犯罪防止条約と共謀罪の制定

と認めている。したがって，第 5 条 1 項(a)(i)と 1 項(a)(ii)という二つの代替的なオプションは，ある国は共謀に関する法律を持ち，別の国は犯罪の結社（association de malfaiteurs）に関する法律を持っている事実を反映して作成されたものである。これらのオプションは，関連する法概念を持たない国において，―共謀または犯罪の結社―のいずれかの概念〔either notion〕の導入を求めることなく，組織的な犯罪集団に対する実効的な行動を許容するものである。…[9]」

この説明によれば，第 5 条は，組織的犯罪については犯罪の実行行為よりも軽度の関与を犯罪とし，かつこれに関する各国の国内法を調和させることが必要であるという認識から規定されたことになる。したがって，こうした趣旨を広く理解すれば，実行行為の前段階の行為を犯罪とするという目的が満たされている限り，必ずしも共謀または犯罪の結社といった形式で犯罪化を行わなくとも，第 5 条上の義務は履行されたことになるという主張が考えうる。

実際，共謀罪に反対する立場の主張には，こうした観点からの議論が見られる[10]。この議論の最も重要な拠り所となっているのは，先に引用した立法ガイドのパラグラフ 51 にある「これらのオプションは，関連する法概念を持たない国において，―共謀または犯罪の結社―のいずれかの概念の導入を求めることなく，組織的な犯罪集団に対する実効的な行動を許容するものである（The option allow for effective action against organized criminal groups, without requiring the introduction of either notion-conspiracy or criminal association-in States that do not have the relevant legal concept.）」との文章である。上記主張は，この共謀と犯罪の結社の either notion の導入を求めることなくとは，その

---

[9] United Nations Office on Drugs and Crime, Division for Treaty Affairs, Legislative Guides for the Implementation of the United Nations Convention Against Transnational Organized Crime and the Protocols Thereto (2004), paras 48-51.

[10] 日本弁護士連合会「共謀罪新設に関する意見書」（2006年（平成18年）9月14日）7-8頁〈http://www.nichibenren.or.jp/ja/opinion/report/data/060914.pdf〉；海渡雄一「近時の組織犯罪対策立法の動向と共謀罪新設の持つ意味」『法律時報』第78巻10号（2006年9月）25頁。

第1部　国際犯罪の抑圧

「いずれも導入することなく」という意味であると解釈している。確かに，この「either notionの導入を求めることなく」という言葉は曖昧で，そのいずれか一方を導入すれば，他方を導入する必要はないという趣旨なのか，それとも両者ともに導入する必要がないという意味なのか，わかりにくいことは間違いない。

　しかしながら，以下の点を考慮するならば，第5条の理解としては，共謀と犯罪の結社のいずれか一方を導入すれば，他方を導入する必要はない，換言すれば共謀か犯罪の結社のいずれか1つは導入しなければならないという解釈が正しいと考えられる。第1に，第5条を「用語の通常の意味」にしたがって解釈した場合，その概念の名称は問わないとしても，第5条1項(a)(i)と(ii)に規定されている行為のいずれかを，国内法上犯罪とすることを義務づけているとしか解釈できない。第2に，立法ガイドに依拠した場合においても，先に引用したパラグラフ48から51に至る全体の流れを踏まえるならば，共謀と犯罪の結社の両方を導入しなくて良いという趣旨であると理解することは困難である。もしそうした趣旨であるとするならば，上記の問題の文章は，十分理由を示さないまま唐突に現れてきていることになる。そして第3に，立法ガイドのフランス語版では，同箇所が"sans qu'il soit necessaire d'introduire l'un ou l'autre concept"と記述されており[11]，これは明らかに「どちらか一方」を意味するものと解釈できる。最後に，国連内部で同条約の履行確保について責任を負っている国連薬物犯罪事務所（UNODC）条約局が，こうした解釈を確認している点も重要である[12]。

2.「国内法の基本原則」による制約可能性

　第5条に基づく犯罪化は，第34条1項が規定するように，「国内法の基本原則に従って」行うことが求められている。このため，日本では「法益侵害

---

11) Available at 〈http://www.unodc.org/pdf/crime/legislative_guides/02%20French%20Legislative%20guide_TOC%20Convention.pdf〉.

12) 外務省「国際組織犯罪防止条約の『立法ガイド』における記述について」（平成18年6月16日）〈http://www.mofa.go.jp/mofaj/gaiko/soshiki/kenkai.html〉。尾崎「前掲論文」（注5）77頁 注27。

の結果が発生したものについて処罰する」というのが国内法の基本原則であるから，これに従った範囲内で犯罪化をすれば足りるのではないかとの見解が主張されている[13]。しかし，条約履行のための措置を義務づける第34条の理解として，この解釈は正しいものとは言えない。

　国際組織犯罪防止条約では，「国内法の基本原則」という用語は六つの条項において使用されている（第6条1項柱書，同条2項(e)，第18条18項，第26条3項，第31条2項柱書，第34条1項）。これらは，それぞれ異なる立法経緯を持っており，すべてを同一の解釈で括ることはできないが，大枠では実体法的な原則と手続法的な原則にその内容を分けることができる。そして，ここで問題となる第34条1項は後者に属する。

　第34条1項の淵源となる条項は，アド・ホック委員会の第2会期に提出された当時の第6条2項にある[14]。この条文は1988年に採択された「麻薬及び向精神薬の不正取引の防止に関する国際連合条約」第2条1項にならって提案されたものであり[15]，同項は「締約国は，この条約に基づく義務を履行するに当たり，自国の立法に関する制度の基本的な規定に従い，必要な措置（立法上及び行政上の措置を含む。）をとる」と規定する。この「自国の立法に関する制度の基本的な規定」(the fundamental provisions of their respective domestic legislative systems) という言葉が示すように，この条項の趣旨は立法上・行政上の措置を含む必要な措置は，各国の立法制度に基づいてとられることを確認したものである。したがって，当時の第6条2項も，条約を実施

---

13) たとえば，平岡秀夫「犯罪の国際化及び組織化並びに情報処理の高度化に対処するための刑法等の一部を改正する法律案に関する質問主意書」（平成17年10月31日提出，質問第67号），1 (1)②。

14) Article 6, paragraph 2 : "In carrying out its obligations under the Convention, each State Party shall take the necessary measures, including legislative and administrative measures, in conformity with the fundamental principles of its domestic legal system." Ad Hoc Committee on the Elaboration of a Convention against Transnational Organized Crime, Third session, Vienna, 28 April-3 May 1999, Revised draft United Nations Convention against Transnational Organized Crime, UN Doc. A/Ac.254/4/Rev.2, p. 15.

15) David McClean, *Transnational Organized Crime : A Commentary on the UN Convention and its Protocols* (2007), p. 301.

するための措置が各締約国の立法手続にしたがって制定されるべきことを示唆したものであって，実体的な国内法の基本原則に従った立法化（犯罪化）を求めることを意図したものではなかった。第6条2項はその後第4回期において，現行第34条3項にあたる条項とセットになって第23条*ter*となったが，この段階でも「国内の法制度」(its domestic legal system) と表現されており，問題となる基本原則が国内法の実体的内容というよりも，むしろ手続的な制度にかかわることを示していた[16]。しかし，審議の最終局面において，他の条項における用語との間に統一性を確保するという趣旨から，これが「国内法」(its domestic law) と書き換えられ，現行第34条1項へと至ったのである。

こうした点を考慮すれば，第34条1項が言う「国内法の基本原則に従って」とは，締約国の立法手続に関する基本原則に則って必要な措置をとることを意味していると解される。したがって，仮に「法益侵害の結果が発生したものについて処罰する」というのが日本法の基本原則であるとしても[17]，それは第34条における義務範囲を縮小する理由とはならない。

---

[16] Ad Hoc Committee on the Elaboration of a Convention against Transnational Organized Crime, Fifth session, Vienna, 4-15 October 1999, Revised draft United Nations Convention against Transnational Organized Crime, UN Doc. A/Ac.254/4/Rev.4, p. 16, note 82.

[17] なお，たとえば第6条1項柱書など「国内法の基本原則」が実体法的な意味も含むとみられる場合においても，それは憲法上の制約を含意していると考えられる。国際組織犯罪防止条約がその雛形としている「麻薬及び向精神薬の不正取引の防止に関する国際連合条約」3条1項(c)では，「自国の憲法上の原則及び法制の基本的な概念に従うことを条件として」(Subject to its constitutional principles and the basic concepts of its legal system) と規定されており，国際組織犯罪防止条約の草案でも長らく「憲法上」の原則という言葉が使われていた。現行の「国内法の基本原則」という言葉に変わるのは，交渉最終段階のアド・ホック委員会第10会期に至ってである。したがって，「国内法の基本原則」が憲法上の原則を指すという政府の見解（内閣総理大臣　小泉純一郎「衆議院議員平岡秀夫君提出犯罪の国際化及び組織化並びに情報処理の高度化に対処するための刑法等の一部を改正する法律案に関する質問に対する答弁書（平成17年11月11日受領，内閣衆質163第67号，1の(1)の②について，伊藤信太郎大臣政務官の答弁『第164回国会衆議院法務委員会議録第21号』（平成18年4月28日），3頁）は間違っておらず，そうであるならば「法益侵害の結果が発生したものについて処罰す

以上のように，第5条によれば，締約国は少なくとも共謀罪または参加罪を国内法上の犯罪としなければならない。もちろん，日本として共謀罪を選択しなければならない条約上の義務があるわけではなく，いずれを選択するかは完全に政策的な判断の問題である[18]。よって，同条約を批准するに際して，共謀罪ではなく，参加罪を犯罪化してこれに臨むことも可能である。しかし，本稿ではこれまでの議論の進展を踏まえて，参加罪ではなく共謀罪を導入するという前提のもとで，条約との整合性について議論を続けることとする。

る」という内容は，本条約が言う「国内法の基本原則」には該当しないと考えざるをえない。なお，「国内法の基本原則」が憲法を指すことについては，今井勝典「国連国際組織犯罪条約の実質採択について」『警察学論集』第53巻9号（2000年9月）65頁も参照。

　いずれにせよ，本条約が「国内法の基本原則」に言及する趣旨は，条約上の義務を「国内法の基本原則」に従属させる（subject to）ということではなく，「国内法の基本原則」に則って（in accordance with）実際に適当な措置をとることにある。See McClean, supra note 15, p.77. したがって，「国内法の基本原則」を盾に条約義務を安易に回避しようとするならば，本質的に本条約の趣旨を逸脱するものとも考えられる。

18) 法務大臣から法制審議会刑事法（国連国際組織犯罪条約関係）部会に対して行われた「国際組織犯罪防止条約の締結に伴う罰則等の整備に関する諮問」においては，共謀罪の方が現行法制との親和性が高いことが選択の理由とされている。「共謀罪あるいは参加罪の一方又は双方の犯罪化が必要となりますが，参加罪は，特定の犯罪行為との結び付きを要件とせず，参加者が組織的な犯罪集団の犯罪活動やその他の活動に参加する行為を犯罪化することを義務付けておりますが，このように特定の犯罪行為と結び付かない行為を犯罪化するということにつきましては，慎重な検討が必要であると考えられます。他方，共謀罪の方は，特定の犯罪の実行を合意することの犯罪化を義務付けるものでありまして，我が国では既に一定の罪につきまして実行の着手前の共謀あるいは陰謀というものが独立の犯罪とされているなど，現行法制との親和性というものも認められること等を考慮いたしまして，重大な犯罪の共謀の犯罪化という方を選択したいと考えているものであります。」「法制審議会刑事法（国連国際組織犯罪条約関係）部会第1回会議議事録」（平成14年9月18日）。この判断が正しいものかどうかの検討は筆者の能力を超えるし，また本稿の目的の範囲外である。なお，この点に関しては，伊東研祐「国際組織犯罪と共謀罪」『ジュリスト』第1321号（2006年10月）76-77頁も参照。

III 共謀罪の制定における必要条件

1．第5条における要件

　第5条1項(a)(i)が制定を求める共謀罪は，その文言から解釈すれば，以下の内容が充足されていることが必要である。
　(ア) 重大な犯罪を行うことを一または二以上の者と同意すること。
　(イ) 当該重大な犯罪は，金銭的利益その他の物質的利益を得ることに直接または間接に関連する目的を持つこと。
　(ウ) 締約国の国内法が求めるときは，
　　(a) 当該合意の参加者の一人による合意内容を推進するための行為をともなうこと。
　　または，
　　(b) 組織的な犯罪集団が関与すること。

　(ア)に関連して問題となる「重大な犯罪」は，第2条(b)において，「長期4年以上の自由を剥奪する刑又はこれより重い刑を科すことができる犯罪を構成する行為」と定義されている。こうした各締約国の国内法を基準とした「重大な犯罪」の定式化は，1998年2月にワルシャワで開催された専門家会合で提案されたものの1つであり[19]，アド・ホック委員会の第1会期から最終案まで一貫して維持された。もっとも，4年という年数については様々な数字が主張され，最終段階でこの年限に確定した経緯がある。その意味では，4年という期間に特別な意味があるわけではなく，交渉過程の妥協によって決定したものにすぎない。しかし，そのことは「長期4年以上」という条約上の定義を柔軟に扱って良いということを意味しない。いかにそれが妥協的にできあがったものであったとしても，ひとたび条約文として確定すれば，法として厳格に遵守されなければならない。このことは国内法の場合とまっ

---

19) Report of the meeting of the inter-sessional open-ended intergovernmental group of experts on the elaboration of a preliminary draft of a possible comprehensive international convention against organized transnational crime (Warsaw, 2-6 February 1998), UN Doc. E/EC.15/1998/ 5 (18 February 1998), pp. 17-18.

たく同様に，条約についても当てはまる。その意味では，この期限をたとえば5年以上といったものに置き換えて立法化するならば，第5条に抵触することになるだろう。

(イ)の要件と同様の文言は，第2条(a)における「組織的な犯罪集団」を定義する際にも使用されている。この条文では「金銭的利益その他の物質的利益」は広く解釈されることが求められており，必ずしも金銭や物品に係る利益だけに限定されてはいない。解釈ノート (Interpretative notes) によれば，児童ポルノに関連する物品の頒布や児童の取引などに関連する性的な満足 (sexual gratification) もまた，こうした利益に該当するとされている[20]。しかし，少なくともこの要件を適用する限り，たとえば金銭的利益にかかわらない殺人などを共謀罪の対象とすることまで，条約は要求していない。

(ウ)は，締約国の国内法がそれを求める場合に追加できるオプショナルな要件である。(a)は，共謀罪を認めるに際して，いわゆる顕示行為 (overt act) の存在を前提とする国があることを考慮している。(b)の要件は，日本が交渉過程において，重大な犯罪が組織的な犯罪集団と関係している場合に限って共謀罪の犯罪化を要求すべきとの趣旨の条項を提案をしたことに端を発する[21]。しかし，日本提案はそのままは受け入れられず，結局オプションとして組み込まれることとなった。

ここで問題となるのは，(a)と(b)のオプションはいずれか一つしか選択できないのか，それとも両方を選択できるのかという点である。条文上は「又は」(or) となっているため，いずれか一つしか選択できないようにも解釈できる。しかし本来(a)と(b)はまったく異なる問題を扱っており，一方を選択すれば他方は必要ないといった性格のものではない。国内法が顕示行為

---

20) Interpretative notes for the official record(*travaux preparatoires*) of the negotiation of the United Nations Convention against Transnational Organized Crime and the Protocols thereto, UN Doc. A/55/383/Add.1(3 November 2000), para. 3.

21) Japan : Proposals on article 3(option 2) of the main Convention as presented in document A/AC.254/L.1/Add.2, *in* Ad Hoc Committee on the Elaboration of a Convention agaist Transnational Organized Crime, Second session, Vienna, 8-12 March 1999, Proposals and contributions received from Governments, UN Doc. A/Ac.254/5/Add.3 (8 February 1999), p. 8, para. 7.

を要求すると同時に，組織的な犯罪集団との関係性も求めることは，少なくとも論理的にはありうることである。また，いずれかの選択を締約国に許容している以上，両者を選択した国が存在することで，条約が意図する国際協力の範囲が著しく狭くなるわけでもない。

　この点について，解釈ノートや立法ガイドは特に言及しておらず，少なくとも両者を選択することが禁止されていると言える根拠はない。翻って，実際の国家実行を見るならば，第5条3項に基づき国連事務総長に通報されたオプションの選択状況を概観する限り，これまで両方の要件を選択することを通報した国は存在しない。しかし，ノルウェーとパナマは両者のオプションと自国の国内法との関係について言及し，結論的に一方の要件のみを追加している[22]。このことは，少なくとも二つのオプションを同時に選択することが，まったく問題外のことであるとは言えないことを示唆している。したがって，(a)と(b)の要件を両方とも選択して，この範囲内で犯罪化を行う可能性が排除されているとは言えないだろう[23]。

2．第34条2項における要件

　第34条2項は，立法化においては「第3条1項に定める国際的な性質または組織的な犯罪集団の関与とは関係なく定める」ことを求めている。しかし，この要件に関しては，行為が「国際的な性質」(transnational nature) を有する場合に限って共謀罪を犯罪化することも，条約の解釈において許されるという主張が見られる[24]。こうした見解は，解釈ノートの次のような記述を根拠としている。

> 「59. 本項〔34条2項〕の目的が，第3条に規定された条約の適用範囲を変更することなく，国際的要素と組織的な犯罪集団の関与が，犯罪化の目的のために犯罪の要素と考えられるべきではないことを明確に示す

---

[22] Notifications made under articles 5 (3), 16 (5), 18 (13) and (14), and 31 (6), available at 〈http://www.unodc.org/unodc/en/treaties/CTOC/countrylist.html〉.
[23] 伊東「前掲論文」(注18) 78頁。
[24] 桐山孝信「『国際組織犯罪防止条約』の批准と国内法化の課題」『法律時報』第78巻10号（2006年9月）15頁。海渡「前掲論文」(注10) 22頁。

ことにあることを，準備作業（travaux preparatoires）は述べるべきである。本項は，条約を履行するに際して，締約国が犯罪収益の洗浄（6条），腐敗行為（8条）または司法妨害（23条）の犯罪化において国際性の要素と組織的な犯罪集団の関与を，また組織的な犯罪集団における犯罪化において国際性の要素を含める必要がない（do not have to include）と，締約国に示すことを意図している。[25]」

この説明の前半は，国内法による犯罪化において「国際的な性質」の要素を入れることができないといったトーンを持っている。ところが，後半では「含める必要はない」と述べており，ここから国内法において「国際的な性質」の要素を含めて共謀罪を犯罪化することは許容されると解釈することができるように見える。しかし，問題の記述は，こうしたことを許容することを積極的に表明するために挿入されたというよりも，むしろ交渉過程の混乱と拙速な起草がもたらした曖昧さの表れと理解すべきであろう[26]。実際，第34条2項の意味は，締約国による条約履行を助けるために作成された立法ガイドを参照すると，より明確になる。たとえば，立法ガイドのパラグラフ18は，上記の解釈ノートの文言をそのまま用いた後，以下のように述べる。

「この条項〔34条2項〕はさらに，締約国が本条約の犯罪化の条項を遵守することに関連して明確性を確保することを意図しており，本条約の協力の条項（16，18，27条）の解釈に影響を与えることを意図していない。換言すれば，国内法においては，組織的な犯罪集団への参加，腐敗行為，資金洗浄，司法妨害といった本条約にしたがって制定される犯罪，および人の取引，移民の密入国，銃器の取引といった議定書の犯罪は，事件が国際的要素を持っているか純粋に国内的かにかかわらず，平等に適用されなければならない（must apply equally, regardless of whether the case involves transnational elements or purely domestic）。[27]」

さらに，パラグラフ31は，第3条1項が言及する「国際的な性質」が条約

---

25) Interpretative notes, *supra* note 20, para. 59.
26) McClean, *supra* note 15, p. 52.
27) Legislative Guides, *supra* note 9, para. 18.

全体に及ぶものでないことを明確にしている。

> 「しかしながら，第3条1項によれば，範囲におけるこれらの制限〔国際性と組織的な犯罪集団の関与〕は，本条約に別段の定めがある場合を除くときにのみ適用される点を認識することは，立法者および政策立案者にとって重要である。(本章においてすでに議論した) 第34条2項において明確なように，国際性と組織的な犯罪集団の関与という制限要素は，条約のすべての条項に適用されるわけではない。[28]」

そして，パラグラフ45および68は，犯罪化においてこれらの要素を入れてはならないことを明確に指摘している。

> 「一般的には，本条約は，犯罪が国際的な性質を持ち，組織的な犯罪集団に関係する場合に適用される (第34条2項を参照)。しかしながら，このガイドの第2章A節でより詳しく説明するように，このことはこれらの要素を国内犯罪の要素としなければならないということを意味しないと，強調されるべきである。それどころか，〔国内法の〕起草者は，本条約または議定書が明示的にそれを求める場合を除いて，国内犯罪の定義にこれらを含んではならない (drafters must not include them in the definition of domestic offences)。国際性または組織的な犯罪集団の関与に関するいかなる要件も，不必要に法執行を困難にし，これを阻害することになるだろう。[29]」

> 「これらの犯罪化の義務を履行するために法律を起草するに際して，立法者は刑事犯罪の設定に特に関連する，本条約における以下の一般的な義務に留意すべきである。
>   (a) 国内犯罪における国際性の不挿入。国際性は国内犯罪の要素とされてはならない (Transnationality must not be made an element of the domestic offence) (第34条2項)。[30]」

---

28) *Ibid.*, para. 31.
29) *Ibid.*, para. 45.
30) *Ibid.*, para, 68.

これらを見るならば，第34条が犯罪化に際して，「国際的な性質」の要素を含まないことを義務づけていることは明らかである。条約の適用範囲に「国際的な性質」の要素があるのに，第34条がこれを否定するのは「異質」あるいは「欠陥」であるといった批判も見られるが，これは正しい見方とは言えない。国際組織犯罪防止条約は，本質的に，犯罪化の条項と国際協力の条項で「国際的な性質」の要素の取り扱いを変える二重構造を備えているのであって，起草過程のいわば事故で第34条2項が偶然に生まれたわけではない[31]。もしそうだとすれば，なにゆえ立法ガイドがこれほどまで繰り返し国内法による犯罪化において，「国際的な性質」の要素を組み込まないよう要請しているのか，説明がつかないであろう。

　したがって，共謀罪を制定するに際して，「国際的な性質」をともなう犯罪にこれを限定すると規定するならば，それは第34条2項に違反すると言わなければならない。

Ⅳ　解釈宣言または留保の可能性

　共謀罪の導入をめぐっては，国際組織犯罪防止条約の批准に際して，関係条文に留保または解釈宣言を付すことによって，共謀罪の立法化を回避する，あるいはその範囲を縮小すべきであるとの議論が見られる。確かに，自国の国内法と抵触する可能性のある条約の締約国となるに際して，問題となる条項につき留保または解釈宣言を行って国内法との整合性を確保することは，国内法と国際法を調整する手法としてしばしばとられる措置である。しかし，国際法上，どのような条項についても留保・解釈宣言を行うことができるというわけではない。以下では，実際に宣言されうる解釈宣言または留保を想定して，その許容性の問題を検討しよう。

1．第5条に対する解釈宣言・留保の許容性
　周知のように，条約法条約は，留保が許容されない場合を特定したうえで，原則として許容される留保につき他の締約国による受諾を条件としている。

---

31) 海渡「前掲論文」(注10) 22-23頁参照。

留保が許容されない場合とは，(a)条約が留保を付すことを禁止している場合，(b)条約が，特定の留保のみを付すことができると定めており，当該留保がそれに該当しない場合，(c)(a)および(b)以外の場合において，当該留保が条約の趣旨および目的と両立しないものである場合である（19条）。国際組織犯罪防止条約は留保を禁止する規定も，また特定の留保のみを許容する規定も持たないので，いかなる留保も(a)および(b)に該当することはない。したがって，問題となるのは，(c)の条約の趣旨および目的との両立性が認められるかという点である。

　共謀または組織的な犯罪集団への参加を犯罪化することを求める第5条に対して，たとえば「共謀罪と参加罪のいずれも国内法上犯罪としなくとも第5条の義務に抵触しないという理解のもとで批准する」といった解釈宣言を行った場合，どのように考えられるだろうか。こうした解釈宣言は，すでに説明してきたように，同条が履行を求める義務を実質的に回避する意義を持ち，その点で条項の法的効果を排除または変更するものであることは明らかであろう。その意味では，こうした宣言の実態が留保であることは否定できない。

　では，第5条の適用を完全に留保することは許容されるか。国際組織犯罪防止条約の主要な目的のひとつは特定の行為の犯罪化であり，第5条が規定する組織的な犯罪集団への参加は，犯罪化されるべき四つの類型のトップに挙がっているものである。そのことを考えれば，第5条の法的効果を排除する留保が，条約の趣旨および目的と両立すると考えることはきわめて困難である。

2．第34条2項に対する解釈宣言・留保の許容性

　第2に考えられる方策は，第34条2項が「国際的な性質……とは関係なく定める」と規定する部分につき，解釈宣言または留保を行うことである。この点についても，たとえば「第34条2項にもかかわらず，第5条が犯罪とすることを求める合意とは，国際的な性質を有する重大犯罪にかかわるものであるとの理解のもとで批准する」といった解釈宣言を行うことが想定できる。しかし，すでに前章で検討したように，犯罪化について国際的な性質を含んではならないことは条約の解釈上明確であり，そもそも解釈宣言が可能とさ

第2章　国際組織犯罪防止条約と共謀罪の制定

れるような，複数の解釈が容認されている場合に該当しない。したがって，こうした解釈宣言もまた，実態としては第34条2項の法的効果を排除する留保に該当するものであろう。

　では，第34条2項の法的効果を排除して，共謀罪にかかわる重大犯罪に国際的な性質の要件を付加する（あるいは，純粋に国内的な性格を持つ犯罪については，共謀を国内法において犯罪としない）趣旨の留保は可能であろうか。この点については，第5条の場合ほど明白ではなく，日本における議論でも見解は分かれている[32]。

　条約法条約は，条約の「趣旨および目的」を定義しておらず，それを特定する方途も提示していない。しかし，趣旨および目的の決定方法については，国連国際法委員会（International Law Commission）が現在検討を進めている「条約に対する留保」に関するガイドラインが，一定の示唆を与える。同ガイドラインは以下のように述べている。

「3.1.6　条約の趣旨および目的の決定
　条約の趣旨および目的は，条約の文言をその文脈において考慮し，誠実に決定しなければならない。特に，条約の名称，条約の準備作業および締結の事情，さらに適当である場合には，当事国により合意された後に生じた慣行も援用できる。[33]」

---

32) 留保は可能であるとする見解として，日本弁護士連合会，前掲資料（注10）4-5頁。日本弁護士連合会「10月11日に外務省ホームページに掲載された米国が国連越境組織犯罪防止条約に関して行った留保に関する文書（「米国の留保についての政府の考え方」）について」(2006年10月17日）1-2頁〈http://www.nichibenren.or.jp/ja/special_theme/data/061017_2.pdf〉。桐山「前掲論文」(注24) 15頁。留保はできないという見解として，「衆議院議員平岡秀夫君提出犯罪の国際化及び組織化並びに情報処理の高度化に対処するための刑法等の一部を改正する法律案に関する質問に対する答弁書」前掲注17　1の(4)の③について。伊藤信太郎大臣政務官の答弁『第164回国会衆議院法務委員会議録第21号』（平成18年4月28日）3頁。尾崎「前掲論文」(注5) 77頁 注28。

33) Report of the International Law Commission, Fifty-ninth session (7 May-5 June and 9 July-10 August 2007), General Assembly Official Records, Sixty-second session, Supplement No. 10 (A/62/10), UN Doc. A/62/10, p. 77. なお，このガイドラインは未だ暫定的に採択されただけであり，正式な文書として確定したものではない。また，ガ

49

第 1 部　国際犯罪の抑圧

　国際組織犯罪防止条約は，その名称において「国際的」(transnational) な組織犯罪に対応することが示されている。また，第 1 条は同条約の目的を，「一層効果的に国際的な組織犯罪を防止し及びこれと戦うための協力を促進すること」と定めている。この点だけを捉えれば，同条約の趣旨および目的は「国際的」な組織犯罪への対応であって，純粋に国内的な犯罪について犯罪化を行わない旨の留保は，同条約の趣旨および目的に反しないとも見える。しかし一方で，条約の準備作業・締結の事情を考えるならば，前章で指摘したように，国際的性質を考慮せずに国内法における犯罪化を行うことは，同条約が目指す国際的な組織犯罪への効果的な対応という観点ではきわめて重要であり，それゆえに第34条に明確に規定されたとも言える。立法ガイドがこの点を繰り返し強調していることも，こうした理解を支持するものである。

　後に生じた慣行との関係で言えば，これまで第34条 2 項を明示的に留保した国が存在しないことも，考慮されるべき重要な要素であろう。だが，これとの関連で，アメリカが行った留保が問題となる。アメリカは，連邦刑法が州間および外国との間の通商にかかわる行為を規制していることを指摘しながら，州法の対象となる純粋にローカルな（州内に留まる）犯罪については，条約上の義務を満たすことができない場合が極めて稀ながら存在するとし，その範囲に関して条約上の義務に留保を付している[34]。この留保は具体的に特定の条項を指定していないが，内容的にみれば第34条 2 項の「国際的な性質とは関係なく定める」ことに対する留保と考えられる。その意味では，確かに国際的な性質にかかわる留保が許容されうることを示す先例と考えられ

　　イドラインという性格から，仮に正式に採択されたとしても，法的拘束力をただちに持つ文書でもない。その意味では，このガイドラインにのみ依拠して決定的な結論を出すことには慎重でなければならない。しかし，そうした前提を十分に理解したうえで，少なくとも現時点において条約の趣旨および目的を決定する方法を示唆する数少ない資料として，これを参照する価値はあると考えられる。

34) Declarations and Reservations, *available at* 〈http://www.unodc.org/unodc/en/treaties/CTOC/countrylist.html〉. *See also* Report of Mr. Lugar, from the Committee on Foreign Relations, U.N. Convention Against Transnational Organized Crime (Treaty Doc. 108-16), 109th Congress, 1 st Session, Senate, Exec. Rept. 109-4, pp. 6-7.

なくもない[35]。ただ、ここにおいて留意しなければならないのは、アメリカが留保を付した理由が、連邦制というアメリカの憲法制度の根幹にかかわる問題と関係することである。連邦政府は条約義務を誠実に履行し、国際的な性質を持たない犯罪についても共謀罪を定めたいと希望しても、州の権限に属する州内犯罪の規制については対応することができない。これを実現するためには、連邦制そのものを変更しなければならないことになる。アメリカの留保は、連邦政府としてできる限りの努力をしたうえで、それでも憲法上履行しえない義務の存在を誠実に認めたということであろう。

　一般的に言って、国は自国の国内法との抵触の可能性を理由として留保を付すことになる。しかし、そもそも国内法やそれに基づく国家の実行の改変を要請することが目的である条約に対して、既存の国内法を理由として留保を付すことは、矛盾を内包することになる。先に触れた国際法委員会のガイドラインも、そのコメンタリーにおいて、「留保を付する国は、条約の目的が当事国の実行を変更するものであるにもかかわらず、新たな国際義務を実際に受諾しないための口実として、自国の国内法を用いるべきではない[36]」と指摘している。もし日本が第34条2項の「国際的な性質とは関係なく」という箇所に留保を付するとしても、その理由は日本の刑法の伝統では、共謀罪はきわめて例外的な犯罪にしか認められてこなかったからという理由にすぎない。これは厳密に言えば、「国内法の完全性」を維持するための留保ではない[37]。アメリカが直面した憲法体制との整合性といった問題とは質的に異なり、単に政策的な理由にもとづくものにすぎない。しかし、まさに国際組織犯罪防止条約が目指しているのは、こうした諸国の犯罪処罰に対する抑制的な実行・政策を国際的義務によって変更し、より実効的な組織犯罪の取り締まりを実現することであって、それに対して単純に自国の法的伝統を振りかざすことは正当な理由とはならないであろう[38]。

---

35) 日本弁護士連合会、前掲資料（注10）3頁。
36) Report of the International Law Commission, *supra* note 33, pp. 111-112.
37) 日本弁護士連合会、前掲資料（注10）5頁参照。
38) もしこうした理由により留保を付する実行を簡単に認めるならば、たとえば人権条約についても、自国の国内法の伝統や慣行の継承といったことを根拠として、政府が

第1部　国際犯罪の抑圧

　一般論として，第34条 2 項に留保を付することが，明らかに条約の趣旨および目的と両立しないと断言することはできない。少なくとも，アメリカの例のように，憲法体制の根幹と抵触するような場合には，留保を容認せざるをえないからである。しかし，日本が付すことを検討しているような国内政策的な理由に基づく留保の場合，そうした既存の実行・政策を変更することを意図している国際組織犯罪防止条約の趣旨および目的と両立すると考えることは困難である。

　もっとも，特定の留保が条約の趣旨および目的と両立するかどうかを判断する権限は，少なくとも第一次的には当該留保を付する国に属する。ある国が許容されると考えて特定の留保を付した場合，次に他の締約国がこの留保が趣旨および目的と両立するかの判断を行うことになる。両立しないと考える国は，条約法条約に基づいて異議の申し立てを行うことになるだろう[39]。

　　留保を付することを容認せざるをえなくなるであろう。本稿がしばしば日本弁護士連合の意見書を批判的に検討するのは，同連合会がこれまで人権諸条約の国内実施に積極的な貢献をしてきたことを高く評価するからである。同連合会として共謀罪に反対される心情は，被疑者・被告人の権利の擁護に携わる弁護士団体として当然のことと理解できる。しかし，反対の主張を，安易に国際組織犯罪防止条約の解釈・運用の問題として展開すると，それが他の条約に対しても跳ね返る危険性があることを認識しておかなければならない。筆者は，「共謀罪新設に関する意見書」が主張する論点——たとえば条約解釈の方法（関連文書の一部分を切り取り，専らこれに依拠する），解釈権限の所在（解釈権限が締約国にあることを強調し，実施責任を負う国連側の解釈に注意を払わない），留保の許容性（国内的伝統を前面に立てるだけでなく，留保の許容性を判断する権限が各締約国にあることを強調する），他国における国内法の制定実行に対する評価（他の締約国が国内法を制定していないことを自らの主張を正当化する根拠とする）など——が，人権条約の適用に関して政府側が主張するような論理に満ち溢れていることを懸念している。これらの論点は，個々の条約の内容にかかわらず，日本の条約締結実行やその国内実施に共通する要素である。刑事法にかかわる条約と人権にかかわる条約とで，これらの基本的なルールが異なることはありえないのであるから，人権条約（あるいは環境条約その他の条約も含まれる）に対する影響も十分に考慮したうえで，より広範な視点から条約の国内実施に関する見解を展開することが求められるであろう。

39) 本来，条約法条約20条における異議は，19条において許容される留保について，各国が政策的に申し立てるものであって，19条における許容性の問題（ここでは条約の

したがって，仮に日本が第34条2項に対して留保を付したとしても，他の締約国が異議申立を行わなければ，実質的にはそれが容認されたことになる。その意味では，付された留保の許容性の判断は，事後的にどれほどの数の締約国が，これに対して異議申立を行うかにかかっていると言えるだろう。こうしたことから，実体的な許容性の問題は，手続的な判断権限の分権性のなかに埋没してしまう可能性があり，「多少の異議が申し立てられることは覚悟して，とにかく留保を付して批准してしまおう」という論理が，まかり通る側面は否定できない[40]。

V 結びにかえて

これまでの検討を踏まえるならば，国際組織犯罪防止条約を批准する目的

趣旨および目的との両立性）に関する法的判断を行うために申し立てられるものではない。しかし，留保の許容性を有権的に解釈する機関が存在しないことから，それは専ら他の締約国により判断されることになり，この結果として「許容性がないと主張する異議」が現実には行われている。その場合，すでに説明したように，異議申立国との間においては，留保が付された条項は，留保の限度において適用されないことになる。なお，この点の簡潔な説明としては，Theodor Meron, The Humanization of International Law (2006), p. 228. 小寺彰・岩沢雄司・森田章夫［編］『講義国際法』（有斐閣，2004年）78頁も参照。

40) こうした留保の許容性判断に関する分権性は，人権条約の実行において，徐々に変革される傾向にある。「市民的及び政治的権利に関する国際規約」により設置された人権委員会は，同規約に対する留保が趣旨および目的と両立するかの判断を，同委員会が行うべきことを主張している（Human Rights Committee, General Comment No. 24 (52), General comment on issues relating to reservations made upon ratification or accession to the Covenant or the Optional Protocols thereto, or in relation to declarations under article 41 of the Covenant, UN Doc. CCPR/C/21/Rev.1/Add.6 (11 November 1994), para. 18)。この見解には批判もあるが，立法的な多数国間条約については，集権的な留保の許容性判断が行われることが，条約の実効的な履行にとって重要であることは否定できない。その点で，第34条2項に対する留保に関しては，国連内部で国際組織犯罪防止条約の履行確保について責任を負っている国連薬物犯罪事務所（UNODC）の意見を求め，少なくともこれを参考にすることは必要であると考えられる。

で国内法の整備を行うのである限り，共謀罪を新設することは必要である。その範囲を条約が許容する限りの最小限に留めるということであれば，共謀罪の成立について顕示行為の存在を必要とし，かつ組織的な犯罪集団の関与を要件とすることに尽きる。純粋に国内的な犯罪について共謀罪を認めない立法は条約義務と抵触すると考えられ，これにかかわる第34条2項に対する留保も条約の趣旨および目的と両立しないであろう。

　しかしながら，こうした条約の厳密な解釈に立脚した視点は，内閣が当初提出した法律案の問題点をも浮き彫りにする。法律案は，実際には条約が要求している義務の範囲を超え，広範に共謀罪を認める形式となっていることは否定できない。第1に，「金銭的利益その他の物質的利益を得ることに直接又は間接に関連する目的のため」という，行為の目的による限定をまったく組み込んでいない[41]。第2に，単に「団体の活動として」と規定するのみで，具体的に組織的な犯罪集団という，条約上も可能なオプショナルな限定をかけていない。第3に，これも同様にオプショナルな限定である顕示行為を要求していない。その後の修正案においては，第2と第3の点は挿入されるようになったが，相変わらず目的による限定は十分に行われているわけではない。もちろん，目的による限定が立法技術的にどこまで細密にできるかは議論の余地があろうが，少なくとも本来は，「国際的な性質」の観点から限定をかける議論をする前に，こうした条約上許容される限定を徹底的に追求すべきである。

　そもそも，法律案に対する反対が大きく巻き起こった背景は，当初の案が

---

[41] 法制審議会刑事法（国連国際組織犯罪条約関係）部会においても，この点は疑念が表明されているが，担当官からは「少なくとも今回御提示しております要綱（骨子）によりますと，『団体の活動として，当該行為を実行するための組織により』などの非常に違法性の高い要件を国内法との整合性の観点からかけております。そうすると，そのような非常に高い違法性の要件がかかる範囲では，仮にこのような目的がない同種犯行があった場合も同様に処罰するのが整合的なことになるだろうということから，少なくとも5条の関係ではここの目的というものは国内立法上特段の顔を出してこないということになる，そう理解をしておったところでございます。」と説明されている。「法制審議会刑事法（国連国際組織犯罪条約関係）部会第2回会議議事録」（平成14年10月9日）。

きわめて広範な犯罪類型について共謀罪を認める構造を持っていたことにある。それは明らかに，国際組織犯罪防止条約の純粋な国内実施という目的を超える内容であった。それにもかかわらず，政府側は同条約との整合性を主張し（確かに積極的に抵触していない点では整合的であるが，条約を実施するという目的において条約内容と一致していたわけではない），他方これに対抗する側は，条約と法律案との不整合を直接に問題とするのではなく，条約の解釈・適用を争点とすることで共謀罪の範囲を限定しようと試みた。こうして，本来は，法律案の内容が条約の要求している義務と一致する範囲を持っているのかが検証されるべきであったにもかかわらず，いつの間にか条約の解釈・適用の問題に議論が集中することになってしまった。そして，解釈・適用に関する主張は，いずれの側においても，国際法の視点から見ると無理を通すような論調が目立つことになったのである。これは，国際組織犯罪防止条約にとっては不幸なボタンの掛け違いであった。

「はじめに」で述べたように，共謀罪をどの範囲で認めるかは国内的な政策判断の問題である。また，国際組織犯罪防止条約を批准するか否かも，同様に政策判断の問題である。しかし，そうした判断の前提として，条約上の法的論点を正確かつ誠実に理解することは不可欠である。特定の政策判断を念頭に置いて，法的論点を曲げて理解することは避けなければならない。そうした意味では，国会での議論が小休止に入っていることはむしろ良いことであろう。少し冷静になったあとで，次に論戦が始まるときには，国際組織犯罪防止条約の国内実施という本来の目的を思い起こし，より緻密な議論が展開されることを期待したい。

〔付記〕　本稿は，早稲田大学社会安全政策研究所における研究プロジェクト（「犯罪の国際化」グループ）の一環として実施されたものである。

第3章
逃亡犯罪人引渡思想の系譜

島 田 征 夫

　　Ⅰ　はじめに
　　Ⅱ　外国への逃亡と庇護
　　Ⅲ　犯罪人引渡の歴史
　　Ⅳ　犯罪人引渡制度の確立
　　Ⅴ　犯罪人引渡に関する諸原則
　　Ⅵ　結

Ⅰ　はじめに

　現在，国内社会もまた国際社会においても，犯罪が発生した場合には，犯人を逮捕し処罰することを原則にしている。このことを国内社会で実施するのは，法治国家として当然のことである。国家は，外国人が自国内にいる場合，当該外国人が国内法に違反したときには，自国内で訴追し処罰できる。問題は，当該外国人が，領域国の法を犯しておらず，外国の法令のみに違反し，逃亡・入国している場合である。こうした外国人を，逃亡犯罪人という。
　外国で犯罪を犯した者について，領域国が訴追，処罰できるためには，国外犯の規定[1]が必要となるが，他方，関係国による現地での処罰（代理処罰）の要請や協力があれば，現地の国による訴追，処罰も可能となる[2]。
　現代社会は，テロを初めとしてさまざまな犯罪が頻発している。犯罪抑圧

---

1) わが国の場合，国外犯は，すべての者（刑法第2条），国民（第3条），外国人（第3条の2），公務員および条約によるものに分けて規定されている（第4条，同条の2）。なお，山本草二『国際刑事法』（三省堂，1991年）150-151，156頁など参照。
2) 代理処罰について，陳燕昌「研究・犯罪引渡人制度の研究（2・完）」『法学協会雑誌』第91巻2号（1974年2月）262頁以下，山本『同上書』161-162頁参照。

が常識となっているとはいえ，交通通信手段の発達などによって犯人が外国へ逃亡する機会は少なくない。犯人が国外へ逃亡すると，一国では手に負えない問題となる。他国の領域にいる犯人を自国に実力で連れ戻すことは，国際法上認められていないからである。その場合に国際社会はどのように対応するのか。1つの方法は，前述の逃亡犯罪人の現地での処罰である。が，現地での処罰がむずかしい場合や犯罪地国からの要請があれば，逃亡犯罪人の引渡が問題となる。

逃亡犯罪人引渡とは，「外国で刑事手続がとられている犯罪について，その犯罪を行ったとされる者を，捜査，裁判又は刑の執行のため，当該外国の請求により，その国に引き渡す国家の行為」をいう[3]。

本稿は，こうした逃亡犯罪人引渡の考え方が，特に中世から近世にいたるヨーロッパ社会において，どのような思想史的系譜をたどったのかを跡付け，そして法制度として確立していったのか，その変遷の過程を明らかにしようとするものである。そのために，まず犯罪人の外国への逃亡と庇護との関係から論じようと思う。

II　外国への逃亡と庇護

1．犯罪人の国外逃亡と庇護の必要性

歴史的事実として確認できるのは，犯罪を犯した個人を本国ないし犯罪にかかわる生活圏からはなれさせることによって，犯した罪を不問に付すという古くからの慣行である。つまり，現在言うところの追放によって事の処理をはかっていた時代の存在である。交通通信手段が未発達の時代には，犯人が利害関係ある社会からいなくなることによって，罪一等を減じたわけである[4]。その場合，もちろん犯人は財産も家族も失うのであるが。

---

3) 伊藤正己（編集代表）『国民百科大辞典・第6巻』（ぎょうせい，1984年）464-465頁（古田佑紀担当）。

4) 犯罪人が自分の土地を離れて遠く逃亡するさいに利用する街道について，阿部謹也『中世を旅する人びと』（平凡社，1978年）は言う。「街道は何よりもまずできるだけ集落との接触をさけて，ひたすら遠くをめざす道であった。主として経済上の目的と軍事上の目的のために建設され，名誉ある者なら誰でも自由に通行できた。」（11頁）「さ

古代において，否中世においても，犯罪人に対する処罰が苛酷をきわめていたことは，よく知られている[5]。そうしたきびしい刑罰や処罰を免れさせるために避難所が必要であったことは，歴史の示すところでもある。たとえば，古代において個人の熱情から身を守るため避難所（庇護）を与えたのは，主として神の恩寵であったが，中世になると，神への侮辱が当時最重要の罪とみなされ処罰されることになった。この場合，古代や中世においてきびしい刑罰から逃れさせるために，現在言うところの政治亡命者や政治犯罪人に庇護が与えられていただけでなく，普通犯罪人にも庇護が与えられていたことが知られている。この点で，古代や中世における犯罪人処罰の恣意性と残虐性が問題となるのである[6]。

2．不引渡と庇護の関係

前述のとおり，古代より，政治的理由による逃亡者には，庇護が与えられていたが，犯人の不引渡と庇護とは同一の概念ではない。

庇護は，その昔，宗教的その他の理由によって迫害を受けた人たちを神殿などにかくまい保護したことをその起源とするものであって，不引渡とはそ

　まざまな人びとが街道を歩み去った。ときに王侯，貴族の華美な行列がにぎやかに通りすぎたあとの静寂のなかを巡礼地詣での老若男女がとぼとぼ杖をひき，…ときに放浪の乞食が…通りすぎ，また飛脚が走り去る。15世紀ころからは，…ジプシーの一団が街道にみられるようになる。」(13―14頁)「中世の旅人は今日とは比較にならないほど多くの危険にとりまかれていた。道路の整備，修理は近隣の共同体に課されていたが，つねに不十分であり，倒木や土砂崩れ，結氷，洪水などに悩まされ，また盗賊に襲われる危険も多かった。」(14頁)　このように中世社会は，よその町へ行くのも容易ではなかった。

　なお，本稿において引用文は，読みやすくするため，原文に多少手を加えた（平仮名→漢字，漢字→平仮名，改行は／印）箇所があることをお断りしておく。

5) たとえば，ベッカリーア著〔風早八十二・二葉訳〕『犯罪と刑罰』岩波文庫（岩波書店，1959年）62頁は，中世初期に，「火の試み」「熱湯の試み」「決闘の試み」などが証拠方法とされていたという。また，旧制度の刑罰について，佐伯千仭「啓蒙時代と犯罪類型」『法学論叢』第39巻3号（1938年9月）2―6頁参照。

6) 島田征夫『庇護権の研究』（成文堂，1983年）6, 25－26頁参照。なお，次頁のアジールについて参照。

の趣きを異にする。ところが，不引渡と庇護とが混同されたり，同一視されたりすることがあることも事実である。それは，両者が政治亡命者や政治犯罪人を追及から守るという共通の保護機能を営むなど，密接な関係にあることに原因があるように思われる[7]。

　しかし，不引渡とは，犯人を引渡さないことであって，それ以上のものではない。他方，庇護は，国家が政治亡命者や政治犯の入国を許したり，その保護を庇護というかたちで認めたりするもので，本質上，各国の有する基本的な権利，つまり領土主権から導かれる諸権限の行使にほかならない。したがって，両者の関係を整理してみると，それぞれ次のように異なる内容をもつものであることが分かる[8]。

　法律行為としてみた場合，庇護は，庇護国が亡命者などに庇護を与えること（入国）を内容とする一方的行為であって，相手国を必要としない。他方，不引渡は，他国に逃亡した犯罪人につき，関係国より引渡請求があり，他国がこれを拒否することを内容とする法律行為であって，逃亡犯罪人の引渡請求国が存在する点で庇護と異なる。

　保護作用については，不引渡の場合には，たとえば政治犯罪人について裁判や処罰のおそれがあるため引渡が行われず，結果的に，不引渡という消極的な保護が与えられるにすぎない。他方，庇護の場合には，政治亡命者などに避難所を提供するという積極的な保護の姿勢が見られる。言い換えれば，不引渡は，犯人の引渡を行わないという保護作用にすぎないのであって，理論的には，引渡請求国以外の第三国へ犯人を出すことも可能である。しかし，庇護の場合には，本人が希望する場合またはやむをえない事由がある場合を除いて，一般に国外に出すことはない。

　要するに，犯罪人の不引渡は，庇護の一側面にすぎないと言われるが，不引渡こそ庇護許与の前提であって，引渡されてしまえば，そもそも庇護は存

7）ベッカリーアも，「不罰と犯人庇護との間にはほとんど差はない。」と言う。ベッカリーア『前掲書』（注5）118頁。

8）庇護権をめぐる国際法上の問題として，庇護権が国家の権利か個人の権利かが争われた事実があることにも注意。島田『前掲書』（注6）90頁以下参照。なお，不引渡と庇護の許与の関係について，詳しくは，島田『同上書』124-130頁参照。

立しえなくなる。国際法上庇護権は国家の権利であると主張されるため，庇護に関する問題は，一般に主権の枠組みでとらえられがちで，場合によっては政治亡命者などへの庇護許与は内政干渉ともなりうるものであり，また国の大小強弱によって解決されることもあり，法律問題とはなりにくい面も見られる。それにたいし，不引渡は，国家主権に基づく引渡義務の不承認，つまり条約上の引渡義務の例外として表われるため，一般に一の国の権利と他の国の義務という枠組み，すなわち法律問題となるのである[9]。

III　犯罪人引渡の歴史

1．17世紀までの犯罪人引渡

　逃亡犯罪人引渡は，すでに古代から行われてきた事実が知られているが[10]，西井教授によれば，17世紀までの逃亡犯罪人引渡制度の傾向は，次のようにまとめることができる。つまり，第1に，犯罪人引渡が制度として確立していなかったこと，第2に，行われていた引渡の対象者には政治犯だけでなく，宗教的異端者も含まれたが，普通犯罪人は含まれなかったことである[11]。この点で，私が特に注目したいのは，中世ヨーロッパ社会における相手国の刑罰制度に対する不信，つまり当時のヨーロッパ諸国で行われていた杜撰かつ恣意的な裁判と苛酷な刑罰の実施という事実が，上述のような傾向を強めることはあっても弱めることはなかったのではないかということである[12]。

---

9) 以上について，島田征夫「政治犯罪概念の国際法的考察」『早稲田法学会誌』第21巻（1971年2月）1-5頁，島田『前掲書』（注6）56頁参照。なお，亡命者の追放について，島田『同上書』295頁以下参照。

10) 古代から18世紀にいたる犯罪人引渡の推移については，西井正弘教授の研究が詳しい。同教授の研究は，書物，論文合計18にも達する参考文献を駆使したものである。西井正弘「政治犯罪人不引渡原則の形成過程（1）」『法学論叢』第94巻2号（1973年11月）21-25頁参照。

11) 西井「同上論文」25-26頁，なお，当時の状況については，島田『前掲書』（注6）40-41頁参照。

12) 西井も，18世紀には逃亡犯罪人引渡制度が不完全だった。その間の事情として，「野蛮な刑罰」を挙げる。西井「前掲論文」（注10），30-31頁。

第1部　国際犯罪の抑圧

　確かに，17世紀の西ヨーロッパ社会では逃亡した犯罪人は宗教的異端者や脱走兵などを除いて，引渡は行われなかった13)。つまり，宗教的異端者や脱走兵が重大犯罪人とみられ，逆に普通犯罪人はとるに足りない者とみられたのである。当時，犯罪人が外国に逃亡した場合には，相手国の協力を得てまで引渡を求める人たちに普通犯罪人は含まれなかったのであろう。さらにその背景には他国に対する不信，共通の犯罪撲滅思想の欠如が一般にあったように思われる。ここに，中世における逃亡犯罪人引渡思想の一端が垣間見えるのである。

2．中世社会と犯罪

　中世社会における犯罪について述べる前に，中世社会に特徴的と思われるアジール（避難所）についてみてみよう。阿部はこう言う14)。

　　「アジールは現代では政治亡命や野戦病院（赤十字）などにその姿を残しているにすぎないが，古代・中世においては大変大きな意味をもった社会的制度であった。現在のように裁判権，警察権が国家に独占されていなかった中世社会においては，各地域の領主や都市共同体が流血裁判権をもち，村落共同体にもそれ以外の下級裁判権があった。／しかしこれらの裁判権にはそれに必要な警察力が伴っていなかったから，結局各人は皆みずから自分の体と財産を守らねばならなかった。家は城と同じであり，無断で進入すれば家長に殺されても仕方がなかった。また自分の縁者を殺された者が，下手人またはその氏族の者に復讐をすることも公的に認められていたのである。しかしこのように復讐が公的に容認されると，そこにはどうしても行き過ぎが生ずる。…裁判が開かれるまでに縁者によって仇と狙われる者が殺され，復讐の輪がひろがってしまうこともある。このような事態を防ぐためにアジールがあった。家のなかや教会，墓地などがアジールとされ，そこに逃げこんだ者を実力で連行

---

13) 西井「同上論文」29頁および31－32頁注5，6参照。脱走は当時重罪で，フランスでは1775年まで脱走は死刑であった。石井三記『18世紀フランスの法と正義』（名古屋大学出版会，1999年）168頁，巻末41頁注61参照。

14) 阿部『前掲書』（注4）。

してはならない掟があった。このアジールの慣習は人類の歴史のなかでも古いもので，すでに古代のイスラエル，ギリシア，ローマに明確なアジールの規定がある。」(41-42頁)

つぎに，脱走兵と並んで中世に特徴的な犯罪人である放浪者（vagabonds）について，阿部はこう言う15)。

「500年以上もの間ジプシーが西欧でうけてきた弾圧と被差別の歴史をふりかえるとき，われわれはなんらのよるべき権力も土地もなかったジプシーが，すさまじい抑圧のなかで今日まで生きのびてきた事実に驚嘆すると同時に，彼らの生存を支えてきた『なんらか』の事情に関心をもたざるをえない。／…彼らにも仲間がいた。…中世末期から急速にその数を増しつつあった放浪者，乞食たちである。／…キリスト教が入る以前においては単なる不自由人，隷属民の一部でしかなかったが，キリスト教の浸透とともに乞食にも社会的意義が認められるようになった…。乞食は…中世においては人びとが施しをし，善行を積むための手段として不可欠な存在とみなされていた。」(174-175頁)「だが乞食の性格の変化の大きな原因は，共同体内の乞食の増加によるというよりは，余処者の乞食が増大したことにあった。…こうして15, 6世紀は乞食集団の黄金時代といわれるほどに，数多くの乞食や放浪者が全国を放浪して歩いていたのである。」(178-179頁)「中世以来のキリスト教の教義では，貧者，乞食に助力の手をのべることはキリスト教徒の務めであり，自分の霊魂の救いにとって決定的に重要な善行であった。…／ところが，15, 6世紀に『したたかな乞食』が増大し，都市にあふれ，群れをなして街道を放浪して歩くようになると，放浪者の群れはキリスト教徒の務めを果たす対象であるどころか，社会不安の種ともなってきた。そこで都市や領域君主など…は土着の乞食と余処者の乞食とを区別し，…後者は馬車にのせて故郷へ送り返すよう定めたのである。…／ジプシーはその外見

---

15) 阿部『同上書』。なお，鈴木教司「フランス中近世における刑罰思想について」『刑事法学の潮流と展望（大野眞義先生古稀祝賀）』(世界思想社，2000年) 264, 269頁も浮浪者にふれている。

からしてどこの町や村でも余処者の乞食・放浪者とみられた。だからどこにおいても原則として喜捨を与えられないことになり，発見されれば国外追放のうきめにあった。…ところがこのころには（18世紀前半―筆者注），一定の住居をもたず遍歴していること自体が犯罪とみなされるようになっていたのである。」（181―182頁）

以上で，なぜ放浪者が中世の逃亡犯罪人引渡条約において引渡の対象になっていたかが分かるはずである[16]。

さらに，最も中世的な犯罪についてふれておこう。風早は言う[17]。

「アンシアン・レジームにおいては，宗教的犯罪，とくに神に対する不敬罪が，国家および国の主権者に対する大逆罪と混同され，ひとしく大逆罪として極刑に処せられていた。この章（第26章　大逆罪―筆者注）はこのことのあやまりを指摘し，神に対する不敬罪を国家刑罰の体系から除外するべきであると説いたものであって，本章を理解するためにはアンシアン・レジームの神に対する不敬罪と国家，国王に対する不敬罪の関係とを知る必要がある…。」

そして第1等の不敬罪として，キリスト教，その秘蹟，そのミサに対する軽侮や濫用によって，直接的に神を冒瀆する行為，第2等の不敬罪として，キリスト教の聖者，司教その他神聖なものとされた事物に対して不敬をすることで間接的に神をけがす行為，第1等の国または国王に対する不敬罪として，君主もしくはその子孫の生命身体に対する危害行為，国家に対するいっさいの謀反・奸計企図・王の臣下の叛逆，王の指揮命令に反抗する一揆，君主に対する戦争など，第2等の国または国王に対する不敬罪として，王国からの逃亡，親王に対する不敬などが挙げられている。要するに，第1等および第2等の不敬罪は，宗教的犯罪であり，第1等と第2等の国または国王に対する不敬罪は，現在言うところの政治犯罪であることが分かる。

---

16) シーラーは，放浪者の引渡を定めた逃亡犯罪人引渡条約を列挙する。I.A.Shearer, *Extradition in International Law*, 1971,p.9 note 3.

17) ベッカリーア『前掲書』（注5）132頁。石井『前掲書』（注13）260―261頁参照。

3．中世の刑法思想

　以上で中世社会における犯罪の位置付けがおおよそ示されたと思う。ここで，典型的な中世の刑法思想を具体化したものを見てみよう。1532年のカロリナ刑法典（カルル5世刑事裁判令）の「序章」は言う[18]。

　「朕，カルル5世，神の恩寵によりて，つねに帝国の拡張者たるローマ皇帝，…公に宣示す。朕の，かつ，神聖帝国の選帝侯，諸侯…を通じ，

---

18) 久保正幡先生還暦記念出版準備会［編］『西洋法制史料選Ⅲ—近世・近代』（創文社，1979年）40頁。瀧川幸辰「資料　罪刑法定主義ノ歴史的考察」『法学論叢』第1巻6号（1919年6月）は次のように言う。「カロリナ刑法により，不完全ながら罪刑法定主義は承認せられたり。しかながら，之により，ドイツにては，壇断裁判跡を絶ちたりと考える者あらば，到底皮相の観察たるを免れず。けだし，カロリナ刑法は之に規定なき刑罰を科することに，極力反対したるは勿論なるも，当時各地方には，立法権の留保ありたるより，各地は之を利用して，カロリナ刑法に極めて多かりし死刑，及び身体刑の適用を回避し，裁判の実際は好んでカロリナ刑法の全く関知せざる自由刑を適用せり。…之に加えて，当時の裁判に専制思想を復活せしめたるはカルプゾウ（1595—1666）の学説なり。彼は，ローマ帝政時代の刑罰思想を容れ，刑罰はおよそ非常刑にして，裁判官は，各場合の事情に応じ，理性に準拠して之を科すべしと説く。即ちその結果は，裁判官の壇断とならざるを得ず。彼の学説は約1世紀の間，刑法学界を風靡したるため，国王，従って之を代表する裁判官の専制，ますます甚しく，重罪の判決は国王の裁可によるべしとせるところさえあり。また刑罰は先に述べたる自由刑の外に，労働付拘禁，奴役等，法律に根拠なきもの続出し，なかんづく，嫌疑刑は最も壇断の幣風を助長せしめたり。」(71—72頁)　また，横山晃一郎「罪刑法定主義の再構成」『犯罪と刑罰（上）（佐伯千仭博士還暦祝賀）』（有斐閣，1968年）97—98頁は言う。「神聖ローマ皇帝の法であったカロリナ法典は，封建刑法の四分五裂を除去する狙いをもったものであった。しかし，皇帝の権力は当時すでに弱まり，大小諸侯に帝国法としてこれを守らせることができなかったのである。それどころか，この法典立法の際には，…これを諸侯の権力縮小を狙うものと考え正面から反対し，都市のブルジョアも帝国からの独立を求めて頑固にこの草案に反対した。そして法典制定後も，これを採用するかどうか，どの範囲で採用するかは，全く封建諸侯の意思1つにかかっていたのである。彼等は，神の意思の代行者という考えにもとづいて，『犯罪を世俗的，教会的権力に対する"罪"乃至不服従と考えただけでなく，封建権力に対する一切の罪，不服従を—それが世俗的形をとるか宗教的形をとるかにかかわりなく—犯罪として取り扱った。』」なお，後述（注23）も参照。

次のこと，多く朕の聴聞に達せり。即ち，ドイツ人のローマ帝国にては，いかに，多くの刑事裁判所は，古き慣習と仕来りに従って，朕の皇帝法［ローマ法］を習い，知り，または，それの修練を積むことなかりし人びとによって占められいるや，しかして，このことよりして，多くの地にて，頻りに，法と良き理に反して審理が行なわれ，…さらに，刑事裁判所は，ドイツの諸ラントの事情に応じ，このすべてにおいて，古き，かつ，長期にわたれる慣習と仕来りに従って，多くの地にて，法に精通し老練にして熟達せる人びとをもって占めらるるをえざること，これなり。このゆえに，朕は，選帝侯…とともに，親情と好意とをもって，若干名の学識ある，卓越せる，老練なる人びとに対し，いかにせば，かつ，いかなる形態にせば，刑事事件においては，また刑事の訴訟手続においては，法と衡平にもっとも適合したる審理が行なわれうるやにつきて概括をなし，それを，1つの形に集むることを命じたり。…」

これは，一方の支配者である神聖ローマ皇帝の言である。他方の支配者であるローマ教会を中心とする中世の刑法思想について，瀧川はこう言う[19]。

「16世紀頃のヨーロッパはカトリックという最高権力に支配されていた。教会はスコラテックな神学的哲学思想を武器として，あらゆるものを真向から圧迫した。そこでは，神の意志が最高の原理であって，国家も君主もこれに従わねばならなかった。犯罪は神の定めた国家の権威に従わないことである。この思想はその当時，宗教上の犯罪を重く罰した点によく現われている。刑罰の基礎に関する研究，法律秩序の維持が刑罰の目的であり，そのためには刑罰を必要とする，などの問題は，スコラテックの関するところではない。この学派は，犯人を罰することが神の意志である，ということで満足したのである。／上に述べた如く，刑罰を解して，国家が神に代って行う応報，犯人に対する威嚇と見る思想は，自然，刑罰を重くし，刑罰の執行方法を惨酷にする。また，必然的に裁判官の専横を伴う。この結果は人の生命の価値が甚だ低くなる。ニュールンベルクの死刑執行者…が在職40余年の間に，1人の手で361の

---

[19] 瀧川幸辰『刑法史の或る断層面』（政経書院，1933年）163頁。

死刑を行ったことを誇ったという話は，当時，人間の生命が如何に軽んぜられていたかを示すものである[20]。とにかく，スコラテックから生れた刑法は，法律学と神学とを混同し，犯罪，ことに宗教上の犯罪を不当に重く罰した点に不合理があった。」

また，中世の刑罰制度のきびしさについて，シーグルはこう言う[21]。

「…（中世の―筆者注）刑罰制度は，国家の組織した1種の私刑法となり，しかも，民間での私刑よりはるかに残忍なものであった。そう呼んでよければ，犯罪『法』は，いよいよ恣意的なものとなった。犯罪とは単に，社会の利益を害するものと裁判官がみとめた行為であった。裁判官のなす推論は，つかみどころがなく，また，類推をしてもよかった。実際，刑法全体が事後法であった。権威者とみとめられている刑事実務家の意見だけで，人を死刑にするに充分であった。…当時の実務家の書いたものを読むと，これが人間であったのかと疑いたくなる。買収してその地位に就いていることの多かった裁判官は，きわめて無節操で，人情も正義感もあったものではなく，信ぜられないほど多くの些細な違反に対する刑罰が，絞首刑でなければ，おそろしい形の身体刑であった。こんな刑罰制度の最盛期であった17世紀にザクセンの裁判官…は，優に2万件の死刑を言い渡した…。それでもひと思いに死刑を執行された人たちは，まだ幸運なほうであった。」

さらに，中世のフランス国内の刑法について，佐伯千仭は言う[22]。

---

20) 当時の死刑の多さについて，シーグルは，たとえば，イギリスのヘンリー8世の治世（1509-1547）の38年間に優に7万2000件の死刑が執行された，と言う。ウィリアム・シーグル著（西村克彦訳）『西洋法家列伝』（成文堂，1974年）200頁参照。また，ブラックストーン（1723-1780）が『イギリス法注釈書』（1765-1769）を著した時に，死刑にあたる罪は，160と見積ったが，その後，激増したという。シーグル『同上書』200頁参照。
21) シーグル『同上書』199-200頁。
22) 佐伯「前掲論文」（注5）2-3頁。なお，瀧川『前掲書』（注19）170-173頁も同趣旨である。

第1部　国際犯罪の抑圧

　　「当時フランスにはドイツのカロリナ刑法[23]の如き統一的刑法典は全く欠けていた。そしてローマ法，ゲルマン法，教会法等の法源を基礎として，その時々の必要に応じて計画もなく出される個別的な勅令や命令により支配されていた。しかもそこでは新法は旧法を廃止するという原則も確立されていないので，新法と旧法は併存して互に効力を争う有様であった。また地域的にも『駅馬を代える毎に法律が変る』というヴォルテールの有名な言葉通り，各地方に固有の慣習法があり，その数は百数十にものぼったといわれる。」

　こうした中世の刑法の特徴は，罪刑専断主義と呼ばれるが，当時の裁判官の裁判のやり方について，佐伯は続ける[24]。

　　「刑罰が法規により定まる場合と雖も法的安全は一向保障されてはいなかった。蓋し当時は上述したように新法が旧法を廃止するということはないのだから，裁判官はとっくに忘れられたような古い法規を探し出してきて適用することが出来る。そこでは『どんな裁判官のどんな気

---

[23] 16世紀前半に成立したカロリナ刑法典は，1806年にライン同盟によりドイツ帝国が分裂するまで普通法として適用されていた。大野真義『罪刑法定主義』(世界思想社，1980年) 12頁。同刑法典については，H.リューピング著 (川端博・曽根威彦訳)『ドイツ刑法史綱要』(成文堂，1984年) 63頁以下に詳しい。大野『同上書』12頁は，「中世後期の法典としての性格を払拭することはできなかった」と言う。また，足立昌勝「ドイツ・オーストリアの啓蒙主義刑法理論と刑事立法」東京刑事法研究会『啓蒙思想と刑事法 (風早八十二先生追悼論文集)』(勁草書房，1995年) 293頁は，カロリーナ刑事法典の特徴として，①キリスト教的・宗教的世界観に基づく犯罪観念，②類推適用の許容，③残虐で，キリスト教的・宗教的世界観に基づく刑罰の存在を挙げる。

[24] 佐伯「前掲論文」(注5) 4頁。17～18世紀中葉のイタリア (ミラノ) とドイツにおける杜撰な刑事裁判と苛酷な刑罰の状況については，大野『同上書』20頁参照。その代表例が1761年に起きたカラス事件であろう。同事件について，石井『前掲書』(注13) 22頁以下，大野『同上書』22頁，25-27頁注15参照。大野は，「この事件が発生すると直ちにフランス百科全書派の学者によって，その経緯が雑誌『カフェ』の同人たちにも伝えられたことは事実であり，その同人の1人であったベッカーリアが同人を代表して，封建的な刑罰制度と専制裁判の弊害を明らかにし，世間の蒙を啓くために書いたのが『犯罪と刑罰』である，と解されている。」と言う。

第3章　逃亡犯罪人引渡思想の系譜

随な思い付きでも，それを権威づけ正当化する形式的法律の見出されぬものはない』のである（パストール）。」（8頁）「…裁判官の裁量に委ねられた刑罰の場合になると裁判官の権限は殆ど全能的なものになる。前の刑罰が法規または慣習法により定まる場合にも広大な裁量の余地が残されてはいたが，とにかく一応犯罪の類型と刑罰の標準とがあって，裁判官は事実をこの類型に当てはめこの標準に照して刑を量定する努力を必要とした。しかるにここではこの法規もなく慣習法すら存しないのであるから，裁判官はある行為が犯罪となるや，またいかに処罰すべきやに付て，唯自己の良心によって決する外はないのである。」（10頁）「当時学者は『今日この王国に於ける刑罰は専断的である』といったが，右に見たように，専断的なるは刑罰のみでなく，犯罪類型に関しては一層専断的であったのである。以上の如き刑事司法の実状に対しても，モンテーニュ（17世紀）やラモアニョン（18世紀）[25]の批判があるにはあったが，それはまだ何等の反響をも呼ばなかった。一般国民はもとより知識階級すらも，その状態を当然のことと考えていた。それ等に慣れっこになった人々は当時の刑罰を惨酷とも感ぜず，また司法制度の欠陥を批判もしないで，むしろ人が一度司法機関の手中に落ちればもう運の盡きだと諦めてしまうのであった。こんな有様で18世紀も過ぎて行こうとしていた。18世紀のフランスといえば，他の点では随分進んだ文化をもつ社会だったに拘らず，刑事司法に関しては中世その儘の『惨酷さと野蛮さ』（ガルソン）が殆どその儘残っていたのである。」（11頁）

　以上のような中世の刑法思想の特徴は，①法と道徳，宗教との不可分な結合，②身分による取り扱いの不平等，③罪刑専断主義，④刑罰の苛酷さ，の4点にまとめることができる。その基礎には，贖罪応報と一般威嚇の思想，特に贖罪応報思想が支配的であったのである[26]。

---

25) ラモワニョン（G, de Lamoignon）は，1670年の刑事（大）王令の編纂について寛大を原則としたが，多数の支持は得られなかったという。藤尾彰「革命前夜におけるフランスの刑事手続」『刑事法学の歴史と課題（吉川経夫先生古稀祝賀論文集）』（法律文化社，1994年）489頁参照。
26) たとえば，佐伯千仭『改訂・刑法講義（総論）』（有斐閣，1974年）52頁。また，佐伯

第1部　国際犯罪の抑圧

　確かに，当時かなり進んだ文化を有したフランスでさえ，このような刑罰制度の有様であったのであるから，自らの罪への処罰を免れるという発想は，交通通信手段の未発達もあって，犯人にとって考えも及ばないことであったとしても不思議ではない[27]。また，逃亡犯罪人の引渡についての多数の国の熱望を制限した重要な要因は，当時の刑法の一般的厳しさにあったと言われる[28]。

　ところで，ヨーロッパの専制思想打破の風潮は，18世紀のフランスを中心に起こったのであるが，その原因は当時のフランスの国情にあった。

　瀧川はこう言う[29]。

　　「フランスは870年メレセン条約によりドイツと永久に別れし以来，幾多盛衰の歴史を繰り返せしが，17世紀後半ルイ14世の内治外征の成功は，国威の発揚と共に王権専制の極点に導きたり。而して，王権の専制は独り行政の範囲に止まらずして，裁判も亦その影響を蒙り，凡ての刑罰は国王の専恣に委ねられ，人々は仮令成文法あるときに於ても（これは稀なり）之に頼るを得ざりしなり。斯くて専制王国のフランスに於いては，1789年に至るまで，1の憲法なく，1の刑法なし。この点は，既にカロリナ刑法を始め，幾多の成文法を有するドイツと，頗る趣を異にす。げにや，フランス人が，自由はドイツの森林より生ると叫びしは，理由なきにあらざるなり。」

　「前掲論文」（注5）6頁以下参照。また，石井『前掲書』（注13）20頁も同趣旨である。
[27] 横山「前掲論文」（注18）96－97頁は，当時の貧弱な交通機関が旧体制の不完全な中央集権的絶対王制をつくり，「こういう旧体制下の支配構造は，住民に対する2重の抑圧となって現われ，国王の法と慣習法とが複雑に入りまじって，住民の個人生活，内面生活を規制した。犯罪は，宗教犯罪を中核として構成され，刑罰は犯罪に比例せず，心情に比例して苛酷そのものであった。」とする。そして，「18世紀の絶対主義を考える場合，忘れてはならないのは，当時の交通機関が馬であったことである。これは，王権の支配を制約した。」（100頁注1）
[28] それは，当時の死刑の多さからも推測できよう。瀧川『前掲書』（注19）163－164頁参照。また，刑罰のきびしさについて，石井『前掲書』（注13）17頁参照。なお，前掲（注20）参照。
[29] 瀧川「前掲資料」（注18）75頁。

IV　犯罪人引渡制度の確立

1．啓蒙思想の登場

　17世紀のヨーロッパ社会においては，前述のとおり，逃亡犯罪人引渡は制度としては確立しておらず，国家実行としての引渡は，宗教的異端者や脱走兵，そして政治犯罪人について行われることが多かった[30]。しかし18世紀になると，特にフランスにおいて啓蒙思想が生まれた。桑原武夫は言う[31]。

> 「フランス啓蒙思想とは，いかなるものであったか。…啓蒙思想は一言でいえば，ヒューマニズムである。人間中心という意味において，それはルネサンス期のヒューマニズムと共通の立場に立つが，芸術的自然観照から技術的自然支配へと力点を移したところに明らかな差異を示す，新しいヒューマニズムである。…その根本的態度は人間の理性と善意へのゆるがぬ信念に支えられた批判精神であって，それは当然，人間の思想と行動との自由を圧迫する絶対主義的権威の否定へと向う。そして単なる教養の立場に止まらず，歴史における実践を志すことが啓蒙思想の特色であって，啓蒙思想はすなわち啓蒙運動なのである。／宗教においては，絶対超越的な神，それをたてどる教会の権威こそ，啓蒙思想家の敵であった。彼らは当時のフランスの宗教界の腐敗をバクロすることによって，その権威が空虚なものにすぎぬことを示すと同時に，そうした権威にもとづく宗教的不寛容に攻撃を集中する。護教の美名の下に古来いかに多くの人間が殺されたか。」

　ここに，それまで絶対的権威を誇っていた教会という最高絶対の権力に挑戦する動きが出てきたのである。大野は，中世の教会哲学に対する啓蒙主義の思想の闘いについて，こう言う[32]。

30）前掲（注11）参照。
31）桑原武夫「啓蒙思想と18世紀の社会」桑原武夫編『フランス百科全書の研究（京都大学人文科学研究所報告）』（岩波書店，1954年）2－3頁。
32）大野『前掲書』（注23）205－206頁。

第1部　国際犯罪の抑圧

「…啓蒙思想の根底には，個人主義と合理主義，そして自由主義の精神の尊重が窺知される。中世以来のあらゆる真理は，スコラ派の教会哲学によって支配され，あらゆる学問は神学の下僕たる地位を余儀なくされてきた。歪曲された神学的哲学思想によって，ひとびとは知識の暗黒時代を経験したのである。法律秩序のうえにおいても例外はありえず，宗教的支配は絶大であった。宗教的権威と伝統を侮蔑する異端者が最も重い刑罰を科せられた。キリスト教の世俗的な権威と王侯貴族の封建的な権勢が，いかに暴威をふるっていたかは，今日のわれわれの想像を遥かに超えるものがあった。しかも，犯罪と刑罰の本質に関する研究などは，スコラ哲学の関知するところではなかった。この教会哲学が，17世紀後半から18世紀にかけての専制主義と結びついて，王権神授説を結果するにいたり，刑罰に関する主張は，犯罪人を処罰することが神の意思であるという。すなわち，贖罪応報の観念がそれであった。応報は，人間に禁じられているものであり，したがってこれをなしうるのは，神よりその権能を授った国王以外にはなく，国王はまた，これをその役人を介して行なうという思想が，全ヨーロッパ社会を支配していた。このことは，国王または国王の名において裁判する役人は，神の委託によって犯罪人を処罰するものであることを意味する。神の法の執行人は，当然に神の委託を受けたものでなければならないであろう。しかしながら，この思想が，やがて裁判官は本来来世に属すべき神の審判を繰上げて，現世において行なうものであり，それによって犯罪人の罪は未来に向って贖われるとの観念を生むにいたったのである。しかも，この贖罪応報の観念は，刑罰を贖罪とみるかぎり，それは重ければ重いほど贖罪力があるとの考えに達し，刑罰を一層苛酷なものに追いやる結果となったのである。…17世紀ないし18世紀初頭，つまり啓蒙主義の洗礼を受けるまでのヨーロッパ社会にあっては，このような幼稚な刑罰理論が大手を振って通用していたのである。…しかしながら，この非合理的な宗教普遍主義に対して，啓蒙思想は，敢然として合理主義と個人主義の支配への戦いを挑んだのであった。この戦いは，同時に宗教を中心とする権威主義に対する自由主義の昂揚でもあった。」

ところで，瀧川は，啓蒙思想の発達に自然法思想が大きな役割を果したとして，この間の事情についてこう言う。

> 「啓蒙哲学と自然法とは密接な関係がある。…何となれば，啓蒙の運動が伝統の刑法と戦うためには，自然法が最も有力な武器であったからである。／自然法は，大体において3つの傾向をとって発達した。1は聖書的，2は理論的，3は実践的の自然法である。この3つは約3世紀にわたり，1つのものから他のものに移っていったが，その指導理念はいつも同じであった。神の信仰から方法論的に独立すること，法律は理性を通じて自然からのみ導かれること，これがその常に変らない指導理念であったのである。」(174頁)

まず第1期は，中世的なもので，法学は神学の召使としてこれに奉仕した。第2期は，自然法がはじめて独立の学問としての地位を得た時代で，グロティウスに始まる。第3期は，実践的自然法である。この傾向は，真の啓蒙時代になって完成される。この代表者は，トマジウス（1655－1728）である。彼は，自然法の理論を刑法の学理に接近させた[33]。

> 「前代の学者を迷信的に尊敬していたことから離れて，自由な考え方をするようになったのは彼（トマジウス―筆者注）に始まる。ここに初めて，刑法は哲学の対象となり，刑罰の基礎，刑罰の目的が独断論から解放されることになる。」「上に述べたごとく，自然法学者によって刑法は新しい水平線上に現われた。この運動はフランスおよびドイツ，ことにドイツ諸国でさかんになった。以前はローマ法の付属として講義されていた刑法が，18世紀のはじめからは独立して講義されることになった。最初はカロリーナ刑法の註釈を教えるにすぎなかったが，それでもこれによって犯罪および刑罰の観念が理論的に定まったことは，刑法学を転回さす原動力となった。」「徹底的改革は18世紀の哲学によって巻き起こされた。刑法に影響を与えたものもこの思想である。」[34]

---

[33] 瀧川『前掲書』(注19) 174－183頁。なお，大野『同上書』227頁以下参照。
[34] 瀧川『同上書』183－185頁。

瀧川は，啓蒙思想の当時の刑罰との闘いについて，さらに続ける[35]。

「最初にこの哲学はフランスに起った。そこから各方面に影響を与えながら，後の世界に極めて大きな意味を持つほど，一般的になり，また深まったのである。／ルイ14世の死（1715年—筆者注）後，当時の人生観の基礎に関し争いが起こった。ことに当時の国家と法律とが決定的に批評されることになった。さらに攻撃の鉾先は当時の宗教，即ち教会に対して向けられた。教会は専制国家と並んで，刑罰という武器によって完全に保護されていた。宗教の勢力が恐るべき刑事制度を築き上げていただけでも，当時の刑法の一大特色ということができる。国家と宗教とを改革することは刑法の改革を有望にし，個人の解放を完成することになる。これが啓蒙哲学の目標であった。／この人道思想は，まず権力崇拝を斥けた。愛が最高の道徳となった。人道思想はロックの哲学に遡らねばならない。ロックの意志決定論[36]が人道思想に関係する。意志決定論と人道思想との結びつきにより，刑罰を軽くすべしという思想が生れる。何となれば，意志決定論は必然的強制のもとに行動した人を罰する思想を排斥する結論に達するからである。彼の人道主義は，犯人を惨酷に取扱うことを斥け，また『目は目を以て』という応報思想を否定したのである。…学者の多くは，刑罰が社会に必要であるという点から刑罰の合理性を説明しようと試みた。各人は，他人の権利を侵害した場合に自己もまた自由の制限に甘んじるという約束のもとに，社会から保護を受けている。簡単に言えば，刑罰は社会を保護する道具であって，刑罰の合理性は，刑罰のこの有用性の中に含まれている，というのが一般的説明である。／フランスの啓蒙哲学は，(1)刑法においては惨酷な刑罰の無用なことを明らかにする点および新しい刑法の基礎を求めるという点に力を傾けた。第1の努力の現われとして刑罰が争われた。第2の努力としては，犯罪と刑罰の釣合，刑法の規定において犯罪と刑罰を明確に定めること，刑法の規定に掲げてない行為の罰せられないこと，が主張せられた。…」(186—188頁)

---

[35] それぞれ，瀧川『同上書』183, 184, 185頁。
[36] 意思決定論については，西原春夫『刑法総論』（成文堂，1977年）392頁以下参照。

モンテスキュは，啓蒙哲学者の中で，最初に刑事裁判の欠点を指摘したが，当時の刑法を批評したものは『ペルシャ人の手紙』(1721年)と『法の精神』(1748年)である。特に後者の書物の中で，裁判官による解釈の禁止と犯罪と刑罰の均衡を主張した[37]。

　ところで，モンテスキュの『法の精神』と並んで忘れてならないのは，ルソーの『社会契約論』である[38]。瀧川は言う[39]。

　　「…当時の刑法理論は，『社会契約』(1752年)に負うところが多い。何というても『社会契約』はモンテスキュの『法の精神』と並んで18世紀の最も重要な政治的著述である。グローティウスから1世紀あまりの間，イギリスと大陸とを往来した社会契約の思想は，ルソーによってはじめて完成されたのである。彼の国家論はホッブス，ロックから出ているが，その論法は鋭いし，また緻密である。ホッブスによれば，国家の刑罰権は犯人の意志によってのみ生ずるが，ルソーの論拠には一段の深みがある。犯罪の本質は社会契約を破る点にある。この破壊が犯人に法律の保護を失わさす，と説明する。」(191頁)「…啓蒙時代の刑法に大影響を与えたのはヴォルテールである[40]。彼は，中世の遺物に対して戦を宣告し

---

37) 足立昌勝「『ドイツ諸国』における『罪刑法定主義』概念の歴史的検証」『前掲書』(注25) 98頁参照。たとえば，モンテスキュは，『法の精神』で，「刑罰にはその間に調和の存することが肝要である。なんとなれば小罪よりも大罪を避け，社会を害することの，より多きものを，社会の怒りを招くことの，より少なきものよりも避けるべきは至当のことであるから。」と言う。根岸国孝［訳］『モンテスキュー・法の精神』(河出書房新社，1974年) 104頁。なお，モンテスキュについて，詳しくは，瀧川「前掲資料」(注18) 74頁参照。

38) なお，ルソーの社会契約論との関係について，寺島建一「罪刑法定主義の現代的課題」『前掲書』(注25) 65頁注8参照。また，ベッカリーアとルソーについて，瀧川『前掲書』(注19) 199-200頁参照。

39) 瀧川『同上書』。

40) 瀧川『同上書』198頁は，「ヴォルテールに影響を与えた人はベッカリーアである。彼は，モンテスキュの『ペルシャ人の手紙』に書いてある当時の刑事裁判の批評に刺戟せられて，世界的の『犯罪と刑罰』(1764年)を著した。この書は間もなくモルレがフランス語に翻訳し，さらにヴォルテールが注釈書を出したので，忽ち有名になった。」と言う。モルレの仏訳の問題については，石井『前掲書』(注13) 111頁以下参照。ま

た中心人物であって，宗教において，政治において，人道，寛大，正義のために大いに戦った。」（193頁）

こうした啓蒙思想の大きな潮流について，佐伯は，別の角度からこう言う[41]。

> 「かくの如き状態にあった刑法思想は18世紀の後半に入って俄然一大転機に遭遇することになった。所謂啓蒙思想の波が押寄せ，旧制度・旧思想の全建築を振撼し，それは腐朽した刑法制度にも及んできたからである。この啓蒙思想は伝統と権威の圧力から個人を解放しようとした史上最大の戦である。…かかる啓蒙思想の有力な原動力の一は当時勃興し来った自然科学であった。…神学の絶対支配は漸く終りを告げ，人間の知性又は理性が自己の力を自覚するに至ったのである。これは中世の非合理主義に対する合理主義の勝利であって，それは進んで人間の精神とか，あるいは社会・国家というような現象をもまた，これを自然科学がその対象に加えると同じ分析的方法を用い究極の要素にまで分析することによりそれ等を貫く法則が発見され得るとの信念を生む。…かくてそれはまた中世の権威主義に対して自由主義として特徴づけられることになるのである。」

た，ヴォルテールの果たした役割について，石井『同上書』135頁以下参照。なお，18世紀後半のフランスで刑法改革運動が行われた。その先駆けをしたのがヴォルテールであった。この点について，石井『同上書』168頁以下参照。この運動は，1791年9月のフランス刑法典として結実した。

41) 佐伯「前掲論文」（注5）11－13頁。佐伯「同上論文」14－15頁は，「国家の刑罰権の根拠は社会契約に置かれる。」と述べて，次のように続ける。「国家の刑罰権は，理性によって肯定されたが，しかしそれは旧制度におけるように罪刑専断主義に基くものであってはならない。蓋し何が犯罪であるか・如何に罰するかが裁判官の自由裁量に委ねられている所には個人の自由は不可能だとされるからである。この裁判官に対する不信頼は，右に述べたような制定法万能の思想と結合して，完全なる法律を設けて犯罪と刑罰の全てをその中に規定し，裁判官は唯それを機械的に適用するだけにしてその裁量の余地を無くしようとする努力となる。」と。

2．ベッカリーアの『罪と罰』

このようなフランスの啓蒙思想の影響を受けて，当時としては画期的な近代的な刑法思想を体現する書物がついに世に出た。その書物こそベッカリーア（1738－1794）の『犯罪と刑罰』である[42]。ところで，ベッカリーアの主張は，当時の時代思潮と著しく異なったため，その公表には幾多の困難がともなっていたことを忘れるべきではない[43]。彼は言う[44]。

---

42) 風早は言う。「ベッカリーアは，…社会法が人道の法則であり，人間の本性であるとし，刑法は社会法の直接で必然的な結果であるとしている。『人間性』」によって社会を説明し，刑罰権の根拠を理解しようとする彼は，まさしく18世紀の啓蒙哲学者であり，トーマス・ホッブス，ジョン・ロック，ヴァッテル，ジャン・ジャック・ルソーら社会契約論者の系統に属する。」と。ベッカリーア『前掲書』（注5）27頁注2。なお，ホッブスが，ベッカリーアよりも100年前に次のように述べていることに留意したい。「《事実のあとでつくられた法によっては，何事も犯罪とはされえない》事実が行われたあとでつくられた法は，それを犯罪となしえない。なぜなら，その事実が自然の法に反するものであれば，その事実の前にその法があったのであり，実定法は，それがつくられる前には知られえず，したがって義務的たりえないからである。」ホッブス著〔水田洋訳〕『リヴァイアサン（2）』（岩波書店，1964年）216頁。

43) 風早は言う。「ベッカリーアがこの『犯罪と刑罰』を書いた頃は，キリスト教の世俗的勢力，王侯貴族等の封建勢力がともにどれほど暴威をふるっていたかは現代の読者の想像をこえる。その状勢のもとで，明らかにこれらの権威を否定する結果になる自由と人権，罪刑法定主義の主張をすることは，そのまま文字通り生命の危険を意味した。読者は本文を読まれるにしたがって気づかれると思うが，ベッカリーアは身の危害を避け，また本書に日の目を見せるために，ありとあらゆる文章表現上の苦労をしている。彼は特定の，具体的事実を語らず，一般論，抽象論をもってこれに代え，観念的な形容詞で文章をうずめている。彼は遠回しの上にも遠回しの言い方をし，あるいはほとんど反対にしかとれないほどにまで反語的な言い回しをしている。また彼がしばしば用いる自然科学的なたとえも，当時の百科全書派的な思潮の影響であるとともに，やはり，たとえ話に変えることで議論が具体的になることを避けたものとも見られる。」ベッカリーア『同上書』11頁注1。また，ベッカリーアが同書を著した当時のヨーロッパ社会では，罪刑専断主義がいかに猛威をふるっていたかについて，大野『前掲書』（注23）18－22頁，シーグル『前掲書』（注20）198－203頁参照。

44) ベッカリーア『同上書』34頁。なお，ベッカリーアの『犯罪と刑罰』（Dei delitti e delle pene）は1764年に公にされた。

「法律が成文としてはっきり規定されており，司法官の役目は，ただ国民の行為を審査し，その行為が違法であるか適法であるかを法律の条文に照らして判断することだけになれば，そしてまた，無知な者であろうと有識者であろうとそのすべての行動を指導する正と不正の規範が，議論の余地のないものであり，単純な事実問題でしかないことになれば，そのときは国民が無数の小圧制者のクビキのために苦しむことはもう見られなくなるだろう45)。」(第4章「法律の解釈」)
　「法律の勝手な解釈が悪いことである以上，法律の曖昧さについても同じことが言えよう。何故なら，その場合，法律は解釈される必要を生ずるからだ。法律が大衆の言葉で書かれていない場合，この不都合はまたずっと甚だしくなる。／法律の条文が大衆には分からない死語で書かれていて，神がかった御宣託のように仰々しくしまいこまれていたのでは，それは一種の家内問答集でしかなくなってしまう。そして国民は自分の財産と自由に関して，とるべき態度を自ら判断することができなくなり，このために法律を解釈することのできる少数の者の従属の下に置かれなければならなくなる。／だが反対に，万人がこの神聖な法典を読むことができ理解することができるなら，もし法典が万人の手に置かれたなら，犯罪はそれだけ減少するだろう。何故なら，犯罪を犯す人間は，その犯罪に対して科される刑をよく知らないか，全く知らないのだということは疑いない事実だからである。刑罰が不確実であるということと無知とが，常に人間の欲望と感情の雄弁を助けるのだ。／ヨーロッパの国々の法律はほとんどすべてこうした死語で書かれていることを省みて，こんな未開な習慣が，ヨーロッパの最も文明的な部分に今もって幅をきかせていることに気がついたら，人々はいったい何と言うだろうか。／この反省から生まれる結論はこうだ。──成文の法典なしには，社会は決し

---

45) この言に先立って，ベッカリーアは，「法律の強制力のよってくるところは，実に個人の利益を規制して公共の福祉にみちびく必要と，法律は生きた市民が自らの意思によって主権者になした明示または黙示の誓約であるということにある。」と述べている。また，風早は，「ベッカリーアのこの思想は，直接ルソーの社会契約論から発している。彼は刑法学におけるルソーとも呼ばれている。」と言う。ベッカリーア『同上書』30－31頁参照。

てしっかり固定した政体となることができない。この政体においては，その権力は一部の成員にあるのではなく，社会全体にあり，その法律は特定の個人の利害という衝撃によって変質されたり破壊されたりすることなく，ただ社会の総意に基いてだけ改正される。」(第5章「法律の曖昧さについて」)

「現在を遡る2，3世紀の間の歴史と我々の時代とを知っている者にとっては明白なことだが，人類愛，慈悲心，人間の過ちに対する相互の寛容等，最もやさしい徳は豊かさとおだやかさの中から生まれるのである。だがこれと反対に，大したわけもなく昔風の『信義』とか『単純さ』とか呼びならわされているこれまでの『徳』とはいったいどんなものだったか。／人間性は，執念深い迷信の無知の下で泣かされ，少数権力者の貪欲と野心は国庫や王座を人間の血で汚してきた。これこそ，影の叛逆であり公然の殺人にほかならない。だから人民は貴族のうちに圧制者と暴君を見出すだけであった。高僧たちも，憐れみ深い神の名によって，その聖なる手を圧殺の血によって汚してきたのである。これが『徳』の実態だ。」(同上)

ところで，本稿の主題である逃亡犯罪人引渡について，ベッカリーアはこう言う[46]。

「国々が相互に犯人を引渡すことは有用だろうか。確かにこの地上のどこにも，犯罪が罰されないままになる場所はないのだと納得させることは，犯罪を予防する非常に有効な方法だ。しかし，私は今この問題にあえて結論を出そうとは思わない。諸法律が，もっと人間の自然な感情に合致したものとなり，刑罰がもっと緩和され，裁判官と世論の気まぐれが力を弱め，妬まれていた徳，圧迫されていた無実が保証される日まで。そして，専制主義はアジア大陸の奥の原野にだけ閉じ込められ，ヨーロッパに君臨するものは，日々人民と主権者の両方に利益をもたらす，あの普遍的な理性だけであるようになる日まで。」(第21章「庇護権について」)

---

46) ベッカリーア『同上書』120頁。

3．犯罪人引渡制度への影響

　以上のように，啓蒙思想は，徐々にではあるが，確実にヨーロッパ社会に広がりつつあった。そして遂に，フランス革命の勃発が，この時期の国際情勢に大きな転機をもたらしたのである。この大事件が当時のヨーロッパにどれほどの衝撃を与えたかは，改めて述べる必要もないと思うが，ほかにそれと並んで注目すべき出来事と言えば，各国において近代的な刑法典が整備されたことも見逃すことができない。それは，諸国間において犯人の逃亡先の国に対する信頼が確立しなければ，引渡という制度は成り立ちがたいものであるので，それが確立して初めて国際協力という認識が国際社会において盤石となったと言えよう。

　ここで再び，ベッカリーアが犯罪人引渡について上に述べた次の言を思い起しておこう。つまり，「諸法律が，もっと人間の自然な感情に合致したものとなり，刑罰がもっと緩和され，裁判官と世論の気まぐれが力を弱め，妬まれていた徳，圧迫されていた無実が保証される日」である。この日の到来によって犯罪人引渡が有用かつ実効性のあるものとなると，彼は言ったのである。

　このようにして，従来は引渡されなかった普通犯罪人の引渡が少しずつ行われるようになった。

　普通犯罪人の引渡が始まった時期は，学者によって異なるが，早い人で17世紀末とし，多くの学者は，18世紀に始まったとする[47]。

　では，逃亡犯罪人引渡の制度は，制度としていつ頃確立したのであろうか。たとえば，18世紀には犯罪人引渡制度はまだ不完全な状態にとどまったとす

---

47) 普通犯の引渡が始まった時期については，意見が分かれている。たとえば，17世紀末とするのは，Vabres, *Les principes du droit,* 1928, p.249. 18世紀とするのは，F. de Martens, *Traité de Droit International Public,* 1887, p.60 ; L. Oppenheim(ed. by H. Lauterpacht), *Internatuional Law-A Treatise,* vol.1, 8th ed., 1955, p.696. 18世紀後半とするのは，G. Butler and S. Maccoby, *The Development of International Law,* 1928,pp.510—511.なお，西井「前掲論文」(注10) 29頁は18世紀後半とするが，西井「同上論文」49頁は，19世紀初めまで普通犯人の引渡はほとんどないとする。後掲(注68) 参照。

るのは，西井である。彼は，その事情を3つ挙げる[48]。つまり，①絶対君主の意向の影響があり，また政府間の政治的状況によることが多かったこと。②国境を越えることの困難さ。③野蛮な刑罰と手続の不備，宗教的対立である。

これらは，19世紀になるとどのように変わったのであろうか。切掛けとしては，①については，フランス革命による民主政体の登場，②については，交通通信手段の発達，③の相手国に対する不信については，各国における近代的刑法典の制定を挙げることができよう。

犯罪人の逃亡は，そんなに遠くまで行く必要はない。極端に言えば，国内で見つからなければよい場合も多い。より不罰を確実にする方法が，他国への逃亡であろう。犯人が遠くへ行くことと引渡とは無関係であって，引渡はごく近く，隣国との間で行われることが最も多かったのである[49]。

ここで逃亡犯罪人引渡制度の確立を背後で支えた罪刑法定主義思想の変遷について見てみよう。

4．罪刑法定主義の確立

私は，ヨーロッパ諸国において啓蒙思想の普及により近代的刑法典が整備された19世紀初めを，逃亡犯罪人引渡制度確立の時期として注目したい。この時期の近代的刑法典の整備について見てみると，近代的刑法典の特徴の第1としての罪刑法定主義の確立が大きな役割を果たしていることが分かる。

佐伯は，ヴォルテール，ベッカリーア，モンテスキュらの理論を取り上げ，それらを制定法重視の傾向の現われと印象づけてこう言う[50]。

　「かかる制定法の単独支配の要求がさらに進んで刑法における慣習の力の否定となることも自然の勢である。蓋し慣習は限界が明確でなく個人自由の保障とならぬからである。かくて啓蒙思想の刑法における結論は，人権宣言第8条の『罪刑法定主義』に帰着したのであった。この原則が各国の刑法や憲法に範を垂れたものであることは衆知の所であるが，

---

48) 西井「同上論文」30－31頁。
49) Shearer, *supra* note 16, p.18.
50) 佐伯「前掲論文」(注5)15頁。

元来それは内容的な要求であって裁判官の裁量の余地なきような刑法が求められたのであることを忘るべきでない。」

そもそも罪刑法定主義は，ベッカリーアが求め[51]，フォイエルバッハ（1775－1833）が理論として完成させたと言われる[52]。ここで，再度ベッカリーアの主張を見てみよう。彼は言う[53]。

「…法律だけがおのおのの犯罪に対する刑罰を規定することができる。この権限は，社会契約によって統一されている社会全体の代表者である立法者にだけ属する。であるから，裁判官——彼自身社会の一員にすぎない——は，同じ社会の他の一員に，法律に規定されていないどんな刑罰をも科すことはできない。裁判官が，もし法律で規定されているよりきびしい刑を科した場合，その他の刑罰は不正となる。なぜなら，その場合裁判官はすでにきめられている刑罰の上に新しい刑罰を加えて科したことになるから。したがってまた，どんな裁判官も，たとえ公共の福祉のためという口実をつけようとも，ある市民の犯した犯罪に対してすでに宣告された刑を加重することはできない。[54]」（第3章「前章の原理からの帰結」）

「人間はおのおのものの見方をもっている。そして同じ1人の人間でも，時が変われば同じ対象に対して違った見方をする。『法の精神』とはすなわち，1人の裁判官の時にあやまった，時に正しい論理の結果であり，時にいいかげんな，時に苦心したのみこみから来る結論であり，被告の弱さ，司法官の感情の粗暴さ，その被害者との関係，その他人間の不確かな頭の中でものごとの様相を変え，本質を違えてしまうあらゆるこまかい原因の結果なのである。／こうして我々は，1人の市民の運命が別の裁判所に移管されることによって様相を変えたり，ある不幸な男の生

---

51) 大野『前掲書』（注23）18－19頁参照。
52) このフォイエルバッハの罪刑法定主義については，たとえば，団藤重光『刑法綱要・総論』（創文社，1979年）19－20頁，大野『同上書』9－17頁，寺島「前掲論文」（注38）66頁以下に詳しい。
53) ベッカリーア『前掲書』（注5）28, 33－34頁。
54) この部分が，罪刑法定主義の源となる箇所である。ベッカリーア『同上書』29頁注1参照。

命が，彼の裁判官のでたらめな推論や気げんの悪さによって左右されるのを見るのである。我々は，司法官が，その頭にふと浮かんだあやふやな混乱した着想にしたがって法律を解釈し，それが合法的な解釈として採用されるのを見た。我々は同じ裁判所によって同じ罪が，時が異なれば違った刑を言い渡されるのを見た。これは裁判所が，確定した法律の声を聴かないで，勝手な解釈のあやまった不安定さに身をゆだねているからだ。／こんなまわしいでたらめが，法律を文理解釈することによって時たまおこる一時的な不便と比較になるだろうか？たぶんこうした一時的不便は，立法者に，法律のあいまいな条文に対する必要なそしてたやすい修正をほどこさせるだろう。だが少なくとも，法律に文字どおり従っていきさえすれば，でたらめな論理立ても，しばしば金銭づくのともなうあの勝手な理屈が許されるようなことも，もう心配する必要がなくなるわけだ。」（第4章「法律の解釈」）

前述のとおり，罪刑法定主義は，フランス革命を経て，1789年のフランス人権宣言とも深い関わり合いを持っていることで知られている。水木惣太郎はこう言う[55]。

「専制政治の時代には罪刑専断主義が行われ，如何なる行為を犯罪とし，これに如何なる刑罰を科するかは，予め法律に明示せられることなく，官憲の一方的に決するところであった。このような制度の下においては権利の保障が不安定であるのはいうまでもない。フランス革命において近代法治主義が確立し，基本的人権は法律によらなければ侵害されないようになると，その刑法上の現われとして，罪刑法定主義は基本的人権の保障と裁判官の専断防止を目標として広く行われるようになったのである。前に述べた通り刑法は個人の生命，自由，財産に最も関係深く，而も罪刑法定主義は刑法上の基本的人権保障の骨子をなすものであるから，従来から重要視されてきている。」(326-327頁)「罪刑法定主義を近代的意味において明かにしたのはフランスの『人権宣言』である。その第8条には『法律は絶対且つ明白に必要な刑罰以外は，これを制定して

---

[55] 水木惣太郎『基本的人権』（有信堂，1956年）。

第1部　国際犯罪の抑圧

はならない。何人も犯罪以前に制定公布せられ，且つ合法的に適用された法律によらなければ処罰されない』としている。その前段は刑罰に関する立法の制限であり，純然たる罪刑法定主義は後段だけである。」(327頁)

このように近代的刑法思想たる罪刑法定主義は，次第に実定法化されるのであるが，その流れをまとめてみよう。

罪刑法定主義の思想は，イギリスのマグナ・カルタに淵源を求めることができる[56]。そして，1628年の権利請願，1689年の権利章典に受け継がれ，その後，アメリカで1774年のフィラデルフィアなど諸州の権利宣言を経て，合衆国憲法として成文化されたと言われる。このように，英米においては，罪刑法定主義は手続として採用されたが，他方，大陸諸国では，実体刑法上の原則として採用されたとされる[57]。

フランスでは，1789年の人権宣言において罪刑法定主義が採用され，これを受けて1791年に憲法（人権宣言に同じ。第14条に規定）と刑法典が制定され，さらに1810年の自由主義的なナポレオン刑法典もこの原則を規定している[58]。

このフランス憲法や刑法の規定は漸次ドイツ諸邦に影響を及ぼした。つまり，1794年にプロイセン一般ラント法（刑法）が制定され[59]，罪刑法定主義，

---

56) 大野『前掲書』(注23) 31頁以下，109頁以下に詳しい。瀧川「前掲資料」(注18) 61頁，寺島「前掲論文」(注38) 65頁，瀧川春雄『罪刑法定主義』法学理論篇121［法律学大系第2部］(日本評論社，1952年) 6頁参照。瀧川「同上資料」62-73頁は，罪刑法定主義の発展について詳しく述べ，イギリスにおいて法律として初めて現れた罪刑法定主義の思想は理論上の基礎はロック(1632-1704)とブラックストーンによって強化され，北米諸州の権利章典を経て，フランス人権宣言第8条において開花し，フォイエルバッハに引き継がれたとする。なお，罪刑法定主義が必ずしもヨーロッパに特有の現象ではないという主張について，足立「前掲論文」(注35) 93―94頁，沢登佳人「罪刑法定主義の歴史的意義への反省」『前掲書（佐伯千仭博士還暦祝賀)』(注18) 52頁参照。

57) 大谷實『新版・刑法講義・総論』(成文堂，1989年) 52頁。

58) 水木『前掲書』(注55) 327-328頁。

59) 1787年にヨセフィーナ刑法典が成立していることに注意。同法典について，前掲注52参照。

第3章　逃亡犯罪人引渡思想の系譜

刑法の世俗化，刑罰の自由刑化が実現され，1813年にはフォイエルバッハが起草したドイツ最初の近代的刑法典であるバイエルン刑法典が完成した[60]。

イタリアでは，フランス統治（1796－1814年）によりナポレオン刑法典がイタリアの大部分の地域にまで及ぼされた。そして1810年の勅令により，フランス刑法典がそのまま施行されたのである[61]。

ところで，法治国家の思想が罪刑法定主義と密接な関係を持っていることは，よく知られている[62]。この近代的刑法思想の背景には，法治国家思想があったことは再確認する必要がある。罪刑法定主義を支える法治主義の思想について，藤本幸二は言う[63]。

「バイエルン王国刑法典は，大きく3つの点においてフォイエルバッハの刑法観を反映したものとなっている。まず，それはいわゆる『法律なければ刑罰なし』の原則に従い法典を刑罰の限界として位置づけ，国家権力からの市民の擁護を，ひいては刑法分野における法治国家の実現を目指すものであった。」

また，寺島もこう言う[64]。

「罪刑法定主義は，客観主義刑法理論によって支えられてきたが，歴史的に2つの理論的基礎づけの上に確立してきた。第1の理論的基礎は，『法治国家思想』である。この思想は，啓蒙的自由思想に基づいた社会契約論，三権分立論等を基礎に成立した。…」

---

60) ドイツの実体法上の罪刑法定主義の考察として，ヨセフィーナ刑法典，プロイセン一般ラント法，バイエルン刑法典における罪刑法定主義の功罪について論じたものとして，足立「前掲論文」（注37）101－109頁参照。
61) 法務大臣官房司法法制調査部［編］『イタリア刑法典』（法曹会，1978年）2頁。
62) 山中敬一『刑法総論（第2版）』（成文堂，2008年）64頁は，「罪刑法定主義は，法による支配を表す法治国家思想の刑法的表現である。」と言う。
63) 藤本幸二「パウル・ヨハン・アンゼルム・フォイエルバッハ」勝田有恒・山内進編著『近世・近代ヨーロッパの法学者たち―グラーティヌスからカール・シュミットまで』（ミネルヴァ書房，2008年）255頁。
64) 寺島「前掲論文」（注38）66頁。

そして，そもそも法治国家思想について，水木は言う[65]。

「…すべて権利は国家権力によって保障せられて始めて具体的な効力を持ってくる。ところがこの権利を保障すべき国家権力が，そのときどきの為政者の恣意や便宜によって左右されるならば，少くともそれは権利を確実に保障することはできない。いやしくも国家権力が個人の権利を，すべての場合に亘って保障するためには，その権力自身が一個の客観的な規則に従わなければならない。ここに法治の観念が生じるのであり，これによって治者の横暴を排除し，個人の権利を保障することができるのである。特に近世になって強調せられる法治主義は『市民的法治国の原則』とも言われている通り，その初期における専制君主及びこれを取り巻く貴族僧侶の権力政治に対して，一般市民が法治を要求したことに由来するものであり，この場合その思想的根拠となったものは自然法学的な天賦人権論である。したがって権力政治反対と自由の擁護が近代法治主義の根幹をなしている。」

大野真義は，フォイエルバッハの刑法理論が法治国家思想に支えられていたとして，次のように言う[66]。

「『法律なければ刑罰なし，犯罪なければ刑罰なし，法定の刑罰なければ犯罪なし』…この提言は罪刑法定主義の標語的表現として広く用いられるようになった。それとともに，罪刑法定主義は，フォイエルバッハにより刑法の大原則として刑法学上不動の地位を占めるにいたったのである。／…フォイエルバッハが，理性にもとづく自由を尊重し，その学問体系は自由主義的国家観にもとづく法治国思想に裏づけられていたからである。つまり，『国家の目的は，あらゆる市民の相互の自由，言いかえれば，各人が自分の権利を完全に行使できるような状態を侵害から保障することである』とする初期自由主義の思想が，彼の刑法理論の根底にあったからである。」（9頁）「フォイエルバッハの理論が抽象的な観

---

65) 水木『前掲書』（注55）291－292頁。
66) 大野『前掲書』（注23）。

念論に発し，啓蒙思想家のそれのような緊迫した必然性を欠くことは，事実である。しかしながら，たとえ抽象論とはいえ，彼が刑法理論のうえに自由主義の理論を植えつけ，罪刑の決定と明確性を確立することにより，官僚制国家の刑罰権の自己抑制策として，その専断的適用を求め，近代法治国思想のもとに刑法のあるべき姿を追求したことは，人権保障を主軸とする近代刑法学を樹立するうえに，重要な役割を果たしたといわねばならない。」(11頁)

以上のとおり，1810年代には旧来の苛酷な刑罰の廃止と罪刑法定主義などを定めた近代的刑法典の整備がヨーロッパ大陸の主要な部分において行われた[67]。こうした近代的刑法の思想が諸国に広まることによって，逃亡犯罪人引渡思想が完成され，制度として確立したと思われる[68]。

その時期は，すでに「19世紀初め」と述べたが[69]，より詳しくは，1830年にはすでに確立していたと結論できる。それは，引渡先の国の国内法，特に刑法に対する信頼の十分な確立の時期の確認であって，それを証拠だてるものは，ちょうどその時代の逃亡犯罪人引渡条約や国内法の増加であろう[70]。

このように，逃亡犯罪人引渡が制度として国際的に確立するには，諸国相互による相手国に対する信頼醸成という思想上の連帯感の確立が必要であった。こうした相互の信頼確認があって初めて，条約や国内法が作られるのである。

---

67) 瀧川「前掲資料」(注18) 29-30頁。
68) 西井正弘「政治犯罪人不引渡原則の形成過程 (2)・完」法学論叢第95巻3号 (1974年6月) 52頁によれば，犯罪人引渡制度の確立は，19世紀後半以降とする。19世紀半ばまでは，諸国間に根強い不信感があり，類似の刑事法制度は存在しなかったという。なお，Shearer, supra note 16, pp.12-13は，英米が締結した近代の犯罪人引渡協定の最初のものは1794年のジェイ条約であったとする。
69) 前述81頁。
70) 普通犯罪人の引渡について，Shearer, supra note 16, pp.9,10は，1718-1830年間に92の逃亡者関係の条約が結ばれ，そのうち，28が専ら脱走兵を扱い，他は，犯罪人と放浪者の引渡条約に2分された。特に1759年のフランスとヴュルテムベルク間条約は，犯罪人の引渡を規定したが，普通犯罪人と脱走兵とは同一視されたとする。なお，前掲(注13)参照。

第1部　国際犯罪の抑圧

V　犯罪人引渡に関する諸原則

　以上，逃亡犯罪人引渡思想の史的系譜は，啓蒙思想，法治国思想および罪刑法定主義を掲げる近代的刑法思想の普及についての考察で十分と思われるが，実質的な制度としての確立には，以下の諸原則の確立による逃亡犯罪人引渡制度の強化が必要と思われる。それは，これらの諸原則が側面より逃亡犯罪人引渡制度の制度としての確立に寄与していると言えるからである[71]。

　以下，相互主義，双方可罰主義，特定主義についてそれぞれ略述する。

　1）相互主義

　相互主義とは，一般に複数の国家が同一または等価の待遇を与え合うことを意味する。また，犯罪人引渡などにおいて，一般国際法上国家が負う最低限の義務をこえる恩恵を条約や国内法で他国に与える場合に，相手国が与える範囲内でそれを与えることを認めることを相互主義と呼ぶ場合がある[72]。

　国際法上，国家は，他国から自国内にいる他国国民の引渡要求があったとしても，これに従う義務はない。他国民といえども自国内にいる以上，一定の保護を与えなければならないからである。これは相互的なものである。

---

[71] 芹田健太郎『亡命・難民保護の諸問題・Ⅰ』(北樹出版，2000年) 17頁が言うように，罪刑法定主義は，以下に述べる双方可罰原則や特定性の原則によって担保されているのである。

[72] 国際法学会［編］『国際関係法辞典（第2版）』(三省堂，2005年) 560頁（「相互主義」の項，櫻田嘉章担当)。また，森下忠『国際刑法の新動向』(成文堂，1979年) 33頁は，相互主義とは，犯罪人引渡しの請求に係る犯罪と同一種類の犯罪につき，また，同一種類の犯罪人について訴追または処罰をするという保証を請求国から得たときに限り，犯罪人の引渡しを許すという主義とする。

　こうした待遇が，一方的，片務的，不平等であれば，その条約は，不平等条約と言われ，関係国家間は，主権平等の関係にないと思われるので，相互主義は，国家平等の原則と密接に関連するとされる。たとえば，森下『同上書』34頁。なお，1880年9月9日の国際法学会決議の第5は，「相互主義の条件は，政策により命じられるもので，正義によって要求されるものではない。」と定める。*Annuaire l'Institut de Droit International*, Vol.1, (1875−1883) p.733.

国家は，自国内にいる外国人（たとえ犯罪人であっても）を外国に引渡す義務を負わないのであるから，犯罪人の引渡を確保するためには，あらかじめその旨の約束をする必要がある。これが，逃亡犯罪人引渡条約である。わが国は，現在アメリカと韓国としか逃亡犯罪人引渡条約を結んでいない。引渡が条約に基づくときは相互主義は担保されているといえるが，条約を締結していない国とは，相互主義を基礎に，国内法としての逃亡犯罪人引渡法でその手続を定めている。つまり，引渡が条約に基づかない場合，個々の案件ごとに引渡請求国に対して相互主義の保証を求めることになるのである[73]。

　このように相互主義は逃亡犯罪人引渡制度において重要な役割を果たすのであるが，これは，何も逃亡犯罪人引渡に限ったものでなく，国際法一般に通用することである[74]。つまり，相互主義は，主権国家の法的平等の思想に基づくのである。

　ところで，逃亡犯罪人引渡条約が締結される場合，こうした条約は，逃亡犯罪人をA国→B国，B国→A国へと双務的な実施が予定される。したがって，条約がない場合には，相互主義の保証がこれを補うのである[75]。

　2）双方可罰主義（原則）

　双方可罰主義は，ある行為が請求国と被請求国の双方の法律によって犯罪を構成しなければ引渡可能とされないことを要求することをいう[76]。これは，相互主義の一般的帰結とも言えるが，法治主義の原理にそうものである[77]。

　双方可罰主義は，自国内で行われたならば処罰できる罪を犯した者を正当な裁判権を有する国に引渡すことは，結局，自国の刑法秩序の維持・尊重に

---

73) 芝原邦爾『刑事司法と国際準則』（東京大学出版会，1985年）251-252, 265頁。山本『前掲書』（注1）200-201頁。ちなみに，1833年10月1日のベルギー逃亡犯罪人引渡法第1条は次のように定める。「（ベルギー）政府は，……すべての外国人を相互主義の保証のもとに外国政府に引渡すことができる。」また，松井芳郎「国家管轄権の制約における相互主義の変容」村瀬信也・奥脇直也編集代表『国家管轄権―国際法と国内法（山本草二先生古稀記念）』（勁草書房，1998年）47-49頁参照。

74) 島田征夫『国際法（全訂版）』（弘文堂, 2008年）10, 138, 174, 237頁。

75) Shearer, *supra* note 16, p.31.

76) Shearer, *ibid.*, p.137. 山本『前掲書』（注1）202-203頁。

77) 法治主義の思想については，前述85-87頁参照。

役立つ，という考えに基づいているのである[78]。また，この考えは，法治国家が罪刑法定主義を守る趣旨から言っても当然結果するものである。

そもそも，双方可罰主義とは，関係両国で処罰しうる行為でなければ犯罪人について引渡を行わないということではなく，双方で可罰的な行為をなるべく多く挙げ，それらについて引渡を行うことを約束し，ベッカリーア以来の犯罪必罰の国際協力を達成しようとするものである。その意味では，政治犯は，当然に対象外になるのである。

3) 特定主義（特定性の原則）

特定主義とは，逃亡犯罪人が，引渡請求がなされた犯罪以外については請求国において裁判されえないことをいう[79]。

この点で，1829年に起きたガロッティ事件が注目される。この事件は，フランスとナポリ政府との間の紛争で，革命に参加したガロッティをナポリ政府が窃盗等につき，引渡を要求したものである。政治犯罪での処罰をしないとの約束で引渡されたガロッティが，政治犯罪で起訴された[80]。つまり，ガロッティは，引渡犯罪以外で処罰されようとし，それが両政府間の約束違反であるのみならず，特定主義も破る結果になったのである。このように，特定主義は，政治犯不引渡との関連で発達したのであるが，別の見方をすれば，特定主義は，双方可罰主義と同様の効果を生ずるのである。

特定主義は，条約または国内法にこれに関する規定がないときでも適用されなければならない。この原則に違反することは，引渡が条約に基づかないで行われるときでも，国際法違反となる。

また，引渡請求国は，特定主義により引渡犯罪以外で裁判できないことになり，その限りで主権の制限を受けることになるが，引渡された者の保護のため必要となるのである[81]。

---

78) なお，この原則を具体化する方法については，山本『前掲書』（注1）203頁参照。
79) Shearer, *supra*, note 16, p.146. 山本『前掲書』（注1）212頁。
80) 芹田『前掲書』（注71）33頁，西井「前掲論文」（注68）37頁以下参照。
81) 特定主義に違反しないためには，被請求国の同意，本人の同意あるいは引渡された犯罪人をいったん釈放することが必要であることについて，陳燕昌「研究・犯罪引渡人制度の研究 (1)」『法学協会雑誌』第91巻1号（1974年1月）121-124頁参照。また，山本『同上書』（注1）213頁参照。

VI 結

　逃亡犯罪人引渡の思想は，近代的刑法思想を象徴するものの1つである。以上述べたように，その背景には，犯罪必罰の思想，罪刑法定主義と法的国家の思想が存在する。近代的刑法思想を生む切掛けとなったのは，中世における刑法思想たる罪刑専断主義である。この教会の権威を絶対視する思想に異を唱えたのが啓蒙思想であり，この思想は，近代的社会思想の濫觴となり，その流れは，罪刑法定主義や法治国家思想を加えられ，大きな奔流となり，19世紀の近代的刑法思想確立の大河へと流れつくのである。その結実の1つが，本稿で論じた逃亡犯罪人引渡制度の確立と言えるであろう。

　本稿は，表題のごとく，中世から近代にいたる逃亡犯罪人引渡思想の変遷を，刑法思想の発展をふまえて跡付けたものである。逃亡犯罪人引渡制度は，このあと19世紀において，政治犯不引渡の問題など新しい論点に直面していくのであるが，この点は，別稿に譲りたいと思う。

〔付記〕　本稿は，早稲田大学社会安全政策研究所における研究プロジェクト（「犯罪の国際化」グループ）の研究成果の一部である。

第4章

テロリズム等の重大な人権侵害に対する米国外国主権免除法(FSIA)の対応の変遷

黒田　秀治

I　はじめに
II　1996年 FSIA 修正以前
III　1996年 FSIA 修正以降
IV　おわりに

I　はじめに

　国際法学において主権免除を考察する際の前提として，諸国の国家実行が絶対免除主義から制限的免除主義の採用に移ってきていることを確認しておく必要がある。絶対免除主義かそれとも制限免除主義かという伝統的な対立の図式ではなく，制限免除主義の採用を前提に商業活動の範囲が何であるかということに，現在の国際法学における議論の焦点は移動したといえよう。
　そもそも主権免除と国家主権との関係についていえば，絶対免除主義の先例として多くの判決や学説で援用されるスクーナー船エクスチェンジ号事件の判決理由の一節をみても，国家の裁判権はその領域内で「必然的に排他的かつ絶対的」であり同意によって緩和されない限り「絶対的かつ完全」である[1]ことが確認されなければならない。現在では，主権免除は「法廷地国による属地的管轄権行使の一般原則の例外であって，外国から当然の権利として主張できるものではない[2]。」すなわち，法廷地国に科せられた絶対的免除義務などは存在せず，被告国の同意や裁判権行使を禁じる国際法規則次第で，

---

1) The Scooner Exchange v. McFaddon, 11 U.S.(7 Cranch) 116, at 136 (1812).
2) 山本草二『国際法〔新版〕』(有斐閣，1994年) 262頁。

免除の有無もその程度・範囲も決定されるのである。別な観点からいえば，主権免除は国家による裁判権行使という法廷地国が有する国際法上の権能・権限をどの程度・範囲まで制限できるのか[3]，という関係として理解されるべきであり，被告国の立場に立てば，法廷地国の裁判に引き出される義務がどれほど免除されているかという問題となる。

制限免除主義の先鞭をつけたのは米国であり，1952年のいわゆるテートレター[4]以来，米国の裁判慣行は制限免除主義を採用するようになっていたが[5]，1976年の外国主権免除法（Foreign Sovereign Immunities Act；以下，FSIAまたは1976年FSIA）[6]は制限免除主義を採用してきた米国の裁判慣行を法典化した。FSIAの主たる目的は，制限免除主義の裁判慣行を法典化することによって主権免除の許否についての決定を国務省の判断[7]から裁判所の専属的権能に移転し，これによって，外交政策を基準にした米国政府による介入と被告国からの政治的圧力を排除しもっぱら法的根拠および手続きに基づいて免除許否の決定を行うことであった[8]。FSIAは1604条で原則として裁判権免除を外国

---

3) 同上，230-231頁参照。いうまでもなく，被告国が一般国際法上の責任を負う場合に，国際責任の免除は認められない。See I.Brownlie, *Principles of Public International Law* (6th ed.,2003), p.323.

4) Letter from Jack B.Tate, Acting Legal Advisor, Department of State, to Phillip B.Perlman, Acting Attorney General of the United States (19 May 1952), *reprinted in* 26 *U.S. Department of State Bulletin* 984 (1952).

5) 米国の裁判所では外国国家に対する免除の許否については国務省がアミカス・キュリィとして意見を述べる「国務省の提言」に従っていた。もっとも，テートレター以降，国務省の免除の提言は私的・商業的なものから友好国の公法的・主権的性格の行為に限定されて提出された。See, e.g., A.Dickinson, R.Lindsay & J.P.Loonam, *State Immunity Selected Materials and Commentary* (2004), p.217.

6) Foreign Sovereign Immunities Act of 1976, 28 USC §§1330,1391(f),1441(d) and 1602-1611.

7) 20世紀を迎えて，米国の裁判所は主権免除や関係する一般国際法の適用について，国務省の実務および政策に従うようになった。See, e.g., Republic of Mexico v. Hoffman, 324 U.S. 30, at 35-36 (1945); *Ex parte* Republic of Peru, 318 U.S. 578, at 587-589 (1943).

8) H.R. Rep. No.1487, 94th Cong., 2nd Sess., at 7 (1976). これについて下院報告書は別の箇所で「[FSIA]は主権免除の決定をもっぱら裁判所に委ねることによって米国の実行

第4章　テロリズム等の重大な人権侵害に対する米国外国主権免除法（FSIA）の対応の変遷

国家に許与し，1604条但書，1605条および1607条で免除が許与されない場合を規定している。米国が当事国となっている国際協定に別段の規定がある場合（1604条但書），外国国家が免除を放棄した場合（1605条(a)項(1)号），外国国家が行った商業活動でそれが米国と一定の関連をもつ場合(1605条(a)項(2)号)，外国国家が国際法に違反する接収を行った場合（1605条(a)項(3)号），米国内の財産の承継もしくは米国内の不動産に関わる場合（1605条(a)項(4)号），外国国家が米国内で不法行為を実行した場合(1605条(a)項(5)号)，外国国家との商業活動に基づく海事先取特権に関する海事関係訴訟の場合（1605条(b)項），または，反対請求が提起された場合（1607条）のいずれかに該当する訴訟については免除例外として，免除は許与されず米国の裁判権が行使されることになった。

　FSIAの立法者意思は制限免除主義を採用した裁判慣行を法典化することであったが，1980年以降しだいに外国国家によるまたは外国国家が関与するテロ等の重大な人権侵害の被害者やその家族が，FSIAを援用して連邦裁判所への提訴を頻繁に試みるようになった。彼らは外国国家が自らに対して実行した重大な人権侵害や犯罪の残虐性・非人道性を訴える。そして，被害者たちはそれを免除例外のいずれかに該当することを論証しようとし，その際概ねそうした残虐行為がユス・コーゲンスに抵触することを強調した。しかしながら，こうした請求のほとんどは，後述するように，いずれの免除例外にも該当しないとして斥けられている。

　その後，米国議会は，とりわけ米国人を標的にした国際テロリズム行為を抑止するために，1996年に「反テロリズム及び実効的死刑法」（以下，反テロ法）[9]を制定し，反テロ法221条(a)項はFSIA1605条(a)項(7)号として新たにFSIAに追加された。この新たな免除例外が国家支援テロ例外[10]である。さら

　　を大多数の他国のそれに一致させるために企図されたものでもあり，これによって行政府の『免除の提案』に裁判所が服従する実行を絶つことになる」と強調する。*See ibid.*, at 12.

9) Anti-terrorism and Effective Death Penalty Act of 1996, Pub.L. No. 104-132, 110 Stat 1214 (24 April, 1996).

10) Jurisdiction for Lawsuits Against Terrorist States , Pub.L. No. 104-132, Title II, § 221 (a), 110 Stat.1214 (24 Aprl,1996), *codified as* 28 U.S.C. § 1605(a)(7).

に議会は同一会期内に「国家支援テロリズム行為に対する民事責任（Civil Liability for Acts of State Sponsored Terrorism）」と命名された1997年の統合公用徴収包括法589条[11]を制定した。これは形式的には，FSIAとは別個の制定法であるが，一般にフラトウ修正とよばれ，FSIAの黙示的修正であると考えられていた[12]。いずれにしても，この２つのFSIA修正（以下，1996年FSIAまたは1996年FSIA修正）によって，米国の国内裁判所はテロ等の人権侵害の被害者に対して門戸を開放することとなる。いうまでもなく，人権侵害の被害者を実効的に救済するには実際に賠償が支払われなければならないが，外国国家に対する給付判決を強制執行し被害者が判決の満足を得るには，外国国家の商業用資産を峻別することが困難であるなど，さまざまなハードルが待ち構えている。しかし，国際人権法の研究者や実務家の視点からみれば，国内裁判所が国際人権法違反を認定し救済を命じることができる仕組みを備えることは，けっして些細なことではない[13]。

本稿は，1976年FSIA以来，テロ行為をはじめとする重大な人権侵害行為に対してFSIAがどのような対応をとってきたのかについて歴史的に検証しようとするものである。その際，1996年FSIAを援用した裁判例から解釈上の論点をいくつか素描し，きわめて複雑な1996年FSIAの構造をいくらかでも明らかにすることも試みたい。

II　1996年FSIA修正以前

1．FSIA1605条(a)項(5)号「不法行為例外」の援用

テロ行為に対して外国主権免除法が適用された最初の訴訟は1980年のレテリエル対チリ事件[14]である。この事件は米国内で起こったテロ事件であり，

---

11) Omnibus Consolidated Appropriations Act, 1997, Pub.L.No.104-208, Div.A, Title V, §589, 110 Stat. 3009, 3009-172 (30 September,1996), *codified as* 28 U.S.C. §1605 note.

12) *See, e.g.,* Flatow v. Islamic Republic of Iran, 999 F. Supp. 1, at 12 (D.D.C. 1998).

13) W. M. Reisman & M. Hakimi, "2001 Hugo Black Lecture: Illusion and Reality in the Compensation of Victims of International Terrorism", *Alabama Law Review,* Vol. 54 (2003), p. 564.

14) Letelier v. Chile, 488 F.Supp.665 (D.D.C. 1980). この事件に関する日本語文献として，

第 4 章　テロリズム等の重大な人権侵害に対する米国外国主権免除法 (FSIA) の対応の変遷

それ以降の大半の事件と異なり，FSIA1605条(a)項(5)号の不法行為例外が適用され，チリの免除が許与されず米国の連邦地方裁判所の裁判権が行使された。もっとも，1976年FSIAの制定以前であればおそらくチリに対して免除が許与されていたことは想像に難くない15)。

この事件の概要は次のようなものである16)。レテリエル (O.Letelier) はクーデターで崩壊した旧アジェンデ政権時代に任命された元駐米大使でありまた元外相でもあり，米国に滞在して当時のピノチェト政権に対する反政府活動を行っていた。1976年9月，彼は米国人協力者であるモフィット (M.Moffitt) とともに自動車爆破によって暗殺されることになるが，それはチリ政府とその諜報機関の指揮・命令のもと計画され実行されたのであった。彼らの遺族たちは1978年にチリ政府を相手に2人の不法死亡に対する補償を求めコロンビア地区連邦地裁に提訴する。米国はFSIA1608条(a)項(4)号に従い外交チャンネルを経由して呼出状と訴状を送達した。チリの外務大臣は，これに応えた外交書簡をなかで，米国政府に呼出状と訴状を裁判所に返送することを要求し，また米国の国内裁判所の事物管轄権には服さないと明言して，出廷を拒否した。被告不在のなかで裁判所はこの事件に不法行為例外が適用されるかどうかについて検討することになる。まず，裁判所は免除が許与されない不法行為の商業性の有無について検討し，FSIAが免除を否認する不法行為がもっぱら私法上ものであるなどとどこにも記述されていないばかりか，この点について裁判することがFSIAに新たな要件を追加することになると述べて，不法行為の商業性を否定する。次に，裁判所は非商業的不法行為の範囲について考察し，不法行為例外が金銭賠償の請求対象となるすべての不法行為訴訟に適用されるような一般的表現で制定されたのであって，交通事故のみならずその他の不法行為の被害者に対する補償も規定している17)，と述べた。この事件のような米国内で実行された暗殺が外国国家の裁量権の範囲に

臼杵知史「米国主権免除法における外国の非商業的不法行為」『北大法学論集』第36巻3号（1985年10月）18-37頁参照。

15) J.Cooper-Hill, *The Law of Sovereign Immunity and Terrorism* (2006), p. 121.
16) Letelier, 488 F.Supp. at 665-669, 671-674.
17) 下院報告書は主に米国内の交通事故やその他の被害者による金銭賠償請求を想定した規定であると記している。See H.R. Rep. No.1487, *supra* note 8, at 20-21.

属さないことについて，地裁判決は次のように説明する。

「外国国家にとってどのような政策選択があろうとも，外国国家は一人または複数の個人の暗殺という結果をもたらすための行為，すなわち国内法および国際法によって認められた人道の規則に明らかに反する行為を遂行する『裁量権』を享有しない。したがって，暗殺を命令し支援するFSIA1605条(a)項(5)号(A)の意味での『裁量権』は存在しないし，また外国国家が自国でそのような行為を引き受けたことが証明されたとしても，当該外国国家は［1605条(a)項(5)号］(A)に基づいてそうした行為に起因する不法行為請求に対する主権免除を許与されないであろう。」[18]

裁判所はレテリエルの暗殺が米国内で実行されたことを理由に国家行為理論の適用も認めず，事物管轄権を行使した。もっとも米国内での不法行為の発生という要件だけを重視するならば，上述の一節はかえって不要であり新たな要件を不法行為例外に追加するかのような誤解を与えるかもしれない。しかし，判決の一節は，原因行為の残虐性・違法性次第で，外国国家がいかにその裁量権の範囲内で原因行為を行ったと抗弁しても，それはすでに主権国家が行いうる行為ではないと判断されることを示唆している。

後述するように，この時期に米国人が被害者となったテロ事件のほとんどは最終的には請求が却下されたが，1995年の1月15日に言い渡されたダデスホ対イラク事件欠席判決は確定しその後判決の満足も得られた。事実を概略すれば次のようなものである[19]。ダデスホ（S.Dadesho）はカリフォルニアでラジオ局を運営し，イラク向けにサダム・フセイン体制打倒のプロパガンダを放送した。これに対して，サダム・フセインはダデスホを殺害するために暗殺者を米国に送り込んだが，暗殺者は逮捕されダデスホは難を免れた。ダデスホは精神的苦痛を意図的に加えられたとしてイラクを提訴し，欠席判決を受けた。イラクは欠席判決に対してその2カ月後に上訴することになるが，イラクによる上訴が上訴通知期限の30日を超過して提出されたことを理由に

---

18) Letelier, 488 F.Supp. at 673.

19) Appellate' Opening Brief at 1-13, Dadesho v. Government of Iraq, 1998 WL 128494 (9th Cir. 1998), *denied*, Dadesho v. Government of Iraq, 139 F. 3d 766 (9th Cir.1998)).

第4章 テロリズム等の重大な人権侵害に対する米国外国主権免除法 (FSIA) の対応の変遷

上訴は却下された[20]。

判決が確定したこの2件の訴訟はきわめて稀有な例で、両事件ともその違法性の強さは当然であるとしても、米国内でテロの実行が判決を確定させた決定的要因であった。したがって、米国人が米国外でテロの被害者となった場合には不法行為例外が適用されることはなく、被害者は1976年FSIAが詳記する他の免除例外の援用を試みることとなった。

2．FSIA1605条(a)項(2)号「商業活動例外」の援用

FSIA1605条(a)項(2)号の商業活動例外を援用して免除の不許与を求めた事件[21]のリーディングケースは1989年のネルソン対サウジ・アラビア事件[22]である。ネルソン事件については過去に筆者も論評している[23]が、この事件が1976年FSIA上は救済されず、それが1996年FSIA修正を成立させる大きな契機となったと思われる[24]だけに事実の概略を紹介しておこう。

1983年にネルソン（S.Nelson）はサウジ・アラビアのリアドの病院の技師の公募に応じて、米国内で雇用契約に署名し病院施設の安全装置の監視技師と

---

20) Dadesho,139 F.3d. at 766-767.
21) ネルソン事件のほか、たとえば、スミス対リビア事件では原告はテロリストに対する資金援助が商業活動であると主張した。See Smith v. Socialist People's Libyan Arab Jamahiriya, 886 F.Supp. 306, at 309(E.D.N.Y. 1995). また、シシッピオ対イラン事件では、原告は人質解放のための誘拐犯に対するに身代金の支払いや米国内の被告国凍結資産の解除の要求を商業活動であると主張した。See Cicippio v. Islamic Republic of Iran, 30 F. 3d 164, at 165 (D.C.Cir. 1994).
22) Nelson v. Saudi Arabia, 1989 WL 435302 (S.D.Fla. 1989), rev'd, 923 F. 2d 1528, (11th Cir. 1991), cert. granted, 504 U.S. 972, (U.S. 1992), rev'd, 507 U.S. 349(U.S. 1993).
23) 黒田秀治「外国政府による人権侵害と主権免除―米国外国主権免除法（FSIA）上の論点を中心に」住吉良人編『現代国際社会と人権の諸相（宮崎繁樹先生古稀祝賀）』（成文堂,1996年）162－166頁。
24) 下院報告書によると、国務省が自国民に対する人権侵害をとりあげるかどうかは主として相手国との外交関係を基準として判断するのであって、この事件は外交政策の遂行を重視した典型例に該当し、国務省は連邦最高裁にサウジ政府の免除を否認した控訴裁判所判決を覆すことを要請した。See H.R. Rep. No. 702, 103rd Cong., 2nd Sess., at 3-4(1994).

して採用された。彼はリアドの病院に赴任し，勤務中に病院の安全装置に重大な欠陥があることを発見する。ネルソンは装置の欠陥をサウジ当局に報告するが病院側からは欠陥の存在を無視するように指示をうけ，彼はその指示に従わずにサウジ政府に欠陥を報告した。その後，彼はサウジ警察当局によって逮捕・拘禁されることになる。彼は拘禁中に拷問を受け，39日後に米国の上院議員の要請に基づいてようやく解放され米国に帰国した[25]。

ネルソンはFSIA1605条(a)項(2)号の商業活動例外を援用し，自らに対する拷問・拘禁等による人身被害が彼の米国内での雇用という商業活動に基づくと主張した。第1審のフロリダ南部地区連邦地裁は，彼の雇用が商業活動であるとしても，サウジによる拷問・拘禁と彼の雇用には十分な「関連 (nexus)」がなくサウジの原因行為は商業活動にはあたらないと判断し，事物管轄権の行使を否認した[26]。これに対して，第11巡回区連邦控訴裁判所は，ネルソンの雇用とサウジによる拷問等の違法行為との関連を肯定し，地裁判決を差し戻した[27]。連邦最高裁判所はサウジによるサーシオレーライを認めたのちに審理を開始する。最高裁は，ネルソンに対する違法行為が彼の雇用に基づいているのではなく，サウジの行為がいかに残虐なものであってもそれはFSIAが免除を許与しない商業活動には該当しないと述べて，結局裁判管轄権の行使を認めなかった[28]。

原告の主張は，米国内で雇用契約を締結したことを根拠に，それがなければサウジ・アラビアで就職することもなくまたサウジの官憲による拷問等もうけなかった，というのである。しかし，どのような論証を展開したにしても，両者を関連づけるには無理がありかつ不自然であることは否定しようがない。こうした強引なまでの論証はまさに商業活動例外がテロ等の人権侵害犠牲者の救済に対応していないことに起因しており，その一方で新たな免除例外の必要を痛感させるものであった。

---

25) Nelson, 507 U.S. at 351-353.
26) *Ibid.*, at 354-355.
27) *Ibid.*, at 355.
28) *Ibid.*, at 356-363.

第4章　テロリズム等の重大な人権侵害に対する米国外国主権免除法（FSIA）の対応の変遷

3．FSIA1604条但書「国際協定例外」とFSIA1605条(a)項(1)号「免除放棄例外」の援用

　フォン・ダーデル対ソ連事件[29]では原告はFSIA1604条但書の国際協定例外と1605条(a)項(1)号の免除放棄例外を援用した。この訴訟はユダヤ人救出に尽力した，有名なワレンバーグ（R.Wallenberg）の失踪事件に始まる。第二次世界大戦末期，米国はハンガリーのナチス絶滅収容所から数千のユダヤ人を救出しようと試みたが，ハンガリーとは交戦状態にあり何らの外交的働きかけも実を結ばず，中立国のスウェーデンに支援を要請した。フォン・ダーデルの兄弟であったワレンバーグはスウェーデンの職業外交官ではなかったが，外交官資格で在ブタペスト・スウェーデン公使館に赴任した1944年7月以来，彼はブタペストで数十万のユダヤ人収容者を救出に尽力した。1945年にハンガリーがソ連によって占領されると間もなく，ワレンバーグはソ連の占領軍によって逮捕・収監され，その後彼の正確な所在は不明になる。1957年にソ連のグロムイコ外務次官はその外交書簡のなかで，ワレンバーグがソ連の軍事基地内で拘禁され1947年7月17日に死亡したとスウェーデン政府に通知した。ソ連はこの事態について深い遺憾の意を表明しスウェーデンに陳謝した。ところが，1954年から1981年の間にソ連で収監されていた者から提供された情報によると，グロムイコの書簡とは異なり，ワレンバーグは1947年以降も生存しており依然として拘禁され続けているというのであった[30]。

　彼の生死自体が定かでないなかで，ワレンバーグの兄弟であるフォン・ダーデルは1984年2月にソ連政府を相手にワレンバーグの不法な逮捕・拘禁・死亡の確認およびそれらに対する損害賠償を求めてコロンビア地区連邦地方裁判所に提訴した。ソ連は米国国務省経由で送達された訴状や開示要請に応えず，送られてきたいっさいの文書を駐モスクワ米国大使館に送り返した。連邦地裁は，①ソ連は出廷しなかったことによって免除抗弁を放棄した，②議会はFSIAを制定する際に「国際法の普遍的に承認された原則の明白な違反」の場合には裁判所による管轄権行使を許与しない意思を有していなかった，

---

29) Von Dardel v. Union of Soviet Socialist Republics, 623 F.Supp. 246 (D.D.C. 1985), *vacated*, 736 F.Supp.1 (D.D.C. 1990).
30) Von Dardel, 623 F.Supp. at 248-250.

③ワレンバーグの外交官資格の侵害はウィーン外交関係条約や1976年の国家代表等に対する犯罪防止条約など「国際法の普遍的に承認された原則の明白な違反」に該当しFSIA1604条但書の国際協定例外が適用される，④ソ連は人権や外交特権・免除を規定する条約の当事国になることで免除を黙示的に放棄したのであって，FSIA1605条(a)項(1)号の免除放棄例外が適用される，⑤外国人不法行為法も適用される，という5つの点からソ連の免除を認めず31)欠席判決を登録した。

　その後，ソ連は1989年6月8日に限定的出廷 (special appearance) を実行し裁判管轄権の欠缺と上述の1985年判決の却下を申し立てた32)。1990年にこのソ連の申立てに対して判決を言い渡した裁判所は1985年判決が提示した5つの論拠をことごとく否定した。1990年判決がまず取り組んだ論拠はソ連の出廷拒否の効果とそれが黙示的免除放棄を構成するかどうかである。1990年判決法廷は免除放棄の有無は欠席判決の登録に先立って決定される問題であり，被告国が免除抗弁を提起しない場合でも裁判所は免除を援用できるかどうかを決定しなければならないと述べたのである33)。出廷拒否と免除放棄はまったく異なる次元の問題であるからというのがその理由であったが，黙示的免除放棄の有無が裁判管轄権の次元で決定される問題であることを考慮すれば，裁判権の行使が認められた後に不出廷の効果がはじめて審理されるのであって，確かにこの点について1990年判決の見解は当を得ている。

　次に，1990年法廷はFSIA1604条但書の国際協定例外が適用されるかどうかについて検討する。原告は免除を許与しない国際協定の例として米国が加入している1973年の国家代表等に対する犯罪防止条約を提示した。原告によると，国家代表等に対する犯罪防止条約は，明示的にFSIAと抵触する規定はないが，外交特権・免除違反に対して管轄権を行使する義務を条約当事国に科している以上，この条約は，FSIAが免除を許与することと明らかに抵触することになる。この点からも，国家代表等に対する犯罪防止条約は条約当事国である米国に管轄権を付与するというのである。これについて1990年法廷は，

---

31) *Ibid.*, at 252-259.

32) Von Dardel, 736 F.Supp. at 1.

33) *Ibid.*, at 3-4.

第4章　テロリズム等の重大な人権侵害に対する米国外国主権免除法（FSIA）の対応の変遷

国家代表等に対する犯罪防止条約が外交官に対する犯罪を処罰する義務を科するとしてもそれはまったく主権免除と抵触せず、さらにこの条約が自動執行的でなく国内立法化されるまで個人の提訴権を直接創設できず、したがってこの事件に国際協定例外が適用できないと判示した[34]。

FSIA1605条(a)項(1)号の免除放棄例外の適用可能性については、1985年判決は人権条約や外交関係条約の当事国であることによってソ連が免除を黙示的に放棄したと判示したが、1990年判決はこれについても否定した。1990年判決はFSIAの下院報告書を引用して、黙示的免除放棄の典型例が3つであると指摘する。この3例とは当事者が仲裁による解決に同意していること、国家との契約に法選択条項が挿入されていること、被告国が免除抗弁を提起することなく応答的訴答を行うことであるが、裁判所はこうした言及によって条約への同意が黙示的免除放棄に該当しないことを示唆する。結局、1990年判決は「裁判所は条約が主権免除を放棄することを意図していたという説得力ある証拠を必要としてきた」とフロロワ対ソ連事件控訴裁判所判決[35]の一節を述べて、条約の締結が黙示的免除放棄に該当しないと結論づけた[36]。

以上のように、2件のフォン・ダーテル判決はまったく正反対の判断を下したが、この5年の間に何があったのであろう。1990年判決が免除を許与しなかったもっとも大きな理由は1985年から1990年の間にアメラダ・ヘス海運会社対アルゼンチン事件[37]の連邦最高裁判所判決が言い渡されたことにあ

---

34) Ibid., at 5-6.
35) Frolova v. Union of Soviet Socialist Republics, 761 F.2d 370 (7th Cir. 1985). フロロワ事件で原告は、自らが米国に帰国して1年近くの間、ソ連に留学中結婚した夫の出国を認めなかったことについて精神的・身体的苦痛等を被ったと主張し、これに対する損害賠償を求めた。彼女はソ連が国連憲章および1975年のヘルシンキ最終議定書に署名したことによって黙示的に免除を放棄したと主張した。しかし裁判所は1605条(a)項(1)号の免除放棄例外は厳格に解釈されるべきであり、条約の当事国になることは黙示的免除を意味しないと判断して、管轄権の行使を否認した。Ibid., at 370, 376-378.
36) Von Dardel, 736 F.Supp. at 6-7.
37) Amerada Hess Shipping Corp. v. Argentine Republic, 638 F.Supp.73(S.D.N.Y. 1986), rev'd, 830 F. 2d 421(2nd Cir. 1987), cert. granted, 485 U.S. 1005(1988), rev'd, 488 U.S. 428(1988). この事件関する日本語文献としてたとえば、真山全「中立義務違反―アメ

る[38]。この事件は1977年にリベリア法人のアメラダ・ヘス海運会社（Amerada Hess Shipping Corporation）がリベリア法人のユナイテッド運輸会社（United Carriers, Inc.）とユナイテッド社所有のタンカー，ハーキュリーズ号（the Hercules）の傭船契約を締結したことに遡る。ハーキュリーズはアラスカのバルデスから原油をアメラダ・ヘス所有のヴァージン諸島の原油精製施設に輸送していた。1982年のフォークランド・マルビナス諸島紛争が勃発すると，ハーキュリーズは交戦国が設定した排除水域（exclusion zones）外の公海上を航行中にアルゼンチン空軍機による無警告攻撃を受け，リオデジャネイロに入港したものの回復不能な損害を負った[39]。アメラダ・ヘス社とユナイテッド社は，ニューヨーク南部地区連邦裁判所にFSIA，外国人不法行為法[40]および国際慣習法によって承認された普遍的管轄権に基づいて米国裁判所の事物管轄権の存在を主張し，損害の救済を申し立てた。第1審の連邦地裁は外国人不法行為法が外国国家を被告とした訴訟には適用されず，FSIAが米国で管轄権を獲得する唯一の基礎であり，この事件のようなケースがFSIAの免除例外に列挙されていないと判示して請求を却下した[41]。これに対して控訴裁判所は，外国人不法行為法上米国の裁判所が事物管轄権を有しており，また，FSIAの起草者は国際法違反国に対する免除を想定していないので，FSIAが国際法違反に対する免除の否認を詳記していなくとも，米国裁判所による民事裁判権の行使は妨げられないと判示して，地裁判決を却下し差し戻した[42]。

サーシオレーライを受理した連邦最高裁判所は，第1に国際法違反はFSIAの免除例外に該当しないこと，第2に外国人不法行為法が主権免除訴訟に適用されずFSIAが排他的に適用されること，第3に条約に署名することは署名国の黙示的免除放棄にあてはまらないこと，という3点を理由にあげて，

ラーダ・ヘス海運会社事件」山本草二・古川照美・松井芳郎編『国際法判例百選　別冊ジュリスト』第156号（有斐閣，2001年）226－227頁参照。

38) Von Dardel, 736 F.Supp. at 3.
39) Amerada Hess, 638 F.Supp. at 73-74 ; Ibid., 830 F.2d at 423.
40) Alien Tort Claims Act , 28 U.S.C. § 1350.
41) Amerada Hess, 638 F.Supp, at 75-77.
42) Ibid., 830 F.2d at 425-431.

第4章　テロリズム等の重大な人権侵害に対する米国外国主権免除法（FSIA）の対応の変遷

地裁判決を支持した[43]。アメラダ・ヘス最高裁法廷の提示した基準，すなわち被告国がどれほど重大な国際法違反行為を実行したとしてもそれがFSIAの免除例外に列挙されていない限り，免除は被告国に許与され米国の裁判所の裁判権は行使されないという解釈は，フォン・ダーテル事件1990年判決の結論を大きく左右したのである。さらにこの事件に限らず，このアメラダ・ヘス基準はフォン・ダーデル判決以降のFSIA訴訟にも決定的な影響を及ぼした。

　フォン・ダーデル対ソ連事件以降も，被害者は外国国家による人権侵害をFSIAの免除例外のいずれかに該当させることに傾注するが，ほとんどの訴訟で原告はFSIA1605条(a)項(1)号の免除放棄例外を援用する。免除放棄例外の援用が成功した事件は皆無ではなく，サイダーマン対アルゼンチン事件[44]ではこの例外が適用されアルゼンチンに対する免除の許与が否認された。もっとも，この事件ではアルゼンチン政府がサイダーマンの刑事訴追の一環として嘱託尋問書をロサンゼルス上位裁判所に送付し司法共助を求めたことが黙示的免除放棄に該当すると認定されたのであって，人権侵害行為の実行自体が条約やユス・コーゲンスに違反し，そのことが黙示的免除放棄であると判示されたわけではなかった。このように，1996年以前に免除放棄例外を援用した原告の請求は，事件固有の偶然的事情がそれを許す場合を除いて，ことごとく斥けられている。

　連邦地裁レベルであるものの，画期的な判決が言い渡されているので，それを紹介しておこう。それはナチスドイツによるホロ・コーストの生存者がドイツに対して損害賠償請求を求めたプリンツ対ドイツ事件[45]であり，この事件を審理したコロンビア地区連邦地方裁判所はFSIA以外の免除基準を適用しドイツに免除を許与しなかった。もっとも，地裁判決は，アメラダ・ヘ

---

43) *Ibid.*, 488 U.S. at 428-430.
44) Siderman De Blake v. Republic of Argentina, 1984 WL 9080 (C.D.Cal. 1984), *aff'd*, 965 F. 2d 699 (9th Cir. 1992), *cert. denied*, 507 U.S. 1017 (1993). サイダーマン事件の概要について詳しくは，黒田「前掲論文」（注23）167-172頁参照。
45) Princz v. Federal Republic of Germany, 813 F.Supp. 22 (D.D.C. 1992), *rev'd*, 26 F.3d 1166 (D.C.Cir. 1994), *cert. denied*, 513 U.S. 1121 (1995).

ス最高裁法廷が提示したFSIAが米国裁判所による「外国に対する管轄権獲得のための唯一の基礎」であり、米国の裁判所が民事裁判権を行使するためにはFSIA上の「詳記された外国主権免除例外の一つの存在に依拠する」という、アメラダ・ヘス基準を否認したわけではない。その一方で、裁判所はプリンツがナチスドイツによるホロ・コーストの生存者であり、彼の抑留・強制労働は残虐行為以外のなにものでもなく、それが「国際法、文明社会の法および人間の良識のすべての原則の破廉恥な侵犯」であるとの判断を下した[46]。地裁は結局アメラダ・ヘス基準が本件に適用されないと判示するが、その理由を次のように説明する。

> 「最高裁判所は、[アメラダ・]ヘス事件で判決を言い渡すにあたって、本法廷に提出されたような異常な事実を手にしていなかった。しかも、本裁判所は、議会が[FSIA]を制定する際に…係争中の事実と同種の筋書きを想定したとは信じられない。したがって、本裁判所は[アメラダ・]ヘス事件もFSIAも原告の請求を妨害しないと結論する。
> 　本裁判所は、当該請求が単にユダヤ人であるというだけで…人間性を無慈悲にも踏みにじる…国家によって犯された争いの余地のない残虐行為に関する場合には、[FSIA]が果たすべき役割はないと認定する。裁判所は、このような残虐行為を実行する際に米国法も国際法も遵守せず、いまその責任を逃れるために米国法を主張することによって、米国市民の正当な請求を妨害する国家を許すことはできない[47]。」

プリンツ事件地裁法廷はこのようにドイツに免除を許与しなかった。この画期的判決はFSIAに依拠しないで米国裁判所による民事裁判権の行使を認めたのであるが、そうであるがゆえに控訴裁判所段階では覆されることになる[48]。ドイツによる上訴に基づきこの事件を審理したコロンビア地区連邦控

---

[46] Princz, 813 F.Supp. at 25. 地裁判決について詳しくは、黒田「前掲論文」(注23)174－176頁参照。同論文で筆者は原告をプリンクと表記したがこの場を借りてプリンツに訂正する。

[47] Princz, 813 F.Supp. at 26.

[48] Princz, 26 F.3d 1166 (D.C.Cir. 1994). 控訴裁判所判決に関する日本語文献として、小畑郁「プリンツ事件」松井芳郎編集代表『判例国際法〔第2版〕』（東信堂、2006年）91－93頁参照。

第4章　テロリズム等の重大な人権侵害に対する米国外国主権免除法（FSIA）の対応の変遷

訴裁判所は，地裁判決で言及のなかった事件に対する適用法規について立場を明らかにする。控訴裁判所は FSIA の遡及的適用の是非について判断する必要はないと述べる一方で，FSIAがテートレター以降の裁判慣行を法典化したとの認識にたって1952年以前の事件に対するFSIAの遡及効については，遡及効を認めることによってナチスドイツの実体法上の責任を変更することになるとして遡及的適用の否認を示唆する[49]。結局，判決はプリンツが援用した国際協定例外，免除放棄例外および商業活動例外がそれぞれ本件には該当しないと判断し，1976年FSIAの免除例外のすべてが適用できない事件であると結論づけたのである[50]。

サーシオレーライも認められず控訴裁判所判決は確定するが，この判決の立場は1996年FSIA修正以前のFSIA訴訟に典型的にみられる米国裁判所の立場である。これを2点にまとめれば，第1に，外国国家を相手にした民事訴訟で主権免除の許否についてはもっぱらFSIAに依拠して決定されなければならない，ということである。第2に，被告国の加害行為がユス・コーゲンス違反であるとしても，ユス・コーゲンス違反は被告国の黙示的免除放棄を構成せずしたがって被告国に免除を許与しない免除例外に該当しない，ということである。

歴史が物語るところによれば，米国外で実行された重大な人権侵害の被害者に対して米国の裁判所は救済の手を差し伸べなかった。他方，1980年代末

---

[49] Princz, 26 F 2d at 1168-1171.

[50] もっとも，1995年9月19日に米独間で補償のための行政協定が締結され，この協定はいまだ補償を受けていないナチスドイツによる米国人ホロ・コースト犠牲者に約210万ドルを支払うことを規定した。*See* Agreement between the Government of the United States of America and the Government of the Federal Republic of Germany Concerning Final Benefits to Certain United States Nationals Who Were Victims of National Socialist Measures of Persecution, Done at Bonn on September 19,1995, *reprinted in International Legal Materials*, Vol.35(1996), p.193. 補償金の大部分はプリンツに支払われることになるといわれている。See J. Bröhmer, *State Immununity and the Violation of Human Rights*(1997), p.83. ブレーマーは米独間の条約によるこうした解決について，地裁でスポーキン（Sporkin）裁判官が実定法の非情緒的適用に終始していたなら世論の関心を引き起こすことはなく，それによってドイツにこのような解決を迫る結果とならなかったであろう，と述べて地裁判決を高く評価している。*See ibid.*

以降米国または米国人を標的としたテロ事件は増加の一途を辿ることとなる。こうした事態に対応するために、1996年に連邦議会はテロ支援国家には免除を許与しない場合もあるとした2つの重大な修正をFSIAに追加するに至るのであった。

Ⅲ　1996年FSIA修正以降

1．1996年FSIA修正に至る経緯

1980年代末から米国は頻発するテロ事件の嵐に巻き込まれるようになるが、次の4件の事件は米国に国際テロリズムの脅威を強く印象づけた。第1に1988年12月のスコットランドのロッカビー上空でのパン・アメリカン航空103号機爆破事件、第2に1988年2月におこった国連レバノン監視団(UNOGIL)に当時勤務していたヒギンズ(W.Higgins)海兵隊大佐に対するイスラム原理主義組織であるヒズボラ（Hizballah）による誘拐・殺人事件、第3に1993年2月のニューヨークのワールド・トレードセンター爆破事件、第4に1995年4月のオクラホマ・シティーの連邦合同庁舎の爆破テロ、である[51]。テロ事件の続発の一方で、その被害者は1976年FSIA上まったく救済されないことが明らかになり、次に述べる2件の事件の発生は1996年FSIA修正に至る決定的な契機となった。

1つは1996年FSIAに基づいて提訴されたアレジャンドレ対キューバ事件[52]の原因となったキューバ空軍機による米国の亡命キューバ人団体「難民救出の兄弟（Brothers to the Rescue）」のセスナ機撃墜である。1996年2月24日にこの団体のセスナ機はキューバから筏を組んで脱出する難民の救援活動などを行っていたが、キューバのハバナ沖公海上でキューバ空軍のミグ空軍機に撃墜され、4名のパイロットが死亡しそのうち3名は米国人であった[53]。

---

51) H.R. Rep. No.383, 104th Cong., 1st Sess., at 37(1995). 下院報告書はテロ事件ではないが米国を脅かした事件として米国の国家安全保障を根幹から覆しかねない当時の米中央情報局（CIA）高官、オルドリッチ・エームズ（A.H.Ames）のスパイ行為と彼の逮捕をあげている。

52) Alejandre v. Republic of Cuba, 996 F.Supp. 1239(S.D.Fla. 1997).

53) *Ibid.*, at 1243-1247.

第4章　テロリズム等の重大な人権侵害に対する米国外国主権免除法（FSIA）の対応の変遷

　もう1つの事件はパレスチナ聖戦機構シャカキ（Shaqaqi）派が仕組んだ自爆テロによるアリッサ・フラトウ（A.M.Flatow）の殺害で，これもその後フラトウ対イラン事件[54]として連邦裁判所で審判された。当時フラトウは20歳のブランダイス大学の学生で1995年の春学期に外国研究カリキュラムに参加してイスラエルに留学していた。彼女は留学中にガザ地区にバス旅行に出かけるが，偶然にも彼女が乗ったバスは1995年4月9日に爆薬を搭載した小型トラックの自爆テロの標的となって大破することとなる。必死の救命措置の甲斐なく彼女は脳死状態に陥り回復の希望もないことが担当医師から彼女の父親に告げられ，父親はさらなる救命措置の実施をしないように要請し彼女は亡くなった[55]。

　このように一連のテロ事件や人権侵害事件が米国人を標的にして頻発した結果，反テロ法[56]が1996年4月にクリントン大統領による署名ののちに発効し，反テロ法221条(a)項がFSIA 1605条(a)項(7)号の国家支援テロ例外[57]となってFSIAに追加された。さらに連邦議会は同一会期内に1997年の統合公用徴収包括法を制定し，同法589条[58]は前述したフラトウに対する自爆テロが直接的な契機となったこともあり，彼女の死を記憶にとどめるべくフラトウ修正とよばれることになったのである。

2．国家支援テロ例外とフラトウ修正の関係

　読者の便宜のために国家支援テロ例外とフラトウ修正を紹介しておこう。国家支援テロ例外を定めたFSIA 1605条(a)項(7)号は次のような規定である。

「1605条　〔外国国家に対する裁判権免除の一般例外〕
(a)項　次に定めるいずれかの一に該当する場合には，外国国家は合衆国又はその州の裁判権から免除されない。
　　　　⋮

---

54) Flatow, 999 F.Supp. 1.
55) *Ibid.*, at 6-7.
56) Pub.L. No.104-132, 110 Stat 1214 (1996).
57) 28 U.S.C. § 1605 (a) (7).
58) 28 U.S.C. § 1605 (a) (7) note.

(7)号　本項(2)号［商業活動例外］が適用されない場合であって，拷問，裁判によらない殺人，航空機妨害，人質をとる行為又はこれらの行為に対する(合衆国法典第18編2339A条によって定義される)物質的支援若しくは資源（resources）の提供であって，これらの行為又は物質的支援の提供が外国国家の公務員，被用者又は代理人によってその職務権限内で行動中に遂行された場合に，外国国家に対して金銭賠償を請求することができる。ただし，次に定める場合については，裁判所は本号に基づく請求を審理しない。

(A) 外国国家が原因行為の発生時に1979年の輸出管理法6条(j)項（合衆国法典第50編補遺2405条(j)項）又は1961年の外国援助法620A条（合衆国法典第22編2371条）に基づいてテロリズム支援国家であると指定されていない場合。ただし，これらの行為の結果としてその後テロリズム支援国家であると指定された場合又は原因行為がコロンビア地区合衆国地方裁判所の事件番号1：00CV03110（EGS）[59]に関連がある場合は除く。

(B) 外国国家がテロリズム支援国家と指定されているか又は過去に指定されていた場合でも，次の場合は除く。

　　（ⅰ）原因行為が被請求者である外国国家で生じかつ請求者が承認された国際的仲裁規則に従って外国国家に当該請求を仲裁する合理的機会を与えなかった場合，又は，

　　（ⅱ）請求者も犠牲者もいずれもが請求の原因となる行為が生じた際

---

59) 本条項のこの部分は2002年商務・司法・国務省，裁判所及び関連機関公用徴収法（Departments of Commerce, Justice, and State, the Judiciary, and Related Agencies Appropriations Act, 2002, Pub.L.No.107-77,115 Stat. 748(28 November, 2001)）626条(c)項によって修正された。記された事件番号は，1979年から1981年までの在イラン米大使館人質事件を扱ったローダー対イラン事件（Roeder v.Islamic Republic of Iran, 195 F.Supp.2d 140 (D.D.C. 2002)）を意味する。この事件は1976年FSIAのもとで請求が却下された原告が再度1996年FSIAに基づき提起したクラス訴訟である。人質事件が原因でありしかも請求が認容されなかった事件に救済の門戸を開くものであったが，イランが人質による請求から免除されるとしたアルジェ宣言と抵触しないのかが疑問である。しかしながら，このローダー事件地裁判決はこの規定がアルジェ宣言を廃棄する議会の明示的意思を表現するものではないと判示した。*Ibid.*, at 175-184.

第4章　テロリズム等の重大な人権侵害に対する米国外国主権免除法 (FSIA) の対応の変遷

に合衆国国民（この文言は移民及び国籍法第101条(a)項(22)項）によって定義される）でない場合。」

　国家支援テロ例外に関連して，1605条(e)項は，「拷問」および「裁判によらない殺人」については1991年の拷問等禁止条約第3条の意味で解釈されること，「人質をとる行為」については1979年の人質行為防止条約第1条の意味で解釈されること，さらに「航空機妨害」については1971年の民間航空不法行為防止モントリオール条約第1条の意味で解釈されることを規定する。1605条(f)項は訴訟原因の発生後10年以内に国家支援テロ例外を援用する訴訟は開始されなければならないと規定しているので，1996年FSIA修正以前の事件についてはすでに2006年4月以降提起できない状態になった。

　フラトウ修正についても仮訳を紹介しておこう。

「国家支援テロリズム行為に対する民事責任
(a)項　1979年の輸出管理法6条(j)項［第50編：戦争及び国防，補遺2405条(j)項］に基づいてテロリズム支援国家として指定された外国国家の公務員，被用者又は代理人は，その職務権限内で行動中に自らの行為が引き起こした人身被害又は死亡について合衆国国民又はその法律上の代表者に対して責任を負うものとする。これについて合衆国の裁判所は，当該行為が合衆国法典28編1605条(a)項(7)号［本条(a)項(7)号］に記された行為の一に該当する場合には，経済的損害賠償，慰謝料，苦痛及び懲罰的損害賠償を含む金銭賠償に対する管轄権を合衆国法典第28編1605条(a)項(7)号［本条(a)項(7)号］に基づいて維持することができる。
(b)項　合衆国法典第28編1605条(f)項及び(g)項［本条(f)項及び(g)項］に基づいて提起された訴訟に適用される出訴期限法及び開示手続期限法に関する規定は本条に基づいて提起された訴訟に適用される。
　いかなる訴訟も，合衆国の公務員，被用者又は代理人がその職務権限内で行動中に上述の行為を合衆国内で実行しこれに責任を負わない場合には，本訴訟［原文ママ］に基づいて開始されない[60]。」

---

60) 28 U.S.C. §1605(a)(7) note.

国家支援テロ例外が1976年FSIAを修正し新たな免除例外を設定したことはいうまでもないが，フラトウ修正自体がどの程度FSIAを修正したかについていえば鮮明になったとはいえない。ただ，少なくとも両規定を一体として解釈するのが初期の判例の立場であった。それは次のフラトウ事件判決の一節に言及するだけで十分であろう。

> 「フラトウ修正は，外観上は独立した法の宣明であるにもかかわらず，合衆国法典第28編1605条(a)項(7)号noteとして公刊されたので，予備的な解釈を行うためにさえ合衆国法典第28編1605条(a)項(7)号以下をとくに参照する必要がある。フラトウ修正はまた，［国家支援テロ例外］を実質的に修正しているので，黙示的修正であるとみられる。…したがって同じ事項についての (in pari material) 解釈が［国家支援テロ例外およびフラトウ修正］両規定の解釈にとってもっとも適切なアプローチである。…［国家支援テロ例外とフラトウ修正］は一体としてかつ互いに参照して解釈されるべきである[61]」。

とりあえず，本稿もこのもっともオーソドックスであるとみられた初期の判例の見解を前提に1996年FSIA修正の解釈上の論点について考察していくことにするが[62]，後述するように，2004年以降は連邦裁判所の立場が変わってきていることも指摘しておきたい。

国家支援テロ例外とフラトウ修正とを一体として解釈した場合，原告が1996年FSIA修正を援用するためには7つの要件が必要である[63]。第1に被

---

61) Flatow, 999 F.Supp. at 12-13.
62) 同様の見解として，広部和也「最近における主権免除の状況」『国際法外交雑誌』第104巻1号（2005年）13-14頁参照。広部は国家支援テロ例外とフラトウ修正の一体性を明示していないが，「外国主権免除法のテロリズム関連改正の規定は，反テロリズム法と一体として解釈されなければならない」と指摘し，また彼が提示した1996年FSIAの発動要件からみれば，彼は2つの規定の一体性を示唆しているといえよう。後述するように，シシッピオ＝プレオ対イラン事件で連邦控訴裁判所は1996年FSIAの解釈の方法として2つの規定を別個に解釈できる可能性について言及している。See Cicippio-Puleo v. Islamic Republic of Iran, 353 F. 3d 1024, at 1031 (D.D.Cir. 2004).
63) 広部は出訴期限および開示手続期限に関する制限のほか，1996年FSIA全体として7

第4章　テロリズム等の重大な人権侵害に対する米国外国主権免除法 (FSIA) の対応の変遷

害者に対する原因行為の発生時に被害者または請求者のいずれかが米国人であること，第2に被告となる外国国家は原因行為の発生時またはその結果として国務省によってテロ支援国家と指定されていること，第3に原因行為が外国国家自体または外国国家から物質的支援を受けている代理人または被用者によって実行された行為であること，第4に原因行為が拷問，裁判によら

つの要件を指摘する。第1に事件発生時被害者または請求者が米国人であること，第2に被告国は国務省指定のテロ支援国家であること，第3にテロ支援国家またはその「物質的支援又は手段 (resources)」の提供をうけたテロリストによる拷問，裁判によらない殺人，航空機妨害，人質行為によって引き起こされた人身被害または死亡，第4に「物質的支援又は手段」の提供はテロ支援国家の代理人，公務員または被用者により，それらの者の権限内で行われたものであること，第5に請求対象の金銭的損害とは人身被害または死亡であって，それらについての経済的損害，慰謝料，肉体的・精神的苦痛，懲罰的損害賠償を求めて金銭賠償が提起できること，第6に原因行為がテロ国家の領域内で行われた場合でも，当該国には国際的仲裁規則に従って仲裁に付する機会が与えられること，第7に米国またはその代理人によって行われた同様の行為も提訴の対象になること，である。広部「同上論文」12－15頁参照。これに対して国家支援テロ例外の要素とフラトウ修正の要件を区別する見解もある。これによると，国家支援テロ例外の発動要件は，第1に被害 (injury) の発生，第2に原因行為が外国国家または外国国家から物質的支援を受けている代理人によって実行された行為であること，第3に支援の提供が外国国家によって授権されていること，第4に外国国家が国務省によるテロ支援国家として指定されていること，第5に外国国家は原因行為が自国領域内で発生した場合に紛争が仲裁に付託されそこで解決されるための合理的機会を与えられていること，第6に原因行為の発生時に請求者か犠牲者かいずれかが米国人であること，第7に同様の行為が米国またはその代理人よって実行されても，それに対する提訴が可能なこと，である。また，フラトウ修正の要件としては，第1に拷問，裁判によらない殺人，航空機妨害または人質をとる行為に起因する人身被害または死亡の存在，第2に原因行為が外国国家自体または当該国家から「物質的支援若しくは資源 (resources)」を提供されている非国家行為体のいずれかが実行した行為であること，第3に原因行為または物質的支援の提供が外国国家の公務員，被用者または代理人によってその職務遂行中に実行されること，第4に外国国家は原因行為の発生時にテロ支援国家として指定されているかまたはその後当該行為の結果としてテロ支援国家として指定されたかのいずれかでなければならないこと，第5に原告または犠牲者のいずれかが事件の発生時に米国国民であること，である。*See, e.g.,* A. Dickinson, R.Lindsay & J.P.Loonam, *supra* note 5, pp. 272-263,277.

第1部　国際犯罪の抑圧

ない殺人,航空機妨害もしくは人質をとる行為または米国制定法,コモンローもしくは国際法上の不法行為に起因する人身被害または死亡であること,第5に原因行為は外国国家の公務員,代理人または被用者がその職務権限内で行動中に実行した行為であること,第6に外国国家は原因行為が自国領域内で発生した場合に紛争が仲裁によって解決されるための合理的機会を与えられていること,第7に同様の行為が米国またはその公務員,代理人または被用者よって実行された場合にもそれに対する提訴が可能なこと,である。1996年FSIAは形式的には別個の2つの規定として制定され,それぞれが不分明な文言・表現を少なからず使用しているなど,法文の解釈の多くが判例の集積に委ねられているといっても過言でない。たとえば,思い浮かぶ論点をあげただけでも,1996年FSIAの遡及効,当事者能力の範囲(被害者の戦闘員資格の有無や被害者と請求者の人的関係など),訴訟原因の有無,被告の範囲と資格,連邦憲法上の適正過程条項による保護の当否,さらに米国の国家実行としての評価などきわめて広汎であり,それに加えて両規定の関係も極めて入り組んでいる。1996年FSIAの要件等は過去に日本語の論稿で解説されている[64]部分もあり,紙幅の関係上本稿はもっとも代表的と思われる論点についてだけ検討することにしよう。

3．テロ支援国家による「物質的支援若しくは資源」の提供

　最近のテロ事件の多くが外国国家の国家機関ではなくそれとは別個のテロリストやテロ集団によって実行され,彼らの存在が彼らを支援する外国国家による何らかの「物質的支援若しくは資源」の提供によって維持されていることを考慮すれば,この文言の解釈とその立証は重要である。定義についていえば,国家支援テロ例外は米国刑法の定義を採用しており,これは次のように規定している。

　　「『物質的支援若しくは資源』という文言は,動産であろうが不動産であろうが一切の財産又は役務を意味する。それには,貨幣若しくは紙幣,金融証券,金融サービス,滞在の許可,訓練,専門家の助言若しくは支

---

64) 広部「前掲論文」(注62) 13-14頁。

第4章　テロリズム等の重大な人権侵害に対する米国外国主権免除法（FSIA）の対応の変遷

援，アジト，虚偽の公文書若しくは身分証明書，伝達装備，施設，武器，致死性物質，爆薬，（単独若しくは複数の）人員及び輸送手段が含まれる。但し，医療又は宗教用の原料は除く[65]。」

この点について最初に判断を提示したフラトウ事件連邦地方裁判所は次のように解釈した。

「…原告は，外国国家によってテロ行為のために提供された物質的支援若しくは資源が，合衆国法典第28編1605条(a)項(7)号の事物管轄権に関する制定法上の要件を満たすために，原告の請求の原因となった行為に直接的に寄与した，と立証する必要はない…。テロリスト集団を支援することが米国民の人身被害又は死亡を生じさせたということだけで管轄権を行使するには十分である[66]。」

フラトウ事件法廷と同様の見解を採用する判決がその後続くことになるが[67]，連邦控訴裁判所はキルバーン対リビア事件[68]でこの要件の意味を明確に判示した。この事件の被害者はベイルートでアメリカン大学の図書館司書として勤務していたところ，ヒズボラによって誘拐され監禁された。彼は監禁中終日目隠しをされ激しい暴行・虐待を受けた。一方，1986年4月14日に米国がリビアによるテロ行為の報復の名目でトリポリを空爆すると，レバノン在住のリビアの代理人は米国の空爆の報復として米国人の人質の売買と殺人を望んでいると宣伝した。これに応えるかのように，リビアが支援しているアラブ革命細胞（Arab Revolutionary Cell）はヒズボラからキルバーンを約3万ドルで引き渡され殺害することになる。裁判所の判決は，リビアは殺害を実行したアラブ革命細胞に資金または支援を提供してきた以上有責である，

---

65) 18 U.S.C. § 2339A (2006).
66) Flatow, 999 F. Supp. at 18.
67) *E.g.* Erahi v. Islamic Republic of Iran,124 F.Supp. 2d 97 (D.D.C. 2000); Cronin v. Islamic Republic of Iran, 238 F.Supp. 2d 222 (D.D.C. 2002); Surette v. Islamic Republic of Iran, 231 F.Supp. 2d 260 (D.D.C. 2002); Stethem v. Islamic Republic of Iran, 201 F. Supp. 2d 78 (D.D.C. 2002).
68) Kilburn v. Socialist People's Libyan Arab Jamahiriya, 277 F. Supp. 2d 24 (D.D.C. 2003), *aff'd,* 376 F. 3d 1123 (D.C.Cir. 2004).

第1部　国際犯罪の抑圧

というものであった。リビアは，原告が「[支援の提供等]なしには (but for)［事件は発生しなかった］」基準[69]の適用がある場合であることを立証できない限り，リビアに責任は科されないとして，請求の却下を申し立てた。裁判所は「物質的支援若しくは資源」という文言の定義を明らかにすることなく，この要件の意味が「物質的支援若しくは資源」の提供とテロ行為との因果関係について厳格な挙証責任を原告に科することではない，との判断を下した[70]。控訴裁判所判決の次の一節はテロ集団の実態を正確に把握し国家支援テロ例外を正当に解釈していることを物語っている。

> 「…テロ支援国家によるテロ組織への財政的支援に個々のテロ行為が直接的に起因しなければならないという管轄権に関する要件を科するならば1605条(a)項(7)号の物質的支援規定は無駄なものになるであろう。金銭は結局代替可能であり，テロ組織が几帳面な帳簿を保有していることはほとんど期待されない[71]。」

ほとんどの判決は原告に物質的支援とテロ行為の発生との因果関係について厳格な挙証責任を科することはなかった[72]。一連の判決によると，争点はこの文言の定義の明確化ではなく，単に原告の負う挙証責任の程度であって，原告は因果関係の存在を挙証する厳格な責任を負っていないというのであった。

4．1996年FSIA修正上の訴訟原因[73]

1996年FSIA修正がもっぱら米国の裁判所による民事裁判管轄権行使のた

---

69) リビアの物質的支援がなければテロ組織によるキルバーンの拷問や殺害等は発生しなかったであろうという意味である。Kilburn, 376 F. 3d at 1127.
70) Ibid., at 1123-1125,1127-1133,1136.
71) Ibid., at 1130.
72) 例外的にアンガー対イラン事件ではテロ組織イスラム原理主義組織ハマス (Hamas) による殺人とイランによる支援との因果関係を十分に立証できなかったとして，原告の請求は却下された。See Ungar v. Islamic Republic of Iran, 211 F.Supp. 2d 91, at 97-98 (D.D.C. 2002).
73) 「民事訴訟の対象となり請求排除効の対象たる訴訟物」あるいは「審判の対象たる訴訟物」である。ちなみに「請求排除効は，わが国の既判力にあたるもの」である。た

第4章　テロリズム等の重大な人権侵害に対する米国外国主権免除法（FSIA）の対応の変遷

めの根拠規定にすぎず，原告が金銭賠償を求める際の訴訟原因についてはまったく規定していないのかどうかについても，FSIA訴訟では争点となってきた。これに加えて，その際何が訴訟原因を構成するかということも争われた。リーディングケースであるアレジャンドレ対キューバ事件地裁判決ついていえば，フロリダ南部地区連邦地裁は，まずテロ支援国家の免除の許否について，セスナ機を撃墜したキューバ空軍をキューバの代理人と認定し，原因行為が国家支援テロ例外の発動要件に該当しキューバには免除が許与されないと断定した。次に裁判所は原告が1996年FSIAに基づいて被害の救済を求めることができるかどうかについて検討を加え，フラトウ修正が国家支援テロ例外の詳記する条件に該当した行為を実行した外国国家の代理人に対する訴訟原因を創設するとの判断を示した。地裁は続けて，一般に原告が国家支援テロ例外に基づいて国家の代理人の責任を立証しようとする場合には，代理人の使用が使用者責任（respondeat superior）の法理の適用対象になると認定し外国国家は有責となる，と判示した。結局，損害賠償額として裁判所は懲罰的損害賠償を含む約1億8700万ドルを算定しキューバに言い渡したのである[74]。このように，アレジャンドレ事件地裁法廷は免除の許否については国家支援テロ例外に基づいて判断し，原告が援用しうる訴訟原因についてはフラトウ修正がその根拠となるとの立場をとった。少なくとも国家支援テロ例外が詳記した裁判によらない殺人などの犯罪によって人身被害や死亡が生じたならば，それは原告がテロリストに対して援用できる訴訟原因を構成することに疑う余地はない，というのである。ただ，使用者責任の法理に言及することでキューバに対する訴訟原因の存在を認めたように，実行行為者の責任のみならず外国国家の責任を追及するためには原因行為をいかに訴訟原因を構成する事実として論証するかが問題であった。

　フラトウ事件では，裁判所は反テロ法が実行行為者に対する訴訟原因を創設したように，国家支援テロ例外に基づいて国家に対する懲罰的損害賠償を提起しうると判断し，国家支援テロ例外自体がテロ支援国家に対する訴訟原

　　だ，現在はこの用語は抽象的に定義するのが困難で使用しないのが望ましいといわれる。小林秀之『新版・アメリカ民事訴訟法』（弘文堂，1996年）5－6, 11, 257頁。
　74）　Alejandre, 996 F.Supp. at 1246-1254.

因を設定していると示唆する75)。フラトウ修正については，裁判所は前述したように，国家支援テロ例外とフラトウ修正が一体として解釈されると述べ，さらにフラトウ修正に基づき外国国家およびその公務員の責任が米国およびその公務員の責任と同一でなければならないことははっきりしている指摘し76)，次のように判示した。

> 「フラトウ修正は国家支援テロリズムに対する懲罰的損害賠償についての訴訟原因を明示的に規定することによって以前の規定から逸脱する。…［FSIA］1606条77)が国家支援テロ例外およびフラトウ修正に従って外国国家に対して直接提起された訴訟原因には適用されないとしても，テロ支援外国国家は使用者責任および代位責任の原則上依然として間接的に懲罰的損害賠償の責任を負いうる。…本裁判所は職務権限内で行動する個人は懲罰的損害賠償についての訴訟原因の対象となりうると結論する。……国家支援テロ例外およびフラトウ修正は同じく使用者責任の原則を用いており，かつ事物管轄権および連邦法上の訴訟原因の双方を創設する責任を命じている。…［国家支援テロ例外およびフラトウ修正］は国家支援テロ行為によって近接的に (proximately) 生じた不法死亡についての訴訟原因を設定する78)。」

フラトウ事件地裁法廷は少なからず表現を変えながら，1996年FSIAの2つの規定が一体として解釈され，それが適用される事案では，テロ支援国家に免除が許与されないのみならず裁判によらない殺人に起因し被害者を不法死亡に至らしめた実行行為者およびテロ支援国家に対する訴訟原因を設定すると解釈したのであった。フラトウ事件での判旨の大枠はその後，多くの訴訟で踏襲される79)。

---

75) Flatow, 999 F. Supp. at 12-13.

76) *Ibid.*, at 19.

77) FSIA1606条は，「外国国家自体（その機関は除く）は懲罰的損害賠償の責任を負わない。」と規定する。

78) Flatow, 999 F. Supp. at 25-27.

79) *E.g.* Cicippio v. Islamic Republic of Iran, 18 F.Supp. 2d 62(D.D.C.,1998)；Anderson v. Islamic Republic of Iran, 90 F.Supp. 2d 107(D.D.C.2000)；Eisenfeld v. Islamic Republic of

第 4 章　テロリズム等の重大な人権侵害に対する米国外国主権免除法（FSIA）の対応の変遷

　もっとも，個々の判決に注目すると詳細な部分ではニュアンスの違いがみられる。ワグナー対イラン事件で連邦地方裁判所は国家支援テロ例外とフラトウ修正を同一視し，「［国家支援テロ例外］は，…［拷問等］によって生じた人身被害又は死亡について外国国家に対する訴訟原因を授権すると詳記している80)。」と述べる。続けてこの裁判所はフラトウ修正を参照して，［原告が求める］救済の各要素はFSIAによって明白に容認されていると論じる81)。このようにワグナー事件判決は国家支援テロ例外とフラトウ修正に二重に言及し，外国国家とその機関に対する訴訟原因が 2 つの規定によって認められていることを示唆した。

　クローニン対イラン事件でコロンビア地区連邦地裁は国家支援テロ例外が外国国家を被告とした裁判で訴訟原因を創設したと断言し，その一方でフラトウ修正については，これが「外国国家の公務員，被用者又は代理人」に対する訴訟原因を設定したことは明らかであるにしても外国国家自体に対する訴訟原因を設定したかどうかはそれほど明確であるとはいえない，と解釈している82)。他方，プライス対リビア事件差戻審で連邦地方裁判所は，クローニン事件を引用しながらも，「フラトウ修正を外国国家自体に対する訴訟原因を認めない［規定］と解釈すれば，容易に［国家支援テロ例外］の体系をひっくり返すことになろう…」と述べて，フラトウ修正が外国国家自体に対する訴訟原因を設定するという見解を暗示している83)。ただ，いずれにしても，これら一連の判決は，1996年FSIA修正が全体として，それが詳記するテロ行為についてテロ支援国家の免除を否認し，実行行為者とテロ支援国家に対する訴訟原因を創設した，という点では一致していた。

　ところが，2004年になりそれまでの裁判所の立場はシシッピオ＝プレオ対

Iran, 172 F.Supp. 2d 1 (D.D.C. 2000); Daliberti v. Republic of Iraq, 146 F.Supp. 2d 19 (D.D.C. 2001); Smith v. Islamic Emirate of Afghanistan, 294 F.2d 217 (S.D.N.Y. Cir. 2002).

80) Wagner v. Islamic Republic of Iran, 172 F.Supp. 2d 128, at 133 (D.D.C., 2001).
81) *Ibid.*, at 134.
82) Cronin, 238 F.Supp. 2d 222, at 230-232 (D.D.C. 2002). 同じ立場にたつ判決として，*See also* Price v. Socialist People's Libyan Arab Jamahiriya, 110 F.Supp. 2d 10 (D.D.C., 2000); Kerr v. Islamic Republic of Iran, 245 F.Supp. 2d 59 (D.D.C. 2003).
83) Price, 274 F.Supp. 2d 20, at 31-32 (D.D.C. 2003).

イラン事件控訴裁判所判決で一変することになる。シシッピオ事件はそもそも1996年FSIA修正以前に提起され，1976年FSIAに基づき却下された事件であった[84]。それが再度1996年FSIAを援用して提起され，原告の請求は認容された[85]。その後この判決に対する上訴はなかったが，当初の原告以外にシシッピオの子供や兄弟もシシッピオの監禁の結果被った精神的苦痛等の救済を裁判所に請求し，略式判決（summary judgment）の言渡しと先の判決との併合を申し立てた。連邦地裁は，1996年FSIA修正が訴状記載の精神的苦痛等の救済請求を審判する事物管轄権を裁判所に付与しておらず，したがって原告が訴状にFSIA以外の実定法上の基準に基づいて何らの請求も記載していないと判示してこの請求を却下した。これに対して原告は上訴し，事件は被害者名が変更されシシッピオ＝プレオ事件とよばれ，コロンビア地区連邦控訴裁判所で審理されることとなる[86]。審理中に控訴裁判所は職権で国務省に対して，国務省がローダー対イラン事件での意見書のなかで述べた，フラトウ修正はテロ支援国家の公務員等に対する訴訟原因をテロ行為の被害者に提供するのであってテロ支援国家自体に対する訴訟原因については規定していない，とする見解が変更したかどうかを回答するように命じた[87]。控訴裁判所は，1996年FSIAが外国国家に対する訴訟原因を規定しているかどうかがこの事件の争点であると指摘し[88]，米国の立場はまったく以前と変わらないという国務省の意見書[89]を引用したのちに，訴訟原因について次のような結論

---

[84] Cicippio, 1993 WL 730748(D.D.C. Mar 13, 1993), aff'd, 30 F. 3d 164(D.C.Cir.1994), cert.denied, 513 U.S. 1078(U.S. 1995). 原告であり被害者であったシシッピオ（J. Cicippio）とジェーコブソン（D. Jacobson）はレバノンのベイルートでイランに雇われたイスラム原理主義者によって誘拐された。シシッピオとジェーコブソンは監禁中に拷問を受け，またイランは彼らの釈放を米国内の凍結イラン資産の返還の条件にした。原告はこれに着目し商業活動例外を援用したが，結局アメラダ・ヘス最高裁判決基準に従って，原告の請求は斥けられた。

[85] Cicippio, 18 F.Supp. 2d 62.

[86] Cicippio-Puleo, 353 F. 3d, at 1026-1028.

[87] Cicippio-Puleo, 2003 WL 22669558(D.C.Cir. 2003).

[88] Cicippio-Puleo, 353 F. 3d, at 1029.

[89] Ibid., at 1031. 国務省の意見書の一節は次のように述べている。「［国家支援テロ例

第 4 章　テロリズム等の重大な人権侵害に対する米国外国主権免除法 (FSIA) の対応の変遷

を下した。

> 「[国家支援テロ例外] もフラトウ修正も 2 つ [の規定] を連携して考察しても外国国家に対する私人の提訴権を創設しない。[国家支援テロ例外] は外国国家に対する訴訟原因を創設することなくもっぱら外国国家の免除を適用除外し，フラトウ修正は外国国家自体に対してではなく外国国家の公務員，被用者又は代理人に対する私人の提訴権を規定するにすぎない…。[1996年FSIAの] 規定上はイランおよびその機関に対する何らの制定法上の訴訟原因も存在しない…[90]。」

　控訴裁判所も地裁判決と同様に，訴訟原因を訴状に記載していないことを理由に被害者の請求を斥け，その一方で訴訟原因を書き直すことを認めて事件を差し戻した。シシッピオ＝プレオ事件控訴裁判所は，国家支援テロ例外に詳記された 4 つの犯罪については外国国家に民事裁判権が行使され免除は許与されないが，そのことに限定されるだけで，国家支援テロ例外が訴訟原因を設定しているわけではない，と判示したのである。また，国家支援テロ例外の援用が認められる場合でも，テロ支援国家に金銭賠償を求めるためには被害者は別個の法源上の訴訟原因を申述することが求められ，この点で控訴裁判所は原告が訴訟原因を記載していないと判断したのである。フラトウ修正についていえば，これはもちろん訴訟原因を設定したのであるが，それは外国国家の「公務員，被用者又は代理人」に対するものであり，しかもそれも加害者の公的資格 (official capacity) に対してではなくもっぱら個人 (individual) に対する提訴が可能であると判断された。したがって，被害者が外国国家に対してフラトウ修正を援用しかつ使用者責任の法理に依拠して被

外] もフラトウ修正も，また双方を連携させても，議会が外国国家自体に対する私人の訴訟原因を創設するという挑発的手段をとることを意図していたという兆候を示すものは何もない。こうした動きは行政府による対外関係の運営にとって深刻な逆行的帰結をもたらすはずである。したがって，そうした行動をとるという意思は，推論されるべきでなく，議会が明白にそうした方向に向けた法律を制定した場合にのみ認められるべきである。」

90) *Ibid.*, at 1033.

害の救済を求める請求を提起することはできない，ということになる[91]。その後も同じ立場にたった判決が言い渡されており，たとえばシシッピオ＝プレオ判決後に最初に言い渡されたアクリー対イラン事件[92]でも控訴裁判所はシシッピオ＝プレオ判決を踏襲した[93]。

IV　おわりに

　米国人を標的にした国際テロリズムの脅威を除去する１つの手段として1996年FSIAは制定された。ところが，みてきたように，初期の地裁判決とは異なり，1996年FSIAの解釈は大きく変動し，いまもその解釈が確定したとはいえない。そうしたなか，ヴァロア対イラン事件地裁判決の一節はもっとも現状を適切に形容している。

　「外国国家の免除が［FSIA］1605条に基づいて否認されると，原告は連邦法，州法または国際法に基づいて被告に対する適切な訴訟原因を申述しなければならない。…有効な訴訟原因がこれらいずれかの法源に基づき訴答される限り，［FSIA］1606条は『外国国家は同様の情況の下で私人が負う責任と同じ方法でかつ同じ程度の責任を負うものとする』と規定する。1606条は連邦法，州法または国際法上存在しうる私人に対する実体的訴訟原因への『通過許可（pass-through）』としての役割を演じる[94]。」

　国家支援テロ例外は他の法源に由来する訴訟原因への門戸を開くために免除を否認するにすぎず訴訟原因を設定するものではない。他方，フラトウ修正は，テロ支援国家の公務員・被用者・代理人の拷問等によって人身被害ま

---

91)　*Ibid.*

92)　Acree v. Republic of Iraq, 271 F. Supp. 2d 179(D.D.C. 2003), *vacated*, 370 F. 3d 41 (D.C. Cir. 2004), *cert.denied,* 544 U.S. 1010(2005).

93)　Acree, 370 F. 3, at 48.

94)　Valore v. Islamic Republic of Iran, 478 F. Supp. 2d 101, at 107(D.D.C. 2007). *See also* Dammarell v. Islamic Republic of Iran, 2005 WL 756090, at 27-32(D.D.C. 2005)；Prevatt v. Islamic Republic of Iran, 421 F.Supp. 2d 152, at 158(D.D.C. 2006).

第4章　テロリズム等の重大な人権侵害に対する米国外国主権免除法（FSIA）の対応の変遷

たは死亡という被害を負った者がもっぱら当該加害者を提訴するための訴訟原因を設定している、というのが解釈の現状であろう。1996年FSIAはテロ支援国家を相手に被害者の救済を図るにあたって自己完結的な仕組みを整えた規定とはいえない。すなわち、国家支援テロ例外はテロ支援国家に対する主権免除の不許与に関する規定であり、フラトウ修正はテロ支援国家に物質的支援を受けている代理人等に対する訴訟原因を設定した規定である、ということである。ただ、前述のヴァロア対イラン事件判決の一節が認めるように、州法、連邦法さらに国際法を含む他の法源上の訴訟原因[95]を援用する可能性は残されている。初期の判決の立場のように1996年FSIAを一体として解釈するのではなく、むしろ国家支援テロ例外だけを援用し、国務省の政策的判断に基づいたテロ支援国家指定であるとしても、テロ支援国家による重大な人権侵害や国際法上の犯罪に免除を与えず、FSIA 1606条を媒介としてテロ支援国家が実行した国際法違反や重大な人権侵害など一般国際法上のユス・コーゲンス違反に対する救済の道は閉ざされていないのではなかろうか[96]。

---

95) もっとも、一般には州コモンロー・州制定法上または連邦制定法上の不法行為が想定されているようである。*See* Dammarell, 2005 WL 756090 (D.D.C.2005), *reconsideration granted in part,* 370 F. Supp. 2d 218 (D.D.C. 2005). *See also* Welch v. The Islamic Republic of Iran, 2004 WL2216534 (D.D.C. 2004); Owens v. Republic of Sudan, 374 F. Supp. 2d 1 (D.D.C. 2005); Salazar v. Islamic Republic of Iran, 370 F. Supp. 2d 105 (D.D.C. 2005). *See generally* Price, 389 F.3d 192, at 199 (D.C. Cir. 2004).

96) ユス・コーゲンス違反に対する主権免除の不許与論についての最近の論稿として、たとえば水島朋則「国際強行法規違反行為への外国国家免除の否定論について」浅田正彦編『21世紀の国際法の課題（安藤仁介先生古稀記念）』（有信堂、2006年）97－122頁。水島はユス・コーゲンス違反に対する免除不許与論に関する学説およびヨーロッパの国内判例・人権裁判所判例を詳細に検討・整序し、きわめて興味深い指摘を行っている。概略すれば、彼によると、ユス・コーゲンスと主権免除について、前者が実体法の問題であり後者が手続法の問題であることなどを主な理由として、原則的にはユス・コーゲンス違反の行為によって主権免除が否認されることはなく、法廷地国が対抗措置をとる場合にのみ免除は否認される。同様に、フォックス（H.Fox）もユス・コーゲンス違反による主権免除の不許与論を否定する。彼女によると、条約の無効原因以外にユス・コーゲンスの法的効果は確立されておらず、また、主権免除規則はまったく実体規則を含まない一方で管轄権に関する規則を含む救済手続規則（procedura

FSIAの解釈・適用といった主権免除に関する米国の国家実行の評価については，紙幅の関係上検討できなかったが，この国際法プロパーの問題について最後に一言と触れておきたい。括眼に値する事実はFSIAに対する米国の裁判所の立場が2004年を境に一変したことである。このことは，いわゆる「対テロ戦争」の一環としてイラク，アフガニスタン，グアンタナモ基地等で組織的ともいわれるさまざまな人権侵害の実行者であったことなど，米国自体がFSIAによって守られるべきはずの人権に対する加害者であることが明らかになってきたこと[97]と無縁ではなかろう。米国の裁判所は，政治的潮流の渦に巻き込まれ，外交関係を過度に配慮する従来みられた国務省の提言への無原則な追随を，新FSIA立法という形でなく1996年FSIAの解釈・適用の変更という姿で表現しているように思えてならない。そもそも，1976年FSIAの立法者意思は主権免除の許否に関する決定を国務省から取り上げ裁判所による法的な判断に集約することにあったはずである[98]。したがって，今後の米国の政治状況次第でFSIAの解釈もその将来も流動的であり，米国の国家実行としてそれが一般国際法上どの程度の意味を有するのかについては今後も注意深く見守っていかなければならい。

　周知のように，FSIAの構成は免除の許与を原則とし免除が許与されない場

---

　　rule）にすぎない，というのである。確かに，英米法にいうprocedural ruleは管轄権を含む手続規則である以上,その点での彼女の指摘は正鵠を射るものである。See H.Fox, *The Law of State Immunity*(2002), pp.523-527,540. しかしながら，ユス・コーゲンスの法的効果がまったく条約の無効原因に限定されるのか，さらにimmunityではなくliabilityを規定する法源といてユス・コーゲンスを想定することが無謀かどうかは議論の余地があるであろう。かりにユス・コーゲンス違反が主権免除の問題ではないとしても，訴訟原因の次元でこの問題を議論することは人権被害者の救済の点からみて無意味とはいえない。

97) 拷問禁止規範という誰もが一般国際法のユス・コーゲンスとして遵守しなければならない規則についても，米国は，「対テロ戦争」の口実のもとそれを恣意的に解釈しさらに米国外での過酷な尋問活動が拷問と認定されることを回避して，自国の軍人や公務員の責任が問われないように試みてきた。これについては，今井直「国際法上の拷問禁止規範の現在—対テロ戦争の文脈を中心に」村上敏邦・今井直監修『拷問等禁止条約をめぐる世界と日本の人権』（明石書店, 2007年）29−59頁参照。

98) H.R. Rep. No.1487, *supra* note 8, at 70.

第4章　テロリズム等の重大な人権侵害に対する米国外国主権免除法（FSIA）の対応の変遷

合を例外として規定している。しかし，あえて人権という普遍的価値を重視し，また国際通商の発展に対応すべく制限免除主義の一層の深化を想定するならば，FSIAをいっそう目的論的に解釈する必要があるのではなかろうか。裁判権行使を原則とするのか，それとも免除の許与を原則とするのかによって，この問題への対応は相当異なるのであって，時代の変化に対応したFSIAの解釈が求められる。

〔付記〕　本稿脱稿後，2008年1月28日に2008会計年度国防授権法（National Defense Authorization Act for Fiscal Year 2008;Pub.L.No.110-181, 122 Stat 3, 28 January, 2008,）が制定され，FSIA1605条（a）項（7）号の国家支援テロ例外の廃止などFSIAはかなり修正された。国家支援テロ例外に代わってFSIAには1605A条としてテロリズム免除例外が追加された。これについては近いうちに検討を加えることにしたい。

第2部

世界平和と人権

第5章

国連安保理決議の法的拘束力と
国内的実施に関する一考察

杉 山 晋 輔

I　はじめに
II　安保理決議の国際法上の法的拘束力
III　安保理決議の国内法上の実施
IV　終わりに──若干の結語

I　は じ め に

1．近年，国連安保理決議がいかなる法的・政治的性格を持つかが，これまで以上に注目されてきているように見受けられる。本質的には，1990年代初頭に冷戦構造が終了し，それまで多くの重要な場合に麻痺していた国連による平和の維持・回復機能が一定程度作用されうるようになって以来，安保理の本来の機能に期待されるところが増大したからであろう。その転換点だったのが，「湾岸戦争」(1991年1月～2月) に国際法上の正当性を与えた安保理決議678 (1990年11月29日) であったといってよいだろうし，それ以降，一部の安保理決議には，その前文の末尾に強制行動を意味する憲章第7章への言及がなされる場合が多く出現した[1]。そして，この間の15年ほどの国家実行の積み重ねで，特にニューヨークの各国代表部の間では，安保理決議に

※　本稿において表明された意見に係わる部分は，他に特段の断りのない限り専ら筆者個人のものであって，筆者の属する組織の見解を表すものでは必ずしもなく，また，筆者が本稿執筆時点で置かれているその組織における公的立場とは直接何ら関係がない。
1) 杉山晋輔「国連の平和維持機能と『強制行動』の法理─武力行使の違法化との関連において」『早稲田法学』第74巻3号 (1999年3月) 95-98頁。

憲章第7章が引用されれば強制行動を意味し，かつ，その決議に国際法上の拘束力があることを意味する，と言われるようになってきたそうである。逆に言えば，決議に第7章の言及がなければ，その決議は法的拘束力を持たない，と解することを含意する。この点に関する分析は第1節で行うが，時には，憲章の一般的な武力不行使義務にもかかわらず，安保理決議によって武力の行使が容認されることがありうることになったというのであるから，安保理決議の持つ重みが，冷戦構造下の時代よりも飛躍的に重くなったとしても当然であり，そしてそのような安保理決議について，いかなる場合に法的拘束力を持つか，どのようなときにはそうではないかが，従前にもましてきわめて重要な問題になっていると考えられる。

　2．(1) 国連憲章の武力不行使義務が，憲法の「戦争放棄」条項などとの関係で大きな論点である我が国においては，このことはまた，格別に当てはまるであろう。国内の種々の論戦においても，安保理決議の法的・政治的性格をめぐる議論が盛んに行われている。国際の平和と安全の維持・回復における安保理の機能が，憲章起草者が本来想定したものからはまだまだ程遠いにせよ，冷戦期の「マヒ状態」に比すれば格段に重要になってきたという，前述した背景からしてこれが当然であるだけでなく，1990年代冒頭の「湾岸戦争」を契機にして，我が国自身の問題として，国際の平和と安全の維持・回復にどのような役割を担うべきか，このことと，第2次大戦の「痛切な反省」[2]から，決して2度と「他国に脅威を与えるような軍事大国にはならない」[3]とした決意との関係をどうするか，このような点が，今後しばらく先までを見通したときの，国家としての日本の行くべき道の根幹の一つをなす課題として，多く議論されるようになったのである。そして，それ自体は，きわめて歓迎すべきことに違いない。国連憲章で原則として禁じられたはずの武力行使が安保理決議によって「合法化」されるとは，どういう国際法上の意味があるのか，そして，それは我が国憲法に照らしてみた場合には，どう

---

2) 村山総理大臣談話「戦後50周年の終戦記念日に当たって」（1995年8月15日）第5段落。

3) 「平成17年度以降に係わる防衛計画の大綱，Ⅲ　我が国の安全保障の基本方針，1　基本方針　第3段落」（『平成17年版防衛ハンドブック』朝雲新聞社，50頁）。

整理すればよいのか。「武力の行使」の禁止の国際法上及び憲法上の意義に関するこの議論は, 国際社会にとっても重要な論点であるというだけでなく, 我が国の今後のあるべき姿にとって, 決定的に重要な論点になっているように見える。

(2) このような, 政治的, 哲学的な「国家像」に係わる我が国における根本問題だけでなく, 一定の安保理決議あるいはその部分に法的拘束力があるとして, それを国内法上どのように実施するかは, 実務的な問題ではあるが, 古典的な「条約の国内的適用」のきわめて具体的事例の1つとして, 今一度重要な論点として捉える必要があると考えられる。繰り返すが, 既述のように, 近年になって安保理決議の重みが格段に大きくなったと見られるからである。

3. このような事であるにも拘わらず, 政治的な観点はともかくとして, 法的に見たときの安保理決議の持つ意味について, 充分な分析が行われているようには見受けられない。これは, 安保理決議のもつ国際法上の性格という点と, 国内法上の実施に係わる問題という点の双方に関連する。上述の1. が前者, 2.(2)が後者である。勿論, 2.(1)の武力不行使原則と日本の採るべき選択（国際法と憲法の原則に関する根本問題）についても, 法律的で, 冷静な分析が充分とはいえない, という点はある。ただ, この点を本格的に論ずるためには相当慎重な検討と大部の紙面を要するので, 本稿では簡単な問題提起にとどめ, 主たる分析を, 安保理決議の国際法上の法的拘束力に関する点と, 法的拘束力を持つ安保理決議の国内法上の実施に係わる点に向け, 最近の安保理決議をめぐる法的議論の整理を行うこととしたい。

II 安保理決議の国際法上の法的拘束力

1. 問題の所在

冒頭の問題提起で記したとおり, 本件に関する筆者の問題意識は, 一体, いかなる安保理決議が, あるいはその部分が, 国際法上加盟国を法律的に拘束し, そしてそれ以外のどの部分が「政治的な」ものと見るべきか, という点にある。実務に携わる者としては, 実は後先が逆になるが, 安保理決議が採択された途端に, それを国内法上実施すべき立場に立たされているのか,

そうだとすれば実施すべきはそのどの部分であるのか，そしてそれはどのような方途によって達成されるのか，こういった点を直ちに考えていかなければならないことになるので，このことはかなり現実的な問題である。

2．ナミビア事件に関する国際司法裁判所の勧告的意見

　この点について論ずるためには，まず，ナミビア事件に関する国際司法裁判所の勧告的意見[4]を踏まえる必要がある。これが出された詳しい背景は本稿の論点と直接関係しないので詳細は省くが，1960年代後半の南アフリカのナミビアに対する統治の継続に関連して，安保理は1970年1月30日に，「ナミビアにおける南アフリカ当局の継続的な存在は違法であり，従って，委任統治終了後に南アフリカ政府がナミビアにおいてとったいかなる措置も，違法かつ無効であることを宣言する」などとする決議を採択（決議276），ついで，7月には，「決議276にも拘わらず，南アフリカ当局がナミビアに継続的に存在することの法的効果」について，国際司法裁判所に対して勧告的意見を求めることを決定した（決議284）。今の議論に直接関係するのは，それに応えた国際司法裁判所の勧告的意見の中の，安保理決議の法的拘束力に関する項目（パラ105～116）[5]である。

　(1) この点について勧告的意見は，まず，「安保理が憲章第24条の下で（ナミビアに対する南アフリカの継続的統治は，違法かつ無効であるとの）宣言をした以上，加盟国がこのような違法性を無視して自由に行動できるという解釈をすることはできない。…国連加盟国は，このような宣言に従って（in consequence of）行動することが，期待される」（パラ112）とした上で，「（安保理の決定（decision）の法的拘束力を規定した）憲章第25条は，憲章第7章下でとられる強制行動についてのみ適用されると主張されてきた。しかしながら，憲章上はこのような見解の根拠を見つけられない。憲章第25条は，強制

---

4 ）松井芳郎（編集代表）『判例国際法』（東信堂，2006年）274－278頁。
　International Court of Justice, Reports of Judgments, Advisory Opinions and Orders, "Legal Consequences for States of Continued Presence of South Africa in Namibia (South West Africa) Notwithstanding Security Council Resolution 276 (1970)", Advisory Opinion of 21 June 1971, p.54.

5 ）*Ibid.*, pp.38-54.

行動に係わる決定に限定されるのではなく,「憲章に従ってとられる『(すべての)安保理の決定(the decisions of the Security Council)』に適用される」と論じ,そもそも第25条は強制行動を規定した第7章におかれずに,安保理の機能と権限を規定する第24条のすぐ後に置かれているのである,云々とした(パラ113)。

(2) そしてこの勧告的意見では,続けていわく,「関連する安保理決議は,強制的(mandatory)な文言ではなく勧告的(exhortatory)な文言で表現されているので,これらの決議は,いかなる国家に,いかなる法的義務を課すものでもなく,また,いかなる法的権利を与えるものでもない,という主張もされてきた」とし,その上で更に,「(しかしながら)拘束力の有無についての結論を導く前に,ある安保理決議の文言がどのようなものであるかについては,注意深い分析がなされるべきである」と規定した。そして,このことの結論として,「憲章第25条の権限が実際に行使されたか否かは,個別の事例に即して決定されるべきであり,その際には,解釈されるべき当該決議における用語法,決議にいたる議論,援用された憲章の条項,そして,一般的に,当該安保理決議の持ちうる法的影響を決定するにあたって助けとなるすべての事情といったことを考慮に入れるべきである」と記している(パラ114)。

(3) ちなみに,この勧告的意見では,このようなすべての「テスト」を適用してみれば,裁判所としては,決議276第2項及び第5項において安保理が行った決定は,憲章第24条及び第25条に従って行われたものであるとの結論にいたり,「従って,この決定はすべての国連加盟国を拘束し,加盟国はこれらを受諾して履行する義務を負う」とした(パラ115)。

3. 安保理決議の法的拘束力に関する私見

(1) 安保理決議の法的拘束力に関するこの勧告的意見の論旨は,それはそれとして,明確である。要するに,ある安保理決議が,あるいはその部分が,法的拘束力を有するか否かは,用いられている文言,採択に至る議論経緯,そしてそれらを含むあらゆる関連諸事情を総合的に考慮して,個別具体的に判断されるべきである,というのが結論といってよかろう。後にいま少し詳しく批判も交えて論ずるが,筆者は,今要約したこの結論の部分に関する限り,きわめて妥当で,正しい法律的立場である,と考える。ただ,「従来は

第7章にかかわる決定についてのみ拘束力を認めるという説が一般的であったが，本意見では…それ以外の場合でも拘束力があることを認めた。しかし，これに対しては，なお反対意見も根強く，議論は分かれている」[6]という指摘があること自体は，事実であるし，そればかりか，冒頭の問題提起の部分で述べたように，ここ10年に及ぶニューヨークの安保理決議採択の現場の認識は，憲章第7章への言及のある決議が，法的拘束力を持つ，というものになっているがごとくである。ほとんどの常任理事国及びそれに影響された多くの国連加盟国の見方が，憲章第7章への言及が決議に法的拘束力を付す，というものに限りなく近くなったというのが，ニューヨークの安保理決議に係わる当事者たちの「法律的な感覚」であることは，間違いないところといわざるを得ないようである[7]。

(1)(イ) 一般国際法と呼ばれるものは，国家実行の積み重ねによる慣行の成立とそれに対する法的確信の確立によって出来上がるとされるのであるから，少なくとも一学徒の法律的見解によって決められるものではない。それにしても，上記2．で見た国際司法裁判所の勧告的意見で明確にされているように，憲章第7章への言及があるかないかでその安保理決議の法的拘束力に関する性格が決定されるというのは，理屈に合わないし，憲章の起草経緯にも合致しない。この点は，ブルーノ・ジンマの指摘の通りである，と思われる[8]。即ち，例えば憲章「第6章」第34条が規定する調査（investigation）とか，「第8章」第53条1が規定する地域的取極による強制行動などについては，安保理がこれらの条項に基づいて行動する場合には，当然，法的拘束力を有する決議，つまり憲章第25条に言う「決定」を行うことが想定されていたのであって，拘束力のある安保理の決議を憲章第7章に限定する謂れなどもともと何もないのである。

---

6) 松井ほか編『前掲書』（注4）276頁。

7) 筆者自身，2007年6月を含んで，国連本部の法律部署の責任者などと数次にわたりこの点を議論したが，それに基づくと，事実の問題として，ニューヨークの安保理決議起草者たちの間では，このような認識がかなり共有されていることが，確認できそうである。

8) Bruno Simma(ed.), *The Charter of the United Nations, A Commentary*, (Oxford University Press, 2002), pp. 407-418. 特に，p.410 para.9, p.412 para13.

（ロ）他方，ナミビア事件に関する国際司法裁判所の勧告的意見の当時から，更には，1990年代初頭の「湾岸戦争」と決議678以来は特に新たな「進化の過程（evolution process）」の一部として，繰り返し述べているような「法律的感覚」の傾向が存在する。否，一部の国では，後に本節4(3)の注19でみるように，「法律的感覚」という以上の，文書で明確に示された法的立場になっている場合もある。この関連で，実際に英国外務省の法律顧問として本件に係わる実務に携わったことのあるマイケル・ウッドも，「安保理決議の解釈は，国内法の解釈のようには行かないばかりか，場合によっては条約の解釈のようにさえ行かない」[9]，安保理決議の起草過程は，国内法の法律専門家による統一的，整合的な起草過程とまったく異なり，「完全に安保理の理事国の手にゆだねられおり」，「従って遺憾なことに，理事会は，しばしば，決議における用語法で一貫性に欠ける」，「不明確さが，多くの場合，合意を達成する代償となる」[10] としつつ，ある安保理決議が法的拘束力を持つかどうかを判断する際には，①憲章第39条にいう「平和に対する脅威，平和の破壊または侵略行為の存在」の決定があるかどうか，②安保理が憲章第7章の下で行動している証拠があるかどうか，及び③安保理が第25条の意味における決定をしているかどうか，この3点が大きな要素としている[11]。そして，実際の最近の安保理決議の起草過程では，もしその安保理決議を明らかに法律的に拘束力のあるものにしたければ，決議の文書の中で，「憲章第7章の下で行動し」とか「憲章第7章の特定の条項（例えば第41条）の下で行動し」とか，「…しなければならない（shall）」，「決定する（decide）」というような明確な用語を使うとか，ということが一般的である，とした[12]。実際に，ごく最近の例を取ってみれば，本稿後段で詳しく見ていこうとする対イラン経済制裁決議

---

9) Michael C.Wood, "The Interpretation of Security Council Resolutions", *Max Planck Yearbook of United Nations Law*, Volume 2, Jochen A. Frowein and Rudiger Wolfrum (eds.) (Kluwer Law, 1998), pp.73-95. 特に，p.95.

10) Michael C.Wood, "The UN Security Council and International Law", *Hersch Lauterpacht Memorial Lectures* (University of Cambridge, 7th-9th November 2006), p.12, para. 34-35.

11) *Ibid.*, p.14, para38.

12) *Ibid.*, p.14, para 39. Wood, *supra* note p. 82.

1737, 1747でも，あるいは北朝鮮の核実験の際の安保理決議1718でも，決議の内容の詳細からして，このことはきわめて明白になる。同様の視点は，北朝鮮のミサイル実験の際の安保理決議1695にも当てはまる。これらの決議以外に関しても，このような目で見て，最近の重要な安保理決議を分析してみると，興味深いものがある。それらの場合のいくつかでは，法的拘束力を持たせないことを明らかに意図して，"urge" とか "call upon" とかという表現が提案され，採択されているようである。

(ハ) ここで，すでに指摘してきている点であるが，重ねて明らかにしておきたい点がある。それは，ある安保理決議が拘束力を持つとしても，その内容の詳細を見れば，決議の全てが拘束力を持った国際法になっている，ということは通常なく，そのような法的性格を有するのは，その決議の中の特定の部分である，ということである。つまり，例えばある安保理決議の前文末尾で「憲章第7章の下で行動する」ことが明記され，そのことを含む種々の関連事情からその決議には法的拘束力がある，と見られることになったとしても，実際に拘束力を有するのは，その決議の中の特定の部分，そしてそれは，憲章第25条に言う安保理の「決定」が行われている部分である。逆に言えば，ある決議の中で，どの部分に拘束力があるかを見るということは，即ち，どの部分で第25条の「決定」が行われているかを判断する，ということといってよい。従って，拘束力があるかないかを見るときには，第25条の用語法である "decide" とか，憲章上は法律的にはそれと同義と見られる "determine" とかという用語法が用いられているかどうかが，きわめて重要ということができよう。他方，これらの動詞が用いられていなくても，その法的実態がこの「決定」に当たるということがいえればその部分は拘束力を持つ，ということである。要するに安保理決議は，憲章第25条の決定を行っている部分が，拘束力を有している，ということである。

(ニ) この点を繰り返した上で上記(ハ)の論点に戻れば，そこで見たことと同時に，ウッド自身が指摘するように，「憲章第7章の下で決議が採択されたという事だけをもってして，その決議が必ず法律的な拘束力を持つことにはならない」[13]。要するにウッドのような見解によれば，これらの主要な要

---

13) *Ibid.*, p. 11, para 31.

素を確実，詳細に，そして具体的に見て，法的性格を個々に決定すべきだというのであるから，その限りにおいて，すでに上述したようなナミビア事件の国際司法裁判所の勧告的意見（2.(2)）や筆者の意見（3.(1)）は，同じである。尤も，ウッドは上記の指摘の直後に，この逆，即ち，憲章第7章の下ではなくて採択された決議は，一般的に言って法的拘束力がないというのは正しい，としているが，この点は本稿で後に述べる私見とは，完全な意見の一致は見ない。

4．若干の批判的見解

そのような法律的な根本原則は同じとしても，私見によれば，ナミビア事件の勧告的意見にも，また，ウッドのような意見にも，若干批判的見解を述べたい点がある。

(1) 国連憲章第25条は，加盟国が安保理の決定（decision of the Security Council）を受諾，履行することに同意する，と規定しており，安保理の決定を受諾，履行することは，国連憲章によって加盟国に課せられた法律的な義務である。従って，結論から言えば，法的拘束力を有しているかどうかは，用いられている文言，議論の経緯，その他あらゆる事情を総合的に勘案して判断するとして，その際の最も大きな要素は，憲章第25条に用いられている「決定」（decision）がなされているかどうか（"decision"という表現でなくても，第39条の平和の破壊などの存在の「決定」が"determination"であることも考えれば，法律的な実態が，このような「決定」であればよい），決議の内容を法律的に精査した場合，加盟国，あるいは特定の国に，国際法上の義務を課したり，権利を与えたりしているかどうか，にあると考えられる，ということである。勿論繰り返して述べているように，表面的な文言だけで決めるべきことではないが，議論の経緯その他のあらゆる事情を勘案する際に，大きな要素がこのような法律的に意味のある特定の用語とそれが用いられた文脈にあると見るべきではなかろうか。

(2) このように見ると，ナミビア事件に関する国際司法裁判所の勧告的意見のある部分については，更なる分析が必要と見られる点が含まれているように思われる。即ち，問題となった決議276の第2項と第5項を見ると，第2項は「ナミビアにおける南アフリカ当局の継続的な存在は違法である…こ

とを"宣言する"（declare）」となっているのに対し，第5項は「すべての国家に対し，…南アフリカ政府と取引することを慎むように"要請する"（calls upon）」となっている。「宣言する」という用語法が，法律的に，義務を課すことがありうる[14]のに対し，「要請する」という用語法は，通常の法律的な例に従えば，権利・義務関係を法律的に設定するのではなく，勧告的な意味しか持たない。普通の用語法では，法律的な義務を課す場合には，「要求する（require）」という動詞が使われて，「要請する（call upon, request）という用語は使われない。"require"を用いないのであれば，"shall"，即ち，「すべての国家は，…慎まなければならない（shall refrain from）」という表現が用いられるはずである。繰り返しになるが，用語法は，先に見たウッドの指摘の通り，特に安保理決議の場合には，厳格な法律的な使い分けがなされない「曖昧さ」があるので，これだけですべてを決められるわけでないことは十分承知の上で，にもかかわらず，法律的な評価の場合には，このような要素が極めて重要であることを指摘して，したがって，この点に関する限りにおいて，勧告的意見には一層の法的検討が必要と見られる部分があると考えられることを記したい[15]。ちなみに，国際司法裁判所の勧告的意見を求める直接の引き金になった安保理決議284[16]では，該当する第1項で，「次の質問を国際司法裁判所に提出することを『決定する（decide）』」とされていて，明確に憲章第25条の「決定」が含意されていることも，附記しておきたい。

14) 日米安保条約第5条は，対日武力攻撃の際の日米共同対処を規定し，米国の対日防衛義務が課されたものと解されているが，この第1項で用いられている動詞は，「宣言する（declare）」である。

15) ただし，この議論には有力な反論もありうる。「要請する」（call upon）は通常"recommend"と同義で勧告的意味しかないとされているが，場合によってはそうとも限らない，憲章第40条で用いられるときの「要請する」（call upon）とは命令的な意味であって，遵守すべき法的義務を創造している，というのである。Peter Malanczuk, *Akehurst's Modern Introduction To International Law* (Routledge, 6th ed., 1987), p.388. 本稿本文で見たように，確かに，用語法のみをもってして断定すべきではなかろう。他方，用語法がきわめて重要な判定基準であって，その点から，より掘り下げた法的分析が必要である，ということは最低限言えそうである。

16) S/ RES/ 284 (1970), 29 July 1970.

(3) ウッドの所論に対しても，既述の通り，大筋では賛成であるが，その一部について反論がある。法理論的には理屈に合わなくても，現実問題として，決議の中で憲章第7章が言及される時には，その決議の，少なくとも部分が法的拘束力を持つことが意図されている，というのはその通りかもしれないにしても，逆に，憲章第7章への明示の言及がない場合には法的拘束力がない，という点は，理解ができない[17]。ジンマのいうとおり，論理的には憲章第7章の強制行動と第25条の安保理の機能・権限は，密接な関係は有しているとしても，決して同義ではないからである。したがって，この点についても，要は，憲章第25条の「決定」がなされているか否か，加盟国に国際法上の権利・義務が課されているか，にかかっているというべきであって，単純に第7章への言及があるかないか，ないときには法的拘束力がないなどと断ずることは，不適切のように思われる[18]。

III 安保理決議の国内法上の実施

1. はじめに

(1) これまで，安保理決議のどの部分に法律的な拘束力があると考えるべきかという論点につき，かいつまんで考察してきた。それは，筆者自身が内

---

17) 本稿 I.3.(2)(イ)及び(ニ)参照。
18) これにも有力な反証となりうる事例がある。オランダ政府は，2006年4月3日，リベリアのテイラー前大統領を移動させてシエラレオネ特別法廷を設置することに同意することについて安保理議長宛に書簡を提出したが，その書簡の中でこの同意の第一条件として，テイラー前大統領を拘束して特別法廷を設置するためには，法的拘束力のある安保理決議が必要である，とし，「憲章第7章の決議がこの条件を充たすであろう (A Chapter VII resolution...would cover the first condition)」としている (S/2006/207, Annex II 第2パラ)。そして，この要請に従った形で，シエラレオネ特別法廷に関する安保理決議1688が採択され，前文でこのオランダ政府からの書簡が言及された上で，その末尾に「憲章第7章の下で行動する」ことが明記されている (S/RES/1688(2006), 16 June 2006)。このことは，少なくともシエラレオネ特別法廷の事案について，オランダ政府が，憲章第7章への言及のない安保理決議は拘束力を有さないとの法律的立場を表明したものと受け止められている。

外の論者の議論を聞くにつけ，法律的にやや不正確ではないかと思ってきたことが，考察のきっかけであった。しかし，一層実務的に重要なことは，前節1.冒頭で触れたとおり，この点が確定されないと，我が国政府としていかなる国際法上の義務を負い，あるいは権利を有し，それを如何に国内法の上で我が国において実施していくかが決められない，という点にある。純粋に法律的な当否の議論も興味深いが，本当のところは実務家となると，この点の方が深刻である。

(2) そこで，この節では，前節での考えを踏まえたうえで，法的拘束力を有すると考えられた安保理決議を，どのように国内法上実施していくかという論点に議論を進めたい。

2．安保理決議と「条約の国内的実施」

(1) この議論を始めるにあたっては，そもそも国際法をどのように国内法の上で適用するかという，「条約の国内的実施」の基本に立ち返って考える必要がある。いうまでもなく，条約その他の国際約束を含む国際法全体が国内においてどのように適用・執行されるかについては，変形方式と一般的受容方式があるとされ，我が国の国法体系においては，国際法はそのままの形で国内法として一般に受容され執行される[19]。これがどのように行われ，一般的な問題としていかなる論点があるかなどについては，すでに詳細な分析があるので，ここでは立ち入らない[20]。ただ，ここで，「条約」とか「条約その他の国際約束」，あるいは広く「国際法」とかと言う時に，その内容が何であるかは，議論を始める前に明確にする必要があることは，確認しておきたい。即ち，最も広義で用いられる「条約」とはすべての国際法規のことを指し，そしてすべての国際法規とは，我が国の国法体系上は「条約その他の国際約束」及び「確立された国際法規」の2つのいずれかを意味している。ここで「確立された国際法規」とは一般国際法とか慣習国際法と呼ばれるもので，通常は，諸国の慣行と法的確信によって形成された国際法規の全体のことである。これに対して「条約その他の国際約束」とは，それ以外のすべ

---

[19] 山本草二『国際法〔新版〕』（有斐閣，1994年）100-106頁，特に102頁。
[20] 例えば，岩沢雄二『条約の国内適用可能性』（有斐閣，1985年）27-55頁。

ての国際法規である。より具体的にいえば、慣習国際法以外で、「2つ以上の国際法主体間で、国際法上の権利・義務関係を設定するところの、国際的な合意」のことである、とされている[21]。

(2) 安保理決議の国内的実施の問題に入るに際してこのことを確認したのは、理由がある。つまり、法的拘束力のある安保理決議は、今の文脈で言えば、「条約その他の国際約束」の一部になるからである。拘束力のある安保理決議は国際法の一部であり、これが通常は慣習国際法でないことは明らかであるならば、理論的に言葉の定義上、このようにしかならない。そうなると、我が国国法体系上は国際法は一般的に受容されているので、法的拘束力のある安保理決議は、「条約その他の国際約束」の1つとして、そのままの形で国内法上も適用・実施される、ということになる。我が国が安保理事会の理事国でなくても、「国際的な合意」として拘束される、というのは、我が国が国連の加盟国になって憲章の当事国になった時から憲章第25条による「特約」が作動されている、ということである。1つ1つの安保理決議について、それが法的拘束力を有することがあり、理事会のメンバーでなくても国内法として適用・実施されている、というのは、きわめて例外的のように見られるが、憲章第25条による「特約」に基づくと考えれば、「合意は拘束する」という原則の例外を形成するものではないことになる。このようなことが、この議論を始めるにあたっての出発点である。

(3) しかしながら、前節で見たように、そもそも安保理決議のどれが、あるいはどの部分が法的拘束力を持つか、ということは、個々の具体的事例に即して、用いられている用語法や議論の経緯を含むあらゆる事情を総合的に勘案して決められる、というのであるから、どの安保理決議の、どの部分が、「国内法」として適用・実施されるかということについては、現実の法の執行という観点からすると、著しくクラリティーを欠く。あくまで理論的な出発点としては上記の認識は正しいが、そのままでは現実の国内法の実施は大変困難とせざるを得ないことになる。もともと我が国の国法体系においては、国際法は一般的に受容されそのままで国内法として適用・実施されていると

---

21) 杉山晋輔「朝鮮半島の南北問題をめぐる国際法上の基本問題」『現代国際法と国連・人権・裁判（波多野里望先生古稀記念論文集）』（国際書院、2003年）187頁 注6。

は言っても，実際の行政における国内の法執行においては，国際法がそのままの形で直接に適用されることは，きわめて少ない。政府が条約を締結する場合，多くはその国内的実施に必要な国内法上の整備を行うことが，これを良く示している。ただし，このことはこれまで見てきたとおりの，一般的受容という法的構成の基本原則を変更するものではない。あくまで国内法の実施のクラリティーを高めようとする努力と捉えるべき問題である。

(4) 法的拘束力を持つ安保理決議が，通常は，法律的には「条約その他の国際約束」を構成する一部だとすれば，当然のことながら，今述べたことは，そのまま当てはまる。即ち，あくまで法律上の理論的問題としては，拘束力を持つ安保理決議は，そのままの形で国内法に受容され，国内法としての効力も同時に持つというべきなのである。他方，現実の国内法の実施のクラリティーを高めるためには，その内容をそのまま実施できるような国内法上の手当てを別途同時にとる，ということである。本節以下では，このことが安保理決議の採択との関係で，実務の問題としてどのように処理されてきているかを，最近のイランに対する経済制裁に関する安保理決議，北朝鮮のミサイル発射あるいは核実験の際の安保理決議などの具体的事例をとりあげながら，見ていくこととしたい。

3．イランの核問題に関する経済制裁の安保理決議とその国内的実施

(1) イランの核問題とIAEA

(イ) イランの核問題は，2002年8月に，反体制派がナタンズ及びアクラにおける大規模原子力施設の建設を暴露したことから表面化し，これを受けた国際原子力機関（IAEA）の検証活動などから，イランは長期にわたってウラン濃縮やプルトニウム分離を含む原子力活動をIAEAに申告することなく行ってきていたことが明らかにされた。具体的な詳細の議論は譲るとしても，この限りにおいて，イランの意図の本質にかかわるそれ以後の様々な分析により，真の姿が分かっているとまではいえなくても，問題の発端がイラン側の不透明さにあったことは，議論の余地がない。そして2003年9月には，IAEA理事会は，過去の活動の解明，ウラン濃縮活動の停止などを求める決議を採択した[22]。これを受け，2003年10月，英・仏・独（EU3）の外相がテヘランを訪問，IAEAの枠内での問題解決のための外交努力が始まった。

(ロ) その後，幾多の交渉が行われたが，2005年8月，イランは一旦は停止していたウラン転換活動を一方的に再開，IAEA特別理事会はこれに対して「深刻な懸念」を表明，ウラン濃縮関連活動の完全な停止を行うことを再度求める決議を採択した[23]。しかし，イランはこれにまったく応じなかったため，同年9月24日，IAEA理事会は，保障措置協定の「違反 (non-compliance)」をイランに関して認定する決議を採択[24]，IAEA憲章に従って行う国連安保理への報告の時期と内容については，その後の理事会の決定にゆだねた[25]。「違反」が認定されると，強制行動につながる安保理の審議に本件が「附託」されてしまうので[26]，この決議には関係者は相当神経質であったが，度重なるイランの対応に，致し方がない，というところであった。

(ハ) 事態を打開すべく更なる外交努力が関係国によって行われたが，いずれも実を結ばず，2006年1月，イランは停止していたナタンズにおけるウラン濃縮関連活動を再開，IAEA特別理事会は，本件をいよいよ安保理に報告することなどを内容とする決議を採択 (2006年2月4日)，舞台は，憲章第7章の下での強制行動をとりうる国連安保理に移されることになった。

(2) 安保理議長声明と決議1696

(イ) 事態がこのように深刻化する中で，EU3に加え，米，露，中 (「EU3＋3」) あるいは我が国などが様々な形で外交努力を継続したが，イランが研究開発目的のウラン濃縮活動の自国内での継続に固執したため事態は進展せず，2006年3月には，安保理議長声明によって，イランがIAEA理事会の決定事項を履行すべきことが求められ，すべての濃縮関連活動及び再処理活動の完全かつ継続的な停止が行われることの重要性が強調された[27]。しかしながら

---

22) GOV/2003/69, 12 September 2003.
23) GOV/2005/64, 11 August 2005.
24) GOV/2005/77, 24 September 2005, 特にpara 1.
25) *Ibid.*, para 3. また，IAEA憲章第12条C参照。
26) GOV/2006/14, 4 February 2006. なお，しばしばIAEAによる安保理「付託」という表現が用いられるが，IAEA憲章上の正確な用語は，第12条Cに基づいた安保地への「報告」である。
27) S/PRES/2006/15, 29 March 2006. 安保理は，決議以外に公式文書である議長声明 (Statement by the President of the Security Council) を発出することがある。憲章上

143

第2部　世界平和と人権

イランは，その後もウラン濃縮関連活動を継続・拡大していった。個別の外交努力も継続されたが，状況の好転は得られないままであった。

(ロ) イランの核問題について安保理が始めて決議を行ったのは，このような事態を踏まえて，2006年7月31日のことであった（決議1696）[28]。この決議は，前文末尾で，「IAEAによって要求された停止を義務的なものにするために（to make mandatory）憲章第7章第40条の下で行動する」ことが明記され，イランに対し，研究開発を含むすべてのウラン濃縮関連・再処理活動の停止を義務付け（"Demands...that Iran shall suspend..."），8月31日までにこの決議を実施しない場合には，憲章第7章第41条の下での適切な措置をとる意図を表明した。ここにいたって，安保理が強制行動（第41条の非軍事的措置＝いわゆる経済制裁措置）をとる事態に立ち至ったのである。

(3) 安保理決議1737

(イ) イランはこの後8月22日に一定の回答を示したが，上記の安保理決議1696で要求されたウラン濃縮関連活動の停止などに応えるものではなかった。そこで安保理は先の決議1696の主文パラ7及び8に従って，2006年12月23日，決議1737を全会一致で採択[29]，前文末尾で「憲章第7章第41条の下で行動する」ことを明記した上で，核問題についてイランに対する経済制裁措置の導

特に根拠があるものではなく，もとより法的拘束力を有するものではない。ただ，これまでの安保理の慣行によって，公式文書としての地位が認められており，また，通常は理事国の全会一致により発表される。ここで議論しているイランのケースのように，憲章の規定による安保理の正式な決議（法的拘束力を有するか否かは問わない）が採択される前に，国際社会の一致した見解を表明する手段として発出されることが多い。なお，これに類似したものに，やはり安保理議長の発出する「プレス・ステートメント」があるが，これは専ら非公式の発表文としての地位を持つもので，正式の公文書ではない。後掲注43参照。但し，最近は，公文書という扱いではないものの，国連事務局の広報局から番号が付された上で国連のウェブサイトに掲載されたり，プレスに配布されたりしている「プレス・ステートメント」の例もあり，将来文書番号を引用して言及することが可能なものもある。ミャンマーについて2007年11月14日に発出されたプレス・ステートメントは，SC/9171(2007)として，掲載，配布されている。

28) S/RES/1696(2006), 31 July 2006.
29) S/RES/1737(2006), 27 December 2006

入（国連による非軍事的強制行動）に踏み切った。
 (ロ) その内容の典型的な部分のみ概略を紹介すれば，次のとおりである。
 ⅰ）イランのとるべき措置
  ① 拡散上機微である，全ての濃縮関連・再処理活動及び重水関連計画を遅滞なく停止すること（decides, ...Iran shall without further delay suspend the following proliferation sensitive nuclear activities...）（主文パラ2）。
  ② IAEAに対し，検証に必要なアクセスと協力を与えること（decides that Iran shall provide such access and cooperation...）（主文パラ8）。
  ③ 追加議定書を速やかに批准すること（calls upon Iran to ratify promptly the Additional Protocol）（主文パラ8後段）。
 ⅱ）加盟国のとるべき措置
  ① 決議で特定される，イランの濃縮関連・再処理活動及び重水関連計画並びに核兵器運搬手段の開発に寄与しうる全ての品目等の，供給，販売，移転を防止すること（decides that all States shall take necessary measures to prevent the supply, sale or transfer...of all items, materials, equipment, goods and technology which could contribute to Iran's enrichment-related, reprocessing or heavy water-related activities, or the development of nuclear weapon delivery system...）（主文パラ3および4）。
  ② 上記①の品目等の供給，販売，移転，製造，使用に関する技術支援，金融支援，投資，仲介その他のサービスの提供などを防止すること（主文パラ6）。
  ③ 決議の附表で指定される12の個人（モハンマド・ガンナデイ・イラン原子力庁研究開発担当副長官，ホセイン・サリーミー准将・革命ガード空軍司令官など）又は10の団体（イラン原子力庁，メスバーフ・エナジー・カンパニーなど）が所有若しくは支配している資金，その他金融資産及び経済的資源を凍結し（decides that all States shall freeze the funds, other financial assets and economic resources...that are owned or controlled by the persons or entities designated in the Annex...），それらの利用を防止すること（主文パラ12）。
  ④ この決議の関連条項を実施するためにとった措置を，この決議採択

の日から60日以内に制裁委員会に報告すること（decides that all States shall report to the Committee within 60 days）。

⑤　拡散上機微なイランの活動と核兵器運搬手段の開発に寄与しうる，イラン国民に対する専門的な教育又は訓練を防止し，警戒すること（calls upon all States to exercise vigilance and prevent specialized teaching or training of Iranian nationals）（主文パラ16）。

iii）その他の規定

①　決議で特定される任務を有する委員会（制裁委員会）の設置の決定（decide）（主文パラ18）。

②　60日以内にイランがこの決議を履行しないときには，安保理は，憲章第7章第41条の下の更なる適切な措置をとること（It shall…adopt further appropriate measures under Article 41 of Chapter Ⅶ…）。

(ハ)　安保理決議1737は，以上のさわりの部分だけを概観しても分かるとおり，憲章第7章第41条の下での，典型的な非軍事的強制行動（経済制裁）を規定したものである。前文で第7章と明記され，確実に法律上の義務を課そうとしている部分は主文の動詞が"decide"であるとか"it（＝the Security Council）shall…"という用語法が用いられている。この部分は，本稿ですでに見た立論からすると，明らかに法的拘束力のある「条約その他の国際約束」の部分を構成する。逆に言えば，全体が憲章第7章下の決議とはいっても，明確な法的義務まで課そうとしていない部分については，注意深く他の用語法，例えば，「要請する（call upon, request）」，「表明する（express）」，「強調する（underline, reiterate）」，「確認する（affirm）」といった動詞が用いられており，これによって，同じ1つ決議の中ではあるが，どの部分が厳密に言えば法的拘束力を持つのか，どの部分はそこまでいえないのかが，かなり明確になるように起案されている，と見られる。

(ニ)　こう見てくると，すでに繰り返し見た安保理決議の国内的実施の問題も，この決議に関する限りかなりのクラリティーは得られていて，あとはそれを如何に国内法の文脈に移し変えて実施を確実にするか，ということになる，と言えそうである。ただ，本質的な問題がそうだとしても，実務で国際法上の義務の範囲を確定し，国内法的に，我が国の国民の権利・義務関係にも直接影響のありうる姿にそれを投影して法的に強制する方途を確保する道

を確定していく作業は，それほど容易いものではない。これこそが，重ねてみている安保理決議の国内的実施の確保の問題である。概略以上のような安保理決議を国内法的に実施する段になると，単に，「国際法の一般的受容」というだけでは，問題は全く解決しない。どの部分を，どのように実施するのかを，国内法に照らして決めなければいけないからである。

（ホ）その検討の結果として行われた行政上の措置は2007年2月16日に閣議了解としてまとめられたが[30]，その主要点は次のとおりである。

ⅰ）外務省告示第92号——安保理決議1737主文パラ6に基づく資金の移転防止措置の対象となるイランの核活動及び核兵器運搬手段の開発に関連する活動を指定する。この告示では，別表一から九までに，輸出貿易管理令や外国為替令の特定の項を引用するなどして，この対象が特定された。

ⅱ）外務省告示第93号——安保理決議1737主文パラ12に基づく資産凍結等の対象となるイランの拡散上機微な核活動及び核兵器運搬手段の開発に関与する者を指定する。この告示では，別表で，先に述べた10団体と12個人が名前と所在地，役職などとともに特定された。

ⅲ）財務省告示第58号——外務省告示第93号で定める者に対する及びこれらの者による支払い，並びに，外務省告示第92号で定める活動に寄与する目的で行われるイランへ向けた支払い，この双方について，外国為替令第6条第1項の規定に基づき，財務大臣の許可に係らしめるため，これまであった大蔵省告示第97号（平成10年3月）の一部を改正する。これにより，規制対象者及び活動に関する支払いは，財務大臣の許可事項に加えられて，許可がなければ支払いはできなくなった。

ⅳ）財務省告示第59号——外務省告示第93号で定める者（イランの核活動等に関与する者）との資本取引を，外国為替令第11条第1項の規定に基づき，財務大臣の許可に係らしめるため，これまであった大蔵省告示第99号（平成10年3月）の一部を改正する。これにより，該当する資本取引は，財務大臣の許可事項に加えられて，許可がなければできなくなった。

ⅴ）経済産業省告示第28号——外務省告示第93号で定める者との役務取引を，外国為替令第6条第1項に基づき，経済産業大臣の許可に係らしめるた

30）官報号外特第3号，平成19年2月16日。

め，これまであった経済産業省告示第34号（平成18年）の一部を改正する。これにより，該当する役務取引は，経済産業大臣の許可事項に加えられ，許可がなければできなくなった。

　vi）経済産業省告示第29号——外務省告示第93号で定める者との特定資本取引を，外国為替令第15条第1項の規定に基づき，経済産業大臣の許可に係らしめるため，これまであった経済産業省告示第193号（平成15年）の一部を改正する。これにより，該当する特定資本取引は，経済産業大臣の許可事項に加えられ，許可がなければできなくなった。

　vii）経済産業省告示第30号——安保理決議1737主文パラ7で規定される品目（NSGガイドライン[31]及びMTCRガイドライン[32]）の輸入を，輸入貿易管理令第3条第1項の規定に基づき，経済産業大臣の許可に係らしめるため，これまであった通商産業省告示第170号（昭和41年）の一部を改正する。これにより，該当する品目の輸入は，経済産業大臣の許可事項に加えられ，許可がなければできなくなった。

　（ヘ）以上を要するに，まず外務省告示で安保理決議1737が規制しようとした活動及び者（個人と団体）を国内法の上で改めて特定し，その上で，ここで言う規制品目（モノ）及び役務取引（サービス）の輸出入並びにこれに伴う支出等については経済産業省告示によって政令による行政上の許可が必要な範囲の変更を知らしめて経済産業大臣の許可に係らしめることによって禁止することができるようにし，また，告示で特定された支払い（カネ）は財務大臣告示によって政令による行政上の許可が必要な範囲の変更を知らしめて財務大臣の許可に係らしめることによって同じく禁止することができるようにした，ということである。後に見るイランに対する経済制裁の第2弾の安保理決議の場合も，さらに先で見る北朝鮮の核実験の際の経済制裁の場合も，あるいはこれと類似の安保理決議による経済制裁のいかなる場合も，全て構造は，外国為替及び外国貿易法（外為法）に基づく規制の対象にするという意味で，我が国の国内法上の実施の問題としては，構造的に同じである。つまり，法的拘束力のある安保理決議が，「条約その他の国際約束」の一つと

---

[31] S/2006/814.
[32] S/2006/815.

して一般的に受容され，そのままの形で国内法化されると言っても，実際の行政においては，政省令に基づく必要な行政上の変更が告示されて始めてこれが実施されている。既存の法令の範囲内で実施できない場合には，国内法の整備が問題になりうるが，実際には，殆どの場合，政令の変更，あるいは，今見た安保理決議1737の場合のように政令に基づく行政措置の変更で実施される。特に，改正されている外為法では，第16条（支払等），第21条（資本取引等），第24条（特定資本取引等），第25条（役務取引等），第48条（輸出の許可等）及び第52条（輸入の承認等）など，関連する条項においては，「条約その他の国際約束を誠実に履行する」という要件が明記されているので，多くの経済制裁の関連規定は，これに基づいて国内的に実施することができるようにすでになっている。国内法の変更の場合には当然国会による立法行為が必要であり，また，政令の変更の場合には，閣議決定が求められる。安保理決議1737のように政令の変更までも必要ない場合には，各主務大臣による告示という行政行為で実施が可能である。にもかかわらずこの安保理決議1737の実施について閣議了解が求められたのは，事柄の重要性にかんがみて，内閣全体としての確認が望ましく，また，そのことを国内において明確にしたほうが良いとの判断があったからであろう。

（ト）ⅰ）　ところで，このような経済制裁の安保理決議を我が国において外為法に基づいて国内的に実施する際に，問題となる法律的論点の一つに，「目的規制」をどのように実施するか，という点がありえた。即ち，本稿で見ている安保理決議1737主文パラ3，4にあるような，「…に寄与しうる」品目等の移転などの規制をどう行うか，という点である。もともとは，我が国の外為法上，輸出入等の規制は，憲法上保証された国民の自由への制限を最小限かつ客観的なものにすべきであるという考え方から，そのような経済行為を行おうとする者の「意図」に着目して規制をするという方法を取らずに，行為そのものか対象物そのものに着目して許可の対象にし，また，行政行為として不許可にしたりしてきた。しかし，このようなことだけでは，輸出入などの十分な規制ができない場合が出てきうる。例えば安保理決議1737の主文パラ3，4は，この考え方をそのまま維持していたのでは，実施できないことになる。このような点は，しかし，今回の安保理決議1737で初めて論じられたというわけではなく，モノの貿易や資本取引の規制をめぐってこれま

でも議論されてきた点である。つまり、今回の安保理決議の実施よりかなり前から、モノの貿易については、経済産業省は、いわゆる「キャッチ・オール規制」を導入してきた[33]。そして、資本取引についても、今回の平成19年2月16日の閣議了解において、「(外為法により)イランの核活動等に関連する貨物及び技術の…イランにおける製造若しくは使用に"寄与する目的で"行うイランへの資金移転を防止する」ことが明記されることとなったのである。

ⅱ）イランの核問題に関する経済制裁の安保理決議1737を分析する最後にこのことに言及したのは、理由がある。仮に安保理決議で「…に資する、貨物の移転」を禁止すべきことが規定され、しかし、我が国の関連法令の枠内では、「目的規制」をしないという理由でそのことが実施できないということになったとすれば、繰り返し見てきたように、我が国は安保理決議によって国際法上拘束され一定の義務を負っているにも拘らず、既存の国内法ではそれを国内的に実施するすべがない、ということになって、安保理決議で課された国際法上の義務の範囲と国内法上実施できる範囲とのあいだに「隙間」が生じるからである。もとより理論的には、既存の国内法体系で実施できないなら、新規立法をして実施の体制を構築すればよいだけであるし、さらに言えば、概念的にはあくまで安保理決議の法的拘束力を持った部分は「条約

---

[33]「キャッチ・オール規制」とは、大量破壊兵器等の国際輸出管理レジームに基づき輸出貿易管理令等で定められた規制品目に該当しなくても、輸出する貨物や移転する技術が核兵器等の開発等のために用いられる"おそれがある場合"には、輸出貿易管理令（昭和24年政令第378号）第4条第1項第3号イ及びロ並びに貿易関係貿易外取引等に関する省令（平成10年通商産業省令第8号）第9条第1項第4号イ及びロに基づき、輸出に関する許可を必要とすることによって、規制ができるようにした制度のことである。ここでいう"おそれがある場合"とは、輸出に当たっての契約などでそのような目的が明記されていたり、輸入者からの連絡でそのような目的が明確になっていたりするような場合として、省令及び告示で明定されており（輸出貨物が核兵器等の開発等のために用いられるおそれがある場合を定める省令（平成13年経済産業省令第249号）及び貿易関係貿易外取引等に関する省令第9条第1項第4号イの規定により経済産業大臣が告示で定める提供しようとする技術が核兵器等の開発等のために利用されるおそれがある場合を定める件（平成13年経済産業省告示第759号））、本稿で触れたような、国民の権利を不当に害するような恣意的な規制はできないことが、確保されている。

その他の国際約束」の1つの形として一般的に受容されそのままの形で国内法化されているはずなので,「直接適用されている」とすることも不可能ではなかろうが,現実の問題として,1つ1つの安保理決議の実施のために新規立法をすることは容易ではないし,また,「直接適用する」とは言っても,繰り返し見たように,どの部分がどの様に国内法化されているか明確でないことに加え実際の行政上それが如何に適用されるかその技術的方途がまったく不明確であるわけなので,現実の法執行のクラリティーは得られないことになる。だからこそ,こういった点を日本政府は,おそらくどの主要国に比べてもそれらに引けをとらないほど詳細にかつ技術的に検討し,そのような「隙間」が生じないような最大限の努力を行って,安保理決議の国内的実施に充全の措置を行政的にとった,ということなのである。安保理決議の国内的実施の問題とは,現実の法の適用という点から見ると,この様な問題といってよいと思われる。

　iii) 繰り返しになるが,この様な「隙間」が生じうる問題に当たって基本となることは,あくまで我が国国法体系上は安保理決議を含む国際法は,概念上,一般的に受容されており,そのままの形で国内法化されている,という点にある。即ち,既存の国内法では「隙間」が生じてしまうのであれば,理論的には,「隙間」が生じないような国内法の解釈・運用を行うか,それができないというのであれば,新規立法を行って法律的な義務を履行できる法的体制を新たに構築するか,そうでなければ,何らかの形で「直接適用」して,その上で,国内法上の法執行のクラリティーを得る仕組みを作る,そのいずれかが必要になるということである。国際法の大原則に,国際法上の義務は,いかなる国内法上の理由をもってしても変更・免除されることはできない,ということがあることを,忘れてはならない。そうでなければ,国際法の安定性は著しく損なわれてしまうことは,自明だからである。実際問題として,安保理決議1737の我が国における実施に当たっては,この様な理論的背景の中で,閣議了解が行われている。そして,それによって,決議1737で我が国が負った法律上の義務を,改めて明確化させたのである[34]。

---

34) 決議1737主文パラ19に従って,我が国は同決議主文パラ3, 4, 5, 6, 7, 10, 12及び17の実施について,2007年2月21日に安保理に報告書を提出し,それはS/AC.50/2007/

第2部　世界平和と人権

(4) 安保理決議1747

(イ) イランの核問題に関する安保理による経済制裁第一弾であった決議1737に対しては，遺憾なことに，イランは直ちにこれを拒否する姿勢を明確にした。そして，決議にも拘らず，イランはウラン濃縮関連活動等を継続・拡大した。そして，決議1737主文パラ19に定める加盟国の国内実施に関する報告期限（採択から60日以内，2007年2月21日）を迎え，事態の改善は見られなかった。

(ロ) このような状況の下，2007年3月24日，国連安保理は上述の決議1737に更なる措置を追加する第2弾の経済制裁決議1747を，再び全会一致で採択した。もとより，前文末尾では，1737と同様，「憲章第7章第41条の下で行動」することが明記されている。その注目すべき内容は，次のとおりである。

i) イランのとるべき措置

イランは，IAEA理事会決議及び安保理決議1737で義務付けられている措置（濃縮関連・再処理活動及び重水関連活動の停止など）を，遅滞なく履行すること（reaffirms that Iran shall take the steps...）。

ii) 加盟国のとるべき措置

① 決議1737主文パラ12の附表で特定された資産凍結対象に，新たに13の団体と15の個人を追加すること（decide）（主文パラ4，附表1）。

② イランからの武器及び関連物資の調達を禁止すること（decide）（主文パラ5）。

③ イラン政府に対する政府間及び国際金融機関による新規の無償援助，資金援助及び借款の供与を行わないこと（call upon）（主文パラ7）。

④ この決議の関連条項を実施するためにとった措置を，この決議採択の日から60日以内に制裁委員会に報告すること（call upon all States to report to the Committee within 60 days）（主文パラ8）[35]。

16として公にされている。このように，各加盟国が実施したと安保理に報告した文書は，安保理の公式文書として配布されているので，安保理決議が各加盟国でどのように国内的に実施されているかは，これらを丹念に読み比べれば，明確になる。

35) 因みに，決議1737でも（主文パラ19）この決議1747でも（主文パラ8）このような国内実施についての加盟国の報告が規定されているが，1737では"decides that all

iii) その他の規定
　①　「EU 3＋3」が2006年6月にイランに対して提示した包括的提案[36]をこの決議に別添し（附表2），イランに対してこれに応じるように慫慂すること（encourage）（主文パラ10）。
　②　IAEA事務局長に60日以内に決議の履行状況を安保理に報告することを要請し（request）（主文パラ12），この報告によってイランが本件決議を履行しないことが明らかになる場合は，憲章第7章第41条の下の更なる措置を安保理はとることを確認すること（affirm…that it (the Security Council) shall adopt appropriate measures under Article 41…）（主文パラ13(c)）。

　(ハ)　この決議1747も，前の1737と同様，拘束力を持たせようというパラでは"decide"といった表現が使われ，そうでない部分では，"call upon" "express"，"request" あるいは "reiterate" などの動詞が用いられている。法律的には，すでにみた決議1737の場合と，全く同様であるといえる。
　(ニ)　決議1747の場合も，報告期限である60日が経過しようとする5月18日，我が国政府は先の閣議了解と同様のことを行って，この内容の国内的実施を確定した[37]。すでに述べたとおり，法律的な構造は同じであるので1737の場合ほど詳述はしないが，少し具体的に見れば，まず先に見た外務省告示第93号の一部を改正して，決議1737に基づき行っている資産凍結等の対象者に新たな団体，個人を追加し（外務省告示第293号），また，決議1747主文パラ6に基づくイランに対する資金移転の監視及び抑制措置の対象となる武器に関連する活動も，外務省告示によって具体的に指定した上で（外務省告示第294号），

　　States shall report…"と，通常は明らかに法的義務を課す表現になっているのに対して，この制裁の内容を強めてはいるが法律的には同じ構造になっている1747に於いては，該当する部分は "calls upon all States to report…" と，通常は勧告の作用しかない用語法が用いられている。この点など，前節で見たウッドの主張（前掲注10参照）を裏付けるものであろう。これら2つの安保理決議の起草者たちが，この違いを意識した上で書き分けたとすれば法的効果に違いがあるといってもよいが，もしそうでなければ，この用語法のみによって議論を決するのは，誤りかもしれない。

36) S/2006/521.
37) 官報号外特第14号。

これらに対する資産凍結等の措置あるいは調達禁止の措置を，輸出貿易管理令第3条第1項の規定に基づき，通商産業省告示第170号（昭和41年）の一部を改正することによって，行ったのである（経済産業省告示第146号）。先の決議の場合同様，決議1747についても，我が国政府は5月23日に制裁委員会委員長宛の国内実施に関する報告を行っている[38]。

(5) イランをめぐる問題

(イ) 本稿脱稿時点（2008年2月半ば）での本件をめぐる法律的構造は，以上の通りである。遺憾なことに，国際社会の総意を表すといってよい安保理決議が，重ねて全会一致で採択されたにもかかわらず，イランはこの決議1747にも従う姿勢は見せず，濃縮活動を継続・拡大した。決議による期限であった2007年5月23日にはIAEA事務局長報告が発出され，このことが確認されている。

(ロ) その後，昨年6月以降，IAEAとイランの協議が累次行われたり，「EU3＋3」を代表する形でEUのソラナ代表がイランの代表者と鋭意交渉を続行したりしているが，イランは一旦停止したウラン濃縮関連活動を2006年2月に再開して以来これを停止しておらず，3度に及ぶ安保理決議（2度にわたる経済制裁決議を含む）にもかかわらず，その要求にまったく応じていない。他方，昨年末（2007年12月3日）には，米国情報機関がイランの核開発に関する国家情報評価書（NIE）を公表，イランは政府の指示の下で軍部が核兵器開発を行っていたが，2003年秋以降は核兵器開発計画自体は一応停止しているように見られる，などと述べた。IAEAとイランの協議は続けられており，また，ソラナ代表による交渉や我が国を含む主要各国の働きかけも継続されているが，本稿脱稿時点で，本件をめぐる国際情勢がどのように展開していくかは，まったく予断を許さない。ただ，これまで見た累次の安保理決議が求めた行動をイランが採っていないことから，この時点で更なる経済制裁決議が近い将来再び採択される可能性が高いという情勢にある。これまで少し詳しく見てきた安保理決議の法的内容からしても，そしてもとより政治的にも，国際社会として，このままの形で「何事もなかったかのような状態に戻る」ことは，できまい。昨年5月23日にIAEA事務局長報告が出されてからすでに8カ

---

[38] S/AC.50/2007/79.

月になろうとしていることから，事態が改善しなければ，近い将来に更なる安保理決議が採択され，更なる経済制裁措置がとられることになる可能性が高いと見るべきなのは，そのためである。同時に，憲章第41条の非軍事的強制行動を繰り返しとっても事態が改善しなければ，更なる強制行動に進む，というのが国連憲章第７章の立て方であるが，現実的な問題として，このことを支持する国際社会の世論は，ごく控えめに言っても極めて少ない，というべきであろう。そうなると如何にしてこの問題の解決の方途を平和的に見出していくかは，大変困難な問題になる。しかし，実は，イランをめぐる問題は，このような核開発に関する問題だけではなく，中東の政治地図の本質に係わる大きな問題（例えば，アラブとペルシャの対立とか，スンニーとシーアの対立とか，ヒズボラ・ハマスそしてシリアという中東和平に関する主要な問題との関連とか）を含んでいるように見られるし，もしそうであれば，国際社会が抱える最重要の問題の少なくとも１つとして，イランに関連する諸問題を，総合的かつ具体的に，これまで以上に分析して取り組む必要があるというべきなのかもしれない。しかし，明らかなことに，これらの論点は，いずれも本稿の域をはるかに超えるものなので，ここではそのような視点を提供することだけにとどめることとしたい。

4．北朝鮮[39]のミサイル発射に関する安保理決議及び核実験に関する安保理決議とその国内的実施

（1）北朝鮮のミサイル発射と安保理決議1695

（イ）北朝鮮によるミサイル発射

ⅰ）2006年７月５日の未明から早朝にかけて（午前３時30分頃から８時30分頃まで）６回，更に同日夕刻（午後５時30分頃）に１回，合計７回にわたり，北朝鮮はテポドン２を含む弾道ミサイルを発射した。その多くが，ロシア沿海州南方で新潟県沖の日本海に落下したものと推定されている。

ⅱ）第１回目の発射を受けて直ちに，我が国政府は官邸において安全保障

---

39) 国連の公式文書では"People's Democratic Republic of Korea (DPRK)"となっているが，我が国政府は国家承認を行っていないので，ここでは我が国で通常用いられている呼称に従う。

会議を開催、北朝鮮に対しては北京において厳重に抗議するとともに、この姿勢を明確にするために、5日正午前、万景峰号の入港禁止、北朝鮮に対する出入国の制限などの一連の措置をとることを決めた[40]。それと同時に、米、韓、中、露、英、仏など主要関係国と緊密に協議し、我が国の要請で5日午前には安保理で本件が取り上げられることになった。安保理は直ちに非公式協議を開始[41]、種々の外交努力の末[42]、安保理決議1695が採択された[43]。

(ロ) 安保理決議1695

この決議は、かなり短期間でまとめられたものとしては相当練られたもので、ある意味ではユニークなものである。まず前文末尾で通常は「憲章第7章の下で行動し」といった表現をとるかどうかが問題となるところ、「国際

---

[40] 平成18年7月5日閣議決定、内閣告示第3号（官報号外特第16号）。

[41] 安保理が正式な会合を開催するに当たっては、その前に様々な形で関係国による非公式会合が行われ種々の調整が行われるのが常であるが、それを踏まえ、またはそれと並行して、安保理としての全理事国が出席しての非公式会合が何回も開かれる。これは、安保理の"informal consultation of the whole"と呼ばれるもので、正式会合が行われる議場の裏にあるこの会議のための小さな会議場で（一応公用語すべての同時通訳をつけて）開催される。そして、そこでの調整を踏まえて、正式会合が開催されて、例えばこの決議1695の時のように全会一致の採択にいたる。非公式会合での調整の結果によっては、常任理事国の1つが反対して拒否権を行使することを前提として、正式会合の開催が行われることもある。

[42] この間の経緯およびこの決議の基本的な法律的評価について、直接責任のある当事者として記したものとして、麻生太郎「日本外交、試練と達成の11日間」『中央公論』（2006年9月号）134－143頁。

[43] S/RES/1695(2006). なお、北朝鮮は、1998年8月31日にもミサイルを発射しており、このときも我が国の提唱で本件が安保理で取り上げられているが、安保理は結局、その年の9月15日夕刻（NY時間）に、安保理議長が、「北朝鮮の行為に対する懸念を表明する」ことなどを内容とする「プレス・ステートメント」を口頭にて読み上げる、との対応をしただけにとどまった。前掲（注27）で見たとおり、このようなプレス・ステートメントは国連の公式のものではなく、少なくとも当時はそもそも「文書」ではなかったから、国連文書の番号はない。これと比較して、2006年7月の場合は、安保理議長声明の段階も飛ばして、正式の決議を、しかも事案発生から11日間で採択したことは、外交的には特筆されるべきものであった、というのは、麻生同上、141頁に指摘の通りである。

の平和及び安全に関する安保理の『特別な』責任の下に行動し」とされ，憲章第24条の規定（安保理の国際の平和と安全に関する『主要な』責任）以上の安保理の強い意思が含意された。このことは，憲章第7章だけに特定されるわけではないが，第6章，第8章及び第12章とともに，第7章の下で行動していることも含まれうることを意味する（第24条2. 後段）。その上で，概要次の通り規定した。

① 北朝鮮による7月5日の弾道ミサイル発射を非難する (condemn)（パラ1）。
② 北朝鮮がすべての弾道ミサイルに関する活動を停止——することを要求する (demand)（パラ2）。
③ すべての加盟国に対して，それぞれの国内法上の権限及び立法に従い，かつ，国際法に合致する形で (in accordance with their national legal authorities and legislation and consistent with international law)，ミサイル及びミサイル関連物資等の北朝鮮のミサイルまたは大量破壊兵器計画のための移転を，警戒して阻止することを要求する (require)（パラ3）。
④ すべての加盟国に対して，それぞれの国内法上の権限及び立法に従い，かつ，国際法に合致する形で，ミサイル及びミサイル関連物資等の調達並びに北朝鮮のミサイルまたは大量破壊兵器計画に関連した金融資産の移転を，警戒して阻止することを要求する (require)（パラ4）。
⑤ 北朝鮮に対し，六者会合に前提条件なしに直ちに復帰することを，強く促す (strongly urge)（パラ6）。

(ハ) 安保理決議1695の国内的実施

i) 今見たような決議1695での用語法，経緯あるいは構成などから見て，具体的行動を求めるパラの一部分は，法的拘束力を持っている，といえよう[44]。前文末尾の規定ぶりだけではなく，パラ3やパラ4では，通常法的義務を課すときに用いられる"require"という動詞が用いられていることや，この文脈でパラ2において用いられる"demand"は相当程度強く法的拘束力を想起させることなどから，前文末尾に「憲章第7章の下で行動し」という表現がなかったとしても，総合的に，関連部分は拘束力を持っている，とい

---

[44] 中谷和弘「北朝鮮のミサイル発射」『ジュリスト』第1321号（2006年10月）48－49頁。

う評価が正しかろう[45]。実際，我が国だけではなく，安保理の主要理事国の中にもこの決議に拘束力があることを明言する見解もあったようであり，この点は上記の見解の補強材料といっていいかもしれない。尤も，個別にパラごとに見れば，例えば上述のパラ6では"strongly urge"という表現が用いられており，これについては拘束力があるとまではいえない，ということが言えそうである。

　ⅱ）ちなみに，このように特定すれば，拘束力を持って規定されている部分は，パラ2の北朝鮮の行動と，パラ3及び4で加盟国にとることが要求された禁輸措置等ということになる。我が国については，これらの要求された措置は，すでに外為法に基づいて独自に取っていたものもあったが，この決議1695そのものの実施として平成18年9月19日に閣議了解を行い，パラ4の義務の履行を確実にするために，北朝鮮のミサイルまたは大量破壊兵器計画に関連する者として15団体及び1個人を指定し（外務省告示第549号），これらの者に対する支払い等及び資本取引等を，財務大臣または経済産業大臣の許可に係らしめることにして（財務省告示第360号，同第361号，経済産業省告示第288号及び同第289号），規制を実施することにした[46]。これも，イランに対する経済制裁の安保理の実施の時と，法律的な構造は全く同じである。

（2）北朝鮮の核実験と安保理決議1718

（イ）北朝鮮による核実験

　北朝鮮はこの同じ年の秋，2006年10月9日，核実験を実施した旨発表した。実際のところ，北朝鮮が発表した核実験が，どの程度の規模，精度のものであったかなどは，必ずしも公に明らかにされているわけではないと見られるが，少なくとも，兵器製造のために規模の大きい何らかの核爆発の実験が行われたことは，間違いないと見られている。何より，北朝鮮の当局自身がこのような発表をして認めている。そして，そのこと自体が，国際の平和と安全に対する脅威である。

（ロ）安保理決議1718

　国連安保理は，このような考えの下，核実験の発表からわずか5日後の10

---

45) 本稿Ⅱ4.(3)参照。なお，麻生「前掲論文」(注42) 143頁。
46) 官報号外特第17号。

月14日，北朝鮮により発表された核実験を非難し，北朝鮮に対して更なる核実験及び弾道ミサイルの発射の中止，全ての核兵器及び既存の核計画の放棄等を義務付けるとともに，加盟国に対しては，核計画関連等の特定品目等の北朝鮮に対する供給を防止することなどを義務付ける決議1718を，全会一致で採択した[47]。この決議はその前文で，北朝鮮による核実験の発表により，国際の平和と安全に対する明確な脅威が存在することを決定して（determining）（憲章第39条の認定を意味する），憲章第7章の下で行動して第41条の下での措置（即ち非軍事的強制行動＝経済制裁）をとることを，明示した（つまり，この決議に関する限り，行動は憲章第41条の下の非軍事的強制行動のみに限定されていることが明示されている，ということである）。その主文のパラ1で，まず，北朝鮮によって発表された核実験を非難した上で（condemns the nuclear test proclaimed by the DPRK…），続く主文各パラで，主要点次のとおり規定した。

　ⅰ）北朝鮮のとるべき措置
　　① 北朝鮮が，更なる核実験及び弾道ミサイル発射を行わないことを，要求する（demand）（パラ2）。
　　② 北朝鮮が，核拡散防止条約（NPT）及びIAEA保障措置に復帰することを，要求する（demand）（パラ3及び4）。
　　③ 北朝鮮が，全ての弾道ミサイル関連活動を停止し，かつ，ミサイル発射モラトリアムを再確認すべきことを，決定する（decide）（パラ5）。
　　④ 北朝鮮が，全ての核兵器及び既存の核計画を，完全，検証可能かつ不可逆的な方法によって放棄すべきことを，決定する（decide）（パラ6）。
　　⑤ それ以外の全ての大量破壊兵器及び弾道ミサイル計画を，完全，検証可能かつ不可逆的な方法によって放棄すべきことを，決定する（decide）（パラ7）。
　　⑥ パラ8（a）（ⅰ）及び（ⅱ）で特定される軍事関連物資，核，ミサイルその他の大量破壊兵器関連物資の輸出を，停止すべきことを，決定する（decide）（パラ8（b））。

---

47) S/RES/1718（2006），14 October 2006.

第2部　世界平和と人権

ⅱ）加盟国のとるべき措置

① 特定の軍事物資，核関連物資等の輸出入禁止措置（主文パラ8(a)(ⅰ)及び(ⅱ)，同(b)）―パラ8(a)(ⅰ)及び(ⅱ)で特定される軍事関連物資，核，ミサイルその他の大量破壊兵器関連物資の，北朝鮮に対する販売，供給及び移転を，防止（shall prevent）すべきことを，決定する（decide）（パラ8(a)(ⅰ)及び(ⅱ)）。ここで特定される軍事または大量破壊兵器関連物資は，これまでも核不拡散の国際的努力などの文脈でかなりの時間にわたって議論されてきたものなので，その対象の大枠につき共通の理解が既に得られていたし，また，必ずしもそうとは言い切れない部分については別途の国連文書で詳細に規定された[48]。つまり，とるべき措置の対象が確定されているといってよいので，国際法上の義務の範囲も，各加盟国が負う国内法上の実施義務の範囲も，ほぼ完全にクラリティーが得られている，ということである。

② 奢侈品の輸出禁止措置（主文パラ8(a)(ⅲ)）―奢侈品（luxury goods）の，北朝鮮に対する販売，供給及び移転を，防止（shal prevent）すべきことを，決定する（decide）（パラ8(a)(ⅲ)）。上記①に比較して，このパラ8(a)(ⅲ)の「奢侈品」の場合は，筆者の知る限り，これまでのこのような国際的な規制の文脈で，明確に定義づけられたことはないように見える。通常は，例えばパラ8(a)(ⅰ)や同じく(ⅱ)の規定ぶりに見られるように，規制すべき対象を，可能な限り客観的に明確にする努力がなされるのが普通であり，既に確立した定義を定めるほかの文書を引用して明確にするか，さもなくばこの文書の主文自体若しくはその不可分の附属文書（例えば附表－Annex）で限定列挙するなどの方法により，定義づけることが試みられるのであるが，この決議では，そのような規定は，ない。

③ 特定の軍事物資，核関連物資等に関連する役務取引の禁止（主文パラ8(c)）―パラ8(a)(ⅰ)及び(ⅱ)で特定される物資等に関連する役務

---

[48] 本稿本文で後に見る制裁委員会議長からの書簡の附表（Annex）では，詳細にリストアップがなされている（S/2006/853, 1 November 2006）。更に，関連文書として，S/2006/814（13 October 2006），S/2006/815（13 October 2006）参照。

取引を，防止 (shall prevent) すべきことを，決定する (decide)。
④ 大量破壊兵器計画関係者等の資産凍結(主文パラ 8 (d))—大量破壊兵器計画に関与する個人・団体が所有若しくは支配している資金，その他金融資産及び経済的資源を凍結 (freeze) し，それらの利用防止を確保する (ensure that...are prevented from...) ことを，決定する (decide)。ここでいう個人・団体は，この決議の主文パラ12によって設立される「制裁委員会」で後に決定されることとされた (主文パラ12(e))[49]。
⑤ 大量破壊兵器計画に責任を有する者等の入国禁止 (主文パラ 8 (e))——大量破壊兵器計画に関係のある北朝鮮の政策に責任を有している個人及びその家族の入国または立ち寄り (entry into or transit through) を，防止するために必要な措置をとるべきこと (...shall take necessary steps to prevent...) を，決定する (decide)。
⑥ 協力行動の要請 (主文パラ 8 (f)) ——主文パラ 8 で要求されること (requirements) の遵守を確保 (ensure compliance) し，大量破壊兵器等の不正な取引を防止 (prevent) するために，それぞれの国内法上の権限及び法令に従い，かつ，国際法に合致する形で (in accordance with their national authorities and legislation, and consistent with international law)[50]，必要に応じ (as necessary)，協力行動 (北朝鮮への又は北朝鮮からの貨物の検査 (inspection of cargo)) をとることが，要請される (all Member States are called upon...)。

iii) その他の規定
① 安保理に制裁委員会を設置し (パラ12)，少なくとも90日ごとに安保理に経済制裁の実施振りなどについて報告することなどの任務を与えることなどが，決定された (decide)。

---

[49] 制裁委員会によるこのような個人・団体の指定は，本稿脱稿の時点 (2008年2月半ば) で，いまだに行われていない模様である。この点は，本稿ですでに見ているイランに対する 2 回の経済制裁の安保理決議の場合と異なっている。

[50] 本稿Ⅲ(1)(ロ)③の決議1695パラ 3 参照。"national legal authorities" とするか "national authorities" とするかが異なっているが，後は全く同じで，おそらく起草者たちは，完全に同義で用いていると思われる。

② この決議の主文パラ8の規定を有効に実施するために加盟国がとった措置を，この決議の採択から30日以内に，安保理に報告することが，要請された（call upon）（主文パラ11）。
③ 北朝鮮に対して，六者会合への即時無条件復帰及び2005年9月19日の六者会合共同声明の迅速な実施に向けて作業を行うことが，要請された（call upon）（主文パラ14）。

(ハ) 安保理決議1718の国内的実施

ⅰ）これまで繰り返し見てきたので，この安保理決議1718が，全体として明らかに拘束力を持つ国連の非軍事的強制行動（経済制裁措置）となっていることが理解されよう。そして，これまで見た安保理決議同様，用語法などから，そのどの部分が「決定」として加盟国を法的に拘束し，その他の部分がそこまでの法的性格がないものかは，容易に結論づけることが可能と思われる。共通する法的構造は，全て同じである。

ⅱ）国内的実施をどうするかに当たっての，国際法上の拘束力についての判断がそのようなものであるというだけではなく，これをどのように国内法上実施に移すかという点についても，構造は，ほぼ同じである。北朝鮮については，北朝鮮を取り巻くこれまでの東アジアの国際情勢などからして，この安保理決議採択以前から，我が国独自の措置やミサイル発射の際の安保理決議の実施の措置やらで，この決議1718が求めている法的措置の多くについては，我が国は既に実施してきていた。と同時に，この決議の主文を精査して，なお我が国として，この決議により課されている国際法上の義務を十分に果たすために，平成18年11月14日に閣議了解を行って，その中で次のような追加的な国内法上の措置を講じた。

・奢侈品の北朝鮮への輸出禁止を行うための措置―輸出貿易管理例の一部を改正する政令第356号を閣議決定して，北朝鮮を仕向地とする33項目で特定される奢侈品24品目（例えば，キャビア，アルコール飲料，香水類及びオーデコロン類，乗用自動車など）について，経済産業大臣の輸出承認義務に係らしめ，この承認を行わないことによって輸出を禁止する措置を取るとともに，第三国から北朝鮮へ輸出するこれらの奢侈品の売買に関する取引（仲介貿易取引）についても，経済産業大臣の許

可事項としてこの許可を行わないことによって禁止した。この政令の改正に基づき，財務省告示第443号，経済産業省告示第330号，同じく第331号，第332号，第333号及び第334号を官報で示した[51]。

iii) なお，これ以外の措置でこの安保理決議により法律上の義務としてとることが求められているものは，すでにこれまで我が国が行っているものか，あるいは法令上行いうる措置ができているものなので，特に新たな国内法上の措置は必要なかった。この決議のために新たに取られた上記の措置とこれまで取られてきた措置を含めて，この決議1718を我が国としてどのように実施しているかについては，この決議の主文パラ11の要請（call upon）に従って，我が国は，安保理に報告しており[52]，これを見れば，この決議を我が国がどのように実施しているか明確になるようになっている[53]。

iv) ここで，この決議1718の我が国国内における実施との関連で，触れておきたい点が2点ある。

① －1. まず，奢侈品の輸出規制に関する点がある。既に見たとおり，これは，「核関連物資」などと異なり，これまでの国際的議論の積み上げに基づき，その概念の外縁が明確に定められているものとはいえない。その上，それにも拘らず，拘束力を持って禁輸措置を義務づけるこの決議自身が，その明確な定義づけを与えていない。そうなると，現実にこの点に関する国際法上の義務を，国内法の明示の担保を持って実施しようとするときには，これをどう定義づけるかが問題になる。

－2. この決議が奢侈品の具体的な範囲について明確な規定をおいていないとしても，この決議が採択された状況，経緯などからすれば，この決議が奢侈品の北朝鮮への移転の禁止を盛り込んだ趣旨は，北朝鮮の一般人が日常使用していると思われるものではないが，北朝鮮当局の一部幹部が使用したり，あるいは彼らが彼らの目的のために部下

---

[51] 官報号外特第23号。

[52] S/AC. 49/2006/10, 30 November 2006.

[53] 北朝鮮に対する経済制裁の場合には，人と船舶の移動に関する制限があるが，これは，外為法に基づく措置ではなくて，出入国管理及び難民認定法（第24条第3項3）あるいは特定船舶入港措置法に基づく措置である。

たちに配っていると思われる「贅沢品」の移転を防止することにある，ということができよう。そして，その明確な定義が決議におかれなかったということは，その範囲の具体的判断は，この決議を実施する各加盟国にある程度ゆだねられた，と見ることもできよう。

－3．我が国は，このような観点から，既に述べた閣議決定において輸出貿易管理令を改正し，貴金属，香水，乗用車，タバコ，酒類など24品目（33項目）を特定し，安保理決議1718に言う奢侈品として輸出許可に係らしめることによって禁輸措置を実施することにしたのである。なお，このようなことであるので，この点に関して加盟国のとっている具体的な措置を詳細に比較してみると，大きく異なることはないはずであっても，完全に一致しているわけではないようである。

② もう１つの点は，上述した「貨物の検査」（（②）（ロ）ⅱ）⑥）に関する点である。これまでの繰り返しの法的分析から明らかなように，この決議が拘束力を有するものであることは種々の論点から明らかであると思われるが，どの部分がそうかといえば，個別に各主文ごとに規定内容を見て決めていくことになる。その際，「貨物の検査」を含む協力行動を規定した主文パラ８（ｆ）の具体的規定振りを見ると，「必要に応じ」，「協力行動を取ることが，要請される（called upon）」となっていて，これまでの法的分析からすれば，これが「勧告的」規定にとどまるものであって，拘束力を持つものではないことは，明らかなように思われる。したがって，少なくとも法律的には，この項に関しては拘束力がある安保理決議の決定部分を我が国が国内法上実施しなければならないという関係にはなっていない。しかも，「国内法上の権限及び法令に従い，かつ，国際法に合致する形で」という規定が置かれている。そうなると，これは，国際法上の義務履行の問題というよりは，専ら，既存の国内法を前提として，また，既存の国際法の定める範囲内で，政策的にどのような措置をとるか，ということにあったというべきであると思われる。我が国において，「貨物の検査」「臨検」あるいは「海上封鎖」54)など，国際法上は大変異なる概念が根本的に混同されて議論されやすかったというだけではなく，議論のそもそものこの点が，必ずしも明確ではなかったように思われる。

(3) 北朝鮮をめぐる問題

　以上，一昨年2006年の北朝鮮をめぐる2つの安保理決議とその国内的実施にかかわる法律的論点を分析してきた。安保理決議の拘束力にかかわる問題点と，その国内的実施の態様は，基本的に構造が，その前に見たイランのケースとほぼ同じである。そして，そこには，核開発などに表される大量破壊兵器の拡散防止という，今の国際社会が直面する最重要の問題が共通のものとして横たわっている。しかし，当然のことながら，北朝鮮にかかわる問題は，広く国際社会が解決すべき問題としては，イランにかかわる問題とは異なった側面，即ち，東アジアの平和と安全そのものにかかわる重大な問題を含んでいる。ここではその詳細に立ち入る余裕はとてもないが，北朝鮮にかかわる問題が，我が国及び東アジアの安定にとって，極めて重要な問題点であることだけを指摘して，この節を終えることにしたい。

IV　終わりに――若干の結語

　1．以上，冒頭の問題提起に引き続き，第一節では安保理決議の国際法上の拘束力について一般的な考察を加え，その上で，安保理決議の中で法的拘

---

54)「臨検」とはもともと慣習国際法上の「臨検の権利(right of visit)」のことであり，旗国主義の例外として，海賊行為及び国旗濫用の場合に，軍艦による他国船舶，航空機の取締りができる権利のことをさすとされていた。国連海洋法条約第110条でこれが明文化された。また，「封鎖(blockade)」とは，敵の海上からの交通を海軍力によって防止することであり，基本的には戦時国際法上の概念であるが，国連憲章でも第7章第42条に言及がある。これらに対して，「貨物の検査」を含む「船舶検査(ship inspection)」とは，このような古典的国際法上の概念ではなく，最近になって安保理の経済制裁の実効性を確保するための措置のひとつとして用いられるようになった用語である。従って，そのときに用いられる文脈，例えば，特定の安保理決議における意味などを精査して法的意義を確定する必要がある。いずれにしても「船舶検査」は，非軍事的強制行動の一環として経済制裁の実効性を確保するための1つの措置であるので，軍事的強制行動の一環ではない。このような意味で，本来，「封鎖」はもとより，「臨検」とも，少なくとも法律的には明確な区別が必要なものである。他方，「貨物の検査」が安保理決議1718で「要請」されたことと，国際法上の「旗国の同意」との関係を法律的にどのように整理するかという，別途の論点はある。これは，安保理決議のこの特定の部分の法的性格に関係しうる重要な論点であるが，ここでは紙面の都合で詳述しない。

束力を有する「決定」の部分がどのように国内法上実施されているかについて、イランの核問題に関する安保理決議と北朝鮮のミサイル発射及び核実験の際の安保理決議を例にとって、我が国についてやや具体的，詳細に分析した。

2．その結果を，簡単に要約すると，次のようになろう。

(1) 安保理決議の法的拘束力

(イ) ある安保理決議が，あるいはより正確にはその特定の部分が，法的拘束力を有するかどうかは，用いられている文言，採択にいたる議論経緯，そしてそれらを含むあらゆる関連諸事情を総合的に考慮して，個別具体的に判断されるべきものである。

(ロ) 通常の場合，ある安保理決議の全ての部分が法的拘束力を有するということはなく，上記の個別的な考察を詳細に行えば，ある安保理決議の特定の部分について国際法上の拘束力が認められる，ということである。言葉を変えていえば，ある安保理決議の，憲章第25条に言う「決定」の部分が拘束力を有する，ということであって，問題は，どの決議の，どの部分が，「決定」部分に該当するかを決めること，になる。

(ハ) そうであれば，最も重要な「基準」は，「決定」が法的に行われているか，より具体的にはそれにふさわしい用語法が用いられているかどうか，即ち，「決定」を意味する"decide"，"determine"という表現が使われているか，あるいは，法的に拘束するときに通常用いられる"require""…shall…"更には"demand"といった表現が使われているか，という点にある。

(ニ) 最近の諸国の実行から見て，決議の前文末尾を含むそのどこかの部分に，強制行動を意味する憲章第7章への言及があるのかないのかが，その決議のオペラティヴな部分について法的拘束力の有無を決定する要素，とまで断定することは言い過ぎである。換言すれば，憲章第7章への言及があることだけをもってしてその決議のある部分が「決定」になっている，即ち拘束力がある，と断ずることはできない。と同時に，憲章第7章への言及がないことだけをもってしてその決議はすべて法的拘束力を有さない，すなわち「決定」の部分はない，と断じてしまうことは，憲章の立て方からしても，決して論理的ではない。

(ホ) 他方，憲章第7章への言及が拘束力を与える，少なくとも，言及がな

ければその決議はすべて拘束力がない，という，憲章の立て方からすると決して理論的ではない考えが，一部の諸国の実行からして，加盟国の間で相当の「法律的感覚」となっていることは，事実として認める必要がある。これを法律的に明示している加盟国もある。ただし，このことは，決して論理的とは言えないし，また，私見ではあるが，これが国際法上確立している，とは言えない。北朝鮮のミサイル発射に関する安保理決議1695，更には後で見るレバノンにおける敵対行動の停止を求める安保理決議1701が，それを示す良い例である。

　(ヘ) 安保理決議の拘束力のある部分（「決定」の部分）は，言葉の定義上，国際法の一部であり，そしてそれは通常は慣習国際法とは言えないから，「条約その他の国際約束」の一部をなす。我が国国法上，「条約その他の国際約束」を含む国際法は，一般的に受容され，そのままの形で国内法化されている。しかし，通常の条約その他の国際約束と異なり，安保理決議については，どの決議のどの部分が拘束力を有するか，個別具体的に判断する必要がより強くあることから，それは一般的に受容されていてそのままの形で国内法化されているといっても，国法体系上のクラリティーは著しく欠けることになる。通常の条約その他の国際約束でもそうであるが，安保理決議の場合には，国内的に実施するときに国内法上の別途の手当てがより一層明確に求められる。あくまで概念的には条約その他の国際約束の1つの形としてそのままの形で国内法化されているというのは正しいが，現実の実務，行政では，国内法上の措置がとられている。

(2) 安保理決議の国内法上の実施

　(イ) イランの核問題に関する安保理決議1737及び1747並びに北朝鮮のミサイル発射に関する安保理決議1695及び核実験に関する安保理決議1718のいずれにおいても，この決議の部分が拘束力を有し，我が国として特定の措置を取る国際法上の義務を負っているとの法的認識の下，この義務を確実に履行するために，国内法上の一定の措置をとっており，これらいずれの場合にも，閣議における措置をとって，個別の法的措置を示す官報告示を行って我が国国内において明確にしている。これらの決議については，その拘束力を有する部分の国内的実施は，多くの場合，外為法の下での行政上の措置として行われており，このような措置によって，我が国は安保理決議の該当部分

で課された国際法上の義務を，国内的に実施している。

　(ロ) ある安保理決議の特定の部分に拘束力が認められれば，繰り返すが，我が国においてはそれがそのままの形で，概念的には，国内法化されている。ということは，このすべてについて国内法上実施すべき立場におかれているので，論理的には，これを直接適用しない限り，既存の国内法で実施できない場合には新規立法が必要になるし，既存の法律の枠内でできる場合でも，解釈の変更や運用の変更，あるいは，法律の下での政令の整備あるいはその運用の整備が必要になることがある。これら一連の作業，即ち，安保理決議のどれが，かつそのどの部分が拘束力を有するかを決め，その上で，それはどのように国内法上実施されるかに関する措置（新規立法か，既存の国内法の下での政令の改正またはその運用，解釈の変更，整備を行うか，など）をとる，ということが，国内的実施に必要な作業である。その際に，国内法上実施が困難であるという理由で，安保理決議の特定の部分で拘束力を持って課された国際法上の義務を履行しない，ということは，全く正当化されない。拘束力のある安保理決議における「決定」は，「条約その他の国際約束」の１つであって，国際法上の義務は，いかなる国内法上の理由をもってしても解除されないからである。本稿で見たいずれの決議についても，安保理決議で課された国際法上の義務を国内においてきちんと実施することを，詳細かつ確実に行おうとしている。

　(ハ) 本稿ではこれらの決議に関する考察しか行っていないが，安保理決議の国内的実施に関する問題は，他のどの場合についても，同じである。本稿では紙面の関係でとてもすべてに触れることはできないが，他の同様の安保理決議の場合も，全く同じ作業が行われている。

　３．本稿ではイランの核問題に関する安保理決議と北朝鮮のミサイル発射及び核実験に関する安保理決議しか見なかったが，以上のような分析に基づいて他のいくつかの最近の安保理決議を分析すれば，きわめて興味深い論点が浮かび上がってくる。

　(1) 最近問題になった安保理決議の一部を見るだけでも，例えば，アフガニスタンに関する安保理決議1368[55]では，「９・11」テロ攻撃を「国際の平

---

55) S/RES/1368(2001)，12 September 2001.

和と安全に対する脅威と認定」して憲章第39条が含意されているが，この決議自身には憲章第7章への言及がなく，また，前文末尾で個別的及び集団的の固有の権利への言及がなされている。そして決議本文には"decide"のような表現は，ない。これに対して，アフガニスタンにおける国際治安部隊(ISAF)の創設を承認した安保理決議1386では，決議前文で「憲章第7章の下で行動する」ことが明記され，かつ，ISAFに参加する加盟国に対してISAFのマンデートを達成するためにすべての必要な措置をとる権限が，付与されている (authorizes the Member States…to take all necessary measures to fulfill its mandate)（パラ3）[56]。

(2) 2006年夏のレバノンにおけるイスラエルとヒズボラの間の敵対行動について，これを停止することを求める安保理決議1701[57]では，憲章第7章への直接言及はないが，前文末尾で「レバノンにおける状況が，国際の平和と安全に対する脅威を構成することを決定する (determining)」と明記されて，憲章第7章第39条の「決定 (determine)」が行われている。その上で主文のパラの中では，「…を決定する (decides)」部分が3カ所（パラ11, 15および16）存在し，また，既存のUNIFILに対し，一定の目的を達成するために「すべての必要な行動を取ることを認める (authorizes to take all necessary actions to…)」ことも明記された（パラ12）。更に，レバノン情勢に関して，2007年5月に採択されたハリーリ元レバノン首相暗殺事件に関する特別法廷設置のための安保理決議1757[58]では，主文パラ1.において，「憲章第7章の下で行動して，

---

[56] S/RES/1386 (2001), 20 December 2001.

[57] S/RES/1701 (2006), 11 August 2006. この直後の本稿本文で指摘の通り，この決議の主文パラ11, 15及び16では憲章第25条に言う「決定」が行われており (decide)，これらの項には法的拘束力がある，と見られる。例えばパラ15は，"decides … that all States shall take the necessary measures to prevent …"と明らかに加盟国に一定の措置を取ることを国際法上義務付けている。従って，決議1701の前文末尾に"acting under Chapter Ⅶ"との明示の言及がないことのみをもってこの決議には拘束力がない，ということには全くならない。これも，前掲（注17）で示す本稿本文の所論の，1つのよい例証といいうる。

[58] S/RES/1757 (2007), 30 May 2007. なお，この決議1757にはこれとの関連で興味深い法的論点がある。本稿本文で見るようにこの決議は主文パラ1.のみに"acting under

第2部　世界平和と人権

以下を決定する（Decides, acting under Chapter VII of the United Nations that－）」と，これ以上ないほど明確な拘束力を示す規定がおかれている。

　(3) 他方，政治的に大きな問題となった，2002年11月のイラクに関する安保理決議1441[59]では，前文末尾で憲章第7章への明示の言及がなされ，最もオペラティヴに重要な主文パラ2.では，「この決議によって，イラクに…最後の機会を与えること…を，決定する（decides…to afford Iraq, by this resolution,

---

Chapter VII"の言及があってこの部分だけが拘束力を持つように規定されているが，その内容は，この主文パラ1.に附属された「レバノン特別法廷設立に関する国際連合とレバノン共和国との協定（Agreement between the United Nations and the Lebanese Republic on the establishment of a Special Tribunal for Lebanon）」をして法的に効力を生じさせることにあった（主文パラ1.(a)）。つまりここでの法的論点は，安保理決議の特定の部分が「決定」として加盟国を法的に拘束しうるとしても，国連とレバノンの2者間の国際法上の合意について，安保理決議によってこれを発効させることができるのか，という点である。憲章上安保理決議に拘束力がありうるとしても，2者間の国際約束についてその効力を付与することを安保理決議で行うのは，憲章の規定の根拠がない，というのである。実際，シエラレオネ特別法廷は2000年8月14日の安保理決議1315（S/RES/1315(2000)）で設立が要請されているが，その設立そのものは2002年1月16日にフリータウンで署名された国連とシエラレオネ政府間の国際約束の締結で行われている。他方，旧ユーゴ国際刑事裁判所（ICTY）は，1993年5月25日の安保理決議827（S/RES/827(1993)）にその設立根拠が求められている。この場合も，国際の平和と安全の維持に主要な責任は負うが基本的には政治的機関であって司法機関ではない安保理が，その決議によってこのような司法機関の設置を決定できるのか，という論点はあろうが，ただし，この決議の構成からして，決議827の場合は，国際法廷設立の2者間の国際約束を安保理決議で発効させることにはなっていない。ここで問題にしているレバノンの事案の場合には，国連とレバノン政府との間ではこのような国際法廷設立のための協定につき実質的にその内容に合意しており，かつ，レバノン議会の多数派もこれに賛同する嘆願書を提出していたにもかかわらず，レバノン国内の政治的理由で国会議長が国会を機能させようとしないために協定締結のためのレバノンにおける国内法上の手続きが尽くしえない，という特殊な事情があった。このような状況の下で，決議1757が採択されている。従って，決議1757主文パラ1.の安保理の決定には，国際法上の問題がないとまでは断言はできないであろうが，現実の政治状況に照らせば，このような特殊な事案における拘束力のある安保理の決定であった，とすることが妥当であると思われる。

59) S/RES/1441(2002), 8 November 2002.

170

a final opportunity to comply with...)」となっており，法的拘束力という点では，"decide"という表現からしてこれを有すると見ることができる書きぶりになっている[60]。しかし，この時法律的及び政治的に問題となったのは，専ら，この規定によって武力行使容認の「自動性（automaticity）」が与えられているかどうかという論点であった（これはこれで，本稿とは別途の視点からの考察を必要とするが，ここでは言及する余裕がない）。

4．こう見てくると，確かに最近の重要な安保理決議においては，憲章第7章が何らかの形で言及され，かつ，主文の具体的パラでも拘束力があることが明確になる表現が用いられることが多くなっているといえるのかもしれない。他方，本稿の3.(2)で見た安保理決議1701の例もあって，これらの事例は，本稿で私見として主張された法律的内容を，補強することになるものではあっても，覆すものではない。逆に，古典的な「中東和平」問題そのものに係わる安保理決議のような場合には，昔からの例に倣って憲章第7章への言及がなく，拘束力という点からも表現が弱いままという傾向があるようにも見受けられる[61]。

---

[60] 尤も，同じ"decide"で始まる表現でも，"decide that...shall..."の構文の場合は国際法上の義務を課していることが明確であるが，"(the Security Council) decides to 〈不定詞〉"という構文の場合には，国際法上の義務を課す決定を行ったのか，あるいは，そのような国際法上の権利義務関係を設定するというよりは安保理が自らの行動に関する意思を明確に決意したことを叙述したのか，議論が分かれうる，いや，むしろ，多くの場合，"decide to〈不定詞〉"の場合には，国際法上の義務を課したとまでは言えない叙述的な表現である，という見方もある。それと同時に，"decide that...shall..."の構文の場合でも，文脈によっては，現状認識の叙述的性格しか持たないこともありうる，という見方も成立するかもしれない。いずれにせよ，本稿で繰り返し指摘してきたとおり，用語法はおそらくきわめて重要な要素ではあろうが，その他のあらゆる文脈を考えて個別に判断することが重要ということであろう。

[61] いわゆる中東和平問題についての歴史的な安保理決議は，決議242（S/RES/242 (1967)，22 November 1967）と338（S/RES/338(1973)，22 October 1973）であるが，当然のことながら，これら2つの決議には憲章第7章への言及はない。ただし，決議338のパラ3では"...decides that...negotiations shall start..."とされて，拘束力のあると思われる表現が用いられている。中東和平問題に関しては最近も安保理決議がいくつか採択されているが，「パレスティナ国家」に始めて明示に言及した決議1397（S/RES/1397

第2部　世界平和と人権

　国際法は，現実の国際関係の中できわめて動的に捉えられるべきものである。安保理決議の「決定」の部分が，条約その他の国際約束の一部として加盟国を拘束するという国際法上の地位を有するとは言っても，そもそも安保理は国際司法裁判所のような司法機関ではない。優れて政治的機関である。それがゆえに，そのあらゆる決議や行動は，政治的なものにならざるを得ない。政治的に見れば，ある安保理決議が第7章の下のものであることが明示されれば，法的拘束力の問題を別としても，これほど強いメッセージはないことになる。法律的分析はともかく，第7章下の措置ということになれば，最後には軍事的強制行動，すなわち武力行使にいたりうる一連の行動が開始されたという，政治的にはきわめて強い意味を持つからである。現実の安保理における審議，交渉は，法的拘束力があるかないかというよりは，このような重大な政治的意味合いの中で行われている，といっても良いくらいであろう。しかし同時に，これまで見てきたような法律的な問題点も，全加盟国を拘束する決定をなしうる安保理の決議については，厳然と存在しており，だからこそニューヨークの主要各国代表部には，法律顧問かそれと同等の立場にある国際法の専門家がいる場合が多いのである。従って，本稿で見たような法律的な論点もよくよく吟味すべきところなのである。総会の決議とは，その点ではっきりと違いがある[62]。安保理決議について，優れて政治的機関

(2002), 12 March 2002) でも，いわゆる「ロードマップ」を支持 (endorse) した決議1515 (S/RES/1515(2003), 19 November 2003) でも，また，中東和平問題に関する一番最近の決議1544 (S/RES/1544(2004), 19 May 2004) でも，いずれも憲章第7章への直接の言及はない。これらの中東和平関連の最近の決議の中では，"demands immediate cessation of all acts of violence"(決議1397パラ1) のような強い表現もあるが，おおむね，"call upon" "reiterate" "emphasize" といった通常は拘束力を持たないとされる表現が用いられている。これは，現代史の中で半世紀に及ぶ中東和平問題と国連のかかわりからする歴史的背景なしには，理解されない点である。と同時に，本稿で検討された安保理決議とその拘束力を分析する上で，必ず踏まえなければいけないもののように思われる。

62) 確かに，総会決議に関しては憲章第25条のような規定はないのであるから，一般的には法的拘束力はなく，勧告的性格を持つにとどまる，というのは正しい。しかし，この点も個別具体的に見ていく必要がある。即ち，官房的事項，例えば憲章第18条及び第19条に従った予算の決定とか，あるいは一定の人事事項に関する決定とかについ

であるから，およそ決議はすべからく政治的思惑によっていると片付けてしまって法的吟味を怠ることは，正しい態度ではない。最近の安保理決議の法的拘束力をめぐる問題と，それに対応して我が国が国内的にそれをどう実施していくかに係わる問題は，国際法のこのような優れて動的で，時として大変政治的な側面を，如何なく示しているように思われる。

〔付記〕 本校脱稿（2008年2月半ば）後、校正時点（2008年12月初め）までの間に、重要な国際社会の展開があった。例えば、イランの核問題に対して追加の経済制裁を規定した安保理決議1803の採択（S/RES/1803(2008), 3 March 2008）などである。但し、本稿で分析した主要論点を変更すべき大きな事例は発生していないことは、指摘しておきたい。

ての総会決議は，事柄の性格上，拘束力をもつと言うべきものがあろう。ただ，そうであっても，これらの中のどれが，本稿の用語法で言えば「条約その他の国際約束」として「国際法上の拘束力」を持っていると見るべきか，というのは，また，異なる論点を提供しているように思われる。

第6章

武力不行使原則から見た「対抗措置」概念の機能
――国家責任条文と国際判例の比較検討――

宮　内　靖　彦

I　はじめに
II　国家責任条文の「対抗措置」
III　判例における武力不行使原則の解釈と「対抗措置」の位置づけ
IV　「対抗措置」概念の現実の機能範囲
V　おわりに

I　は じ め に

　国連総会は2001年に国家責任条文を採択したが，未だ条約でもなく，あくまで国連総会決議56/83に付属する，一般国際法とそのあるべき姿を示す文書にすぎない。したがって，同条文の諸条項が国家実行に，どのように受け入れられ，どのように適用されるのかを観察しなければ，一般国際法の状況は明らかにならない。
　国家責任条文の採択以来，国家責任法が扱うべき一次的規則（primary rules）の範囲が，これまでの外国人の損害をめぐる問題のみならず，国際法の各分野に広がり，国家責任法の機能の損害補填から合法性確保への転換が指摘されている[1]。そのため，実際の適用においては，それぞれの義務違反について違法行為を認定する際に，いかなる要件・効果が求められるかを，それぞれ特定しなくてはならなくなっている。

1）多くの論者から同じような指摘がなされているが，例えば，兼原敦子「国家責任法理の意義」奥脇直也・小寺彰編『国際法キーワード〔第2版〕』（有斐閣，2006年）96-97頁。

かかる問題を，特に「対抗措置」概念の機能について，武力不行使原則との関係の観点から検討するのが本稿の目的である。武力不行使原則も，国家責任法や対抗措置との関係で要件・効果を特定すべき義務の一つであることに違いはなく，武力不行使原則違反の行為に対処する際の「対抗措置」を考えるとするなら，国連憲章所定の結果を除けば，義務違反の結果の論理は明確でないのが現状であって，その解明が必要となるからである。

「対抗措置」に関し，国家責任条文は第3部第2章を中心にその要件・効果を詳細に規定しているが，それが一般国際法の状況を反映したものであるのかどうか，また，今後あるべき一般国際法を示しているといえるのかどうか。他方，国際司法裁判所のいくつかの判決でも「対抗措置」に言及するようになってきているが，武力行使との関係では，ニカラグア判決で「対抗措置」概念が言及されたことの意味を考えねばならない。

もちろん，国家責任条文からは，対抗措置の本質や弱点に鑑みて，その利用を規制しようという起草者の意思を理解することはできるが，国際法において，起草者意思が法規内容として確定されるわけではなく，国際法を解釈適用する諸国の受諾次第であることを考えれば，同条文の概念が実際に国際社会で実効的に機能するものかどうか，「対抗措置」概念をめぐる国際社会のニーズは何か検討する必要がある。特に，ニカラグア判決が示すように，問題は武力不行使原則の適用に関係しており，国家責任条文の方針にもかかわらず，対抗措置に武力行使がどのように関係するのかが問われている。その意味で，ニカラグア判決との比較検討は，武力不行使原則の実施の観点から，現実の国際社会で「対抗措置」概念がどのように作用しているか，また，国家責任条文の「対抗措置」概念の射程と限界を分析することになる。

以上の問題関心を分析する方法としては，まず，国家責任条文における「対抗措置」を概観し，その概念を確認・分析した上で，そこで明らかになる問題点と，ニカラグア判決及びそれ以後の国際司法裁判所の武力行使関係の判決の示すところとを比較対照し，その意味を検討する。そうすることによって，現在の国際社会で「対抗措置」概念の作動が求められている範囲を考察し，国際法の強制の現状の一端を明らかにすることとしたい。

II　国家責任条文の「対抗措置」

1.「対抗措置」概念の成立過程

「対抗措置」概念は，国際法委員会においてアゴーが国家責任の特別報告者として条文草案を検討していく中で形成されてきた。その概念のコアは，最終的に採択された国家責任条文のコメンタリーにも示されているように，伝統的国際法上の「復仇」であった。そのことは，「対抗措置」の作用が，事前の他国の国際違法行為に対する自国の国際違法行為の正当化であることや，ナウリラ事件やサイネ事件，万国国際法学会の1934年の平時復仇に関する決議の引用，復仇の3要件の継受などに現れている[2]。

(1) 伝統的国際法上の復仇

元々，復仇は，国際違法行為の中止または救済を求めるための被害国による強力行為である。報復 (retorsion) とともに，紛争の強制的解決手段として捉えられ，違法行為の停止，賠償 (reparation) の促進，再発防止，懲罰など，広範な目的を有していたとされる。国家は国際法上の権利・利益を保護するため強力の行使を究極的保護手段としてきたのであって，平時国際法上の有力な強制手段の一つであった[3]。

そのような復仇としてとられる行為は，それ自体が国際違法行為を構成するために，1930年の国際法典編纂会議のBasis of Discussion以来，自衛とともに，違法性阻却事由として扱われることが確認された[4]。その正当化のためには，ナウリラ事件仲裁判決以来，(1)加害国による国際義務違反，(2)復仇措置をとらざるをえない「必要性」，(3)とられた措置の被害との「均衡性」の3要件が求められてきた。

手段の面では，復仇としてとられる措置に制限はなかった。条約の履行停

---

2) Commentary of Art. 22, para. (2); Art. 50, para. (6), James Crawford, *The International Law Commission's Articles on State Responsibility-Introduction, Text and Commentaries* (2002), pp.168, 289.

3) 寺沢一「国際紛争と強力」『法と力―国際平和の模索』(東信堂，2005年) 88-89頁。

4) Cited in Crawford, 2nd Rep. (UN Doc. A/CN.4/498/Add.2), p.5, para.215.

止，加害国または加害国国民の貨物の押収，加害国の官吏・臣民の逮捕抑留等の非軍事的手段のみならず，税関の奪取や関税収入の支配，加害国の船舶拿捕，船舶抑留 (embargo)，平時封鎖，領土の一部の軍事占領のような軍事的手段も当然のように使われていた[5]。公債の回収のために大国が軍事力を行使することを抑制しようとして，第2回ハーグ平和会議において「契約上の債務回収のためにする兵力使用の制限に関する条約」(ポーター条約)が締結されたのも，公債回収のための武力復仇が，一般国際法上，違法とはされていなかったことを背景とする。このように多様な手段を選択できる一方，復仇として正当化される第3要件として「均衡性」が求められ，被害国の被った被害を基準として判断されてきた。このような復仇が，法制度として19世紀に発達したのは，ナポレオン戦争後，戦争を回避しつつ，平時国際法の下で紛争を解決する有用性が認識されたためである[6]。

(2) 起草過程の「対抗措置」概念に見られた特徴

以上のような復仇を受け継いだとされる対抗措置も，復仇と同じく，加害国の違法行為に対する違法行為による対応であり，同時に違法性阻却事由として位置づけられている (国家責任条文22条)。ただし，当初の概念は，最終的に採択された概念よりも広いものであったことには注意を要する。

国際法委員会の第1読暫定草案30条では「他国に対する国の義務と一致しない当該国の行為の違法性は，その行為が，当該他国の国際違法行為の結果としてとられる当該他国に対する国際法上正当な措置を構成する場合には，阻却される」と規定された[7]。ここで違法性が阻却される「対抗措置」の概念は，最初，復仇をコアの概念としつつも，「ある国家の行なった国際的違反に対する反作用として，国際法上，許容される措置の適用」という広い意味を有していた[8]。特別報告者アゴーは，当初，「制裁」という用語を使用し

---

5) 立作太郎『平時国際法論』(日本評論社，1939年)683頁。寺沢一「復仇制度の成立」同『前掲書』(注3)136-155頁。

6) Antonio Cassese, *International Law in a Divided World* (1986), pp.218, 221. また，岩月も，紛争の「解消」と言及しつつも，機能については同旨 (岩月直樹「伝統的復仇概念の法的基礎とその変容」『立教法学』第67号 (2005年)4頁)。

7) 訳文は，大沼保昭・藤田久一 (編集代表)『国際条約集 2001』(有斐閣，2001年) 60頁参照。

第6章　武力不行使原則から見た「対抗措置」概念の機能

「制裁の正当な適用」というタイトルで同条を規定しようとしたが，国際法委員会の議論の結果，「対抗措置」という名称に落ち着いた[9]。また，措置の目的として国家責任の履行確保のみならず，「処罰」が考えられたりもしていた[10]。第2部を検討したリップハーゲンは，「対抗措置」をさらに相互主義的措置と復仇措置とに分けた規定を試みたりもしている[11]。

特に「制裁」概念との関係について，「制裁」は国際機構のとる措置を意味するという理解が示され[12]，個別国家の措置をも包含する概念として「制裁」という用語は適当でないという理解の下，「対抗措置」という文言が採用された。その結果，「対抗措置」は，個別国家の行なう復仇も，国際機構の決定に基づく制裁も含む概念として規定されることとなったのであったが[13]，これは第1部採択後の草案の特徴といえよう。アゴーが国家責任条文草案の中で対抗措置を扱ったことそのものについて，アゴーの国家責任の本質についての理解が反映していると言われるが[14]，そうであるとしても，ここ

---

8) 村瀬信也（監訳）「『国家責任』に関する条文草案注釈（二・完）—国際法委員会暫定草案第一部」『立教法学』第24号（1985年）211頁。

9) *Yearbook of the International Law Commission*, 1979 Vol. II Part One, p.47, para.99 ; Vol.I, p.63, para.31.

10) *Ibid.*, 1980 Vol. II Part Two, pp.53-54, paras.4-6. また，村瀬信也「前掲論文」（注8）211頁参照。

11) リップハーゲン草案第2部第8条9条（川崎恭治・丸山珠里（共訳）「『国家責任』に関する条文草案注釈第2部ならびに第3部—国際法委員会暫定草案第2部およびリップハーゲン草案第2部ならびにリップハーゲン草案第3部」『修道法学』第14巻1号（1992年）172－174頁）。

12) 第1読案成立後の各国へのコメント聴取の際も，概念内容そのものとしても，集団的措置と区別すべきことが指摘されたし（フランス，日本（UN Doc. A/CN.4/488, p.83 ; A/CN.4/492, pp.11-12 ; A/CN.4/498/Add.2, p.18, para.246.）），最近も，ユネスコが，国際法委員会の「国際機関の責任」のテーマにおいて，「対抗措置」の条文に関連して，対抗措置と制裁との区別の必要を指摘したという。山田中正「国際法委員会第58会期の審議概要」『国際法外交雑誌』第105巻4号（2007年）163頁。

13) *supra* note 9, 1979, Vol.II Part Two, p.121, para.21.

14) 岩月「前掲論文」（注6）82頁脚注136。また，第1読案に対する各国のコメントにおいても，同草案への支持もあったものの（ドイツ，イタリア，アイルランド），国家責任条文草案に対抗措置を含めることについて強力な反対がなされたり（米，英，仏），

で採用された「対抗措置」概念は，国際法委員会の議論を経ており，何らかの合理性を反映していると考えられる。つまり，国際義務違反との関係で，個別国家間のみの関係とは異なる要素の考慮も必要となった時代状況が反映しているといえよう。

　しかし，その後の審議の過程で，国際機構の決定による措置ははずされ，二国間の措置に限定されるなど，徐々に概念の絞り込みがなされていった。特別報告者アランジオ・ルイズは，「対抗措置」の用語を「国際違法行為に対する，一国またはそれ以上の国の，いわゆる一方的あるいは『水平的』反応を示すものとして使う」とし[15]，アゴーが提案していた国際機構の決定による措置，すなわち，国連憲章第7章の集団安全保障に応じた諸国の措置の正当化をこの概念からはずすこととした。また，一国の武力の行使を伴う復仇についても，その禁止からの逸脱を認めない立場をとった[16]。在外自国民保護ための武力行使に関連して，その対抗措置としての正当化の問題に迷った節はあるが，これも最終的には検討対象からはずしている[17]。そして，この立場は，国際法委員会の委員によって受け入れられた[18]。結局，「対抗措置」概念は国際法委員会の第1読が終わった時点で，国際機構の決定に基づく措置の正当化を含まず，個別国家間の関係に絞り込まれ，武力行使との関係でも，武力復仇の禁止を引き継ぎ，武力行使を伴う対抗措置も正当化されていないと理解されていたということができる。

2．国家責任条文上の概念・概観

　以上のような経緯を通して，最終的に第2読の特別報告者クロフォードが主導して起草された国家責任条文における「対抗措置」概念は，以下のようなものとなった。

　　位置づけの再検討を求められたりした（アルゼンチン，シンガポール）（Crawford, 2nd Rep. (UN Doc. A/CN. 4/498/Add. 4), para. 378.））。
15) UN Doc. A/CN. 4/440, para. 27.
16) UN Doc. A/CN. 4/440, paras.100, 62.
17) UN Doc. A/CN. 4/444, Add. 1, para. 68.
18) 山田中正「国際法委員会第44会期の審議概要」『国際法外交雑誌』第91巻6号（1993年）77頁。

対抗措置の要件は，(1)国際違法行為に対するものであること（22条），(2)必要性（被害国による加害国に対する賠償義務の履行要求が先行すること（52条）），(3)均衡性（proportionality. 問題となる国際違法行為および権利の重大性を考慮しつつ，被った被害と均衡すること（51条）），(4)対抗措置の目的は，違法行為国に国際法上の義務の遵守を促すものでなくてはならず，可能な限り，対抗措置として違反した義務の再開を可能とする措置でなくてはならないこと（49条1項3項），(5)対抗措置を制約する要因は，武力不行使原則，基本的人権の保護に関する義務，復仇を禁止する人道的性格の義務，一般国際法の強行規範に基づく義務であること（50条1項）である[19]。これは，復仇の伝統的な三要件に対抗措置の目的要件と制約要件を加えたものである。

第1要件の国際違法行為要件は，復仇の第1要件を引き継いだものである。従来の復仇と異なるのは，対抗措置の原因となる違反された義務が，二国間の法律関係に基づく義務か国際社会独自の利益を保護する普遍的義務（あるいは，一般国際法上の強行規範に基づく義務）かを問わない点である。

第2・第3要件である必要性・均衡性の要件の定式化には，ナウリラ事件や米仏航空業務協定仲裁判決を参照し[20]，第2要件（必要性）は対抗措置に訴える際の手続要件とされる。その位置づけの妥当性はともかく，52条と53条は第2要件の詳しい基準を規定したものである[21]。クロフォードによれば，「緊急の対抗措置」の規定（52条2項）や紛争解決手続中の対抗措置の停止（53条3項）も第2要件の例外と位置づけられ[22]，あるいは，必要性と均衡性の原則の適用の指針と見たほうがよいとされる[23]。その意味では，「緊急の対抗措置」も必要性・均衡性の基準に影響を及ぼすことになる。

第3要件である均衡性の基準としては，復仇措置と被害との均衡が求められてきたが，国際法委員会における議論では，ガブチコボ事件で，国際司法

---

19) Crawford, 2nd Rep., *supra* note 14, para. 382.
20) Crawford, 3rd Rep. (UN Doc. A/CN. 4/507/Add. 3), para. 307.
21) Crawford, 3rd Rep. *ibid.*, pp. 31-34, paras. 355-361. Crawford, *supra* note 2, p. 297.
22) Crawford, 3rd Rep. *ibid.*, pp. 31-34, paras. 355-361.
23) James Crawford et al., 'The ILC's Articles on Responsibility of States for Internationally Wrongful Acts : Completion of the Second Reading,' *European Journal of International Law* Vol. 12 (2001), No. 5, p. 983.

裁判所が，対抗措置は，問題となる権利を考慮した上で，被った被害と均衡していなくてはならないと指摘したことを踏まえていた[24]。また，対抗措置の「停止」「終了」の条項（52条3項4項，53条）も均衡性の基準の一部を規定するものである。

第4の対抗措置の目的要件は，本条文で初めて課されたものであるが，各国の第1読草案へのコメントにおいて対抗措置が処罰機能を有すると考えるべきかどうかということについて様々な見解が出されたことを受けている[25]。また，このような対抗措置の目的限定の議論は，均衡性要件の判断基準の議論においても見られる。第1読草案に対する政府コメントの中に，第1読草案49条に定められた基準である違法行為の重大性や被害国に対する影響の他に，対抗措置の目的の考慮を求める見解もあったことが指摘されているが[26]，クロフォードは，この指摘を紹介することで，対抗措置の目的限定の要請があることを示しているのである[27]。

結局，国家責任条文においては，対抗措置の条文を，国家責任の実施を規定する第3部に移し，国家責任の実体法的効果と切り離すとともに，概念と

---

24) Crawford, 2nd Rep., *supra* note 14, para.381. 51条の「均衡（commensurate）」文言を利用するなど，ガブチコボ事件判決の影響が指摘され，純粋な法典化とも過去の仲裁判決や国家実行に依拠したともいえず，法典化の根拠に欠けているとの批判もあるが（David J. Bederman, 'Counterintuiting Countermeasures,' *American Journal of International Law* [hereinafter cited as *AJIL*] Vol.96 No.4 (Oct. 2002), p.822.)，第2読における「対抗措置」の審議において，クロフォードは，第1読案成立後初のケースとしてのガブチコボ事件をリーディング・ケースとして扱い，同判決について，対抗措置として合法に措置がとられるための比較的厳格な要件を定式化し事件の事実に厳格に適用しており，概してバランスがとれているものと評価し依拠することが多い（Crawford, 2nd Rep., *supra* note 14, paras. 381, 382 ; 3rd Rep., *supra* note 20, paras. 289, 400.)。

25) 北欧諸国を代表してデンマーク，及びアイルランドの見解に対して，フランスの見解（A/CN. 4/488, pp. 114, 118, 115. Crawford, 2nd Rep., *supra* note14, para. 379.)。

26) 米国，アイルランド。特にアイルランドは，欧州人権裁判所のような人権機関による均衡性の近年の適用例より，対抗措置の目的（違法行為の停止または賠償）を求めることとの関係の考慮を求めたことが指摘されている。

27) Crawford, 3rd Rep., *supra* note 20, para.309.

しても，制裁，復仇，処罰との区別を図ろうとしている。そして，対抗措置の目的は「第2部に基づく義務の履行を促すためにのみ」と規定した（49条1項）。第2部に規定される義務は，違法行為の中止・再発防止の保証（30条）と賠償（31条1項）であるから，対抗措置の目的から処罰は排除され，この3つに「限定」されることになる[28]。

第5の対抗措置の制約要因の中で，本稿に関係するのは(a)武力不行使原則である。国家責任条文が武力復仇あるいは武力の行使を伴う対抗措置の禁止を前提として起草されてきたことは，国家責任条文のコメンタリーにも，クロフォードの報告書にも示されているところであるし[29]，また，武力行使を伴う対抗措置の禁止を定めていると解された第1読草案50条1項(a)号に対するコメントはさほど多くなかったということである[30]。このような理解の上で，国家責任条文は，対抗措置について，最終的に「武力紛争と関係しない復仇という主題の部分」をカバーし[31]，非軍事的な措置を前提に構成されたという[32]。アゴー案では国連憲章第7章の措置を諸国が実施した場合をも含みうる概念としていたことからすれば，その射程は縮小されている。

なお，国際法委員会は国家責任条文をまとめるにあたって，対抗措置と紛争解決手続との有機的連関を切断することを選択し，対抗措置をめぐる紛争の強制的解決を定めた第1読草案第3部を廃棄したが，クロフォードは，その判断の適切さを，国際法委員会の任務が法典化であることと，一般国際法上，紛争解決手段の選択の自由が認められていることに求めている[33]。

---

28) Commentary of Article 49, para. (1), in Crawford, *supra* note 2, p. 284. Crawford, 2nd Rep., *supra* note 14, paras. 391, 392. Daniel Bodansky and John R. Crook, 'Introduction and Overview,' *AJIL* Vol. 96 No. 4 (Oct. 2002), p. 787. また，岩月「前掲論文」(注6) 82頁 脚注136参照。

29) ILC draft articles, 1st Reading, Commentary to Article 50, para. (2) cited in Crawford 3rd Rep., *supra* note 20, paras. 312, 335.

30) Crawford, 3rd Rep., *supra* note 20, para. 15.

31) Commentary of 'Chapter II Countermeasure,' para. (3), Crawford, *supra* note 2, p. 281.

32) Commentary to Art. 22, para. (1), Crawford, *supra* note 2, p. 168.

33) Crawford, 3rd Rep., *supra* note 20, p. 31, para. 355.

3. 国家責任条文の「対抗措置」概念の分析
(1) 国家責任条文上の概念の特徴

以上のように起草された国家責任条文については，既にいくつかの限界や批判が指摘されている。

例えば，国家責任条文は，国家に対する責任について規定しているが，国際機構，個人，NGOなどに対する責任については規定していないとされる[34]。これは，国家以外の者，特に外国人損害の問題が忌避されたためであると指摘されている[35]。また，特別報告者自身は国家責任条文の起草にあたり第2読において政府のコメントを判例よりも重視したというが[36]，一方で，著しく国際判例に依拠し，国家実行を深く探求しておらず，諸国の実行が実際に判例に沿ったものかどうか疑う余地を生じうるものであるという批判もある[37]。国家責任条文の編集方針に対する批判であるとともに，国際法は国家実行を基盤とし，国際判例もそれ自体が最終的な法の解釈とは言い切れず，その推論が国家実行に受け入れられて初めて法となることへの注意を喚起したものといえよう。

しかし，これらは，むしろ国家責任条文そのものへの批判であって，国家責任条文の「対抗措置」の分析と直ちに関係するわけではない。「対抗措置」との関係では，上のようにまとめた概念の絞り込みや制約が妥当かどうか，現実をコントロールする実効性を有しているかどうかが問われねばならない。

従来の復仇と国家責任条文の起草過程における議論を踏まえ，国家責任条文で打ち出された「対抗措置」概念の特徴をまとめれば次のようになる。

① まず，伝統的国際法上の復仇の概念を受け継ぎつつも，起草の過程で，その目的を復仇よりも限定した。

② 当初の概念構想は国際機構の決定によりとられた措置をも含むもので

---

[34] 33条参照。Bodansky and Crook, *supra* note 28, pp. 785, 791.

[35] 小畑郁「国際責任論における規範主義と国家間処理モデル」『国際法外交雑誌』第101巻1号 (2002年) 28-29頁。しかし，実は，私人と国家の関係の問題こそが21世紀の国際法の主要課題であり，9・11事件は，そのことを象徴的に表したものといえよう。

[36] James Crawford, 'The ILC's Articles on Responsibility of States for Internationally Wrongful Acts ; A Retrospect,' *AJIL* Vol. 96 No. 4 (2002), p. 875, fn. 5.

[37] Bodansky and Crook, *supra* note 28, p. 789.

あったが，かかる組織的決定に基づく措置を排除して概念を構成することとした。
③ 武力行使との関係について，国家責任条文は非軍事的措置による対抗措置を想定して起草されており，武力行使を伴う対抗措置は基本的に禁止されていると理解されている。

結局，国家責任条文における「対抗措置」をめぐる起草者意思は，「対抗措置」を，国際義務違反が生じた際に賠償義務の履行等を促進する目的のためにのみ実施される「二国間関係における措置」で，「非武力的措置」を前提にしようとしているといえる（ただし，その保護法益として，一国の法益と，多数国または国際社会の法益をも含むことを認める点で，国際法への発達に対応しようとしているのであるが）。このような特徴は，どのような意味または問題点を有するのであろうか。

(2) 目的の限定

まず，対抗措置の目的が復仇よりも限定されたことについては，その前提的理解として，復仇の主要目的が処罰であるという理解がある。実際，クロフォードには復仇がこれまで「純粋に懲罰的な理由」で使われてきたという理解があった[38]。これまでの諸学説においても，処罰を復仇の主要目的の１つと考えて議論してきていることを考えれば[39]，国際法委員会特有の理解とも言えず，むしろ現代の一般的理解といえよう。しかし，実際には，伝統的国際法期のどの論者も，違法行為の停止や賠償義務の履行確保，再発防止など，国家責任条文が対抗措置の目的として強調したものをまず列挙し，むしろそれらを主要な目的として論じており，必ずしも「処罰」が第１の目的として語られているわけではない。つまり，「処罰」もせいぜい他の３つの目的と並んで書かれているに留まる。その点では，目的の限定をそこまで強調すべきか疑問ではあるが，いずれにせよ，処罰目的の排除を確認したという点では，対抗措置の目的を「限定」したということができる。

---

38) Crawford, *supra* note 36, p. 882. Bederman, *supra* note 24, p. 822.
39) 例えば，Antonio Cassese, *International Law* 2nd ed. (2005), p. 299. Y. Dinstein, *War, Aggression and Self-Defence* 4th ed. (2005), pp. 226-227. Oscar Schachter, "The Right of States to Use Armed Force," *Michigan Law Review*, Vol. 82 (1984), p. 1638.

(3) 国際機構の決定に基づく措置の排除

また，「対抗措置」概念から，国際機構の決定に基づく措置をはずし，「二国間関係における措置」を専ら扱うこととしている点については，国際機構の制裁といっても，制裁措置を実施するのは通例，加盟国であり，加盟国側から見れば，制裁を根拠とする「二国間の措置」の集積である点に留意すべきであろう。他方で，「国際社会の法益」を守るための「強行規範に基づく義務の重大な違反」に対して二国間の措置（対抗措置）が認められていることを考えるなら，実は国際機構の制裁決議を根拠にしうるかどうかは，正当化の原因事実の問題にすぎない。

国際機構の決定に基づく措置といった際に念頭にある，国連の集団安全保障措置を前提とするのであれば，それは「平和に対する脅威」等と認定される事態に対して発動されるのであって，国際義務違反に対して発動されるとは限らず，そのような行為を国際義務違反を前提とする「対抗措置」概念からはずしたことそのものは，法概念の運用という点から妥当である[40]。しかし，理論的には国際機構の決定に基づく措置は必ずしも国連の集団安全保障に限られるわけではないのであり，その意味では，対抗措置の概念からの国際機構の決定に基づく措置の正当化機能の排除は，個別に行われる対抗措置の組織化を促進する契機を一つ失ったことを意味する[41]。

国家責任条文は一般国際法上の強行規範に基づく義務の重大な違反（いわゆる国家の国際犯罪）に対する個別国家の対抗措置を認めているが，国際機構の決定による措置の正当化を排除し，対抗措置の際の強制的紛争解決手続の規定も除去していることを考えれば，強行規範に基づく義務の重大な違反の

---

[40] その意味では，国家責任条文は，国際機構の決定に基づく措置の正当化を，当該措置をとる国家の行為の側からは規定しなくなったということができる。その方式を採るのであれば，正当化のためには「対抗措置」の代わりに「正当業務行為」のような事由が必要となろう。しかし，現行条文では55条や59条に規定されるように，国際機構の決定に基づく措置の正当化は，特別法優先原則に基づき，国連憲章を含む国際機構の設立文書によることとなる。

[41] 詳しくは，拙稿「『対抗措置』としての武力行使の合法性」『早稲田法学会誌』第43巻（1993年）（以下，「合法性」論文として引用）350頁，同「武力行使の類型化の意義と問題点」『國學院法學』第32巻4号（1995年）（以下，「類型化」論文として引用）114頁。

認定，および，それに対する対抗措置の決定と実施は，個別国家に残されていることになる[42]。一方，個別国家の行なった認定の客観性を担保する制度が現状では提案されていないこととなり，これは，対抗措置を客観的統制の下におくことを原則とはしないことを選択したことを意味する。つまり，少なくとも2001年の採択時において，国家責任条文における「対抗措置」への規制は，実体基準の確認・制限に留まり，客観的統制の手続は事後的にすら導入されていないのであって，国際法違反の主観的認定による自助を原則とするシステムを転換する意思は示されていない。主観的認定が危険だというのであれば，国際社会は，国際社会の名の下に個別国家が当該国の利益の実現を図る危険性を放置していることになる[43]。

(4) 武力行使との関係

国家責任条文が武力行使を伴う対抗措置の禁止を確認し，対抗措置を非武力的措置に縮減したといえるというのが一般的理解であるが，本当にそのように言えるかは明らかでない。というのは，実際の規定ぶりは，武力による対抗措置の禁止を正面から規定するのではなく，対抗措置の諸条項は次のも

---

42) Cassese, *supra* note 39, p. 269.

43) R. Rosenstock, 'The ILC and State Responsibility,' *AJIL* Vol. 96 No. 4 (2002), p. 796. クロフォードも認めているように，国際法委員会は，対抗措置を明文で規定することにより，むしろ対抗措置を正当化することになる危険性を認識していたが，その危険を冒す価値があると考え，第6委員会の多くの国もその考えを支持したという (Crawford, *supra* note 36, pp. 882, 885.)。紛争の平和的解決義務は，自助を平和的解決の努力が失敗した時にのみ利用しうる補助的救済手段としているという見解もあるが (Bryde, 'Self-Help,' *Encyclopedia of public international law* Vol.4 (2000), p. 216.)，交渉と並行して対抗措置を課すことはありうることであり，紛争の平和的解決義務がそこまで強力な必要性要件を課しえているかは疑問である。条文52条4項において，対抗措置の中止・停止は有責国が紛争解決手続を誠実に実施しない場合には適用されない旨が規定されているが，想定されているのは，紛争解決手続への最初からの不協力，不出廷，暫定措置の不遵守，判決の不受諾などであるという (Commentary of Art. 52, para. (9), in Crawford, *supra* note 2, p. 300.)。そうであるとすると，これは，紛争の平和的解決義務の理論的帰結を規定したことになるが，同時に，その規定ぶりは国際連盟の戦争禁止の限界と酷似しており，対抗措置は現在でも一般国際法上の原則的な自助手段であることを示すものである。

のに影響を及ぼすものでないとして、その中に武力不行使原則が含まれているという形をとっているからである(50条1項(a))。これは国家責任条文が武力行使を伴う対抗措置を直接には規律しないことを意味している[44]。現状では、友好関係原則宣言にも示されているように、武力行使を伴う復仇措置が禁止されていると認識されているがゆえに、武力行使を伴う対抗措置も禁止されていると考えられているに過ぎない。つまり、武力行使を伴う対抗措置が認められるかどうかは、実際には、国家責任条文から見れば一次的規則である武力不行使原則の解釈次第であるが、このようにして、そもそも軍事的な措置による対抗措置は起草の射程に入れていないのである。

また、被害国以外の国がとる措置（集団的対抗措置）に関する54条も国連憲章に反する武力行使に関する問題には関係せず、その問題は適用される一次的規則によって規律されると解説されている[45]。つまり、第三国による武力行使を伴う対抗措置の適法性の問題も二次的規則（secondary rules）からは切り離され、武力不行使原則の解釈の問題であることになる。

その他、55条の特別法優先原則は武力行使の規制に関しては国連憲章2条4項の優先を意味することとなるため、やはり2条4項所定の武力不行使原則の解釈次第ということになるし、56条で国家責任条文の規律する以外の国家責任問題に影響がないことが規定されていることは、武力による対抗措置の問題が別途規制された場合、それを妨害しないことを意味しうる。57条の国際機構の責任や国際機構に対する国の責任の問題にも影響がない旨の規定も、国際機構のための国家の武力行使の問題に影響することがありうる。

以上のような点に鑑みれば、採択された国家責任条文の下でも、武力行使を伴う対抗措置の禁止が確認されたとはいえず、むしろ武力不行使原則を中心とする武力行使の規制に関する国際法の実体規則（一次的規則、つまり、武力不行使原則や集団安全保障など関連規則）の解釈・発達に委ねられたと見るのが妥当である[46]。だとすれば、国際社会・国際法の進展によって、武力不行

---

44) このことはILCとクロフォードも認めている。(Commentary of 'Chapter II Counter-measures,' para.(3), Crawford, *supra* note 2, p. 282.)

45) Crawford et al., *supra* note 23, p. 982.

46) 強行規範に基づく義務の重大な違反の効果の問題についても、国際法委員会はいわ

使原則の解釈適用次第で「対抗措置」概念が機能する余地が考えられないわけではない。

では，国家責任条文によって提案された「対抗措置」概念は，実際の法適用の現場，特に武力不行使原則の適用の場面でどのように扱われているのであろうか。

III　判例における武力不行使原則の解釈と「対抗措置」の位置づけ

国際司法裁判所は，冷戦末期頃より，武力行使の規制が問題とされる事件を扱い，判決を出し始めた。その中でリーディング・ケースとされる事件は1986年に本案判決の出たニカラグア軍事的・準軍事的活動事件であるが，その後，国境の武力行動事件，ジェノサイド条約適用事件，オイル・プラットフォーム事件，武力行使の合法性事件，コンゴ領武力行動事件などの争訟事件が争われている。また，核兵器使用の適法性や，パレスチナ地域の壁建設の法的効果について，勧告的意見が求められている。これらの事件・問題を通じて，判決・勧告的意見を出す際に，武力不行使原則やその他関連規則の解釈が示されており，本稿の扱う「対抗措置」が問題となる基盤に関する論点が議論されている。

1．ニカラグア判決における「対抗措置」との異同

ニカラグア事件本案判決（1986年）は，米国の集団自衛の主張を否定し，米国のコントラ支援等の行為の違法性を認定するにあたり，友好関係原則宣言と侵略の定義に関する決議に依拠しながら，武力不行使原則と自衛権の適用の枠組みを明らかにした。その際，「武力行使」概念を重大な武力行使である「武力攻撃」と，「武力攻撃」に該当しない「より重大でない形態の武力行使」に分類した。そして，自衛権は「武力攻撃」に対してしか発動できないという立場をとり，「より重大でない形態の武力行使」に対しては自衛権を発動できないとした。但し，「より重大でない形態の武力行使」を惹起

ゆるミニマリスト・アプローチを採ったが（Cassese, *supra* note 39, p.269.），これは採択後の発展を前提としたものである。

する諸行為に対して，直接の被害国は「均衡する対抗措置」をとることができると述べた[47]。

これに対し，シュウェーベルやジェニングズは，反対意見で，それぞれに「武力攻撃」の基準を示した[48]。しかし，それらは原因行為が「武力攻撃」かどうかに関わらず自衛権を発動しうるという見解に立ってのものであり[49]，自衛権が「武力攻撃」に対してしか発動できないのかという古典的論点について，判決と根本的な部分で相違がある。また，「武力行使」と「武力攻撃」という言葉について，本来，その区別の意義を認めない立場に立っている点も，判決と異なるものである。そういった二人の立場が，反対意見として示されなくてはならなかったことは，判決が，自衛権の発動要件を「武力攻撃が発生した場合」に限定しない立場を否定し，「武力攻撃」に限定する立場を採ったことを意味する。

「対抗措置」概念について見れば，当時，国家責任条文草案の審議が進んでいたこと，ニカラグア判決の判決理由の構成は同草案の想定する順序で判断されていること，また，同草案の中に「対抗措置」が規定されていたことなどから，判決の「対抗措置」概念は，同草案の影響を受けたものと考えられる。そうであるとすれば，国家責任条文草案において「対抗措置」という文言がどのように使われていたかを知った上で使用されたことが推測され，判決の「対抗措置」も，違法行為に対して違法行為で対応する措置として使われたと考えられる。

そして，国家責任条文に照らして特徴的な点は，(1)対抗措置をとる原因となる違反された義務が武力不行使原則であるということ，(2)武力不行使原則の違反を被害国自らがいかに阻止しうるかが問われていること，(3)措置の合法性を主張するため紛争当事国は自衛権によって正当化しようとするが，裁判所は自衛権の行使を認めず，その代わりに認められる可能性のあるものとして直接被害国の「対抗措置」が示されていることである。

---

47) *ICJ Rep. 1986*, pp. 110-111, 127, paras. 210-211, 248.
48) シュウェーベルについて，*ibid.*, pp. 340, para. 160 ; pp. 344, 346. ジェニングズについて，*ibid.*, p. 543.
49) 例えばシュウェーベルについて，*ibid.*, pp. 347-8.

つまり，ニカラグア判決の「対抗措置」は，相手国の武力不行使原則違反は認められる可能性があるものの自衛による対応も否定される文脈で語られているのであり，武力不行使原則違反という違法行為への対応として語られているのである。もちろん，裁判所は「対抗措置」の中身として何が認められるかまでは言及していないが[50]，武力不行使原則違反への阻止行動を認める場合，「均衡性」を考えても，何らかの軍事的措置が必要になる状況を全く否定できるとは考えられず，その正当化が求められよう[51]。国家責任条文では，武力復仇・武力行使を伴う対抗措置の違法性を前提に起草が進められたが，適用の現場では，まさに否定しようとする行為そのものが認められる可能性が示唆されていたのであり，現代の状況の下で必要性が示されていたということになる。また，対抗措置は，違法行為の被害国自身による阻止（反政府集団への援助の阻止）であって，違法行為の停止の強制を目的とする被害国自身の直接行動が想定されている。

現在の，武力行使の禁止を原則とし自衛のみが例外として明文規定されている体制の下で，より違法性の程度の低い主張をしようとすれば，武力行使国は自衛概念を拡大して主張することを企図しやすい。しかし，国連憲章締結後の実行を見れば，憲章2条4項と51条の下，「武力攻撃」以外の事態に対して自衛が主張される場合，必ず議論が生じていた。もっとも，自衛を主張し武力を行使してきた諸国の側が自衛概念によって正当化しようとしてきたことについて，それが全くの恣意ではなく何らかの合理性がある限り，「武力攻撃」の外にはみ出す事態への武力の行使を違法とすれば問題が解消するわけではなく，その点は自衛概念を狭く解釈することに伴う問題として考えねばならない。ニカラグア判決の「対抗措置」概念は，その間隙を埋めるものとして示されたといえる。

2．その後の武力不行使原則関係の判決の状況

ニカラグア判決後の武力行使関係の判決でも，ニカラグア判決の枠組みを維持している。つまり，オイル・プラットフォーム事件本案判決（2003），パ

---

50) シュウェーベルの少数意見（*ibid.*, p. 350, para. 177.）。
51) 拙稿・前掲「類型化」論文（注41）144-146頁。

レスチナ分離壁勧告的意見（2004），コンゴ領武力行動事件本案判決（対ウガンダ）（2005）において，実際の事件で武力を行使する国が自国の行為の正当化のために自衛権を援用しているにも関わらず，裁判所は自衛権の発動要件が「武力攻撃」であることを確認している[52]。また，武力攻撃への該当性や武力不行使原則違反の判断基準は，ニカラグア判決の枠組みに基づいており[53]，この傾向は2001年の米国同時多発テロ事件後も変わってはいない。

そうであるなら，「武力攻撃」に該当しない「より重大でない形態の武力行使」に対する措置を自衛権で正当化しても裁判所において説得力はない。そのような措置が必要なければ，違法と判断すれば済むことであるが，実際には，ニカラグア判決において直接被害国に「対抗措置」が認められたのと同様に，その後の判決でも，その部分の正当化が問題となっている。オイル・プラットフォーム事件では，米国の行動は通例の軍事行動であるため，ジンマー裁判官が，その個別意見で，ニカラグア判決の「均衡する対抗措置」類似のものとして，「武力攻撃」に該当しない実力行使に対して「均衡する防衛措置」が認められると主張するようになっている[54]。パレスチナ分離壁の適法性に関する勧告的意見でも，コンゴ領武力行動事件判決でも，裁判所は武力行使の類型化についてニカラグア判決の枠組を維持しているし，少数意見では，米国同時多発テロ事件後に生じた新たな状況の要請として，何らかの対応が求められるようになっている[55]。

---

52) International Court of Justice, Oil Platforms, Judgment of 6 November 2003 - Merits [hereinafter cited as Oil Platforms case], paras. 51, 72. International Court of Justice, Legal Consequences of the Construction of A Wall in the Occupied Palestinian Territory, Advisory Opinion of 9 July 2004 [hereinafter cited as Wall Opinion], para. 139. International Court of Justice, Armed Activities on the Territory of the Congo (Democratic Republic of the Congo v. Uganda), Judgment of 19 December 2005 [hereinafter cited as Congo case], paras. 143, 146, 148.

53) Oil Platforms case, para. 64. cf. Wall Opinion, Higgins Separate Opinion, para. 33. Congo case, para 345, (1).

54) Oil Platforms case, Simma Separate Opinion, para. 12.

55) これらの勧告的意見・判決とその少数意見については，拙稿「自衛の発動要件にとっての非国家的行為体の意味」村瀬信也編『自衛権の現代的展開』（東信堂, 2007年）144－149, 153－157頁参照。

このようにして、「武力攻撃」に該当しない「より重大でない形態の武力行使」とされる武力行為・暴力行為が安全保障問題を惹起する重大性は上昇し、何らかの対応が必要であること、しかし、これまでの自衛権の行使を武力攻撃に限定するだけの解釈では対処できないため、何らかの概念が求められている状況は変わらないということができる。

IV 「対抗措置」概念の現実の機能範囲

　武力不行使原則の実施の観点に焦点を合わせ、「対抗措置」の問題について国家責任条文を観察すると、その提案する「対抗措置」概念について、次の3つの特徴が浮かび上がっていた。すなわち、(1)対抗措置の目的が「限定」されたこと、(2)武力行使を伴う対抗措置の「禁止」については、一次的規則の解釈次第であること、(3)国際機構の決定に基づく措置の正当化の問題がはずされたことであった。

　一方、ニカラグア判決を嚆矢とする、武力不行使原則が問題となった国際司法裁判所の諸判決は、個別の国家が武力を行使するのは自衛でなければ違法であるとする従来の考え方をとっておらず、精緻な武力行使の規制を行っているのであり、国家間の「武力攻撃」以外の事態への対応の正当化事由として「対抗措置」概念が求められている状況が明らかになった。問題は、このような現場の状況が、国家責任条文の上記の問題点とどのような関係にあるかである。

1．対抗措置の目的の「限定」について

　実際に「対抗措置」が問題となりうる（あるいは、問題とされた）武力行使問題は、内戦団体・武装集団・テロ集団への支援（ニカラグア事件、コンゴ領武力行動事件、米国同時多発テロ事件）、軍事目標の疑いのある施設への単発の攻撃（オイル・プラットフォーム事件）であった。いずれも、将来的な禍根の除去を目的としているのであり、自衛を根拠とし、先制自衛が主張される場合もあるが、対抗措置（復仇）の目的に照らせば、処罰を目的とするのではなく、違法行為の停止か再発防止を目的とするものである。その点で、武力行使との関係では、今や「処罰」は問題になっていないといえる。学説に

おいても，復仇の合法性を主張する説は既に処罰のための武力復仇を主張してはいなかったことが想起される。つまり，「処罰的武力復仇」と区別されるものとしての「防衛的返報（defensive retaliation）」が主張され[56]，あるいは，自衛権の一形態としつつも「防衛的武力復仇」が主張されていたのであって[57]，防衛目的が強調されていたのである。その「防衛」は，将来に向かっての防衛であり，違法行為が継続しているのであれば，「違法行為の停止」であり，将来の損害の「再発防止」と重なるものである。

2．武力行使を伴う対抗措置そのものの許容性の問題

国家責任条文の起草にあたり，武力復仇・武力行使を伴う対抗措置の禁止を前提としてきたように[58]，国際立法の段階で，武力行使を伴う措置が公然と認められることはないし，立法意思は確かに武力行使の原則的禁止と，例外の自衛または集団安全保障への限定であったであろう。国連の一機関である国際法委員会も国連の政策をないがしろにはできないであろうし，国際司法裁判所も，立法意思を考慮すれば，武力による自助の公然たる肯定においそれとは踏み込めないであろう。しかし，実際の条文においては，武力行使を伴う場合の禁止をカテゴリカルに命じはせず，一次的規則次第であることが示されていた。

一方，国際判例は，国家実行に示される自衛権の広範な利用の主張をとらず，一貫して「武力攻撃」に限定して許容する姿勢を示していると同時に，「武力攻撃」に該当しない武力行為・暴力行為への対応が問題となり続け，「武力不行使原則に違反する行為に対する武力行使を伴う対抗措置」が求められていることを示唆している。まさに国際立法が否定しようとしてきた武力復仇・武力による対抗措置が国際法の適用の現場では必要とされているのである。その主張が武力行使国の主張にすぎないのであれば，まだ相対化の余地はあるかもしれないが，そのような推論と枠組を示しているのは国際司

---

56) Schachter, *supra* note 39, p. 1638.
57) Dinstein, *supra* note 39, pp. 226-227.
58) Commentary of Art. 50, paras. (4)-(5), Crawford, *supra* note 2, pp. 288-289.

裁判所であり[59]，その意味を考察する必要がある。

(1) 違反される義務の特定

復仇・対抗措置の要件に照らしてみるならば，まず対抗措置の第1要件（義務違反要件）については，いずれの事件も対抗措置の対象となる違反される義務が武力不行使原則に限られていることが特徴である。翻って言えば，武力行使を伴わない国際義務違反行為に対する武力行使を伴う復仇・対抗措置が禁止されていることについて変わりはない。問題は，武力不行使原則の違反行為であり，それに対する対応であって，今や武力による対抗措置の問題はこの義務違反への対応問題に限られているといってよい。

従来，武力復仇の禁止を語る際，その禁止の理由は，復仇を騙った「事実上の戦争」の禁止であった。復仇という正当化事由がそのような濫用をもたらす危険性があり，紛争を悪化する効果があるため，国連憲章締結の際，「武力行使」という文言の中に読み込まれるものとして理解されたのであり，友好関係原則宣言でも確認されたのである[60]。

しかし，その前提は戦争や武力行使の禁止の違反ではなく，武力行使を伴わない通常の義務違反に対する武力復仇が想定されていたのであって，武力不行使原則違反に対する武力復仇という場合を厳密につきつめたわけではなかった。もちろん，武力不行使原則違反が生じた時，国連の集団安全保障体制で対応するという論理はあった。しかし，それは国家間の戦争の勃発を前提とし，現代のように「武力行使」そのものが多様化した状況まで考慮に入れた上で採用された体制でもなかった。集団安保体制も，作動するかどうかはまた別問題であり，その不作動は国際社会による安全保障の不能を意味する。代わりに自衛権によるといっても，そのような論者の自衛権の理解は現

---

59) カッセーゼも，武力復仇の禁止の問題について，ICJの立場が明らかではないと述べている。また，安保理によるいくつかの武力行使の武力復仇としての非難も，武力復仇のカテゴリカルな禁止を理由とするのでなく，均衡性の欠如のゆえだったとも述べ，公的組織がいずれも武力復仇の問題について，その立場を明示していないと指摘している。Cassese, *supra* note 39, p. 303.

60) この点については，拙稿「武力復仇の規制に対する『国際法の欠缺』の起源と展望」島田征夫・江泉芳信・清水章雄編『変動する国際社会と法』(敬文堂，1996年) 334-335頁。

在の国際司法裁判所がとっている「武力攻撃」に限定した理解ではなく，同じように考えることはできない。

　そして，実際，このような「ひび割れ」は，冷戦期から既に認識されていた。つまり，1968年のベイルート空港襲撃事件は現代の武力復仇問題を考える際のリーディング・ケースとされていたのであり，その後の1986年のリビア爆撃，1993年のバグダッド爆撃，1998年のアフガン・スーダン爆撃と，すべて「国家安全保障」が脅威にさらされた場合の対応が問題となってきたのである[61]。ニカラグア事件以後，その基準が武力不行使原則に定まってきたと言ってよい。そうであるとすれば，現在，武力行使を伴う対抗措置の問題を考えるにあたって，他の国際義務を考える必要はなく，武力不行使原則違反の場合のみを考えればよいことになる。

　このことは，言い換えれば，従来の「武力復仇の禁止」のルールについて，本当に友好関係原則宣言に書かれているような形でカテゴリカルに禁止されているかどうか，再解釈が必要であることを意味する。つまり，通常の国際義務違反の場合，武力復仇の禁止は妥当するが，武力不行使原則の違反については厳密な条件の下で例外的に認められる場合があるということである[62]。

　このような区別に合理的説明を付すとすれば，ニカラグア判決の示唆するように，「均衡性」要件に求められよう。禁止が謳われる武力復仇は19世紀から20世紀初頭にかけての措置が念頭に置かれている。コルフ島事件（1923年）においても，自国の将軍が殺害されたことに対して，コルフ島を爆撃占領したイタリアの武力復仇行為の正当性は，均衡性との関係で問題とされなかったが，このことは，伝統的国際法上の均衡性の基準が実際にはかなり緩やかなものだったことを推測させるものである[63]。しかし，武力不行使原則の定立以後，対応する科学技術の進展にも支えられつつ，武力行使を伴う場

---

[61] ベイルート事件については，拙稿・前掲「合法性」論文（注41）357頁以下。その他の事件については，拙稿「国際テロ行為に対する報復爆撃の問題提起」『國學院法學』第38巻1号（2000年）85－95頁。

[62] Cassese, *supra* note 39, p.371.「武力攻撃」文言の解釈が異なるが，Dinstein, *supra* note 39, p.226.

[63] Cassese, *supra* note 39, p.305.

合については均衡性についても厳格な適用を求めるようになってきたと考えられるのである[64]。

(2) 違反される義務の内容

一口に武力不行使原則といっても，友好関係原則宣言を引き合いに出すまでもなく，今や様々な具体的義務を含む義務となっている。武力による対抗措置が問題とされる義務は，国際司法裁判所が「武力攻撃」と区別した「より重大でない形態の武力行使」であり，中でも，内戦団体・武装集団・テロ集団等の非国家的行為体に対する支援・黙認等の義務への対応の文脈で問題となっている（例えば，友好関係原則宣言第1原則第9項）。

その際の理解は，「武力攻撃」（武装集団の派遣等を含む）は国家間の問題であるのに対し，非国家的行為体に対する対応は，外国と非国家的行為体の間の，非国家的行為体の所在する領域国を媒介とした関係であることである。国家は領域統治においても武力不行使原則に違反しないことが求められているのであり，逸脱・失敗した時の対応の文脈として自衛権とは別の系列の規制が発生してきていると解釈できるのである[65]。

3．組織性・普遍性の問題

国際判例で問題となった事件において，国際機構の決定に基づく措置や武力不行使原則の普遍的義務としての性質が問題となったわけではない。いずれも自衛権が主張され，その正当化が可能かどうかが問題とされるに留まっ

---

64) 山本草二『国際法〔新版〕』（有斐閣，1994年）46頁。アゴー同旨（*Supra* note 9, 1979 Vol.II, Part One, pp.39-40, para.81.）。また，拙稿・前掲「合法性」論文（注41）353頁。なお，カッセーゼは，「均衡性」の判断基準として「被害」を基準とするのは復仇を処罰目的で使うことを背景としていたためであるから，対抗措置の目的を違法行為の停止と賠償促進に限るのであれば，「目的」を基準とした評価基準に変更すべきと主張しているが，興味深い指摘である。Cassese, *supra* note 39, p.306.

65) 詳しくは，拙稿「前掲論文」（注61）117-123頁，129-130頁；同「前掲論文」（注55）152-153, 159頁。Dinstein, *supra* note 39, p.229. また，違法な小規模武力行使への対応として武力復仇が認められるという点については，カッセーゼ同旨。但し，彼は正規軍の部隊・艦船間の小規模な衝突への急迫の対応を前提としており，正当化する対象は異なる。Cassese, *supra* note 39, pp.301, 372.

ている。自衛として認められないのであれば，いかなる正当化が可能かというにすぎず，ここに国際機構の決定の関係してくる文脈はない。

　一方，違反認定が行為国の主観的認定に放置されているかと言えば，今や，国の認定の結果，国際紛争が生じた場合，国際司法裁判所に付託され客観的判断を受ける可能性そのものが否定されることはないし，いずれの事件も国際司法裁判所の審理に付された実例である。従って，国の認定も事後的にせよ国際社会の審判を受けうるということができる。また，自衛の問題であろうとなかろうと，現代において，武力紛争や平和に対する脅威が生じた時，安保理が事態を知らないということはなく，安保理や諸国による何らかのコントロールや監視が働くということは十分予測される。

　そのようにして，とりあえずの客観性は担保することができるが，より客観性を担保しようとするなら，国家責任条文の「対抗措置」の通告義務（52条(1)(b)）も，期せずして争いに巻き込まれることを防ぐ機能があるし[66]，対抗措置の客観的正当性を担保するための手続的要件として，自衛権の安保理報告義務の代替とすることもできる。

　もちろん，武力不行使原則は普遍的義務であり，その違反は「強行規範に基づく義務の重大な違反」となって，同原則の守ろうとする利益は国際社会の公的利益であるから，その違反に対する対応も公的・集団的であるべきであるというのは一つの考え方であるし[67]，「望ましさ」ということができよう。

　一方，同じ武力不行使原則違反であっても，国家による他国の侵略と，非国家的行為体の大規模暴力行為・武力行為とは，次元の異なる実力行使である[68]。武力による対抗措置が問題となりうる現実の状況は国連が乗り出すべき問題かどうかも考える必要があろう。暴力行為・武力行為・武力行使を抑制していく主体についての任務の分担も絡む問題である。

---

66) Bederman, *supra* note 24, pp. 824-825.
67) Cassese, *supra* note 39, pp. 274, 276.
68) Cassese, *supra* note 39, p. 272.

V　おわりに

　国家責任条文を国際司法裁判所の武力行使関係の判例に照合して「対抗措置」概念をめぐる議論と状況を整理すると，国際法の適用の現場では，国家責任条文の起草者の想定を越える部分で「対抗措置」の機能が求められている状況が明らかとなった。それは通常の国際義務の違反に対してではなく，武力不行使原則違反の場合であること，措置は厳格な均衡性要件に縛られつつも武力の行使を伴うことがあり，その正当化が求められていること，措置の目的は国家による武力不行使原則違反の停止・再発防止であることである。そして，この限りで，一般に理解されている「武力復仇の禁止」は再解釈が必要であることも明らかとなった。これらの変化の原因は，武装集団やテロ集団等の非国家的行為体の行為が武力不行使原則の問題を惹起するようになった新たな状況である。

　このような武力行使を正当化するため，国連憲章に明文のある例外としての自衛権による正当化が試みられ，自衛でも自助でも正当化しうるという議論[69]や「防衛的武力復仇」「防衛的返報」の議論が展開されるが，これは皮肉にも自衛の拡大利用による「自衛の多機能化」ないし自衛概念の拡散を意味する。一義的であるべき法概念の健全な運用の観点から見て，このような推論の妥当性には疑問がある。現実の法は現実の社会で機能し形成されることを考えれば，むしろ現実の状況に応じた法を発見すべきであり，国際司法裁判所もその点にこそこだわっていると見ることができる。

　武力復仇の禁止の再解釈は，次の問題として，国家責任法の機能との関係の問題を生じよう[70]。つまり，国家責任の追及と解除が合意によるのではなく，一方的対抗措置によるという説の現実化にならないかという危惧である。しかし，本稿で取り上げている武力不行使原則違反に対する武力による対抗

---

69) 例えば，Lung-Chu Chen, *An Introduction to Contemporary International Law - A Policy Oriented Perspective*, 2nd ed. (2000), p. 314.
70) 国家責任法の機能をめぐる論争については，山本『前掲書』(注64) 627頁以下，兼原敦子「前掲執筆部分」(注1) 94頁以下などを参照。

措置を肯定したとしても，違法行為の結果としての賠償が合意で確定されなくてはならないことが否定されるわけではない。むしろ，集団安全保障のための軍事的措置が国際警察行動と理解されることと同型のものが想起される。もちろん個別国家の主観的認定の弱点回避のためには，集団的措置の開発は「望ましい」とは言えるが，集団的措置でなくとも，国際社会の利益としての武力の不行使の確保のために，国際社会から個別の国家に，違反に対する強制的対応が委ねられていると構成できるように思われる。

「事実は小説より奇なり」というが，国際法は気づかないうちに相応の発展を遂げてしまっているのかもしれない。

第 7 章

国連人権理事会の創設とその活動に関する一考察

今井　直

I　はじめに
II　人権理事会の創設の背景・経緯
III　人権理事会の活動―制度構築の問題を中心に
IV　おわりに

I　はじめに

　2006年3月15日国連総会は，人権委員会（Commission on Human Rights）に代えて人権理事会（Human Rights Council）を創設した（総会決議60/251）。この改革は，いわゆる国連改革の一環として，とくに政治化やメンバー国の質の問題による人権委員会の信頼性と能力の低下を懸念したアナン国連事務総長（当時）の2005年の提案を直接のきっかけとして実現したものである。これにより，人権委員会は60年に及ぶ活動に幕を閉じ，新たに47カ国から成る人権理事会が総会の補助機関として発足した。総会決議は賛成170，反対4（米国，イスラエル，マーシャル諸島，パラオ），棄権3（ベネズエラ，イラン，ベラルーシ）で採択された。
　人権委員会と人権理事会の主要な相違点は次頁の通りである。
　これら両者の相違点を見る限り，創設決議における大きな焦点が，選出方法，理事国の資格停止，理事国選出の際の考慮すべき基準，理事国への要求など，理事国の質の確保にあることがわかる。ただ，それが十分に担保できる内容となっているかどうかは早計には判断できない。理事国が保持すべき「人権の促進と保護の最高基準」を含めて，創設決議における理事国や立候補国への要求は多分に形式的なものであるし，理事国が任期中に受けること

第2部　世界平和と人権

	人権委員会	人権理事会
地位	経済社会理事会の機能委員会	総会の補助機関（5年以内に総会が見直し）
選出方法	経済社会理事会で出席しかつ投票する国の過半数により選出	総会で全加盟国の絶対過半数により直接かつ個別に選出
メンバー国数	53カ国	47カ国
地理的配分	アジア12，アフリカ15，ラ米11，東欧5，西欧その他10	アジア13，アフリカ13，ラ米8，東欧6，西欧その他7
会期	年1回6週間（3～4月）	少なくとも年3回，合計10週間以上（1年を通じて定期的に会合）
任期	3年（再選制限なし）	3年（連続2期直後の再選は不可）
特別会期の開催	委員国過半数の要請	理事国3分の1の要請
メンバー国の資格停止	なし	総会の3分の2の多数により，重大な人権侵害を行った理事国の権利停止可能
メンバー国選出の際の考慮基準	なし	人権の促進と保護に対する貢献，自発的な誓約と約束
メンバー国への要求	なし	人権の促進と保護の最高基準を保持，理事会との十分な協力，任期中に普遍的定期審査を受ける
すべての国連加盟国に対する個別審査のメカニズム	なし	普遍的定期審査（Universal Periodic Review, UPR）メカニズムの新設

になる普遍的定期審査においてもそれらが実質化されてゆくかどうか予断が許さない。理事国の選出方法にしても，当初の事務総長提案からは緩やかなものになっており，実際，アメリカは，理事国の選出が加盟国の3分の2ではなく過半数によるとなったことや，国連憲章第7章上の措置がとられている国の理事国資格剥奪の提案が入れられなかったことなどを理由に決議に反対し[1]，理事国選挙にも立候補しなかった。確かに，2006年5月の最初の選挙やその後の一部改選選挙の結果を見る限り，人権委員会時代とそう大きな

様相の変化はなく、大国や地域的影響力をもつ国はその人権状況に関わりなく当選しており、加盟国がもっぱら人権を基準として投票に及んでいたといえるかは疑わしい。しかしその一方で、NGO等から「世界最悪の人権侵害国」といわれていたいくつかの国が立候補しなかったこともまた事実であった。

人権理事会のメカニズムについては、普遍的定期審査（UPR）のメカニズムが新たに設けられ、特別手続など人権委員会の既存のメカニズムは基本的に維持する方向となった。ともに第1会期の開催後1年以内に具体化・見直しをすることになっていたが、2007年6月人権理事会第5会期において制度構築（institution-building）として包括的な合意を見た（人権理事会決議5/1、付属文書）。これにより理事会は、特定国の人権侵害状況や一定の重大人権侵害に対して行動する従来のメカニズムに加えて、すべての国を定期的に審査するメカニズムを合わせ持つこととなった。また、人権理事会へのNGOの参加の問題については（総会およびその補助機関にはNGOの参加規則がない）、「経済社会理事会決議1996／31や人権委員会により遵守されてきた慣行を含む取極めにもとづく」との規定が創設決議に入れられ（11項）、実際にも少なくとも現時点では人権委員会時代からの後退は現出していないといわれる[2]。

創設決議前文にあるように、「人権問題の検討における普遍性、客観性および非選別性を確保することの重要性、ならびに、二重基準および政治化を除去することの重要性」が人権委員会に代えて人権理事会を創設したことの主要な理由であり、また理事会の直面する最大の課題であることは間違いない。はたして理事会は、かかる課題を克服し、「国連の人権機構を強化する」（創設決議前文）ことができるのか、創設の背景・経緯、創設後の活動とりわけ制度構築の問題を中心に、検討してみたい。

---

1) US UN Press Release # 051 (06) March 15, 2006.
2) 戸塚悦朗「国連人権理事会制度構築—NGOの視点から」『法律時報』第79巻13号（2007年）362-364頁。ただ、後述するように、新たなメカニズムである普遍的定期審査については、NGOの手続参加は従来のメカニズムと比べより限定的であるように思われる。

II 人権理事会の創設の背景・経緯

1．創設の提案

　国連の文書において正式な形で「人権理事会」という語が最初に登場したのは、ハイレベル・パネル（2003年にアナン事務総長が国連システムの問題点の指摘や具体的改革案の提言を目的として設置を決定し、16名の専門家から構成）の2004年12月の報告書（A more secure world：our shared responsibility）においてである。報告書では、国連各機関について扱った第4部「21世紀に向けたより実効的な国連」の「人権委員会」の最後の部分で、「長期的には、加盟国は人権委員会を、経社理の補助機関ではなく、経社理および安保理と並ぶ常設的な憲章機関である、『人権理事会』に格上げすることを検討すべきである」と述べているのである[3]。

　ただ、人権理事会の具体的内容については何も触れておらず、報告書では人権委員会の改革を主眼とした指摘が中心である。とくに注目すべきは、人権委員会の現状認識の部分である。それによれば、「人権委員会の任務を遂行する能力は信頼性と専門性の低下により損なわれている。……近年、国家は人権を強化するためではなく、非難から自らを守るためにあるいは他国を非難するために人権委員会のメンバーになろうとしていることが懸念される。人権委員会が人権問題を扱う際に二重基準を維持しているように見られるならば、人権委員会は信頼されえない。」と指摘している[4]。さらに、「人権委員会に関する最も困難でかつ微妙な問題はメンバー国の問題である。近年、委員会にどの国家が選出されるかという問題は、過熱する国際的緊張の原因となっており、…人権委員会の活動に消極的な影響をもたらしている。」と分析している[5]。

　かかる問題点は、2002年9月のアナン事務総長の国連改革に関する2番目の報告書（Strengthening of the United Nations：an agenda for further change）においても、「人権委員会の選挙と議論が政治的考慮や地域の立場によって決定

3）U.N.Doc.A/59/565, para.291.
4）*Ibid.*, para.283.

されている」と同様に指摘されていた[6]。これらの指摘からわかることは，従来から人権委員会の負の部分として指摘され続けていた「議論の政治化」に加えて，メンバー国の選出とその結果としてのメンバー国の質の低下が人権委員会の欠陥として浮上してきた点である。

　もっとも，こうした状況の処方箋として，ハイレベル・パネルは，メンバー国の資格・基準を設けること（アメリカが強く主張していた）は「問題をいっそう政治化するおそれがある」としりぞけ，「人権委員会のメンバー国は国連の全加盟国（universal membership）に拡大されるべき」と勧告している[7]。この考え方は，メンバー国の基準の問題を論ずることの非現実性という合理的認識にもとづいているといえるが，全国連加盟国を構成員とする機関に拡大することは，総会と同様の「もう1つのおしゃべりの場」をつくるにすぎないとの批判もあった[8]。いずれにせよ人権委員会が経社理によって選挙される補助機関のままでは，達成されえない要請である。したがって，人権理事会への言及はそう差し迫った提案ではないにしても，人権委員会の抜本的な機構改革を要する問題を提示したことは確かであるといえよう[9]。

---

5) *Ibid.*, para. 285.
6) U.N.Doc. A/57/387, para. 46.
7) U.N.Doc.A/59/565, *supra* note 3, para. 285.
8) Human Rights Watch, U.N.：Good Diagnosis, but Poor Prescription, 2 December 2004.
9) ハイレベル・パネルの提言以前では，スイスが2004年3月の人権委員会の場で外務大臣の演説において人権理事会創設の提案をしていた。これは人権委員会が「手続における過度の政治化と選別性および危機的な事態に迅速に対処する不能力により病んでいる」という認識によるものであった。スイス外務省は，ベルン大学のKalin教授（現在自由権規約委員会委員）に研究を委嘱し，「国連人権理事会に向けて：選択肢と展望（Towards a Human Rights Council：Options and Perspectives）」という報告書を2004年8月に作成させ，それを9月に事務総長とハイレベル・パネルに提出し，11月には外務省内に「人権理事会タスク・フォース」を設置している。こうしたスイス政府の働きかけの影響力は測りがたいものがあるが，人権理事会創設というそれまでほとんど語られることのなかった選択肢に対する注意喚起となった点は否定しがたいと思われる。Course of a diplomatic initiative for the creation of a UN Human Rights Council：historical background, *at* http://www.eda.admin.ch/etc/medialib/downloads/edazen/topics/intorg/un.Par.0010.File.tmp/rueckblick.engl.pdf.

人権理事会の創設は2005年に入り現実味を帯びてくることになる。アナン事務総長は、3月21日付の報告書（In larger freedom：towards development, security and human rights for all）において、人権委員会を廃止し、それにとって代わる機関として、常設の小規模な（universal membershipではない）人権理事会の創設を提案するのである[10]。

この文書の中でアナン事務総長は、ハイレベル・パネルに同調する形で、人権委員会の信頼性と専門性の低下という現状認識を示し、「国家は人権を強化するためではなく、非難から自らを守るためにあるいは他国を非難するために人権委員会のメンバーになろうとしている」ことを懸念し、メンバー国の質の低下をとくに問題視しているように見える[11]。

ついで、人権理事会を国連の主要機関にするか総会の補助機関にするかは加盟国に委ね、「いずれの場合においても、理事国は、総会の出席しかつ投票する構成国の3分の2の多数によって直接に選出される」ことを提案している。これは、憲章18条2項にいう総会の重要問題として、安保理非常任理事国や経社理理事国の選挙と同様の選出方法を求めたものといえる。また、「理事会に選出される国は最高次の人権基準を遵守することを約束すべきである」と述べており、選出方法の提案と合わせ、人権委員会のメンバー国の選出より高いハードルを設け、理事国の質を確保しようとしていることがわかる[12]。

続いて4月7日の人権委員会におけるスピーチでアナン事務総長は、自らの提案の趣旨を敷衍している[13]。まず、人権委員会の任務遂行能力が「諸会期の政治化と活動の選別性」により損なわれており、「その信頼性の低下は国連システム全体の名声に影を落とす地点にまで達している」とした上で、「断片的な改革では十分ではない」とし、「人権に関する主要な政府間機関はその活動の重要性に見合った地位、権威、能力をもつべきである」と理事会への格上げの必要性を述べる。ついで、このスピーチで最も注目すべき点で

---

10) U.N.Doc.A/59/2005, para. 183.
11) *Ibid.*, para. 182.
12) *Ibid.*, para. 183.
13) U.N.Doc.SG/SM/9808.

あるが，人権理事会の任務として，後に普遍的定期審査（UPR）として実現することになるピアーレヴュー（peer review）の提案をはじめて行っている。ピアーレヴューの主要な任務は，「すべての国家によるすべての人権義務の履行を評価すること」であり，「人権は普遍的かつ不可分であるという原則に具体的な表現を与えるものである」とし，この制度の下で，すべての加盟国は定期的に理事会により審査を受けることになるとする。

さらに，アナン事務総長は，前述報告書における人権理事会創設提案の詳細を5月23日付の説明書という形で公表する[14]。この文書では人権理事会の任務・機能，選出方法，構成，地位などに関してより具体的に言及しており，ようやくその全体像が見えてきた感があった。また，アナン事務総長は，加盟国が2005年9月に開催される世界サミットまでに人権理事会に関わる諸問題について合意することを求めていた。

この文書でアナン事務総長は，いくつかの注目すべき説明を行っている。まず，「人権理事会にとって新たな鍵となる」[15]とされるピアーレヴューの機能についてである。「ピアーレヴューにとって重要なのは，すべての人権義務に対するすべての加盟国の実行が，他の国家による評価の対象となるべきであるという，普遍的精査（universal scrutiny）の概念である。ピアーレヴューは，人権委員会の現行システムの特徴である政治化と選別性を，可能な限りにおいて回避するのに役立つであろう」とその性格と目的を説明している。続いて，「人権理事会は，国家が同じ基準に照らして審査されることにより，公平性，透明性，機能性のあるピアーレヴューのシステムを発展させることを確保する必要がある」とそのシステムに求められる条件を指摘する。さらに，「人権理事会のピアーレヴューの判断は，国際社会が技術的援助および政策的助言をより良く提供することに役立つであろう。さらに，ピアーレヴューは，選出された理事国にその人権義務に対する説明責任を果たさせるのに役立つであろう」とその効果を述べる[16]。

---

14) U.N.Doc.A/59/2005/Add.1. この文書はすでに4月14日の時点で総会議長に送られていた。
15) *Ibid.*, para. 6.
16) *Ibid.*, para. 8.

また，ピアーレヴューに加えて人権理事会が果たすべき機能についても述べている。人権委員会による国別決議の採択について，「この能力は不健全な政治化の程度に達してしまっている一方（提案されたピアーレヴューの機能はこれに取り組むべきものである），深刻な事態に取り組むための能力は，維持させ再生させなければならない」とする[17]。さらに，人権委員会の成果として指摘されることが多い特別手続とNGOの参加については，「人権理事会に継承されるべき委員会の2つの局面である」と強調している[18]。

　この段階で，アナン事務総長の提案の趣旨がかなりはっきりしてきたように思われる。アナン提案の骨格は，人権理事会の常設性，総会の3分の2の多数による理事国の選出，より小規模な構成（具体的な理事国数については言及なし），ピアーレヴュー機能の新設であり，これにより人権問題に取り組む能力の向上，理事国の質の確保，政治化・二重基準の除去を意図したと考えられる。前述のハイレベル・パネルの現状認識に対応させて言えば，「非難から自らを守るためにあるいは他国を非難するために人権委員会のメンバーになろうとしている」状況に対しては，とくに選出方法により，「人権問題を扱う際の二重基準」に対しては，とくにピアーレヴューにより，対処しようとしたといえる。アナン事務総長は，人権委員会の負の側面を変えるためには，ハイレベル・パネルがいうような人権委員会の改革ではもはや不十分であり，包括的な機構改革としての人権理事会の創設が必要であると判断したということであろう。

　かかる事務総長が示したような認識と提案については，オルストン（P. Alston）によれば，3つの点で「驚くほどのコンセンサス」があったとされる。その3点とは，人権委員会の信用の低下と失敗という見方，新たなより高次の人権機関の設置の必要性，国連人権機構の「強化」の必要性という点である。しかし，「このコンセンサスは，人権委員会についてまさに何が問題であったのか，そして新たな理事会の基本原則として含まれるべき諸要素は何であるのか，についての根本的な不一致で覆われている」といわれる[19]。

---

17) *Ibid.,* para. 11.
18) *Ibid.,* para. 16.
19) Philip Alston, "Reconceiving the UN Human Rights Regime : Challenges Confronting

つまり，とくに加盟国間に，人権委員会を廃止し，それに代えて人権理事会を創設することに広い合意があったとしても，克服すべき人権委員会の問題点や人権理事会の方向性，中身については大きな不一致あるいは対立があるというのである。実際，人権理事会創設決議において，事務総長提案通り実現したのは普遍的定期審査と名称を変えたピアーレヴューの導入だけである（これもその審査の方式や手続については人権理事会に委ねられた）。とりわけ事務総長がこだわっていたように見える理事国の選出方法は，総会での「絶対過半数」にハードルが下げられてしまった。

では，事務総長提案の背景にあった人権委員会の現状，とくに人権理事会創設決議でその除去の必要性が強調された「二重基準および政治化」とは具体的にどのようなものであったのか。そして，人権委員会の何が問題でありそれをどのように変革すべきかについて，国家等の認識やアプローチはどのように異なっていたのであろうか。これを見ることにより，政府間人権機関としての人権委員会，そしてそれに代わるものとしての人権理事会を現実的客観的に分析，評価する際の視点が確認できるのではないか。

2．人権委員会の政治化・二重基準の諸相

人権委員会は，とりわけその人権保護活動（現実に発生する人権侵害に対処する一連の行動）については，歴史的に見れば，国際政治の状況変化と政治力学に対応しつつ，またかかる状況が許す限りにおいて発展させてきたといえる[20)21)]。したがって，人権委員会が「政治化」しているというのは，あ

---

the New UN Human Rights Council," *Center for Human Rights and Global Justice Working Paper*, No. 4 (2006), p. 1.

20) ローレン（P.G.Lauren）は，政治的要因がしばしば人権分野の発展を妨げてきたとしつつ，「同時にその進歩は政治の結果でもあり…その動機が何であろうと，人権分野における多くの成果は，それを生じさせるのに必要な政治的意思がなければ生まれなかった」と述べる。Paul Gordon Lauren, "To Preserve and Build on its Achievements and to Redress its Shortcomings : The journey from the Commission on Human Rights to the Human Rights Council," *Human Righs Quarterly*, Vol. 29, No. 2 (2007), pp. 344-345.

21) かかる人権委員会の人権保護活動の歴史的展開については，今井直「人権分野の国

る意味，人権委員会が政府代表機関である以上避けがたいことであったともいえる。国際政治上の諸要因により，人権委員会はその活動の射程を広げてきたことも確かなのである。しかし，とりわけ国別手続においては，以前から国家間ブロックの利害や東西・南北対立が投影する傾向が強く，審議，決議，調査の対象国が，一貫した基準により選別されているとは到底いえない状況があった。かかる政治的選別性ともいえる現象は，最終的には，「(国別決議を採択する) 能力は不健全な政治化の程度に達してしまっている」と事務総長に言わせしめるほどに，人権委員会の負の部分として認識されるようになる[22]。

こうした傾向がとくに強まるのは，皮肉なことに冷戦終結後である。1990年代に入って，人権委員会で採択された特定国を対象とする人権状況（非難）決議は，1980年代と比べて2倍以上に増加する[23]。これは旧ソ連や東側諸国の影響力がなくなったことが大きい要因といえ，たとえば，冷戦時は採択されることがなかったキューバの人権状況非難決議は，1990年からアメリカの提案を受けて毎年採択されることになる。しかし，一方でこうした状況は，大国や地域大国など他国に対して影響力をもつ国以外はどの国でも，決議で人権状況を非難される可能性をもたらし，国別決議をめぐる人権委員会内の緊張と不公平感を増幅させることになった。

そこで，審議や決議の対象となる国あるいはその可能性のある国からすれば，人権委員会は政治化・二重基準により毒されているという批判が強く出るようになる。そうした勢力の先鋒といえるのが中国である。たとえば，2004年10月の国連総会第3委員会で中国代表は「人権問題の政治化と二重基準が対立を招く根源」と指摘し，人権委員会の改革の必要性を強調している[24]。中国は，天安門事件以降1990年からほぼ毎会期のように欧米諸国提出の決議

連の活動と改革の動き」日本国際連合学会編『21世紀における国連システムの役割と展望（国連研究第1号）』(国際書院，2000年) 43－45頁。
22) U.N.Doc.A/59/2005/Add.1, *supra* note14, para. 11.
23) 80年代は年平均で4.1であったが，90年代は平均で10.9であるという。そして2001年から2005年は平均6.6に減少している。山岸健太郎「国連人権委員会における中国の人権状況論議」『愛知大学国際問題研究所紀要』第129号（2007年）8－10頁。
24) 人民網日本語版　2004年10月28日。

案の対象となってきた。しかし，中国の途上国等に対する影響力は人権委員会内で多数を形成することに成功し，一度とて決議案は採択されたことはない。それどころか，中国は決議案を採決しないとする動議を出し，それを可決させることに成功している[25]。こうしたやりとりの中で，双方はお互いの行動・主張の政治的性格を非難し合う。たとえば，2001年の会期において，アメリカ提出の決議案に対して，中国は半ば恒例化されたように決議案を葬り去る不採決動議で応酬する。アメリカは「人権はいつでもすべての国に適用されることを確認しなければならない。いかなる国でも審査から免れうることを期待すべきでない」と人権の普遍的適用を強調するのに対して，中国は「アメリカの人権基準は二重基準以外の何者でもない」と反論しつつ，パレスチナ占領地域におけるイスラエルによる人権侵害問題を扱うことに消極的なアメリカの姿勢を非難する。また，EUを代表するベルギーは「（不採決）動議は，人権委員会の活動に不可欠な公開性や非選別性の原則を損なう」と，動議の提出自体を批判する。逆にロシアは「議論が政治化した場合，人権委員会でこの問題の討議を強いることは生産的でない。ゆえにこの動議に賛成する」と動議擁護の立場をとる[26]。中国のように決議案が16年間で11回も提出されながらも一度も採択には至らなかったのは異例といえるが[27]，こうした議論や応酬は，国別決議をめぐり人権委員会によく見られる光景だったのである。

このように，人権委員会に対して諸主体が共通に特徴づける政治化・二重基準は，この語が用いられる文脈，そしてそれを使う主体によって，多様な意味内容をもつことがわかる。とりわけ国家は，対立する国家を批判し，また自らの立場を正当化するために，互いにこの言葉に依拠する傾向がある。人権委員会の政治化の原因は対立する側にあるという主張をお互い振りかざすのである。もっとも，人権侵害を追及される側としての自己認識をもっている国が，政治化・二重基準を援用するきらいがあることは確かである。そ

---

25) 1995年の会期のみ動議は賛否同数で可決しなかったが，決議案自体は1票差で採択されなかった。山岸「前掲論文」（注23）13－23頁。
26) U.N.Doc.E/CN.4/2001/SR.62, paras.54, 57, 60, 67, 70.
27) 山岸「前掲論文」（注23）27頁。

うした国は、「政治化」を回避する方途として、責任追及でなく対話・協力を強調する[28]。しかし同時にこれらの国は、独立した専門家機関の役割を強化することにより「非政治化」を図ろうとするアプローチにも拒否的であった。つまり人権機関の「非政治化」や「強化」や「実効性」の必要性は認めても、それは専門家機関による監視や履行確保のメカニズムの充実をいうものではないのである。しいていえば、これらの国が求めるのは、結果よりも対話・協力によるプロセスを重視する「外交的アプローチ」であるといえよう[29]。

客観的に見れば、人権委員会のメンバー国が、特定国の人権侵害問題について「裁判官（あるいは告発者）」にも「被告（あるいはその弁護者）」にもなりうる現行の国別手続のメカニズム（人権理事会でも同様）は、それが活用されればされるほど、政治的緊張を増幅させることは回避しがたいといえよう。

さらに2000年代に入って、人権委員会では新たな「政治化」の問題が現出する。「近年、委員会にどの国家が選出されるかという問題は、過熱する国際的緊張の原因となっている」と、前述のハイレベル・パネル報告書が指摘

---

[28] 2005年3月14日、アナン事務総長の人権理事会創設提案が公表される直前の人権委員会において、下記LMGを代表して中国は、ハイレベル・パネル報告書を引用して人権委員会における二重基準を批判するとともに、「対立の代わりに対話を、告発の変わりに自省を」と呼びかけた。同様の主張は、アジア・グループを代表した韓国、イスラム会議機構を代表したパキスタン、エジプト、キューバによってもなされた。U.N.Doc.HR/CN/1107.

[29] 1998年から2000年にかけて行われた人権委員会のメカニズムの見直しの作業では、「人権とはかけ離れた政治的その他の考慮の影響を受けない最高水準の客観性と専門性」にもとづくメカニズムにより人権委員会の「非政治化」をめざそうとした第54会期議長団による報告書（U.N.Doc.E/CN.4/1999/104, para. 13.）は、アジア・グループやとりわけLMG（ライク・マインデッド・グループ。アルジェリア、ブータン、中国、キューバ、エジプト、インド、イラン、マレイシア、ミャンマー、ネパール、パキスタン、スリランカ、スーダン、ベトナム）により強い抵抗を受け（U.N.Doc.E/CN.4/1999 /WG.19/2.）、採用されず、最終的にはメカニズムの見直し作業は功罪相半ばする妥協的な産物となった（U.N.Doc.E/CN.4/2000/112.）。人権委員会のメカニズムの見直しの経緯・内容については、阿部浩己・今井直・藤本俊明『テキストブック国際人権法〔第2版〕』（日本評論社、2002年）194−200頁。

するような状況である。まず，2001年5月のメンバー国の選挙で，スーダン，シエラレオネ，ウガンダ，トーゴなど人権侵害国として悪名高い国が当選する一方で，アメリカが人権委員会史上はじめて落選するという事態が起きる（翌年の選挙では当選し2003年から復帰する）。続いて，2003年リビアが，アフリカ・グループに割り当てられていた議長国の座に就くことになる。この時期リビアはまだアメリカによるテロ支援国家指定を受けており，大量破壊兵器の放棄もしていなかった。また同じ年ムガベ独裁政権の下にあるジンバブエがメンバー国に選出される。さらに翌年にはダルフールの事態が国際社会から広く非難を浴びていたスーダンが再選される。人権委員会のメンバー国は，経済社会理事会で出席しかつ投票する国の過半数により選出されるが，地域グループによってはあらかじめ立候補国を割り当てられた定数以上出さないようにし，事実上無投票で選出させてしまうことができ，この手続がこれらの国をメンバー国にすることを可能にさせたのであった[30]。

　こうした状況に対して欧米諸国や人権NGOは危惧の声を上げる。ヒューマン・ライツ・ウオッチは2001年のメンバー選出について，前年選出されたシリア，アルジェリア，サウジアラビア，ベトナムなどと合わせて人権委員会を「人権侵害国のギャラリー」と評した上で，「当該国の人権状況は委員会のメンバー国となるかどうかの最も重要な要素となるべきである。人権侵害国は，他の人権侵害国について誠実に判断を下すことはできない。」と批判した[31]。この問題に最も精力的に発言した国は，アメリカである。アメリカは「人権委員会が人権侵害国の駆け込み寺となることを許すことはできない」としつつ，「人権委員会の改革の最初のステップは，そのメンバーの問題に焦点を当てなければならない」との立場を明らかにする。そして「自由で公正な選挙，独立した司法，複数政党制，法の支配，政府の公開性・説明責任，自由で独立したメディア，人権の憲法的保障，をもった真の民主主義国のみが人権委員会のメンバーに最も値する」とメンバー国の資格・基準の問題を提起した[32]。こういった「真の民主主義国」といった価値的な基準ではなく，

---

30) かかる状況に関しては，たとえば, Philip Alston, *supra* note19, pp.6-8 ; Paul Gordon Lauren, *supra* note 20, pp.326-330.

31) Human Rights Watch, U.N. Rights Body Admits Abusive Members, 3 May 2001.

「組織的もしくは広範囲にわたる人権侵害を理由として最近人権委員会により非難された政府は，委員会に選出されるべきでない」とする主張もあった[33]。これに対して，たとえばイスラム諸国は，人権委員会の直面する問題はあくまで政治化・二重基準の問題であり，「メンバー国の選出に原因があるのではない」との立場であった[34]。

　ハイレベル・パネルや事務総長が示した「近年，国家は人権を強化するためではなく，非難から自らを守るためにあるいは他国を非難するために人権委員会のメンバーになろうとしていることが懸念される」という現状認識は，アメリカなどの認識と基本的に同様である。かかるメンバー国の問題が，以前からの政治化の問題に加えて（あるいはそれと関連して）顕在化したことにより，人権理事会創設の提案をもたらす流れが生まれていったのである。しかし，アメリカが主張したようなメンバー国の資格・基準の問題を議論することについては，ハイレベル・パネルは懐疑的であったし，事務総長もむしろ選出方法の問題の方を重視したといえる。いずれにせよ，その後の人権理事会創設決議にいたる議論において，理事国の選出方法など理事国の質の確保の問題が焦点となっていくのは，2000年代に入ってからの人権委員会のこうした状況が大きく反映している。

　もっとも，かかる理事国の質の確保という問題に対して考えられうる処方箋の選択肢は当初から限られたものであったように思われる。まず，主要機関に準じた機関を政府代表機関でなく専門家機関にするという選択肢はありえない。次に，具体的な理事国の資格・基準を議論することは，ハイレベル・パネルの言うように「問題をいっそう政治化するおそれがあり」，一般

---

32) Statement by Ambassador Richard Williamson, US Government Delegation to the 60th Commission on Human Rights, 19 March 2004. アメリカには，第3世界の非民主的・抑圧的な諸国が人権委員会を「ハイジャック」しているという状況が人権委員会の失敗の原因となっているという認識が強くあったといわれる。Balakrishnan Rajagopal, "Lipstick on a Caterpillar? Assessing the New U.N.Human Rights Council through Historical Reflection," *Buffalo Human Rights Law Review*, Vol. 13(2007), p. 12.
33) Human Rights Watch,Commission on Human Rights Reform, 27 February 2003.
34) 2005年3月14日の人権委員会におけるイスラム会議機構（OIC）を代表したパキスタンの発言。U.N.Doc.HR/CN/1107.

的抽象的な基準に言及するのがせいぜいである。さらに，国連の慣行からすれば理事国の構成について「衡平な地理的配分」にもとづくことが基本原則であり，理事国の質の確保はその限りにおいての要求となる。となると，理事国の選出方法がもっとも直截的な処方箋であり，補完的に理事国の資格停止や立候補国の自発的な誓約などが，この問題に関わってくる。理事国の選出方法をめぐっては，理事会創設決議の交渉の最終段階まで諸国の立場が対立し，途上国は総じて「総会の過半数」を主張し，これに対し欧米諸国は，アナン事務総長提案同様「総会の3分の2の多数」という立場であった。結局，前者により妥協が図られ，理事国の質を確保する処方箋としては，当初の案より弱いものとなった。したがって，結果論かもしれないが，理事国の質の確保という理事会創設提案を駆り立てたテーマは，人権委員会時代と決定的な様相の変化をもたらすほどの現実的可能性は当初からそう大きくなかったと言わざるをえない。

3．創設決議の交渉過程

事務総長によって「その信頼性の低下は国連システム全体の名声に影を落とす地点にまで達している」と断罪され，「断片的な改革では十分ではない」とされたことにより[35]，人権委員会の死に体化は，もはや決定的となった。したがって，人権委員会にとって代わるものとして提案された人権理事会は，それをつくらざるをえない状況が形成されていたともいえる。人権委員会を半ば人為的に死に体化させたことにより生まれた一定の推進力の下で，事務総長が2005年9月の世界サミットまでに人権理事会に関わる諸問題について合意することを求めたことを受けて，総会第59会期議長は世界サミット成果文書の草案の中に人権理事会に関する規定を盛り込もうとする[36]。しかし，世界サミットを目前に控えるにつれ，理事会の地位，理事国の選出方法，構成，任務などについて各国の立場の対立は顕在化するようになり，結局9月

---

35) U.N.Doc.SG/SM/9808, *supra* note 13.
36) 世界サミット成果文書の草案は，国際人権NGOのInternational Service for Human Rightsのホームページから入手できる。 at http://www.ishr.ch/hrm/council/background/UNreform/CoreDocuments/contents.html

16日の成果文書では,「国連の人権機構をいっそう強化するという約束にしたがい,人権理事会を創設することを決意」しただけで,具体的事項については,総会議長にその交渉を委ね,総会第60会期中にそれを完了するよう要請するにとどまった（総会決議60/1・157－160項）。

　加盟国が総会議長の草案を受けて協議を続けているさ中の6月20日,国連の人権機構の改革について,ジュネーブにおいて非公式の形ではあるが加盟国間で協議の場が持たれた。この協議に関する国連文書ではいくつかのグループの一定の立場が要約されている[37]。たとえば,アフリカ・グループ,アラブ・グループ,イスラム会議機構とも,人権委員会の短所は政治化と選別性であるとの認識を示し,人権理事会創設には反対しないとの立場を表明しつつ,総会の補助機関としての地位を求め,将来の国連主要機関としての格上げには反対の意向であった。また,理事国の選出は総会の過半数によること,構成は衡平な地理的配分にもとづくこと,規模は人権委員会の構成国数を下回らないこと,理事国に特別な基準や条件を課すべきでないこと,を求めている。これに対してEUは,当面は総会の補助機関として設置し,将来常設の主要機関への格上げを支持するという立場をとった。また,理事国の選出は総会の3分の2によるべきとし,立候補国は最高次の人権基準を保持することを約束すべきことを提案した。注目すべきは,イスラム会議機構が,政治化の元凶は国別決議にあるとして,その採択は理事国の3分の2によるべきと主張している点である。この問題はその後理事会の任務と手続をめぐる大きな対立要因となる。

　世界サミットの成果文書での簡単な扱いで人権理事会に関する議論は白紙に戻った感があったが,総会第60会期のエリアソン議長（スウェーデン）が9月30日に各国に送った書簡の中で,国連改革のフォローアップにおいて人権理事会と平和構築委員会の創設を最優先課題にするということを伝えたことにより,人権理事会創設に向けた推進力は再び息を吹き返すことになる[38]。

---

37) U.N.Doc.A/59/847-E/2005/73.
38) 世界サミット後の総会での交渉過程で公表された一連の文書・資料については,http://www.reformtheun.org/index.php/eupdate/c464?theme=alt 1 から入手できる。以下の交渉過程に関する記述はそうした文書・資料による。

これを受けて2人の共同議長（南アフリカ，パナマ）の下で，先の成果文書に明記することができなかった，人権理事会の地位，規模，構成，任務，手続，理事国の選出方法・資格などについて各国による交渉が行われた。これら一連の協議は非公式会合で行われ，傍聴以外はNGOの参加は認められなかった[39]。

　幾多の困難なプロセスを経て非公式会合共同議長は，12月19日に創設決議案の基礎となる新たな文書を作成，発表する。この文書からは，理事会を総会の補助機関として設置し5年後にその地位を見直すこと，「普遍的定期審査」の導入と理事国に対する任期中の審査，特別手続など人権委員会のメカニズムの維持・見直し，人権委員会と同程度のNGOの参加，理事国は最高次の人権基準にしたがうこと，理事国の3分の1の要請による特別会期の召集などについては大筋の合意があることがわかる。一方，理事会の選出方法・構成，理事国の資格，会期の回数と期間（この時点で理事会の常設性の可能性は消えている），再選，国別決議などの問題については依然として不一致のままである。とくに重要なのは，「国別決議は理事国の出席しかつ投票する3分の2の賛成によって採択される」との規定が括弧内であるが（合意がないことを示す）残されている点である。実質的に国別決議の採択を困難にさせるこの要求は，人権NGOの主要な懸念事項の1つとなる。

　2006年に入り，交渉はいよいよ大詰めを迎える。そうした中1月2日アメリカのボルトン国連大使がワシントンポスト紙に対して，理事国のポストを確保するために「人権理事会の理事国には安保理の5常任理事国が自動的に選出されるべき」という考えを示すなど，アメリカの迷走ぶりが目立つようになる。アメリカは理事国の質の確保のために，総会の3分の2による理事国選出，安保理の制裁対象国の理事国入り禁止を主張していたのであるから，中国，ロシアを含む常任理事国への特権の導入は，従前の立場と矛盾するとの批判を免れ得ないものであった（もっともアメリカはこれを正式に提案することはなかったが）。一方NGOは交渉再開前日の1月10日，世界中の148ものNGOが共同で「人権理事会の不可欠な諸要素」と題する書簡を各国に送り，現時

---

[39] International Service for Human Rights, Overview of the 60th session of the General Assembly, 2005.

第2部　世界平和と人権

点での優先事項を示し，働きかけを強める。この書簡ではいまだ合意に至っていない事項のうち，とりわけ，総会の3分の2による理事国選出，各地域グループがその割り当てられた定数より多くの国を立候補させること，年6回以上合計12週間以上の会期，そして国別決議が従前のように単純過半数で採択されることを要求した。これらの要求が取り入れられるか否かが，「改革が，より強い人権機関をつくるのか，別の名称の人権委員会をつくるだけか，あるいはさらに弱い人権機関をつくるのかを決定づける」とこの書簡は言い切っている。

　その後の交渉を経て，2月1日に新たな共同議長案が作成・公表され，ついで2月23日にエリアソン議長の手による人権理事会創設決議案が完成する。2月1日の共同議長案で注目すべきは，理事国3分の2による国別決議採択の規定が削除されたことである。また，会期の回数と期間については，創設決議と同じ年3回以上合計10週間以上が提案されている。しかし，理事国の選出方法や構成についてはいまだ合意を見ていない（共同議長案では45カ国構成）。最終的にエリアソン案により，理事国は総会で全加盟国の絶対過半数により直接かつ個別に選出されること，理事国数を47カ国にすること（およびそれにともなう地理的配分）が確定されることになる。エリアソン案でもう1つ新たに加わったのは，総会の3分の2の多数により重大な人権侵害を行った理事国の権利停止を可能とする規定である。これは2月1日の共同議長案では，理事国選挙の際，立候補国における重大な人権侵害事態の存在や当該国に対して国連のとっている措置を加盟国が考慮すると規定していたが，それが合意を得なかった代わりに入れられた規定と思われる。

　エリアソン議長の決議案は，コンセンサスでの採択をめざしていたものの，米国などの反対により票決に付することを余儀なくされ，3月15日，賛成170，反対4，棄権3で採択されることになる（総会決議60/251）。

　以上の交渉過程を概観する限り，最終段階でようやく決着が図られた問題は，理事国の選出方法・構成，理事国の資格・基準，会期，国別決議などの規定であり，これらが各国の合意を得るのに最も困難な問題であったことがうかがえる。いずれも理事国の質の確保，政治化・二重基準の除去といった今回の改革を促したテーマとも関わるものであったが，結局は妥協的な形での決着にとどまったといえよう。前述したように，アナン事務総長提案の骨

子が，人権理事会の常設性，総会の3分の2の多数による理事国の選出，より小規模な構成，ピアーレヴュー機能の新設にあったことを考えれば，創設決議では，ピアーレヴューの導入以外は実現には至らず，当初のアナン提案からすればかなり不十分なものになったといわざるをえない。逆に，政治化を排除するという名目で国別決議の採択を事実上困難にさせる提案が最後まで残るなど，逆行する動きもあり，理事会の今後に火種を残した（前述したように，事務総長は，国別決議をめぐる「不健全な政治化」の現状を指摘しつつも，その「維持・再生」を要求していた）。

　こうした創設決議の結果は，今回の人権理事会創設にいたる背景・経緯を考えればある程度必然的なことであったのかもしれない。人権委員会の廃止とそれにとって代わる新たな機関の必要性という点以外は具体的な共通認識がないまま，まさに同床異夢の中で突き進んだ結果だからである。人権委員会に対する認識（何が成果であり何が問題であるのか）そして人権理事会のビジョンについて，それを推進した主体間に十分な分析・評価と議論があったとは思えない。人権委員会という国際人権フォーラムは，人権侵害を追及されるという自己認識を持っている国，人権を利用して影響力を行使しようとする国，すべての国のすべての人権侵害を告発しようとする国・NGO・事務局の集合体であった（国家の場合，状況によってどのポジションにも入る可能性がある）。かかる場では，どの主体も共通して「政治化・二重基準」を批判し，その除去を要求していた。しかし，前述したように，この言葉は，用いられる具体的文脈，そしてそれを使う主体によって，多様な意味内容をもつ。とりわけ国家は，対立する国家を批判し，また自らの立場を正当化するために，互いにこの言葉を使い合った。そうした大きな齟齬を抱えていながら，二重基準および政治化を除去するという掛け声だけは，各主体間に奇妙な一致が存在した。しかし，その中身を検証する議論を行う間も機会もないまま（そしておそらくその意思も），人権理事会の創設は所与の結論となっていたのである。

III　人権理事会の活動——制度構築の問題を中心に

　人権理事会は，2006年6月に第1会期が開催されて以来，これまで（2009

年1月現在）9回の通常会期と9回の特別会期（理事国3分の1の要請により召集）が開催されている。

　創設後のこれまでの活動を見る限り，人権委員会同様政治化・二重基準の問題は，理事会の直面する大きな課題であり続けている。この点の危惧は，理事会創設の生みの親ともいえるアナン事務総長（当時）の理事会第3会期へのメッセージ（2006年11月29日）に端的に現れている[40]。このメッセージは，それまでの3回の理事会特別会期の対象がパレスチナとレバノンの人権状況といういずれも中東の問題であったことを受けて，ダルフール問題など他の国の人権状況に対処することを理事会に強く促すものであった。事務総長は，「中東の問題が他の重大人権侵害の事態を犠牲にして注意を独占することを理事会は許してはならない。理事会の特別会期による審議に値する他の事態は確かに存在する。ダルフールは紛れもなくそういうケースである。……理事国は南北の間でつまり先進国と発展途上国の間で分裂してはならない。人権を守ることを真に決意する国は，同じ地域内の他の国に不興を買うようなことがあっても行動することをためらってはならない。」と述べている。このメッセージの背景には，新たな地理的配分によりアジア・アフリカ諸国やイスラム会議機構（OIC）諸国の議席が増加し，その影響力が相対的に高まっている状況が生まれていることがある。そうした地域的その他の政治ブロックが人権問題を選別しているという現状に対する事務総長の危機感がうかがえる（このメッセージから程なくして同年12月12〜13日に，ダルフールの人権状況に関する特別会期がアフリカ諸国を含めた多数の諸国の要請により開催された）。

　同じメッセージで事務総長は，人権理事会が追求すべき人権侵害問題に対するアプローチとして「二重のアプローチ（dual approach）」について言及している。これは，特定国・地域の人権状況に取り組むとともに，普遍的取り組みを同時に実現するというものである。前者のメカニズムの典型が特別手続であり，後者のメカニズムが普遍的定期審査である。普遍的定期審査はまさに事務総長の提案によるものであり，「普遍性，非選別性，客観性，協力の原則に具体的な形態を与えるために意図された」とされる。しかし一方で，

---

[40] *at* http://www.unog.ch/unog/website/news_media.nsf/(httpNewsByYear_en/CD021F461BC018DEC125723500393930?OpenDocument.

この普遍的定期審査のアイデアは，理事会が大規模人権侵害や重大人権侵害に実効的に取り組むのを妨げたり消極的にさせることをけっして意図するものでないことも強調している。

　ちょうどこのメッセージの時期，人権理事会では，特別手続等の人権委員会のメカニズムの見直しと，普遍的定期審査の具体的内容・方法などの，制度をめぐる包括的な議論が進行していた。これは理事会創設決議により，第１会期の開催後１年以内に，理事会がかかる制度構築（institution-building）に関する作業を完了するよう求められていたからである（総会決議60/251の５項(e)，６項）。この制度構築は１年間の議論を経て2007年６月18日に合意を見た（人権理事会決議5/1，付属文書）。ついで，同年12月22日総会決議62/219により総会でも承認された（ただし，賛成150，反対7，棄権１であり，アメリカ，カナダ，オーストラリア，イスラエルなどが反対に回った。）。はたして人権理事会は，事務総長が期待したような実効性のある「二重のアプローチ」を可能とする制度をもつにいたったのであろうか。以下，この制度構築の中身を検討したい。

1. 概　　観

　この制度構築の作業は，理事会の創設当初の活動の最優先事項であり，普遍的定期審査，人権委員会の各メカニズム（特別手続，専門家による助言，申立手続）の見直し，理事会の議題・作業方法・手続規則に関わる，3つの会期間政府間作業部会（intersessional open-ended intergovernmental working group）をつくって2006年の後半から精力的に進められた。作業部会では当初予定されていた2007年４月までには議論をまとめきれず，結局６月の理事会第５会期に決着は持ち越された[41]。

　前述したように，諸国が異口同音に人権メカニズムの「非政治化」や「強

---

41) 制度構築作業の経緯と内容については，International Service for Human Rights, *Human Rights Monitor,* No.65/2007(2008), pp.15-31；Meghna Abraham, Building the New Human Rights Council : Outcome and Analysis of the Institution-Building Year, *Friedrich Ebert Stiftung, Occasional Papers,* No.33 (2007). また，木村徹也「人権理事会の発足の経緯と現状」『国際人権』第18号（2007年）103−106頁。

化」や「実効性」の必要性を唱えても、それをどういう方向性で実現するかについては共通認識がないわけであるから、議論が混沌とするのはある意味必然であった。ともすれば、特別手続など人権委員会の「成果を維持」する（総会決議60/251の前文）ことさえ困難な状況が生まれかけていた。とくに地域グループ間や政治ブロック間で立場が決定的に分かれたのは、各メカニズムにおける独立した専門家の役割をめぐる議論である。この問題においては、1998年から2000年にかけて行われた人権委員会のメカニズムの見直しの作業とほぼ同様の構図が見られた。たとえば、2006年11月27日の理事会決議2/1は、特別手続の活動を規律する行動規則（code of conduct）の作成と特別手続担当者間で作成された特別手続マニュアル改訂案の見直しを作業部会に求めるものであり、明らかに特別手続に従事する特別報告者等の専門家の行動を制約することを意図していた。アフリカ諸国を代表してアルジェリアにより提案されたこの決議は、欧米諸国が反対する中、日本を含むアジア諸国なども賛同し、採択された（賛成30、反対15、棄権2）。また、新たなメカニズムである普遍的定期審査についても、独立した専門家の手続への関与が1つの焦点となり、諸国間の対立が見られた。この問題では日本は、西欧諸国や南米諸国とともに専門家の役割を重視する立場をとり、消極的なアフリカ諸国やOIC諸国と対立した[42]。

さらに、議論を収拾するのが困難であったのは、国別決議・手続をめぐる対立である。理事会創設決議の起草の最終段階まで主張されていた理事国3分の2による国別決議採択という提案が、再度息を吹き返したのである。中国によるこの提案は手続規則に関する作業部会の段階で合意がないまま生き残り、第5会期最終日である2007年6月18日（これ以降は理事会の年度が替わって執行部も交代し、制度構築の作業のまさにタイムリミットであった）の前日17日の理事会議長（メキシコ）案においてはじめて落とされた。この議長案では、それまで国別特別報告者による監視対象であったキューバとベラルーシがそのリストから外されており、それらの国の人権状況とは関係のないところでの配慮が働いたふしがある。しかしなお中国は翌日の18日もこの提案を押し通し、期限切れ直前の深夜にようやく議長案に同意する（ただし、18日の最終

---

42) International Service for Human Rights, *supra* note41, p.26.

案には前日の案にはなかった，国別決議の提案国はあらかじめ15カ国程度のできる限り幅広い支持を確保する責任があるとの一文が入った。決議5/1，付属文書117項(d)）43)。

　議長がめざしたコンセンサス採択の障害となったのは中国だけではなかった。カナダが，理事会の独立した議題として「パレスチナおよび他の占領下にあるアラブ領域における人権状況」（議題7，人権委員会では議題8）が含まれているのに異議を唱えたのである。6月17日の議長案では，それまでの案では「すべての人権の保護と促進」（議題3）の下位項目であった「理事会の注意を要する人権状況」（議題4，人権委員会では議題9）を独立した議題とするのに成功したが（この議題化にはアフリカ諸国，OIC諸国などが反対していた)，議題7はそのままであった。カナダからすれば，一般的な関連議題があるにもかかわらず，特定地域の状況を唯一恒久的な議題とすることこそ政治的選別であるという立場であるが，結局これは受け入れられず，カナダは18日の制度構築案採択はコンセンサスではないと主張した。しかし翌日，新議長の下で18日の時点で制度構築案はコンセンサスがあったとする解釈が票決に付され，カナダ以外の全理事国はこれに賛同した44)。

　このように制度構築の文脈においても，とりわけ国別決議・手続をめぐって非常に政治的なやりとりが繰り広げられた。国別決議・手続の廃止を求める側も，パレスチナ等の人権状況については独立した議題として維持することを主張してきたわけであるから（この問題は占領下の状況を扱うものであって，特定国の状況とは区別して扱われるという立場)45)，アナン事務総長の指摘した国別決議をめぐる「不健全な政治化」は，国別決議を事実上困難なものにすることによって解決されるものではない。むしろ，アナン事務総長のいう「二重のアプローチ」とは背反する動きといえよう。

---

43) International Service for Human Rights, *supra* note 41, p. 29 ; Meghna Abraham, *supra* note 41, p. 10. なお，理事会第5会期の一連の議長案は，国連人権高等弁務官事務所の Extranet Page (http://portal.ohchr.org/) より入手できる。

44) International Service for Human Rights, *supra* note 41, p. 29 ; Meghna Abraham, *supra* note 41, p. 11.

45) International Service for Human Rights, *supra* note 41, p. 28.

第2部 世界平和と人権

　2007年6月の制度構築合意は，各メカニズムの枠組みを定めたものといえ，運用上の詳細な手続などはその後も引き続き協議されてゆくことになる。次に，今回の制度構築の主要な特徴・内容をスケッチして，現段階での評価に及びたい。

2．普遍的定期審査（Universal Periodic Review, UPR）（理事会決議5/1，付属文書Ⅰ，1-38項）

　これはアナン事務総長の提案によるピアーレヴュー（peer review）を名称を変えて実現したものであり，国家どうしによる相互の人権状況審査である。「人権委員会の現行システムの特徴である政治化と選別性を，可能な限りにおいて回避するのに役立つ」[46] として新たに導入されたUPRは，その原則・目的からしても，また他のメカニズムが人権委員会時代とそう大きく変わらないことから見ても，理事会のメカニズムのひいては理事会そのものの評価を左右する位置づけにあるといって過言でない。

　UPRは，理事国47カ国の代表団から成る作業部会によって，すべての国連加盟国を対象に定期的に各国の人権状況の審査を行い，理事会で結論・勧告およびそれに対する被審査国の回答を含む結果文書を採択するというものである。年3回各2週間の作業部会が理事会の会期以外に開催され，1カ国につき作業部会（審査のため3時間，報告書採択のため30分），理事会（結果文書の検討のため1時間）合わせてほぼ4時間半が割り当てられ，1年間に48カ国4年で一巡するという計画である。理事国はその任期中に審査を受けることになっているので，日本は2008年5月の作業部会第2会期で審査を受けた。作業部会の審査では，1カ国ごとに，各地域グループからくじ引きで選ばれる理事国3カ国の代表から成る報告者チーム（トロイカと呼ばれる）がつくられ，ファシリテーター的な役割（作業部会の報告書作成を含む）を果たす。

　情報源は，「情報作成のための一般的ガイドライン」（理事会決定6/102）にしたがって当該国政府によって提出される国家報告（20頁），人権条約機関や特別手続担当者による当該国への所見・勧告等を人権高等弁務官事務所がまとめた文書（10頁），NGOや国内人権機関等の関連利害関係者（relevant

---

46) U.N.Doc.A/59/2005/Add.1, *supra* note 14.

stakeholders）が提供する信頼性のある追加情報を人権高等弁務官事務所が要約化した文書（10頁），である。また，国家報告を作成する際，NGO等との協議プロセスを経ることが奨励されている。NGO等の利害関係者は作業部会の審査に出席できるが，議論に参加することはできない（オブザーバー国は議論参加可能）。ただ，結果文書が理事会で採択される前に一般的コメントを述べる機会が与えられる。

このUPRのメカニズムには，いくつかの問題点が指摘できる。まず，作業部会による審査といっても，実質的には理事会の全体会合による審査と変わらない点である。制度構築の起草過程では，いくつかの作業部会をつくり，そこに専門家を関与させるという案（欧州諸国，アルゼンチンなど中南米諸国，韓国など）と，理事会だけで審査を行うという案（アフリカ諸国，中国，イスラム諸国など）が対立し，妥協案として現行の案となった[47]。また前述したように，手続上専門家の関与がない点も大きな問題である。さらに，被審査国が有する特権も多い。トロイカの構成に関して，被審査国は，3名の報告者のうち1名を自らの地域グループから選ばれることを要請することができ，また1度に限り報告者の交代を要求することができる。理事会での結果文書の採択についても，被審査国は，作業部会報告書中の勧告のうち支持する勧告を選択し，それを明記させ，そうでない勧告についてはその旨のコメントを記録させることができる（被審査国が受け入れない勧告に対して理事会がどう対応するかは，このメカニズムの注目点になるともいえよう。予定される審査のフォローアップが，受け入れた勧告の実施のみに焦点を合わせるのであれば，その効果は限定的なものになろう）。このように，UPRは審査される国家にかなり配慮したメカニズムになっている。

また，NGOの役割が限定的であることも認めざるをえない。起草過程では，NGOなど関連利害関係者の国内レベルでの役割しか認めず，UPRの手続に関与させることに否定的な諸国も多かったことを考えれば（アフリカ諸国，中国など）[48]，最低限の手続参加は維持し得たとはいえる。しかし，人権条約機関の委員と異なり国家代表へのロビイングの困難さもあり，NGOが影

---

47) International Service for Human Rights, *supra* note 41, p.26.
48) *Ibid.*, p.26.

力を行使する余地は一般的にはそう大きくないであろう。

　UPRは，理事会創設決議では人権条約機関の活動を「補完」するものとされているが，審査は，「国連憲章，世界人権宣言，当該国が当事国となっている人権文書，国家によってなされた自発的誓約・約束」にもとづいて行われるから（適用可能な国際人道法も考慮される），より概観的とはいえ人権条約機関の審査と重なり合う面もある。人権条約機関の勧告を支えるものとして機能しうるのか，現段階では未知数の面もあるが，審査では条約機関の勧告への言及が多くなされるところから見て，条約機関の勧告を支える補完機能の可能性はある程度肯定的にとらえられよう。

　いずれにせよ，人権状況をめぐる国家どうしの相互監視が，各国の人権状況の改善に役立つように「客観的，透明，非選別的，建設的，非敵対的でかつ非政治化された態様で」機能するには（付属文書3項(g)），多くの課題が残されていることは否定できない[49]。

---

49) UPR作業部会の第1会期は2008年4月7日～18日，第2会期は5月5日～16日，に行われ，それぞれ16カ国ずつ審査を受けた。審査は，基本的に，被審査国のプレゼンテーション（国家報告の説明，各国からの書面による質問に対する回答），相互対話，被審査国の回答から成り，計3時間のうち，被審査国には，プレゼンテーション，回答，終了時のコメントを合わせて60分が与えられた（2008年4月9日の「UPRプロセスの方式・実行に関する議長ステートメント」U.N.Doc.A/HRC/8/L.1, 2.2.)。また，被審査国は，回答する質問・問題を自ら選択することができるとされた (*Ibid.*,1.5.)。この点でも，被審査国に対する配慮は手厚いといえる。第1，2会期では，相互対話において，1カ国の審査につき理事国・オブザーバー国合わせて20～70カ国（平均すると大体40カ国前後）が約1～3分ずつのステートメント（積極的評価，懸念表明，質問，勧告など）を行い，それを受けて被審査国が回答し（各国の再質問やコメントは基本的にない），ついで日を改め作業部会報告書が，被審査国を十分に関与させる形で，事務局の援助の下にトロイカによって作成された (*Ibid.*,3.2.)。報告書では，各国による勧告が列挙され（明確に勧告という言葉を用いていなければ記載されない），それに対して，被審査国が支持するかどうかが確認されている。第1会期での審査の5カ国目のインドネシアの報告書以降は，すべての報告書に「すべての結論・勧告は，作業部会全体によって賛同されたものと解釈されるべきではない」旨が明記されており，勧告といっても，個別国家の勧告であり，作業部会自体の組織としての勧告ではないことが強調されている。組織的評価ではないゆえ，個々の勧告の正当性・妥当性に疑義

が生じることもありえ，勧告自体の効果が弱まるおそれもあるが，作業部会としての勧告をまとめる交渉過程の困難さを考えると，やむをえない現実的方法であると思われる。勧告の対象となる人権問題は非常に多岐にわたるが，人権条約機関の勧告と比べると具体性に欠ける勧告もあり，また，被審査国に対しては，「努力を継続する」「検討する」「適切な措置をとる」ことを求める，といった比較的穏便な表現による勧告も多い。また，人権条約・議定書の締結，留保の撤回，特別手続との協力を要求する勧告も目に付く。第1，2会期では，日本を含め多くの被審査国が，各国による勧告の全体あるいは一部について，支持するかどうかの回答を後日に猶予しており，それらは6月の理事会第8会期で採択される結果文書に記載されることになった。トロイカによって整理された勧告のすべてを支持するとした国も相当数あるが，この段階で一定の勧告について明確に不支持を表明した国はそう多くなかった。

　勧告の質量についても，国によりかなりばらつきがあり，勧告の数が一けたの国もあれば，30項目に上る国もあった。この点にも関連するが，ヒューマン・ライツ・ウオッチは，「いくつかの国は，政治的なアプローチをとり，被審査国によって異なる基準を用いた」と指摘する。たとえば，アルジェリアは，イギリスに対する批判的追及的な姿勢とは対照的に，チュニジア，バーレーンに対しては同情的擁護的であったといわれる。また，日本のチュニジアに対するコメントを例にあげ，「過度の賞賛と批判への臆病さ」が審査を特徴づけていたとする。Human Rights Watch, U.N. : Mixed Results for New Review Propcess, 18 April 2008. 確かにUPRは，定期的にすべての国を審査するという意味では形式的に平等であるが，それは個々の審査における公平性を担保するものではない。国家が審査の担い手である以上，被審査国に対する各国の政治的・外交的立場や思惑が審査の中身に反映するのは，当然でさえある。国家間の相互監視であるUPRによって，「政治化と選別性を，可能な限りにおいて回避する」というアナン前事務総長の発想は，独立した専門家機関やNGOの役割が介在しない限り，そもそも限界があるといわざるをえないように思われる（なお，UPR作業部会における被審査国に関する報告書や各国のコメントは，国連人権高等弁務官事務所のExtranet Page（http://portal.ohchr.org/）より入手できる）。

　日本は，2008年5月9日，UPR作業部会第2会期で審査を受けた。審査では，42カ国が発言し，死刑執行停止，代用監獄制度の廃止・改善，取調べ方法の見直し，国内人権機関の設置，慰安婦問題の解決，各種差別問題への対処，各人権条約・議定書の批准など，26項目について勧告がなされた。これらの勧告について，日本は，回答を人権理事会第8会期まで猶予した（U.N.Doc.A/HRC/8/44.）。6月12日，理事会第8会期で，日本の結果文書が採択されたが（決定8/126），その直前の審議で，日本政府は口頭および文書により，勧告に対する日本政府の立場を表明した（U.N.Doc.A/HRC/8/44/Add.1 and Add.2.）。配布された文書では，「フォローアップすることを受け入れる」

第 2 部　世界平和と人権

3. 特別手続（Special Procedures）(理事会決議 5/1，付属文書，Ⅱ，39−64項)
　特別手続は，特別報告者や作業部会などの専門家個人・集団が，NGOや被害者などからの情報を活用して人権侵害に対処する手続であり，国別公開手続とテーマ別手続を合わせていう(2008年9月の理事会第9会期終了時点で国別8，テーマ別30)。それらの設置と廃止は親機関たる人権委員会・理事会の決議にもとづくが，活動自体は一種市民社会的メカニズムを形成しており，親機関における国家間メカニズムの政治性とは異なる次元をもつ(人権委員会が廃止され，人権理事会が制度構築を最優先事項としていた間も，日常的に活動を続

勧告として，国内人権機関の設置，女性差別規定の廃止，マイノリティに属する女性の問題への取組み，性的指向にもとづく差別の撤廃のための措置，女性・子どもに対する暴力を減らすための措置の継続，人身売買と闘う努力の継続，不当に連れ去られた子どもを帰還させるメカニズムの策定，子どもの体罰の禁止，難民認定手続を拷問等禁止条約など人権条約に合致させること，などを列挙し，また，死刑廃止議定書を除く各人権条約・議定書の締結，人権理事会の特別手続による調査の継続的受け入れ(standing invitation)，入管収容施設の国際的視察の許可，については検討事項とした。他方，慰安婦問題に関する国連人権メカニズムの勧告にしたがった対応，差別禁止法の制定，在日コリアンに対する差別撤廃など北朝鮮による勧告，死刑執行停止・死刑廃止に関する検討，代用監獄制度の見直し，取調べの義務的録音・録画の導入，独立した難民認定機関の設置，不法滞在外国人に関する法務省ホームページへの匿名通報システムの廃止，については実質的に勧告受け入れを拒否した。日本の回答は，現状の政策・制度に変化をもたらすような勧告については総じて消極的であったといえる。受け入れた勧告の多くは，現状の枠内で対応できるあるいは現行の方針と合致していると政府が考えているものであったように思われる。もっとも，国内人権機関の設置をパリ原則にしたがった形にすることや，難民認定手続を人権条約と合致させることなどを一種の「国際公約」とさせた意義は小さくないし，「検討する」とされた問題については，今後その進展を求める内外からの圧力が強まることになろう。
　個別国家の勧告とはいえその勧告を受け入れるか受け入れないかの明確な意思表明を求めるUPRのシステムは，人権条約の報告制度においては従来見られなかったものといえ，被審査国にとっては，悩ましい政治的判断を迫るものであり，日本のような慎重な対応は多くの国に共通する態度ともいえる。そうした中受け入れた勧告についての実施は，今後人権理事会内外において強い圧力が予想される反面，受け入れなかった勧告内容の扱いが理事会において今後どうなるのかという懸念も残る。このシステムの利点と課題双方が指摘されよう。

け，テーマ手続を中心に2006年には38カ国48回の現地調査[50]，2007年には51カ国62回の現地調査[51]を遂行しており，テーマ別手続では大国も調査対象として例外ではない）。人権委員会では，この特別手続の下での調査・勧告と委員会の審議・決議とが十分リンクしていないことが，特別手続の実効性をそこなっていた。理事会創設決議では，他の人権委員会のメカニズム同様基本的に維持する方向となったが，ともに第1会期の開催後1年以内に見直しをすることになっていた（決議60/251・6項）。

制度構築において最も議論となったのは，特別手続担当者の選任プロセス，現行の個々のマンデートの見直し，特別手続担当者の行動規則の制定などについてであった。

特別手続担当者の選任に関しては，人権委員会時代の議長による選任を，理事会による直接選挙に改めるという案（アフリカ諸国，アジア諸国，OIC諸国など），現行のプロセスをより透明化して維持するという案（アルゼンチン，スイス，韓国など），担当者の独立性・専門性を高めるという理由で人権高等弁務官による選任を主張する案（欧米諸国，日本など）が対立し，結局妥協案により決着した[52]。これによれば，人権高等弁務官事務所が加盟国，NGO等からの推薦による候補者リストを一定の技術的客観的基準（2007年9月の理事会決定6/104）にもとづき作成し，このリストをもとに，5つの各地域グループから選ばれるメンバーによって構成される協議グループ（メンバーは個人資格で行動するとされるが，2008年3月の理事会第7会期の時点では，アルジェリア，パキスタン，ロシア，チリ，スイスの各ジュネーブ駐在代表）が，空席となったポストごとに候補者を勧告し，理事会議長がそれにもとづき選出して，理事会での承認を求めるという手続となった（付属文書39－53項）。第7会期では，はじめてこの手続にもとづき，国別3，テーマ別11（任期は国別1年，テーマ別3年，ともに6年をこえて任に当たることはできない）の特別報告者等が選出，承認された[53]。この選任をめぐっては，議長（ルーマニア）が協議グループ

---

50) United Nations Special Procedures Facts & Figures 2006, pp.3-4.
51) United Nations Special Procedures Facts & Figures 2007, pp.7-9.
52) International Service for Human Rights, *supra* note 41, p.17.
53) U.N.Doc.A/HRC/7/L.10, paras.103-104 ; UN Press Release, Human Rights Council,

の勧告の約50％をしりぞけたこともあり（協議グループ内でコンセンサスが得られなかった案も少なからずあった），理事会では議長と協議グループの役割と権限について議論が対立した（中国，ロシア，アルジェリア，パキスタンなどは，協議グループの勧告にしたがうべきとして議長の対応に強く反発した）[54]。人権委員会の「成果」というべき特別手続の発展はそれを担った人材に負うところが大きいことを考えると，この新たな選任手続の下で今後特別手続担当者の選任をめぐる議論がいっそう「政治化」してゆく可能性もある。

　特別手続担当者のマンデートは，制度構築においては前述したようにキューバとベラルーシが外されたが，それ以外はとりあえずすべて延長され，個々のマンデートについては，その後の理事会の会期において順次見直していくことになった。特別手続のメカニズムの全体的な検討は十分になされず，特別手続の下での報告書・勧告や，人権委員会時代よりも充実してきたといわれる特別手続担当者と理事国やオブザーバー（非理事国，NGO，国内人権機関）との相互対話（interactive dialogues）を，理事会が決議等でフォローアップするメカニズムは確立していないままである。理事会が特別手続を制度的政治的に支えるという状況は未だ生まれていない。

　また，国別決議・手続に対しての逆風は強まるばかりであり，とくに議題4の「人権理事会の注意を要する人権状況」の下で決議や国別手続の対象となっているのは，キューバとベラルーシが外された結果北朝鮮，ミャンマー（ビルマ），スーダンだけになってしまった（その他の国は，議題10「技術援助およびキャパシティー・ビルディング」の下で，基本的に当該国の同意を得て国別手続の対象となっている）。制度構築合意後の会期で，スーダン，ミャンマーについては票決なしでマンデートは更新されたが，北朝鮮については，賛成22，反対7，棄権18であった（2008年3月の理事会決議7/15）。これは2003年に北朝鮮の人権状況非難決議が人権委員会ではじめて採択された時よりもむしろ厳しい数字である（人権委員会決議2003／10では賛成28，反対10，棄権14であった）。北朝鮮が特別報告者に対する協力を拒否し続けている現状でもこういう

　　Afternoon 26 March 2008.
　54) International Service for Human Rights, *Council Monitor*, Daily Update, 26 March 2008, pp. 10-13.

結果である。これを見る限り当面は，少なくとも議題4の下で新たな国に対する国別決議・手続が生まれるのは難しい状況にあるといわざるをえない。

なお，個々のマンデートの見直しは，制度構築合意後の会期で順次行われており，議題10の下での国別手続の対象であったコンゴが外された（2008年3月の理事会決議7/20）以外は，今のところ更新され続けている。しかし，2008年3月の理事会第7会期において，テーマ別手続である言論・表現の自由に関する特別報告者の更新に当っては，アフリカ諸国を代表したエジプトとOIC諸国を代表したパキスタンが，特別報告者の任務の中に「表現の自由の濫用が人種的宗教的差別の行為に該当する事例を報告する」よう修正案を出し，それが可決された結果（賛成27，反対17，棄権3），特別報告者のマンデートを更新する決議（理事会決議7/36。議論となった規定は4 (d)）には，欧米諸国や日本，韓国が棄権に回るという皮肉な結果となった（賛成32，棄権15。EUを代表して発言したスロベニアは，修正案の票決に当って，「特別報告者のマンデートは，表現の自由を促進することからそれを制限することにシフトしてしまう」と主張していた）55)。このように，比較的政治化の影響を回避しうるといわれるテーマ別手続でも，常に諸国の政治的思惑と理事会内の政治力学にさらされているのである（なお，理事会は，2007年9月の第6会期に，現代的形態の奴隷制に関する特別報告者（理事会決議6/14），2008年3月の第7会期に，安全な飲料水・下水へのアクセスに関連する人権義務に関する独立専門家（理事会決議7/22），という新たなテーマ別手続を設置している）。

行動規則については，アフリカ諸国が積極的に推進したが，制度構築と合わせて全会一致で採択された案（理事会決議5/2）は，当初より穏便なものになっており，NGO等が懸念した程には特別手続担当者の行動を制限する内容にはなっていないように見える。交渉の結果，特別手続の実効性を損なうような一連の提案，たとえば各特別手続担当者への被害者やNGOからの通報に国内的救済手段完了要件を課すこと，担当者が緊急アピールを各国に送付するときの厳格な基準の要求，行動規則の遵守を確保するための政府代表か

---

55) 議論の模様については，UN Press Release, Human Rights Council, Afternoon 28 March 2008 ; International Service for Human Rights, *Council Monitor*, Daily Update, 28 March 2008, pp. 12-14.

ら成る倫理委員会の設置，といった内容が除去されたのである[56]。しかし，行動規則が特別手続に対してどのように適用され，それが実際にどのような影響を及ぼすのか，今後注意深く見守ってゆかねばならないであろう。

4．人権理事会諮問委員会（Human Rights Council Advisory Committee）（理事会決議5/1，付属文書，Ⅲ，65－84項）

制度構築では，人権委員会の補助機関であった人権小委員会に代わり，18名の個人資格の専門家から構成される諮問委員会が，理事会の「シンクタンク」として機能するため設置されることが合意された。

諮問委員会の任務は，理事会から要求される形で，一定のテーマにつき研究・調査にもとづく専門的意見を提供することであり，自らのイニシアチブにもとづいて行動することは大きく制約されている。決議や決定を採択することはできず，理事会の許可がなければ下部機関を設けることもできない（ただし手続の効率性向上やいっそうの調査のための提案を理事会に対して行うことはできる）。人権小委員会はすでに2000年のメカニズムの見直しで，特定国の人権状況に言及した決議の採択をやめさせられていたが，諮問委員会では理事会の助言的機関，シンクタンク機関としての性格がより強まったということができる。また，メンバー数も26名から18名へと，会期日数も3週間から年間2回最大10日間へと（理事会の事前承認で追加会期は可能），人権小委員会と比べてスリム化された。

諮問委員会委員の選出については，NGO等にも候補者推薦を認めてそれを受けて理事会が選挙を行うという欧米諸国の案は受け入れられず[57]，結局，加盟国が自らの属する地域から候補者を一定の技術的客観的基準（2007年9月の理事会決定6/102）にもとづき推薦し，その候補者リストから理事国が地理的配分にもとづき選挙を行うという方式となった（国家が候補者を推薦するに当りNGO等と協議することが一応求められているが，NGO等の実質的関与の保証はない）。候補者の基準として，政府や利害関係機関において意思決定権限をも

---

56) International Service for Human Rights, *supra* note 41, pp. 19-20 ; Meghna Abraham, *supra* note 41, pp. 29-32.

57) International Service for Human Rights, *supra* note 41, p. 21.

つ者は除外されるという要件が入ったことは1つの進歩であるが，国家主導の選出方式になった感は否めない。2008年3月の理事会第7会期でのはじめての選挙では，アジア（5），アフリカ（5），ラ米（3）の各グループからは配分された定数と同数の候補者しか出ず（いわゆるクリーン・スレートの状態），この地域グループについては投票せずに委員が決まった。なお，西欧その他（3），東欧（2）については，配分定数をこえる候補者が出て理事会による秘密投票により委員が選出された（アメリカ推薦の候補は落選した）[58]。クリーン・スレートの状態が3つの地域グループで生まれたのは，偶然というより，その地域の国家間で事前の根回しがなされたことをうかがわせるものであり，この選出方式の問題点が早くも浮き彫りになったといえよう。

なお，人権小委員会の下部機関であった各作業部会（先住民族，現代的形態の奴隷制，少数者）と社会フォーラム（人権の観点からグローバリゼーションの下での貧困問題等を検討）は，いずれもNGOに門戸を開いた重要な議論の場であったが，これらは諮問委員会からは離れ，先住民族の権利に関する専門家メカニズム（理事会決議6/36），少数者問題に関するフォーラム（理事会決議6/15），現代的形態の奴隷制に関する特別報告者（理事会決議6/14，テーマ別手続の1つ），社会フォーラム（理事会決議6/13）として，理事会の直接の下部機関という形になった。

このように，諮問委員会については，以前の人権小委員会が担っていた，NGOに門戸を開いた公開フォーラムとしての性格や，各国の具体的人権侵害問題についての注意喚起機能は，もはや期待しえず，申立手続における役割をのぞけば，理事会から課せられたテーマに対しての専門的助言機能に特化した活動のみを遂行することにとどまるであろう。

5．申立手続（Complaints Procedure）（理事会決議5/1，付属文書，Ⅳ，85-109項）

申立手続については，人権委員会の1503手続（1970年の経済社会理事会決議

---

58) U.N.Doc.A/HRC/7/L.10, paras. 105-108 ; UN Press Release, Human Rights Council, Afternoon 26 March 2008 ; International Service for Human Rights, *Council Monitor*, Daily Update, 26 March 2008, pp. 8-10.

1503（XLVIII）にもとづく非公開の通報審査手続）を基礎として見直し作業を行い，結果としてそれに多少の改良を加えたものとなった。

　1503手続は，すべての諸国の大規模人権侵害の事態の改善を目的とし（被害者個人の救済を目的とするものではない），被害者だけでなくすべての個人・NGOが通報者として利用できるという，当時としては画期的な意義をもつ手続であったが，同時に，原則的にすべての手続段階にわたって非公開，手続が複雑であり時間がかかる，通報者は手続上の当事者ではなく情報提供者にすぎなく国家と対等の地位にはない，などの問題点を有していた。2000年のメカニズムの見直しでも，手続がそれまでの4段階から3段階に多少簡素化された程度であった。今回も，手続の非公開性という人権侵害国の隠れ蓑になりかねない原則に関しては，「当該国の協力」を得るためと称して維持された（付属文書86項。1503手続では，人権委員会で検討中の国と検討を終えた国の名だけは公表され，リストに残されるという慣行があった。このリストによれば，2005年までに84カ国の人権状況が人権委員会で審議されており，日本も1981年と1998年の2度その対象となっている。ただし，審議された人権状況や人権委員会の決定の内容までは公表されていない）。

　手続の流れは，通報作業部会（諮問委員会委員5名より構成）が通報の許容性を審査する→人権侵害事態作業部会（理事会の各地域グループから選ばれる個人資格の5名の代表で構成）が，信頼できる程度に立証された大規模人権侵害の事態を勧告を付して理事会に付託する→理事会が審議しとるべき措置を決定する，という従来と同様のものだが，手続の迅速化を図るため両方の作業部会とも，各5日の会合を年2回ずつもつことになった（原則として当該国へ申立を送付してから24ヶ月以内に理事会が審議することとされている）。

　最も重要な改善点は，通報者に対しても手続の主要段階ごとに通報がどう処理されているかを通知するようになった点である。従来は，通報後人権高等弁務官事務所からの通報受領通知が届くだけで，その後は一切何の連絡もなく，各作業部会や人権委員会でどのような決定がなされたのか，通報者は当該国とは異なりまったく知らされていなかった。通報者が一定程度の手続上の当事者性をもったことで，以前よりは個人やNGOにとって使いやすい手続になることが期待される（その際，通知が処理の理由開示を含むものかどうか，通知を受けた通報者が追加情報を提出できるかどうか，などが運用上のポイントで

あろう）。

6．小　括

　制度構築の評価は，現時点での人権理事会の評価とも直結する。政治化や二重基準の除去そして人権機構の強化，これらの命題に対する一応の解答が制度構築であるからである。人権メカニズムの評価であるから，当然，人権委員会時代と比較して，人権侵害被害者の救済や各国の人権状況の改善により寄与する制度になっているか，という視点が第1義的なものでなければならない。この点からすれば，人権委員会から引き継いだメカニズムについては新たにつけ加わった積極的要素は少ないというのが率直的な印象である。したがって，まったく新しいメカニズムである普遍的定期審査（UPR）の評価が，制度構築ひいては人権理事会の評価を左右すると言って過言でない。まさに，人権理事会の活動の指針とされる「普遍性，公平性，客観性および非選別性の諸原則ならびに建設的な国際的対話および協力」（総会決議60/251・4項）を体現した制度としてUPRは導入され，人権委員会時代の政治化と選別性を克服することが期待されているからである。2008年4月に第1会期がスタートしたばかりのUPRの評価は，当然その実態にそくして行なわなければならず，現時点では課題も散見されるとはいえ（前掲注49参照），今後の運用上の改善も含めて今しばらく見守る必要があろう。

　しかし制度構築に対しては，また別の視点からの評価も必要であろう。それは，理事会をとりまく政治的現実とりわけ理事会創設後の理事国構成における勢力地図の変化という点である（明らかにアジア諸国，アフリカ諸国，イスラム諸国が相対的に影響力を増大させた）。また，人権委員会の何が成果であり何が問題であったのかという点の十分な議論もないまま，人権理事会の創設を所与の結論とする状況が形成されたため，アナン事務総長（当時）をして「人権システムの至宝（the crown jewel of the system）」[59]とさえ言わしめた特別手続でさえ見直しの対象にしてしまった[60]。その結果，人権侵害

---

59) 2006年11月29日の理事会第3会期へのメッセージ, *supra* note 40.
60) F. J. Hampson, "An Overview of the Reform of the UN Human Rights Machinery", *Human Rights Law Review*, Vol. 7, No. 1 (2007), pp.) 9-10.

を追及される側としての自己認識をもっている国々は，特別手続にダメージを与えるような提案を再三再四繰り出してきた（たとえば，特別手続担当者の行動規則の制定，国別手続・決議の廃止ないし制約など）。つまり，本来第1義的な要請であるはずの人権侵害問題への積極的対応を可能にする制度作りという趣旨とは裏腹に，そうしたネガティブな提案をなんとかしりぞけ，人権委員会の「成果」を守ることに精一杯であったという政治的現実が，今の理事会にはあるのである。その意味では，制度構築の評価は可もなく不可もなく，ということになろうか（となると，これだけの時間とエネルギーをかけて人権理事会を作る意味はあったのか，というそもそも論に立ち帰ることになるのかもしれない）。

IV おわりに

人権理事会の創設決議で強調されていた「対話と協力」は，現在理事会において盛んに引用されるキーワードである。たとえば，前述したように2008年3月の理事会第7会期において北朝鮮の人権状況に関する特別報告者のマンデートが更新された際，決議に反対もしくは棄権した国は口々にこの言葉を使って，国別手続・決議自体に反対であることが投票理由であることを説明した。国別手続・決議は，政治化の元凶であり，対話・協力の精神にもとるという趣旨である。そして，対話と協力にもとづくUPRが特定国の問題を議論するにふさわしい場であると主張した（中国，キューバ，インドネシア，フィリピン，ロシア，パキスタン，マレイシア，エジプトなど)61)。しかし，これらの国にとって「対話と協力」とは何を意味するのであろうか。北朝鮮が特別報告者にいっさい協力せず，現地調査を受け入れないことは，対話・協力の原則に反していないのであろうか。また，この会期中に発生したチベット問題に対して，3月25日の会合で，欧米諸国やNGOが議論を展開しようとしたとき，議題が「ウィーン宣言・行動計画のフォローアップと実施」であることを理由に，中国や他の国が何度も発言をさえぎり，頑として議論に応じ

---

61) UN Press Release, Human Rights Council, Afternoon 27 March 2008 ; Afternoon 28 March 2008.

ようとしなかったのは，対話・協力の原則にかなっているのであろうか（結局，チベット問題に対して，理事会は何も対応しなかった。2007年9月の理事会第6会期中にミャンマーの人権状況が悪化して，欧米諸国中心に特別会期開催を要請し，同年10月に特別会期が実現したのとは対照的である。大国が監視から外れてゆくのは人権委員会時代と変わらぬ光景といえようか)[62]。理事国は当然のこと，加盟国である以上理事会の活動への協力義務は憲章上とりわけ55，56条にもとづき存在する。しかし，これらの国のいう協力とは，批判や監視を伴わない理事会やそのメカニズムの活動に対する協力でしかないように見える。そうであるとすれば，UPRも含めて真正の対話は実現されようがないであろう。対話・協力が人権侵害の隠れ蓑となりうる現実がある[63]。

以上のことから，「理事会は，政治化・二重基準を克服し，国連の人権機構を強化することができるのか」という拙稿冒頭の問いに対しては，現段階では積極的な解答は見出せず，むしろ逆の方向性をもつような諸事象さえ確認しえた。その原因として，人権理事会創設を所与の結論として同床異夢の中で改革が進む中，実質的な改革に反対する力学が働き，総会の3分の2による理事国選出といった重要な提案が実現しなかったこと，理事会創設にともなう理事国構成における勢力地図の変化，人権をとりまく国際政治環境の悪化（とりわけ対テロ戦争におけるアメリカによる人権侵害とそれに対して欧州諸国が協力・容認した結果，かかる諸政府の人権問題における国際的影響力の低下が見られること）などが，指摘されよう。そして，なによりも，UPRがその典型であるように，国家主導型の枠組みが強化されつつある状況が認識されねばならない（理事会決議5/1，付属文書3項(d)）。市民社会的メカニズムである特別手続にしても，国別公開手続に対する逆風は強まるばかりであり，また，テーマ別手続も含め，特別手続担当者の選任プロセス，マンデートの更新，行動規則等を通じて国家の介入が強まるおそれもある。また，諮問委員会は，ほぼ完全に理事会のコントロール下に置かれた。申立手続にしても，その最も大きなデメリットであった非公開原則が，手続が成立してから40年近く

---

62) UN Press Release, Human Rights Council, Afternoon 25 March 2008 ; International Service for Human Rights, *Council Monitor,* Daily Update, 25 March 2008, pp.) 3-5.
63) Meghna Abraham, *supra* note 41, p. 45.

経った今日でも，関係国の協力確保を理由としてなお維持された（理事会決議5/1, 付属文書86項）。こうした状況は，理事会内の先進国と途上国の対立あるいは人権推進国と人権侵害国の対立という図式でのみ，矮小化して認識されるべきものではない。人権理事会をこえた国連におけるそして国際社会全体における国家とNGO等市民社会との間の人権をめぐるせめぎあいが，人権理事会にも投影していると見ることもできるであろう。

第8章

人権侵害加害者の不処罰に対する国連の取組み

山 下 恭 弘

I　はじめに
II　国連内の動き―不処罰と闘うための原則の成立と更新
III　被害者の3つの権利
IV　真実委員会・恩赦との関係
V　おわりに

I　は じ め に

　1993年6月，世界人権会議は「ウィーン宣言及び行動計画」を採択し，行動計画の91において「人権侵害の加害者の不処罰の問題に懸念を表明し，国連人権委員会並びに差別防止及び少数者保護小委員会がこの問題のすべての側面を検討する努力を支持する」[1]とした。
　そもそも，国際社会が不処罰（impunity）と闘う緊急の必要性に気づいたのは，1980年代に入ってからのことである。それ以前，特に1970年代は，恩赦（amnesty）による不処罰を求める声が強く発せられていた。すなわち，当時独裁体制の下にあったラテンアメリカ諸国では，NGOや法律家などから，独裁体制に反対し政治犯として捕らえられている人々に恩赦を与えよとの主張・要求が繰り広げられ，恩赦を「自由のシンボル」と捉える世論が形作られていった[2]。

---

1) UN Doc. A/CINF.157/24, Part II, para. 91.
2) See UN Doc. E/CN.4/Sub.2/1997/20, para. 2. この国連文書は，後述のジョアネが1997年6月に提出した報告書であり，その冒頭（paras. 1-6）で，不処罰に反対する

80年代に入って，状況が徐々に変わり始めた。当時衰えを見せつつあったラテンアメリカの独裁政権は，自分たちが権力を握っている間に自分たちの不処罰を取り決めたいと願い，自らに恩赦を与える法令を出し始めた。恩赦は，人権侵害の加害者に与えられる「不処罰保険」のごときものとなり，被害者たちはそうした恩赦に強い反発を示したのである[3]。

　冷戦の終焉を迎えた90年代は，多くの民主化の動きや，内戦終結の和平合意で民主主義への回帰が見られたが，和平交渉や国民間の和解の過程で，すべてが忘れ去られることを願うかつての権力者（加害者）と，真実・裁判・賠償を求める一般の国民（被害者）との間で，不処罰をめぐる問題が世界の各地で生ずるようになった[4]。かくして，人権侵害の加害者の不処罰の問題に懸念を示した国連は，特別報告者を立てこの問題と本格的に取り組むことを決意し，世界人権会議も，前述の行動計画の91に見られるように，そうした国連の動きを支持したのである。

　この小論では，不処罰の問題に対する国連内の動きとして注目される「不処罰と闘う行動を通じて人権の保護及び促進を求める一連の原則」の成立と更新について，特に，原則が示した被害者の3つの権利，そして不処罰と真実委員会[5]・恩赦との関係について，以下論ずることにする。

　　活動の起源が論じられている。なお，同年10月に提出されたジョアネの報告書（注8を参照）にも，冒頭で同一の記述が見られる。
3) See ibid., para. 3.
4) See ibid., para. 4.
5) 真実委員会とは，紛争後に設立される国内委員会のことであり，真相解明・和解委員会（Truth and Reconciliation Commission）とも呼ばれる。一般に，恩赦を前提にして加害者に人権侵害の事実を語らせ，真実を明らかにして国民間の和解を促すことを目的としている。紛争後の各国で設置されているが，例えば，シエラレオネの場合の委員会と恩赦の関係については，拙稿「紛争後の恩赦と裁判—シエラレオネの場合」『福岡大学法学論叢』第49巻2号（2004年9月）157-164頁を参照。

II 国連内の動き－不処罰と闘うための原則の成立と更新

1．ジョアネ報告書－原則の成立
(1) 報告書の提出

1992年8月，差別防止および少数者保護小委員会（以下，小委員会と呼ぶ。）は，決議1992/23において，委員会のメンバーであるジョアネ（Louis Joinet）[6]他1名の特別報告者に対し，人権侵害の加害者の不処罰に関する研究をまとめるよう要請した。この小委員会の対応は，国連人権委員会（決議1993/43）と経済社会理事会（決定1993/266）の承認を得て，不処罰に対する国連の取組みが本格的にスタートした。

小委員会は1994年8月，決議1994/34において，市民的・政治的権利の侵害のケースと経済的・社会的・文化的権利の侵害のケースの2つに分けて研究を進めるよう要請し，ジョアネに前者のケースを任せることにした。翌年提出されたジョアネの中間報告書[7]に満足の意を示した小委員会は，決議1995/35において，1996年8月の第48会期に最終報告書を提出するよう要請した。

予定どおり報告書は提出されたが，小委員会は報告書を検討する時間的余裕がなく，決議1996/119において，引き続き報告書の内容を検討し，翌年の第49会期に改定・拡大された報告書の最終版を提出するよう，あらためてジョアネに要請した。かくして，1997年の6月と10月，ジョアネの最終報告書[8]が小委員会に提出されることになった。

(2) 原則の提示

報告書のタイトルは，「（市民的及び政治的）人権侵害の加害者の不処罰の問

---

6) ジョアネは1985年8月，恩赦に関する特別報告書として，「人権の擁護及び促進における恩赦法とその役割に関する研究」（UN Doc. E/CN.4/Sub.2/1985/16/Rev.1）を小委員会に提出しており，不処罰に関する研究でも最適の人物であると見られていた。

7) UN Doc. E/CN.4/Sub.2/1995/18.

8) UN Doc. E/CN.4/Sub.2/1997/20, UN Doc. E/CN.4/Sub.2/1997/20/Rev.1. 以下で論ずる報告書とは，10月に提出された後者の報告書を指している。この報告書は以下，「ジョアネ報告書」と呼ぶ。

題」とされ，付属書Ⅱの「不処罰と闘う行動を通じて人権の保護及び促進を求める一連の原則」で，42の原則が提示された。

前文に続き定義が示され，「不処罰」とは，定義Aで『人権侵害の加害者が告発，逮捕，裁判，有罪判決を受けた場合には適切な刑罰の宣告，さらに被害者に対する賠償へと至る可能性のある調査を何ら受けないために，法律上又は事実上—刑事，民事，行政又は懲戒上のいずれの手続においても—当該加害者の責任を問うことが不可能なことをいう」とされた。さらに，不処罰が認められない「国際法に基づく重大な犯罪」とは，定義Bで「戦争犯罪，集団殺害罪を含む人道に対する罪及び国際人道法の重大な違反」とされた。そして本題である原則が，次の3つの権利に分かれて示されることになった。すなわち，知る権利（原則1〜17），裁判を求める権利（原則18〜32），賠償を求める権利（原則33〜42），である。提示された一連の原則は，被害者に—知る権利については，被害者ではない個人・集団にも[9]—認められる，これらの権利の実現を通じて不処罰に対処しようとするものであった。

ちなみに，真実委員会は，知る権利に関連するものとして，「裁判外の調査委員会」（原則5〜12）で扱われることになり，恩赦は，裁判を求める権利に関連するものとして，「不処罰と闘うための行動により正当化される法規に関する制限」の範疇に入れられ，「恩赦に関する制限その他の措置」（原則28）で扱われることになった。

(3) 原則の評価

ジョアネが報告書を提出したほぼ同じ頃，ファン・ボーベン（Theo van Boven）もまた，国際人権・人道法の大規模侵害の被害者が賠償を求める権利に関する基本原則とガイドラインを小委員会に提出した[10]。この2人の報告書は，国際人権・人道法の重大な侵害の被害者の立場を初めて詳細に分析したものであった[11]。ファン・ボーベンは，彼が示した原則のタイトルにある

---

9) ジョアネ報告書17頁の原則1および2を参照。なお，この点については，Ⅲ 1.で詳述する。

10) ファン・ボーベンの基本原則・ガイドラインには3つのバージョンがあり，以下の国連文書に収録されている。*See* UN Doc. E/CN.4/Sub.2/1993/8, UN Doc. E/CN.4/Sub.2/1996/17 and UN Doc. E/CN.4/Sub2/1997/104.

11) とはいえ，前述の定義Bに見られるように，ジョアネは国際人権法の違反，例えば拷

ように専ら被害者の賠償問題に焦点を当てたのに対し，ジョアネは，不処罰と闘うために提示されたもっと広範な一連の原則の重要な構成要素として，被害者の賠償問題を取り上げたである。

ただし，提示された原則は，ジョアネ自身も認めるように「厳格な意味での法的基準ではない」[12]のであり，ファン・ボーベンの原則・ガイドラインも含めて「どちらの一連の原則も法的拘束力はなく…それは現行国際法を宣言したものというよりはむしろ立法論である。これらの一連の原則に含まれているような人権および人道法の侵害の被害者を対象にした『ソフトな』国際法の蓄積は，未だ法規範または一連の法的拘束力のある原則になるに至っていない」[13]との評価が一般的であった。バッシューニ（M. Cherif Bassiouni）が述べているように，「積み重ねられていけば，これらの様々なイニシアチブが多様な基準，原則，解釈そして文言を生む可能性がある」[14]という意味で，提示された原則は，今後の不処罰に対する取組みに影響を及ぼすものとなった。

問，強制失踪，超法規的処刑といった犯罪を明記しなかった。これは意図的に国際人権法を除外したわけではなく，後述のオレントリッチャーの報告書では，定義のなかに国際人権法の違反も例示列挙されることになった。

12) ジョアネ報告書49項。

13) Avril McDonald, "The Development of a Victim-Centered Approach to International Criminal Justice for Serious Violations of International Humanitarian Law," in John Carey, William V. Dunlap and R. John Pritchard eds., *International Humanitarian Law : Prospects*, 2006, p. 259.

14) UN Doc. E/CN.4/1999/65, para. 6. この国連文書は，小委員会決議1998/43に従いバッシューニが提出した「人権及び基本的自由の大規模侵害の被害者が原状回復，補償及びリハビリテーションを受ける権利に関する独立専門家の報告書」である。バッシューニは，小委員会からファン・ボーベンの基本原則・ガイドラインを改定するよう指示を受け，ジョアネの原則も考慮しながらこの報告書をまとめた。ちなみに，その後も基本原則・ガイドラインを検討する作業は続けられ，2005年4月，漸く国連人権委員会により最終案が採択されるに至った。この結実した基本原則・ガイドライン（英文）については，申惠丰・高木喜孝・永野貫太郎［編］『戦後補償と国際人道法──個人の請求権をめぐって』（明石書店，2005年）の参考資料（352頁以下）を参照。

2．オレントリッチャー報告書―原則の更新

(1) 新たな報告書の提出

2003年4月，国連人権委員会は，決議2003/72において，不処罰と闘う国家実行をまとめた研究を国連事務総長に要請し，事務総長は，アメリカン大学の人権・人道法センターの教授であるオレントリッチャー（Diane Orentlicher）にこの研究を依頼した。彼女は，ジョアネが提示した原則の適用の如何を考慮し，1997年―原則提示の年―以降の国際法と国家実行におけるカギとなる発展に言及した研究をまとめ，事務総長は2004年2月，この研究を人権委員会に送付した[15]。人権委員会は4月，決議2004/72において，ジョアネの原則を更新するために，1年任期の独立専門家を任命するよう国連事務総長に要請し，オレントリッチャーがこの任務を引き受けることになった。

彼女は自らがまとめた研究や，各国政府・国際機関・NGOから得た情報と意見を基に原則の更新に着手した。そして2005年2月，更新された一連の原則と原則の注釈を記した報告書が，相次いで人権委員会に提出されることになった[16]。

(2) 更新された原則の提示

報告書のタイトルは，「不処罰と闘うための一連の原則を更新する独立専門家の報告書」とされ，更新された原則には，ジョアネの原則と同じ「不処罰と闘う行動を通じて人権の保護及び促進を求める一連の原則」の名が用いられた。更新された原則の多くは，ジョアネの原則を確認・維持するものであ

---

[15] UN Doc. E/CN.4/2004/88. オレントリッチャーがまとめた研究は，「不処罰のあらゆる側面と闘う国家の国内での能力強化を支援するための最良の実行（勧告を含む）に関する独立研究」とのタイトルが付され，この国連文書（事務総長覚書）に収録された。彼女がまとめた研究は以下，「オレントリッチャー研究」と呼ぶ。

[16] 更新された一連の原則（UN Doc. E/CN.4/2005/102/Add.1）が2月8日，報告書（UN Doc. E/CN.4/2005/102）が2月18日に提出された。報告書の提出が若干遅れたのは，各国政府から得た情報や，専門家ワークショップ―国連人権高等弁務官事務所が2004年11月にジュネーヴで立ち上げたもの―の討議結果を報告書に加えるためであった。この報告書は以下，「オレントリッチャー報告書」と呼ぶ。また，更新された一連の原則の邦訳は，拙訳「不処罰と闘う行動を通じて人権の保護及び促進を求める一連の原則」『福岡大学法学論叢』第52巻4号（2008年3月）493頁以下を参照。

るが,「国際裁判所・人権条約機関・国内裁判所の先例や,その他の国家実行に示されているような最近の国際法の発展を反映し」[17],改定されたものもある。原則の整理・統合も行われ,新たに提示された原則は,以前の42から38になった。

前文に引き続き定義が示されたが,「不処罰」の定義は,前述のジョアネの定義がほぼそのまま受け継がれた(定義A)[18]。「国際法に基づく重大な犯罪」の定義は,次のように大きく変更された。すなわち,「1949年8月12日のジュネーヴ諸条約及び1977年の第1追加議定書の重大な違反,国際法の下で犯罪とされる国際人道法のその他の違反,集団殺害罪,人道に対する罪,国際法の下で犯罪とされる国際的に保護された人権のその他の違反,及び/又は,例えば拷問,強制失踪,超法規的処刑や奴隷といった国際法が国家に処罰を求めているものが含まれる」(定義B)。そして,ジョアネの場合と同様に,被害者の3つの権利が原則として提示された。すなわち,知る権利(原則2〜18),裁判を求める権利(原則19〜30),賠償を求める権利—再発防止の保証も含めて—(原則31〜38),である。

真実委員会と恩赦についても,ジョアネの場合と全く同様に,真実委員会は,「調査委員会」(原則6〜13)で扱われ,恩赦は,「不処罰と闘うための行動により正当化される法規に対する制限」の1つとして,「恩赦に関する制限その他の措置」(原則24)で扱われることになった。

(3) 原則の評価

オレントリッチャーは,ジョアネの原則に対する評価を引用し,「『これらの原則は,厳格な意味での法的基準ではなく指導原則である』ということを繰り返し述べることが有益であろう」[19]と述べた。

しかしながら,彼女は2004年の研究でジョアネの原則について,「国際法における最近の発展は,原則を全体的に承認し,原則が不処罰と闘う国内の努力に寄与していることを浮き彫りにした」[20]と評価しており,この点を証

---

17) オレントリッチャー報告書5項。
18) ジョアネの定義にあった「人権侵害の加害者」が「侵害の加害者」とされただけで,他に変更はなかった。
19) オレントリッチャー報告書11項。

明する先例を踏まえて原則の更新・改定を行ったのであるから，新たな原則が国際社会に及ぼす影響は，ジョアネが原則を提示した1997年の時と比べて，一段と強いものになったと見るのが正しい評価であろう。

国連がオレントリッチャーに原則の更新を指示したのは，国際社会が不処罰と闘う姿勢を強め，実際にも先例が増えてきた点に着目したためであり，国連の場では，ジョアネの原則は「すでに地域的および国家的レベルで適用されている」[21]との評価を受けていた。かくして，新たな原則は，「法的基準ではない」と一言で済ませる段階を超え，近い将来の新たな法の成立を予感させるものとして国際社会に迎えられることになった。

III 被害者の3つの権利

オレントリッチャーは，ジョアネの場合とは異なり，原則の冒頭に「不処罰と闘うために実効的な行動をとる国家の一般的義務」を掲げ[22]，次のように規定した。すなわち，「不処罰は，国家が次の義務を果たすことができないことから生ずる。すなわち，侵害を調査すること，特に司法の分野で，刑事責任の疑いをかけられた者が訴追され，裁判に付され，かつ正当に処罰されることを確保することにより加害者に関して適切な措置をとること，被害者に実効的な救済措置を提供し，かつ被害者が被った損害に対して賠償を受けることを確保すること，侵害について真実を知る不可譲の権利を確保すること，侵害の再発を防止するのに必要なその他の措置をとること，である」（原則1）。彼女は，定義のすぐ後に国家の一般的義務を置くことで，不処罰と闘う「国家の義務」がより鮮明に理解されることを期待し[23]，以下の被害者の3つの権利が―侵害の再発防止も含めて―実現されることを強く希望したのである。

---

20) オレントリッチャー研究2頁。
21) 国連人権委員会決議2004/72の16項。
22) ジョアネの場合は，裁判を求める権利の一般原則を規定した原則18（司法の運営に関する国家の義務）の1で，国家の一般的義務に言及していた。原則18の1は，ジョアネ報告書22頁を参照。
23) オレントリッチャー報告書16項を参照。

1. 知る権利
(1) 個人的・集団的権利としての側面

オレントリッチャーはまず,原則2(真実を求める不可譲の権利)と原則3(記憶しておく義務)で,次のように知る権利が被害者の権利に留まらない,個人的・集団的権利でもあることを指摘した。

原則2　すべての者は,凶悪な犯罪の実行に関する過去の出来事について,また,大規模又は組織的な侵害を通じて当該犯罪が実行されるに至った事情及び理由について,真実を知る不可譲の権利を有する。真実を求める権利の十分かつ実効的な行使は,侵害の再発を避けるのに欠かせない防護措置となる。

原則3　人々が抑圧された歴史を知ることは,自己の遺産の一部となるので,国家が人権及び人道法の侵害に関する公文書その他の証拠を保存し,かつ,当該侵害を知ることを容易にする義務を果たす際は,遺産として適切な措置が確保されなければならない。こうした措置は,集団的記憶が失われないようにすること,特に修正論者及び否定論者の反論を防ぐことを目的とする。

「すべての者は」で始まる原則2は,知る権利の個人的側面を取り上げ,原則3は,「集団的記憶が失われないようにする」国家の義務を強調し,知る権利の集団的側面を明確に浮かび上がらせた。彼女は,ジョアネの原則にも見られるこの2つの原則について,「国際法学と国家実行における最近の発展は,知る権利を個人と集団の両側面から強く肯定するものとなっている」[24]と判断し,若干の文言の変更を加えて,そのまま維持することにした。

とはいえ,知る権利の個人的・集団的側面が常にどこでも認められるわけではない。確かに,若干の先例を引用しながら知る権利のこうした側面を肯定する者もいるが[25],説得力は乏しい。現段階では,知る権利の個人的・集

---

24) 同上,17項。
25) *See* e.g. Ana Salado-Osuna, "The Victims of Human Rights Violations in Armed Conflicts : The Right to Justice, Truth and Compensation," in Pablo Antonio Fernández-Sánchez ed., *The New Challenges of Humanitarian Law in Armed Conflicts*, 2005, p. 333.

団的側面は，後述の真実委員会の設立・活動を通じて実現されると主張するのが妥当ではないか。

というのは，オレントリッチャーがいう「国家実行における最近の発展」は，真実委員会の設立・活動が注目を集めるようになった時期と重なり，彼女自身も「…世界が広く真実委員会から得た経験は，『被害者その他の市民の参加』…が，知る権利の集団的側面を考えるうえで特別な重要性を有することを示したのである」[26]と述べているからである。つまり，委員会とは無関係に知る権利の個人的・集団的側面を主張することは，少なくとも集団的側面については現実的困難を伴うと見るのが，「最近の発展」の正しい理解であろう。

(2) 被害者の権利としての側面

被害者の知る権利は，次のように規定された。

原則4　被害者及びその家族は，法的手続の如何を問わず，侵害が発生した事情及び死亡又は失踪の場合は被害者が辿った運命について真実を知る，時効で消滅することのない権利を有する。

この種の被害者の知る権利は，国際人道法の分野では，すでに1977年ジュネーヴ第1追加議定書が行方不明者・死者の問題を扱う第3部の冒頭で規定しており，初めてのことではない。第3部の一般原則に係わる32条は，「締約国，紛争当事者並びに諸条約及びこの議定書に規定する国際的な人道的団体の活動は，この部の規定の実施に当たり，主として家族がその近親者の運命を知る権利に基づいて促進される」と規定している。ただし，議定書のコメンタリーによれば，第3部そのものは「自国民」には適用されず，家族の知る権利は，国家その他の捜索活動の主たる動機となるにすぎず，専らそうした権利に基づいて活動が行われるわけではないと解されていた[27]。

原則4は，以上の国際人道法を補完しうるものである。また，同原則は，

---

26) オレントリッチャー報告書18項。

27) *See* Yves Sandoz, Christophe Swinarski and Bruno Zimmermann eds., *Commentary on the Additional Protocols of* 8 *June* 1977 *to the Geneva Conventions of* 12 *August* 1949, 1987, paras. 1212, 1218.

その適用が国際的武力紛争に限定されないため，非国際的武力紛争や国内の騒乱・緊張の事態にも適用できるところに意義を見出せるが，今回の更新で，時効の不適用を確認する規定が挿入され[28]，新たな意義を付け加えることになった。

加えて，知る権利と行方不明者との関連でいえば，国際人権法の分野でも最近，大きな進展が見られた。すなわち，国連総会は2006年，「強制失踪からのすべての者の保護に関する国際条約」[29]を採択し，24条2項で「被害者は，強制失踪の状況に関する真実，調査の進展及び結果並びに失踪者の消息を知る権利を有する」[30]ことが認められたのである。ただし，条約は知る権利の個人的・集団的側面に言及することはなく，そうした側面に対する前述の評価を再確認するものとなった。

2．裁判を求める権利
(1) 一般原則

被害者の裁判を求める権利は，司法の運営（administration of justice）[31]に関する国家の義務の観点から，次のように原則19に規定された。

原則19　1　国家は，人権及び国際人道法の侵害に対し迅速，十分，自主的かつ公平な捜査を行い，特に刑事司法の分野で，国際法に基づく重大な犯罪の責任を有する者が訴追され，裁判に付され，かつ正当に処罰される

---

28) ジョアネは，原則3で被害者の知る権利を規定したが，時効の不適用に言及しなかった。原則3は，ジョアネ報告書17頁を参照。
29) 条約英文については，国連総会決議（A/RES/61/177）の付属書を参照。
30) 外務省のホームページ（http://www.mofa.go.jp/mofaj/gaiko/treaty/pdfs/shomei_24pdf）に掲載の仮訳。ちなみに，「被害者」とは，24条1項で「失踪者及び強制失踪の直接の結果として被害を受けた個人をいう」とされている。なお，後述の同条4項の規定も，この外務省仮訳をそのまま引用している。
31) オレントリッチャーは，原則19のタイトルに「司法の運営」―ジョアネの原則18（前掲注22を参照）と同じ―を用いているが，この文言は，「わが国の『司法行政』よりも広く…法の実現のための仕組みとその実態の全体をカヴァする言葉。検察のあり方も含めて刑事司法の運営をさすことも少なくない」といわれる。田中英夫（編集代表）『英米法辞典』（東京大学出版会，1991年）25頁。

ことを確保することにより，当該加害者に関して適切な措置をとる。

2　訴追の決定は，主に国家の権能に属するが，被害者，被害者の家族及び相続人は，特に民事の当事者として又は刑事訴訟法が私人訴追の手続を認める国においては当該訴追を行う者として，個人的又は集団的に訴訟を提起することができる。国家は，不当な扱いを受けた当事者及び正当な利害関係を有する者又は非政府団体のいずれに対しても，司法手続において広範な法律上の当事者適格を保障すべきである。

　被害者の裁判を求める権利は，国家が加害者を捜査・訴追・処罰する義務を確実に履行するよう，被害者が「求める」権利である。被害者が裁判を「行う」主体的な権利であるならば，被害者本人が加害者に対し刑事訴訟を提起する権利でなければならないが，そうした権利が国の内外を問わず一般に認められていない現状を考慮して[32]，原則19は，裁判を「求める」形で，被害者の権利を提示した。原則19の2が「訴追の決定は，主に国家の権能に属する」と規定するのは，この点を国家の権能の面から再度確認するものである。

　ただ，多種多様な国内の法制度があることを踏まえて，原則19の2でイギリスの「私人訴追」(private prosecution)[33]の例を挙げ，被害者の裁判を「行う」権利にも言及した。「民事の当事者」にも触れているが，これは後述の賠償を求める権利に関係している。

　さらに，原則19の2は，「正当な利害関係を有する」非政府団体（NGO）であれば，被害者に代わって訴訟を提起する資格を認めようとした。ジョアネの原則では，NGOにそうした資格を認める場合，「関係する被害者に代わっ

---

[32] とはいえ，状況は変わりつつある。日本でも最近，犯罪被害者と刑事裁判の問題が取り上げられ，被害者の刑事裁判への参加が本格的に論じられるようになった。例えば，『ジュリスト』第1338号（2007年7月）で特集された「犯罪被害者と刑事裁判」2頁以下を参照。

[33] 私人訴追は，「イギリスでは，犯罪と容疑者を知った者でそれを立証するための証拠をもっている者は誰でも，自ら…刑事訴追を提起することができる。…このように検察官のような刑事訴追を任とする公務員以外の提起する刑事訴追をさす」文言である。田中『前掲書』（注31）665頁。

て長期にわたり活動してきたこと」[34]が条件とされていた。オレントリッチャーは，2004年の研究で様々な国のNGOの活動を検討し[35]，平和の回復，民主主義の移行期にある国家においては，国内NGOが長期にわたり活動できない場合があることなどを考慮し，この条件を削除したのである[36]。これは被害者の立場からすれば有益な前進であるが，これが認められるかどうかは「すべきである」と要請された国家の判断に任されることになった。

(2) 裁判管轄権に係わる問題への対応

原則20（国際刑事裁判所及び国際化された刑事裁判所の管轄権）と，原則21（普遍的及び国際的裁判管轄権に関する国際法上の原則の実効性を強化するための措置）で，次のように裁判管轄権を明確にする措置がとられた。

原則20　1　国家は，原則として，国際法に基づく重大な犯罪に対して裁判管轄権を行使する主要な責任を有する。国際刑事裁判所及び国際化された刑事裁判所は，国内裁判所が独立及び公平を十分に保障できない場合，あるいは実質的に，実効的な捜査又は訴追を行う能力又は意図を欠いている場合は，自らの規程の条項に従い競合する管轄権を行使することができる。

2　国家は，国際刑事裁判所及び国際化された刑事裁判所に関する法的義務を完全に履行することを確保しなければならない。この確保には，必要な場合，国家が国際刑事裁判所に関するローマ規程の遵守を通じて，又はその他の拘束力のある文書に基づいて生ずる義務を履行できるように国内法を制定すること，また，容疑者を逮捕し，引渡しかつ証拠に関して協力するために適用可能な義務を実施することが含まれる。

原則21　1　国家は，自国の裁判所が慣習法及び条約法の適用可能な原則に従い，国際法に基づく重大な犯罪に対し普遍的管轄権を行使できるように必要とされる実効的な措置（国内法の採択又は改正を含む。）をとるべきである。

2　国家は，容疑者を引渡さない場合，又は国際裁判所若しくは国際化さ

---

34) ジョアネ報告書23頁にある原則18の2に規定された条件。
35) オレントリッチャー研究44項を参照。
36) オレントリッチャー報告書37項を参照。

れた裁判所に訴追のために移送しない場合は，国際法に基づく重大な犯罪の責任を有する個人であるとの確かな証拠がある者に対し，自らが請け負った刑事手続を提起する法的義務を完全に履行することを確保しなければならない。

原則20は，国際刑事法における最近の制度的発展を踏まえたものである。オレントリッチャーが原則の更新・改定のために参考にした「国際刑事裁判所」と「国際化された刑事裁判所」は，ジョアネが参考にした旧ユーゴとルワンダの国際刑事裁判所に加えて[37]，国際刑事裁判所 (ICC)，シエラレオネ・東ティモール・コソボ・カンボジアの国際化された国内刑事裁判所－その他の将来設立の可能性があるものも含まれる－であった[38]。

彼女は原則20の1で，自国での裁判の実施が国家の「主要な責任」とされる点を明確にした後，国内裁判所と国際刑事裁判所・国際化された刑事裁判所の管轄権が競合する場合を取り上げ，国際裁判が実施されるかどうかは，「規程の条項に従い」判断されるとした。この判断の条件として，国内裁判所の独立・公平性の欠如や，捜査・訴追における能力・意図の欠如が挙げられたが，これは受理可能性の問題を扱うICC規程17条が掲げた条件に倣ったものである[39]。そして，この判断を行うことが「できる」のは，専ら国際刑事裁判所・国際化された刑事裁判所であるとした。ただ，この原則の規定は，国家の能力・意図の欠如をどう客観的に判断すればよいかなど，ICC規程が抱える曖昧な点をそのまま受け継ぐことになってしまった[40]。

彼女は原則20の2で，ICC規程その他が定める「法的義務を完全に履行すること」を国家に求め，裁判が確実に実施されることを期待したが，問題点の克服は先送りにされる結果をもたらしたのである。

---

[37] ジョアネが原則を提示した1997年以前に存在していた国際刑事裁判所は，旧ユーゴとルワンダの2つのアドホックな国際裁判所だけであり，原則19で国内裁判所と国際刑事裁判所の管轄権の競合の問題を扱った。原則19は，ジョアネ報告書23頁を参照。

[38] オレントリッチャー報告書39項を参照。

[39] 同上，41項を参照。

[40] ICC規程17条の問題点を指摘するものとして，例えば，岡田泉「国際刑事裁判所の管轄権」『国際法外交雑誌』第98巻5号（1999年12月）73頁を参照。

原則21は，普遍的裁判管轄権に関するジョアネの3つの原則[41]を統合したものである。国家は，国際法が認める範囲で裁判所が普遍的管轄権を行使できるように必要な措置をとるべきこと，領域内に居る犯罪容疑者を他国に引渡さないときは，自国で訴追する義務を負うことが明示されたが，原則21の2は，容疑者を国際裁判所・国際化された裁判所に「訴追のために移送 (transfer) しない場合」も，引渡しの拒否と並んで訴追の義務を負う条件とした。つまり，伝統ある「引渡しか訴追か」(aut dedere aut judicare) の原則に，新たな条件が追加されたわけだが，これはICC規程その他により国家に課された新たな義務が考慮された結果であり[42]，至極当然の成り行きであった。

3．賠償を求める権利
(1) 国家の義務－賠償手続の実施と公表

被害者の賠償を求める権利は，国家が賠償を行う義務を履行すること（原則31），具体的には，賠償手続－新たな賠償プログラムを含む－を実施し（原則32），その手続を広く公表すること（原則33）により実現されるとし，次のように規定された。

原則31　いかなる人権侵害も，被害者又は被害者の利益を受ける者の側に賠償を求める権利を生じさせるが，この権利には，国家の側に賠償を行う義務及び被害者が加害者から救済を求める可能性が含まれる。

原則32　1　すべての被害者は，原則23に定められた時効に対する制限に従い刑事，民事，行政又は懲戒上の手続の形をとって，容易に利用可能で迅速かつ実効的な救済措置を利用できるものとする。被害者は，この権利を行使するに際して脅迫及び報復に対する保護を与えられる。

2　賠償はまた，個人及び地域社会に宛てて国内又は国際の各方面から資金が提供され，立法又は行政上の措置に基づいたプログラムを通じて提供

---

41) ジョアネは，原則20で外国の裁判所の管轄権が認められる場合，原則21で普遍的管轄権を定めた条約を批准する際にとるべき措置，原則22で国内法による域外管轄権の設定が可能となる場合を扱った。原則20～22は，ジョアネ報告書23頁を参照。

42) オレントリッチャー報告書44項を参照。

することができる。被害者その他の市民社会に属する者は，このようなプログラムの企画及び実施において重要な役割を果たすべきである。女性及び少数者の集団が賠償プログラムを発展，実施及び評価する目的を持った公の協議に参加することを確保するために，協調した努力が払われるべきである。

3 賠償を求める権利の行使には，適用可能な国際的及び地域的な手続の利用が含まれる。

原則33 被害者が賠償を求める権利を行使できる特別な手続が，公的なものばかりでなく私的な通信媒体によっても，できるだけ広範に公表されるべきである。このような流布は，国の内外で行われるべきであって，これには，特に多数の被害者が亡命を余儀なくさせられている国にある領事館を通じてのものが含まれる。

オレントリッチャーは，原則32の2を追加したが，原則31〜33のその他の箇所は変更せず，ジョアネの原則[43]をそのまま維持する形をとった。彼女が原則の更新に着手した当時，大規模な人権侵害の後に国内で実施される賠償プログラムの重要性に注目が集まっており[44]，彼女も「被害者の範囲が一般に極めて広い状況では，行政プログラムが被害者への十分，実効的かつ迅速な賠償の配分を促すものとなりうる」[45]と判断し，原則の一部追加を行ったのである。

そして自らの報告書のなかで，国家が実施すべき賠償プログラムについて，具体的かつ詳細な指摘・提案を行った[46]。この提案の基本となる諸点は，次のとおりである。すなわち，(a)すべての被害者に賠償を行うこと，伝統的に社会から軽視されてきた人々を排除してはならない，(b)賠償の対象となる犯罪を狭く捉えないこと，賠償を受けない被害者の要求を将来の政治課題としてはならない，(c)賠償は物的その他の利益を提供するものであること，

---

43) ジョアネの原則33（賠償を行う義務から生ずる権利及び義務），34（賠償手続），35（賠償手続の公表）については，ジョアネ報告書26-27頁を参照。

44) オレントリッチャー研究60項を参照。

45) オレントリッチャー報告書58項。

46) 提案の詳細については，同上，59項を参照。

様々な利益に相互補完的な関係がなくてはならない，(d)賠償プログラムはその他の法的措置と協調して行われること，賠償とともに刑事訴追などの措置がとられなければならない，(e)被害者を平等な市民として扱うこと，被害者をプログラムの企画・立案に参加させなければならない，である。

原則33の手続の公表は，できるだけ多くの被害者が手続を通じて賠償を求める権利を行使できるように，最大限可能な周知を国家に求めた。「周知」の徹底に拘ったのは，賠償プログラムの潜在的な受益者，特に「性的暴力の被害者が，自らが耐え忍んだ侵害が賠償プログラムに含まれていることを知るように確保すること，もっと一般的にいえば，伝統的に社会から軽視されてきた集団に属する被害者が，賠償を受ける権利を効果的に行使できるように確保すること」[47]を重視したためであった。

(2) 賠償を求める権利の範囲

引き続いて，原則34で被害者の賠償を求める権利の範囲が，次のように規定された。

原則34 1 賠償を求める権利は，被害者が被ったすべての損害に適用される。当該権利には，原状回復，補償，リハビリテーション及び国際法が提供するような救済の措置が含まれる。
2 強制失踪の場合，直接の被害者の家族は，失踪した者の運命及び/又は所在を知らされる，時効の適用を受けない権利を有し，また，死亡の場合は，加害者が特定又は訴追されたかどうかに拘わりなく，当該人の遺体は，特定され次第直ちに家族に返還されなければならない。

そもそも被害者の賠償を求める権利は，ジョアネが指摘したとおり[48]，次の3つが提供されることにより実現される。すなわち，(a)原状回復(被害者が元の状態を取り戻すことを目的としたもの)，(b)補償(肉体的・精神的被害に対するもの，これには，機会の喪失，物的損害，名誉毀損および法的助言を受ける

---

47) オレントリッチャー報告書60項。
48) ジョアネ報告書9頁を参照。ジョアネは同頁の原則の注釈を記した41項で，ファン・ボーベンがまとめた基本原則・ガイドライン(前掲注10を参照)を参考にしながら，賠償の中身を3つに分けて論じた。

費用が含まれる），(c)リハビリテーション（医療的ケア，これには，心理学的・精神医学的な処置が含まれる），である。

原則34は，ジョアネの原則と比べて規定の仕方が異なるものの[49]，内容的には同じものである。これら3つの措置は，前述の原則32の1に見られるように，基本的には国内の刑事・民事・行政・懲戒上の手続の下で，その実現が図られることになるが，賠償の義務を課せられた国家——賠償可能なときは加害者も含めて——が，実際に3つの措置をすべて実現できるのかが問題である。

原則32の2で示された国内・国際両面からの資金援助と賠償プログラムの実施は，その実現を助ける手立てとして有効であるが，国家はそれを強制されたわけではなく，オレントリッチャーは，前述のとおり提案に留めて，今後の発展に期待したのである。

ちなみに，国連総会は1985年，「犯罪及び権力の濫用の被害者のための正義に関する基本原則宣言」[50]を採択し，国家は「権力濫用の被害者」[51]のために，「容易に利用可能な適切な権利と救済」を与えるべきであるとしたが（宣言の21），これは国内法上の措置があってはじめて実現できることであり，そうした措置を通じて原状回復・補償・リハビリテーションが行われるとした（宣言の19）。

---

49) ジョアネ報告書27頁にある原則36（賠償を求める権利の範囲）を参照。オレントリッチャーは，このジョアネの原則が定めた「賠償を求める権利に関する一連の基本原則及び規則が規定しているような救済の一般的な措置」を「国際法が提供するような救済の措置」に改めた。ちなみに，ジョアネのいう「基本原則」とは，前掲注10のファン・ボーベンの基本原則を指している。

50) 宣言英文については，国連総会決議（A/RES/40/34）の付属書，宣言の邦訳は，諸澤英道訳著『被害者のための正義』（成文堂，2003年）2－6頁を参照。なお，この訳書には，宣言の具体的な実施措置を詳細に記した「被害者のための正義に関するハンドブック」（Handbook on Justice for Victims）の邦訳も掲載されている（8頁以下）。ただし，このハンドブックで提示された措置は，主に国内刑法上の犯罪の被害者のためのものである。

51) 宣言の18は「権力濫用の被害者」について，「国内刑法の違反とはならないが，人権に関して国際的に認められた規範の違反となる作為又は不作為により，肉体的若しくは精神的被害，感情的苦痛，経済的損失又は基本的人権の実質的な侵害を被った者をいう」と定義づけた。この訳は，上記の諸澤訳を若干変えている。

また，同じく国連総会が2006年に採択した前述の強制失踪条約も，24条4項で「強制失踪の被害者が賠償を受ける権利及び迅速，公正かつ適正な補償を受ける権利を有することを自国の法制において確保する」とした。そして同条5項で，原状回復とリハビリテーション，さらに，被害者の尊厳・信用の回復などの救済措置や再発防止の保証を国家に求めた。しかしながら，これらの措置をどう具体的に実現するのか，条約は何も言及せず，すべては国内法に託された。とはいえ，強制失踪に特化した条約が成立した意義は大きく，強制失踪の被害者の基本的権利—原則34の2で示された権利の救済的側面，つまり，残された家族が被害者に関する真実を知ることで得心し救われる面も含めて—は，この条約により明確に法的権利として意識されるものとなった。

　最近の国際法の発展のなかで注目されるICC規程は，「権力濫用の被害者」「強制失踪の被害者」に留まらない，原則が定める「国際法に基づく重大な犯罪」に相当するような犯罪の被害者に対する賠償を認め（75条），同条1項で，裁判所が「賠償（原状回復，補償及びリハビリテーションの提供を含む。）に関する原則」を定めること，さらに2項で，裁判所の命令により「信託基金」を通じて賠償の支払いが行われる場合もあることを明らかにした。これは被害者の賠償を求める権利にとって画期的な出来事であったが，被害者にとって有益な賠償がこれらの規定によって果して実現されるのかどうか，ICCは解決しなければならない多くの課題を抱えている[52]。その真の評価は，ICCの今後の活動により決せられることになる。

---

52) 例えば，賠償に関する原則では，賠償を受けることができる被害者の範囲の確定，信託基金については，十分な賠償金を提供できないことへの対応など，ICCが抱える現実的な課題がすでに指摘されている。その他の課題も含めて詳しくは，フィオナ・マッケイ（河島さえ子訳）「国際刑事裁判所における被害者参加・賠償の法的枠組みの実施に関する諸課題」城山英明・石田勇治・遠藤乾編『紛争現場からの平和構築－国際刑事司法の役割と課題』（東信堂，2007年）126-130頁を参照。

IV 真実委員会・恩赦との関係

1．真実委員会の対応

(1) 知る権利との関係

オレントリッチャーが報告書で示した定義によれば，真実委員会とは，「通常は幾年かにわたり行われてきた人権又は人道法の侵害形態を調査する公的，一時的，非司法的な事実解明機関」(定義D) をいう。この委員会は，前述の「知る権利」を実行するための保障措置として，原則5で，次のように規定された。

> 原則5　国家は，知る権利を実行するのに適切な行動（司法の独立したかつ実効的な運用を確保するのに必要な措置を含む。）をとらなければならない。この権利を確保する適切な措置には，司法の任務を補完する非司法的な手続が含まれる。大規模又は組織的に行われた凶悪な犯罪を体験した社会は，特に真実委員会その他の調査委員会を創設することにより，真実が解明されるよう当該侵害の周辺事実を確定し，かつ証拠の消滅を防止する利点を得ることができる。国家は，こうした機関を設立するかどうかに拘わりなく，人権及び人道法の侵害に関する公文書を保存し，かつその利用を確保しなければならない。

真実委員会を設立するかどうかは，国家の自由な判断に任されたが，委員会が設立される場合に備えて「調査委員会」（原則6～13）が，さらに，委員会の設立とは拘わりなく「侵害の証拠となる公文書の保存及び利用」（原則14～18）が，それぞれ提示されることになった。次節で，その一部を取り上げて検討する。

(2) 委員会の権限－裁判所・恩赦との微妙な関係

委員会が行う調査は，原則6（真実委員会の設立及び任務）の2で，「特に以前に否定されたような真実の部分を確証する目的で行われるべきである」とした後，委員会の権限が，次のように原則8・12に規定された。

> 原則8　1　管轄上の争いを避けるために，委員会の権限は明確に規定さ

れなければならず，また，調査委員会は民事，行政又は刑事裁判所の代替機関として行動するよう意図されていないとの原則に合致するものでなければならない。特に，刑事裁判所が唯一，判決を下し刑罰を科するのに適切であるとの観点から，個人の刑事責任を確定する管轄権を有する。

2 原則12及び13に掲げられた指針に加えて，調査委員会の権限として，次の規定が導入又は考慮されるべきである。

(a)－(b)(略)

(c) 調査委員会が行う調査は，人権及び/又は人道法の侵害の責任を有すると申し立てられたすべての者に関係し，当該人が侵害を命じ又は実際に侵害を行ったこと，加害者又は共犯者として行動したことの如何を問わず，また，当該人が公務員又は政府に準ずる若しくは国家と何らかの結びつきを持った私的な武装集団の一員であること，又は非政府の武装した運動団体の一員であることの如何を問わない。調査委員会はまた，人権及び人道法の侵害を容易にしたその他の行為者の役割を検討することができる。

(d) 調査委員会は，人権及び人道法のあらゆる形態の侵害を検討する管轄権を有することができる。その調査は，優先事項として国際法に基づく重大な犯罪となる侵害（特に，女性その他の被害を受けやすい集団の基本的権利の侵害を含む。）に焦点を合わせるべきである。

(e) 調査委員会は，後の司法の運営の際の利用に供するため証拠の保護に努める。

(f) (略)

原則12 委員会の権限として，不処罰と闘うための立法その他の行動に関する勧告を最終報告書に盛り込むよう委員会に求める規定を含むべきである。その権限において，委員会は勧告を含むその活動のなかに女性の経験を組み入れることを確保すべきである。政府は，調査委員会を設立する場合には，委員会の勧告に正当な考慮を払うことを約束すべきである。

原則8の(c)と(d)は，委員会が調査を行う人的・事項的範囲に係わるものである。これらの規定は，委員会に関する国家実行をよく踏まえたものであり，委員会はこれまで，その非司法的性格を活かして，実際に裁判所におい

て訴追・処罰を行うのが困難な者，例えば，(c)に見られるような「人権及び人道法の侵害を容易にした（facilitating）その他の行為者」に対しても[53]，「その非法律的な責任を確定でき，現にしばしばそうしてきた」[54]のである。

　オレントリッチャーは，同様に国家実行を考慮して，ジョアネの原則[55]にはなかった「人道法」の文言を(c)と(d)に挿入し，原則の更新を図った。その理由として，「最近の真実委員会が一般にこの法の重大な違反を審問してきた事実を反映するものであり，そうした発展が決議2004/72で歓迎されている」[56]ことを挙げた。確かにそのとおりであるが，正確に説明すれば，引用された国連人権委員会の決議2004/72は，12項で「人権および国際人道法の違反と取り組む」各国の真実委員会の実行を歓迎したのであり，委員会が「一般に」調査対象としてきたのは国際人道法に留まらない，国際人権・人道法の違反であった。(d)で調査の優先事項とされた「国際法に基づく重大な犯罪」は，国際人権・人道法の違反を意味する文言であり，この点は前述の定義Bにおいて，すでに確認したとおりである。

　原則8の(e)は，ジョアネの原則をそのまま維持し[57]，委員会が調査により明らかにした真実は，証拠として「後の司法の運営の際の利用に供する」とした。この規定は，簡潔に委員会と裁判所の協力関係を示したにすぎないが，そのまま実行されれば，委員会の活動を頓挫させる危険をはらんだものである。というのは，委員会で行なわれる加害者の告白が，後の裁判で利用される可能性をはっきりと示しているからである。この規定を知った加害者はおそらく，自らの訴追・処罰を招きかねない告白を拒否する態度をとることになろう。加害者からの真実の告白を得られない委員会の活動は，結局のところ，その目的を十分に果せないまま終わるしかない。オレントリッチャー

---

53) 例えば，ICC規程25条3項(c)は，「犯罪の実行を容易にする（facilitating）ため」に，その実行を幇助・教唆・援助した場合の個人の刑事責任を認めているが，そうした場合の証明が困難なケースも十分に考えられる。

54) オレントリッチャー報告書28項。

55) ジョアネは，原則7（委員会の権限の明定）の(d)と(e)で，委員会の人的・事項的範囲を扱った。(d)と(e)は，ジョアネ報告書19頁を参照。

56) オレントリッチャー報告書30項。

57) ジョアネ報告書19頁にある原則7(e)(ii)を参照。

は，この委員会と裁判所の微妙な関係に何ら言及しなかった。要するに，委員会の円滑な活動を考慮するよりも，不処罰との闘い―裁判の実施―を優先させたのである。

　委員会はこれまで，不処罰を認める恩赦を条件にして，加害者の告白を引き出すことに成功してきた[58]。しかしながら，委員会は，原則12で「不処罰と闘うための立法その他の行動」を勧告する立場となり[59]，不処罰を認めない勧告を行う一方で，恩赦を基にした活動を行うことなど，もはや許されない状況となった。原則8の(e)と原則12は，あくまでも提案であり，国家を法的に拘束するものではないが，今後さらに不処罰を否定する動きが進めば，国家もそうした提案を簡単に無視できなくなる。とはいえ，委員会と恩赦の微妙な関係については，後述の原則により，恩赦が一定の範囲で否定されることになり，委員会の活動は大きく制限されることになった。

2．恩赦の制限
(1)「国際法に基づく重大な犯罪」と恩赦

　どういった場合に恩赦を認めるかは，基本的に国家の自由に属する問題であるが，オレントリッチャーは原則24で，「国際法に基づく重大な犯罪」と恩赦の関係に焦点を合わせて，次のように恩赦を制限しようと試みた。

　原則24　恩赦その他の減刑措置は，和平協定をもたらす環境を整えるために又は国民的和解を促すために意図された場合でも，次の限度内に留まるものとする。

　　(a)　国際法に基づく重大な犯罪の加害者は，原則19が規定する義務に国

---

[58] 例えば，南アフリカの場合，1995年に「国民の統一と和解に関する法」を制定し，真相解明・和解委員会を発足させた。この委員会は，恩赦・真実・賠償に関する3つの委員会で構成され，加害者は，恩赦委員会の活動を通じて恩赦を保障され，真実委員会で自己の犯罪を赤裸々に語ることになった。国連も含めて国際社会の多くの国は，この南アの取組みを支持したのである。See Andreas O'Shea, *Amnesty for Crime in International Law and Practice*, 2004, pp. 296-297.

[59] この原則は，ジョアネの原則11（委員会の勧告的機能）と規定の仕方が異なるが，委員会に不処罰と闘うための勧告を求めた点は同じである。原則11は，ジョアネ報告書20頁を参照。

家が対処した後，又は当該国の域外で加害者が―国際的，国際化された又は国内的な，いずれにせよ―管轄権を有する裁判所で訴追された後でなければ，かかる措置がもたらす利益を受けることはできない。
(b) 恩赦その他の減刑措置は，原則31から34までが規定する被害者の賠償を求める権利に関して何ら影響を及ぼすものではなく，また，知る権利を害するものでもない。
(c)－(d) (略)

原則24の冒頭に記された「和平協定をもたらす環境を整えるため」の恩赦，または「国民的和解を促すため」の恩赦は，典型的な恩赦の例を示しており，後者については，前述のとおり，恩赦を与えられた加害者が真実を語り，真実を知った被害者との間で和解が促されるという真実委員会本来の活動に関係するものである。

前者については，その一般的な例として，1999年にシエラレオネで締結されたロメ和平協定[60]を挙げることができよう。この協定には，和平をもたらす条件として，内戦における犯罪の加害者に無条件に恩赦を与える規定が盛り込まれていた（9条）。ちなみに，国連はこの協定に署名し，協定の履行を見届ける保証人となったが，署名の際に国連の代表は，そうした恩赦が集団殺害罪・人道に対する罪・戦争犯罪・その他の国際人道法の重大な違反に適用されるべきではないとの条件を付した[61]。原則24は，こうした2つの典型例に言及し，恩赦を制限しようとしたのである。

原則24の(a)は，「国際法に基づく重大な犯罪の加害者」に恩赦が認められるのは，裁判所―国際・国内の別を問わない―で「訴追された後」であるとした。この規定を素直に解すれば[62]，裁判所が刑を宣告した後，実際に処罰が行われる段階で，国家は恩赦を付与することが可能になる。オレントリッ

---

60) Peace Agreement Between the Government of Sierra Leone and the Revolutionary United Front of Sierra Leone, at http://www.sierra-leone.org./lomeaccord.html.
61) *See* UN Doc. S/1999/836, para.7.
62) 訴追（prosecution）とは，一般に「権限ある裁判所の面前で，法定の適正な手続に従って行われる，犯罪を犯した嫌疑で訴えられた者（被告人）の有罪または無罪の決定を目的とした訴訟（手続）」をいう。田中『前掲書』（注31）676頁。

チャーは2004年の研究で，国際・国内両裁判所の先例を検討し，「最近の決定は，不処罰をもたらす恩赦と国際法に基づく重大な犯罪を処罰する国家の義務は両立しないことを再確認している」[63]と述べたが，「処罰する国家の義務」は，刑の宣告により果たされると判断したのである。

国連事務総長も同年の報告書のなかで，「国連が是認した和平協定は決して，集団殺害罪，戦争犯罪，人道に対する罪または大規模人権侵害に対する恩赦を約束するものではない」[64]と述べたが，従来の国連の考えを繰り返したにすぎなかった。国連はこれまで，恩赦を付与する国家の自由とどこで折り合うか，恩赦は何時の段階から許されるかなど，さらに踏み込んだ現実的な判断を示したことはなかった[65]。

同じく(a)は，「原則19が規定する義務」に言及したが，この義務は，前述のとおり，加害者を捜査・訴追・処罰する国家の義務をいう。この場合も同様に，刑の宣告後であれば，国家は自由に恩赦を付与できるようになった[66]。オレントリッチャーが「処罰する国家の義務」を厳格に解する立場をとったなら，国家に処罰の完遂を強く求めたはずであるが，彼女は，現実に即した判断を行い，国家が受け入れやすい内容を提示したのである。

---

63) オレントリッチャー研究28項。そして彼女は，原則24の(a)と同じ内容のジョアネの原則—原則25の(a)—が，先例と一致していることを明らかにした。原則25の (a) は，ジョアネ報告書24頁を参照。
64) UN Doc. S/2004/616, para.10 ; see also para.32.
65) オレントリッチャーが原則を提示した後も，国連の対応に変化は見られない。例えば，コートジボアール訪問に関する国連人権副高等弁務官の声明を伝える2008年5月26日付の国連のプレスリリース（http://www.unhchr.ch/huricane/huricane.nsf/）を見ると，副高等弁務官は2007年の同国の恩赦法に懸念を示し，戦争犯罪・人道に対する罪・重大な人権侵害の加害者に対する恩赦の見直しを求めたという。こうした発言は，徒に国家の反発を招くだけであり，恩赦を付与する国家の自由も考慮した現実的な対応がとられるべきであった。このプレスリリースの抄訳については，財団法人人権教育啓発推進センターの人権施策に関する情報（http://www.jinken.or.jp/jouhou/）を参照。
66) そのために，原則24の(c)で「刑の宣告を受けた個人」に恩赦を強要できない場合，続く(d)で「有罪を宣告された個人であって，恩赦の適用範囲内にあるもの」の恩赦を拒み，再審を求める権利について，それぞれ詳細な規定が設けられたのである。原則24の(c)と(d)の英文・邦訳については，前掲（注16）の資料を参照。

原則24の(b)は，恩赦が被害者の賠償を求める権利と知る権利を「害するものではない」とした。しかしながら，知る権利との関係では，明らかに「害するもの」となってしまった。というのは，知る権利を保障する措置として設立・活動するはずの真実委員会の活動が，恩赦の制限の影響を受けるからである。少なくとも「国際法に基づく重大な犯罪」に係わる加害者については，委員会は告白を促す手立てを完全に失うことになった。

(2) 恩赦が認められる場合－専ら国内法で犯罪とされるもの

1977年ジュネーヴ第2追加議定書6条5項は，次のように規定する。すなわち，「敵対行為の終了の際に，権限のある当局は，武力紛争に参加した者又は武力紛争に関連する理由で自由を奪われた者（収容されているか抑留されているかを問わない。）に対して，できる限り広範な恩赦を与えるよう努力する」。これは，内戦において適用される国際人道法のなかで唯一，「恩赦を与えるよう」勧める規定である。

この規定を根拠にして，「内戦の終了後の一般的な恩赦を法的に妨げるものは何もない」[67]と主張する者がいるが，それは誤りである。というのは，この規定はそもそも，内戦で敵対した国民間の和解を促すために恩赦の活用を勧めるものであり[68]，「主として，内戦において政府に反対して武器を取った者に対する通常の刑法に基づいた訴追を阻止すべく意図されたもの」[69]だからである。

赤十字国際委員会（ICRC）も同様に，「第2議定書6条5項は，国際的武力紛争において『戦闘員の不処罰』として知られているもの，すなわち，戦闘員は国際人道法を尊重する限り，敵の戦闘員の殺害を含む敵対行為を理由として処罰されない…とする事実に，非国際的武力紛争の法のなかで唯一極めて限定的に対応する規定である」[70]と述べた。

---

67) Fania Domb, "Treatment of War Crimes in Peace Settlements-Prosecution or Amnesty?," in Yoram Dinstein and Mala Tabory eds., *War Crimes in International Law*, 1996, p. 319.

68) *See* Yves Sandoz et al, *supra* note 27, para. 4618.

69) Bruce Broomhall, *International Justice and the International Criminal Court : Between Sovereignty and the Rule of Law*, 2003, pp. 96-97.

70) Letter from Dr. Toni Pfanner, Head of Legal Division, ICRC Headquarters, Geneva to

ICRCがいう「国際人道法を尊重する限り」とは，「国際法に基づく重大な犯罪」に係わらない限りと読み変えることができる。原則24は，「国際法に基づく重大な犯罪」に該当しない犯罪には言及せず，恩赦を付与する国家の自由を制限しようとはしなかった。つまり，この原則は，国際人道法の従来からの対応と一致し，専ら国内法で犯罪とされるものについては，依然として恩赦が認められることを明確にしたのである。

V　おわりに

オレントリッチャーは，前述のとおり「国際法と国家実行におけるカギとなる発展」を研究し，現実に通用する原則を提示した。ただ，ジョアネの原則を更新する過程で，現実を考慮するあまり－もっとも，彼女は理由を明らかにしていない－残されて然るべき部分，例えば，ジョアネが提示した原則7の(e)(i)[71]を削除してしまった。この規定は，真実委員会が「侵害のシステムを抱える国家の仕組みを分析し記述する…」よう努めることに言及していた。

不処罰との闘いは，単に加害者を処罰すれば済む問題ではない。国際人権・人道法の侵害をもたらす「国家の仕組み」，社会構造を改めなければ，終わりのない空しい闘いを続けることになる[72]。問題の根本的解決に係わる部分は削除せず，そのまま残されるべきではなかったか。この小論で取り上げた一連の原則は，不処罰との闘いで守られるべき最低ラインを示したにすぎな

　　Douglass Cassel, quoted in D. Cassel, "Lessons from Americas:Guidelines for International Response to Amnesties for Atrocities," *Law and Contemporary Problems*, Vol. 59, No.4(Autumn 1996), p. 218.

71) この原則は，ジョアネ報告書19頁を参照。

72) 阿部も同様に，次のように鋭く指摘する。すなわち，「犯罪者を処罰することは，その人を社会の中で自立した『個人』としてとらえ，その『個人』の責任を追及することである。しかし人間は，『社会的構造』の中で働いている側面も強い。犯罪の背後には，犯罪行為を導く『構造的要因』があることを忘れてはならない。そう考えると，『個人』をいくら処罰しても，『構造的要因』がそのままであれば本質的な解決にはならないのではないか。」阿部浩己『抗う思想/平和を創る力』（不磨書房，2008年）78頁。

い。これらの原則を出発点として，さらに不処罰を生む国家的・社会的要因の除去に取り組むことが肝要である[73]。

ジョアネの原則が維持され，そのまま提示された原則にも，議論を呼びそうなものがいくつかある。例えば，真実委員会の活動を妨げる原則の存在である。原則8の(e)は，委員会が得た加害者の告白は，後の裁判で証拠として利用されることを明確にした。また，原則24は，裁判前の恩赦を否定したため，委員会は「国際法に基づく重大な犯罪の加害者」から告白を得ることが困難となった。これらの原則はいずれも，委員会の活動を実質的に否定するものである。

この委員会・裁判所・恩赦の微妙な関係は，不処罰との闘いを進めるうえで避けては通れない問題である。オレントリッチャーは，委員会の活動よりも裁判の実施を優先し，恩赦をある程度制限することで，この問題に対処しようとした。平和と国民的和解の実現がより強く絡んでくる場合は，原則とは異なる対応が必要となるかもしれない。すでに平和の実現を第一に考える，原則とは異なる私案—ICC規程の議定書案[74]として示された—も見受けられる。また，国民的和解との関係で，「最終的には関係当事者の交渉を通じてなんらかの国民的和解が達成されなければならないにせよ，永続的で実り豊かな和解は，被害者に対する尊重の念に立って…基本的正義にもとづいて成し遂げられなければならない」[75]との国連の指摘もある。結局のところ，法的に明確な答えを導き出せない，政治的・社会的妥協に係わる問題というし

---

73) その意味で，オレントリッチャーが「侵害の再発防止の保証」（原則35〜38）で，国家機関の改革その他を提言したのは—勿論，国家は強制されたわけではないが—有益であり，先の原則の削除を補って余るものがあった。原則35〜38の英文・邦訳については，前掲（注16）の資料を参照。

74) *See* O'Shea, *supra* note 58, pp. 330-336. この私案は，裁判と恩赦の関係をテーマにし，3条で「国際法に基づく重大な犯罪」に相当するものを列挙し，恩赦の付与を否定するが，4条で「あらゆる状況の下で恩赦以外に平和的移行を達する合理的な見込みがない場合は，この限りではない」とする。

75) 国連人権高等弁務官事務所（平野祐二訳，財団法人アジア・太平洋人権情報センター日本語版編集）『裁判官・検察官・弁護士のための国連人権マニュアル—司法運営における人権』（現代人文社，2006年）1119−1120頁。

かない。

　原則24について，さらに付言すれば，オレントリッチャーは，「処罰する国家の義務」は刑の宣告によって果たされるとした。彼女が示した現実的判断には異論もあろう。例えば，人道に対する罪に対する恩赦を検討し，「加害者が訴追され，刑を宣告され，刑務所で相当な期間を過ごした後…例えば，医療上の理由がある場合」[76]に，恩赦が認められると主張する者もいる。いずれにせよ，「処罰する国家の義務」の解釈をめぐっては，単なる文言の法的意味を議論するだけでは不十分である。国家の恩赦を付与する自由も考慮に入れなければならない。その意味で，彼女が示した判断には一概に否定することのできない，合理性が備わっていると評価できるのではないか。

　その他，「国際法に基づく重大な犯罪」の定義をもっと精緻化すべきではないかなど，議論すべき点は多々残されているように思うが，この小論で取り上げた原則は，不処罰との闘いに打ち勝つ有効な道具であることは間違いなく，国連を通じて広く国際社会に受け入れられることを期待したい。

---

76) Faustin Z. Ntoubandi, *Amnesty for Crimes against Humanity under International Law*, 2007, p.231.

第9章

ジェンダーの主流化／文明化の使命
―― 国際法における〈女性〉の表象 ――

阿部 浩己

I 真理の体制と国際法言説
II 〈女性〉の表象をたどる
III 主流化の深層
IV フェミニズム，国際法の使命

I 真理の体制と国際法言説

　真理とは中立的なものであり、知は権力が排除されてはじめて十全に開花する。〈近代〉という言辞によって表象されるこの啓蒙主義的な認識枠組みは，当然というべきか，近代の産み落とした国際法学の閾下にもあって，その基層を成す暗黙の前提となってきた。歴史に対して国際法学が差し向ける眼差しも，少々乱暴に言ってしまえば，人間の歩みを進歩とみなし，過去を現在との因果によって連結させる，これもまた近代的枠組みを貫く進化論的なそれ，つまりは線型的で淘汰的なそれにほかならなかったと言ってよい[1]。
　もっとも，20世紀の深まりとともに浸潤したポスト構造主義あるいはポスト・コロニアリズムといった知の新潮流によって〈近代〉の基盤が激しく動揺し，その濃厚なまでの政治性（＝文明化の使命！）が露わにされて久しいことは知ってのとおりである[2]。フーコー（Foucault, M.）の卓抜した研究につい

---

[1] See Lesaffer, R., "International Law and its History: The Story of an Unrequited Love", in Craven, M., Fitzmaurice, M and Vogiantzi, M, (eds.), *Time, History and International Law* (2007), p. 34.
[2] 「二十世紀の後半は，近代を批判するさまざまな思想が出そろった時期だった。ポス

て語られるように、「真理とは、虚偽や誤謬に対置されるものではなく、むしろ、真理の体制は、何が真理であるか、何が虚偽であるかを決めるものなのである。真理は、競合する他の真理を、排除、周辺化、さらには禁止することによって作動する」。精確に理解するのなら、いまや「真理とは、権力から切り離されたものではなく、権力の伝達・表現手段として最も重要なものの一つ」[3]と言わなくてはなるまい。知との関係でも、その謂いはまったく変わらない。知は権力の空白地帯にあって輝くのではなく、権力そのものによって生み出され、権力を背景に他の知を下位に貶める。知と権力の結びつきはまさしく抜きがたくあって、抜きがたくあるしかない[4]。

　国際法の領域でも、西洋の圧倒的な権力を背景に〈近代〉なるものが真理(普遍)となって非西洋的な知を虚偽・誤謬、あるいは、特殊なものとして周縁に追いやってきたことは言うまでもない。言語論的転回(linguistic turn)を受けてフーコーが指摘するように、真理・知と権力とを結びつけるものが言説だ[5]とすれば、国際法・国際社会について真理の体制をつくり出してきたのは西洋主導の国際法言説と名指してよく、それは、日本を含め、啓蒙主義に訓育された先進工業国の善意の研究者たちにより、絶えざる再生産の対象となってきたものでもある。そしてほかならぬそうした言説実践の間断なき堆積こそが、国際法学における真理(普遍)の捏造とその自然化に寄与する決定的なまでの動因となってきたことはここに改めて確認するまでもないだろう[6]。

　　ト・モダンとひとくくりにされるが、その内実は、構造主義、ポスト構造主義、ポスト・コロニアリズム、ポスト・マルクス主義、そしてフェミニズムと実にさまざまである」大越愛子「『暴力批判の思想』としてのフェミニズム」大越・井桁碧(編著)『脱暴力へのマトリックス』(青弓社、2007年) 22頁。

3) A. ハント・G. ウィッカム(久塚純一監訳)『フーコーと法』(早稲田大学出版会、2007年) 17頁。

4) 『同上書』19頁。

5) Foucault, M., *The History of Sexuality vol.1: An Introduction*, (Hurley, R. trans. 1978), p.101.バー(Burr,V.)を引用して江原由美子が解説するように、「言説とは、何らかの仕方でまとまって、出来事の特定のヴァージョンを生み出す一群の意味、メタファー、表象、イメージ、ストーリー、陳述、等々を指している」江原由美子『ジェンダー秩序』(勁草書房、2001年) 30頁。

第9章　ジェンダーの主流化／文明化の使命

　興味深いことに，フーコーは他面において進化論的な歴史認識に警戒的な姿勢を見せ，系譜学の手法を用いて「出来事（event）」という概念を戦略的に定義し直してもいる。出来事とは，条約の締結といった明示的な歴史的現象を指すのではなく，「力関係の転倒であって……別の装いで登場する〈他者〉のことなのである。歴史をつうじて作用する力は，必然や，規制的な諸メカニズムによって左右されるのではなく，方向の定められていない争いに応えるものなのである」[7]と。

　フーコーは歴史に起源を求めることを峻拒し，出来事の単独性・個別性に焦点を当てる。歴史は，人間の進歩に向けたグランド・デザインに奉仕するものとして仕様されているのではなく，小さな偶然の事柄にまつわっている。「歴史の方向性は偶然的」とされ，アクシデントとチャンスこそが決定的な役割を果たすとされる。米山リサが的確に引用するように，その含意は，「これまで不変とみなされていたものを揺るがし，統一的だと考えられていたものを断片化させ，それ自体一貫していると想像されていたものの異質性を示して見せる」[8]ところにある。非歴史的で過剰なまでの主観性（声／抵抗）が突然に歴史のただなかになだれこみ，歴史に息吹を与える。「人間の時間が進化の形態をとらぬまま，まさしく歴史をなしているのは，そのような声たちのおかげなのである」[9]。フーコーはそう述べて，結果や方向が予め定まっていない無数のベクトルのせめぎ合いと結節点とを明らかにする系譜学の手

---

6) 言説実践の社会構築性について，江原『同上書』第2章参照。ジュディス・バトラー『ジェンダートラブル』（青土社，1999年）に付された竹村和子「訳者解説」中の表現を借りるなら，「『法のまえ』にあるとされている前提的な存在が，じつは法自体によって遡及的に構築される結果にすぎない。……社会的に構築されているということは，言語によって反復されなければならないということである。言葉を換えれば，『事実性』と考えられているものは，反復するという行為（パフォーマンス）によって，パフォーマティヴ（行為遂行的）に生産されるものにすぎない」（289，293頁）ということである。

7) Foulcault,M.,"Nietzsche, Genealogy, History"in Bouchard,D.(ed.), *Language, Counter-Memory, Practice: Selected Essays and Interviews by Michel Foulcault* (1977), p.154. こうした視点について多くの示唆を得た米山リサ『暴力・戦争・リドレス』（岩波書店，2003年）第4章中（113頁）の訳に拠っている。

8) Foulcaut, *supra*, note 5, p.147. 米山『同上書』114頁。

9) ハント・ウィッカム『前掲書』（注3）52頁。

271

法を意識的に前景化するのである[10]。

　真理・知のありようを権力に連結するとともに，宿命論的あるいは構造論的な歴史観を徹底して退けるフーコーの認識枠組みが，ジェンダーを視座に据えて支配的な現行秩序への知的・実践的挑戦を続けるフェミニズムにとってきわめて親和的で親密なものであることに格別の驚きはあるまい。1993年の世界人権会議と1995年の北京女性会議を経て国際社会を席巻することになる「ジェンダーの主流化(gender-mainstreaming)」[11]はフェミニズム運動がもたらした巨大な成果と言って過言でないが，それは，国際法学という制度的知が爾来けっして中立的でも客観的でもなく，むしろ男性中心的な権力を背景として主張されるものにすぎなかったことを雄弁に物語る逆説的事象というべきものである。

　もとよりジェンダーの主流化によって国際法が包摂的な法体系へといざなわれているのだとすれば，そのことを歓迎すべきは当然のように思われよう。ただそうだとしても，ジェンダーが主流化することによっていったいなにがどう変わるのかという問いへの解はおよそ自明ではなく，仮にどこかでなにかが変わりつつあるにしても，フーコーの示した警戒感を引き継ぐなら，それを進歩であると無批判に評するわけにはいくまい。ジェンダーの主流化はそれを求める人間たち（女性たち）の声／抵抗が偶有性というプリズムを通して歴史に挿入された出来事なのであり，西洋に起源を見出すフェミニズム運動が単線的に進化して公的認知を受けるにいたった，などとナイーヴに説くことには抑制的でなくてはならない。

　それどころか，ジェンダーの主流化は，国際法における知の配置転換でもある以上，当然そこには権力が作用しているはずである。紛れもなく，他の知を下位におくことによって優先順位を引き上げられた知がある。それはいかなるものなのか。そしてその知の配置転換は，国連・国際社会におけるど

[10) フーコーの提示する系譜学の手法を用いて国際法の歴史を記述するものに，Berman, P., "In the Wake of Empire", *American University International Law Review*, Vol. 14 (1998-99), p.1523.

[11) 尾崎久仁子「国連におけるジェンダー主流化」植木俊哉・土佐弘之編『国際法・国際関係とジェンダー』(東北大学出版会，2007年) 169頁。

のような権力力学と結びついているのか。なにより，国際法学の基層を成し，支配的な知を担い続ける〈近代〉そのものは，男性中心性の克服を企図するジェンダーの主流化によってその相貌をいくばくかでも変容させつつあるのか。そうした一群の問いが浮上せずにはいない。

　本稿では，ジェンダーの主流化にまつわる風景とフェミニズム知の配置転換の位相を，フーコーやポスト構造主義の提示する批評概念にも触発されて批判的に読み解いてみようと思う。より直截に言えば，ジェンダーの主流化が誰にとっていかなる意味での福音となっているのかを，国際社会における権力の実相，とりわけ〈近代〉を支える支配的権力のありかに引き付けて解明してみたい，ということである。

II 〈女性〉の表象をたどる

1．「出来事」の系譜

　女性の存在が国際法の実定法領域においてまがりなりにも主体と認知されるには第二次世界大戦後を待たねばならなかったことが事実だとしても，仔細に見るまでもなくすでにその以前から，国際的な規範文書は明示的または黙示的に女性を1つのカテゴリーとして扱う規定を有してはいた。真っ先に想起されるものとしては，母性保護に関するILO条約がそうであり，女性の売買禁止に係る諸条約がそうである[12]。いずれも20世紀の初頭に締結されたものだが，その一方で，同時期に作成されていた陸戦の法規慣例に関する条約（46条）は，「家の名誉及権利」という用語をもって戦時（占領）下における女性の保護を求めるものでもあった。

　それら国際文書のいずれにおいても女性は保護主義的あるいは父権主義的な掌の上におかれ，その存在は男性の被扶養者／財産か，母親／妻としてのそれに一体化されていた。女性は行為体（agency）[13]としての位置づけをいっ

---

[12] これら一連の条約については，国際女性法研究会編『国際女性条約・資料集』（東信堂，1993年）IV章参照。

[13] 「『エイジェンシー［agency］』の概念は，『主体』と区別して80年代のフェミニズム批評の中から生まれたものである。……エイジェンシーは主体のような内容を持たな

さい否定されたのに対して，男性は女／子どもを擁護するたくましき完全なる人間として，特別の保護を必要としない存在とされていた。

　国際連盟の時代に入ると，男女の平等に向けた議論は，まずは既婚女性の国籍をめぐって展開されることになる。1930年の国際法典編纂会議で提起された平等の主張は，条約という形式には至らなかったものの，決議として成就し，これにより連盟において初めて国籍に関して男女の平等を検討する委員会が設置されることになった。その後，南米諸国政府の働きかけを受けて，女性の法的地位を世界大で包括的に調査する専門家委員会が立ち上げられることにもなったのだが，この委員会の作業は第二次世界大戦の勃発により中断を余儀なくされることになってしまった[14]。

　もっとも，連盟前の議論が女性をせいぜい保護の客体と見るにとどまっていたのに対し，連盟の下では，女性と男性の平等を求める言説がしだいに力を得るようになっていったことは否定できない。ただ，そこで言う平等とは男性を標準とするものであって，男性と同じになることがすなわち平等ということではあった。ジェンダー化された社会構造が生み出す女性特有の経験は，比較対象になる男性の経験がないという一事をもって，平等概念の射程外に放擲されていた。

　そうして限界づけられていたとはいえ，国際的な次元での平等への機運は天空から突如降ってきたわけではなく，知の再編とそれを求めた女性たちによる実践的な働きかけがあればこそであった。だが，その働きかけが一定の成果を導出しえたのは，なにもそこに特段に優れた論理構成があったからでも道徳的に格段に強い訴求力があったからでもない。少なくともそれだけではなかった。幾分か当時の時代状況に分け入るなら，女性の表象あるいは女

い。エージェント（機関）という用語から連想されるように，からっぽの形式である。エイジェンシーは言説実践の場であり，作用そのものである。主体と客体とは，エイジェンシーの言説実践の効果として事後的に析出される」。上野千鶴子「構築主義とは何か」同編『構築主義とは何か』（勁草書房，2001年）298, 99頁。

[14] See *generally*, Lake, M. "From Self-Determination via Protection to Equality via Non-Discrimination : Defining Women's Rights at the League of Nations" in Holmes, K and Lake, M.(eds.), *Women's Rights and Human Rights : International Historical Perspectives* (2001).

性の権利に係る言説に，明白なポリティクス，端的に言ってしまえば〈文明化の使命（civilizing mission）〉が確然と随伴していたことを感知できる[15]。

　当時の支配的言説において，女性たちは，啓蒙された文明国の女性と，遅れた社会にあって野蛮な現地の男性からの救出を待つ被害者たる女性とに截然と分けられていた。植民地の女性はもっぱら，救済を待つかよわき被害者（victim）とみなされた。要は，黒人・先住民の女性を文明化して救い出すという帝国主義的介入を称える契機が女性の地位向上を求める言説の中には濃密に込められていたということである。それに対して欧米の女性は文明の担い手たるにふさわしい地位を主張し，現に国内的に一定の権利を獲得しえたのだが，ただ彼女たちとて独立した主体というにはほど遠く，文明なるものを基礎付ける家父長制の構造的制約を受けて，植民地女性に対する救世主的営みへの関与についても，あくまで男性の介添え役で遂行しえたにすぎなかった。つまりは，国際的な女性の地位向上は帝国主義的介入をそびき出す文明化の使命を後背に推進されたと言ってよく，しかしほかならぬその文明ゆえに女性は欧米においても完全なる主体性の確立を阻害されていたというわけである。

　国際連盟が崩落し，第二次世界大戦の惨禍の中から姿を現した国連は，その設立文書の前文において「男女及び大小各国の同権」を明記し，機構の目的に「性……による差別なくすべての者のために人権及び基本的自由を尊重するよう助長奨励すること」を掲げるものとなった。憲章の定める人権は，ほどなく起草作業が開始された世界人権宣言によってその内実を充填されることになる。作業の中心的舞台となったのは国連人権委員会であるが，同委員会と機構的に並び立っていく女性の地位委員会（the UN Commission on the Status of Women：CSW）もまた，人権としての女性の権利の実現を求め，起草過程に積極的に参画していった[16]。

---

15) See Otto, D.,"Disconcerting 'Masculinities': Reinventing the Gendered Subject(s)of International Human Rights Law" in Buss, D. and Manji, A.(eds.), *International Law : Modern Feminist Approaches* (2005), pp.110-11.

16) 世界人権宣言の起草過程については次の論考を参照。Morsink J.,"Women's Rights in the Universal Declaration", *Human Rights Quarterly*, Vol.13(1991).

第2部　世界平和と人権

　女性たちの長きにわたる解放への闘いを承継するCSWは，国家主権への配慮を最優先する国連機構にあって異色なほどに独立性に富み，現に，人権委員会に示された提案も，女性特有の経験を投影しての実質的平等と，今日的表現を用いるなら複合差別[17]の視点を既にして踏まえた，きわめて先鋭的なものであった。だが米国政府代表エレノア・ルーズベルト（Roosevelt, E.）の主宰下にあった戦後初期の人権委員会は形式的平等観の域を出ず，ソ連をはじめとする共産圏政府の支持を得たとはいえCSWの主張は結局採用されずに終わる。こうして世界人権宣言は，すべての人間を抽象化して権利主体に据える古典的な自由主義を基調とする文書となって現れ出ることになった[18]。

　性による差別を禁じ人間の中に女性を組み入れる自由主義的な知の編成は，家父長的視座によって捏造された差異・排除の解消を図ることで男女同一の取扱いを制度的に実現しようとするものであり，その理念的意義は今日に至るもいささかも減じられていない。もっとも，このアプローチは，現実には，男女間に差異をもたらす不均衡な社会構造の存在を隠蔽し，欧米の白人中産階級男性の経験・ニーズ・価値を人間の名の下に標準化することにより，逆に女性差別を深化させ（女性の別異取扱いの正当化），さらに「南」の女性たちの存在あるいは抵抗の軌跡・経験を不可視化する帝国主義言説を投影するものともなって立ち現れた。

　男性代名詞で表現されていた数々の規定案の主語を中性／両性化し，女性の経験を直接に踏まえた条文の実現を導いたCSWの貢献はむろん過小評価してはなるまい。しかし皮肉と言うべきか，CSWが導き出したその条文（第

---

[17] 複合差別とは，「さまざまな差別は単独で存在しているのではなく，複合的に絡み合っている」という視点に立ち，「あらゆる差別を生み出す『支配―被支配』という権力構造を残しつづけたままで，他の差別とは無関係にひとつの差別だけが解消されるということはありえない」ことを解き明かす概念である。熊本理抄「人種とジェンダーの複合差別をめぐって」大越・井桁編著『前掲書』（注2）95頁。

[18] 国連体制下におけるフェミニズム知の変遷と人権保障への影響については，次の論考を参照。　Brems, E., "Protecting the Human Rights of Women" in Lyons, G. and Mayall, J. (eds.), *International Human Rights in the 21st Century : Protecting the Rights of Groups* (2003), pp. 100-37.

25条）は，寡婦（寡夫ではない）たる状態を失業，障害，老齢と並ぶ社会的被傷性の一因に位置づけ，母親を子どもとともに「特別のケア及び援助」の対象とすることにより，図らずも，国際連盟前の文書に見られた保護主義的な女性の表象を招喚する効果を持つものともなってしまった。

世界人権宣言を二分法思考により分割してつくり上げた国際人権規約の実相も，深層において同宣言と本質的に異なるものではない。自由主義的人間観が前提とされながら，保護主義的な女性の表象も条約の随所に織り込まれている。加えて，規制を及ぼす労働形態としてフォーマルセクター／市場における有償労働が標準視されていることも見落としてはならない。これにより「南」の女性たちが多く従事する無償労働あるいはインフォーマルセクターでの労働が周縁に追いやられることになってしまった[19]。欧米なるもの（〈近代〉）を標準とみなす真理の体制の一端をそこに垣間見て取ることができるのではないか。

自由主義アプローチが差異の一律排除をもって女性の周縁化・不可視化をいっそう促す磁場を生み出してしまったことを受けて，女性たちは，専門的な規範／制度枠組みを通じて女性の地位向上を推進する特殊化戦略を打ち出すことになる。その結晶が1979年に採択された女性差別撤廃条約（Convention on the Elimination of All Forms of Discrimination against Women：CEDAW）であった。

女性に対する差別の全廃に向けたCEDAWは，間接差別を含む包括的な差別概念の提示，結果の平等・実質的平等の志向，そしてなにより私的領域における差別に踏み込み，自由主義的な公／私の境界を揺さぶる瞠目すべき知の編成に依拠するものであった。妊娠や出産に係る労働・保健上の措置にしても，保護主義的な特典としてではなく，完全なる法主体に認められるべき権利の問題と捉えている点で，それまでの規範文書とは明らかに一線を画すものとなった[20]。

---

19) Otto, *supra* note 15, pp. 115-16.
20) See Byrnes, A.,"The Convention on the Elimination of All Forms of Discrimination Against Women" in Benedek, W. and Kisaakye, E.(eds.), *Human Rights of Women : International Instruments and African Experiences*(2001), pp. 119-40.

女性差別撤廃への法的拠点となるにふさわしい条約であるとの評価に異論をはさむ向きはないだろうが，にもかからず，この文書にもいくつかの重大な限界が付着していたことは確認しておかなくてはならない。特に強調されてしかるべきは，人間としての標準を男性に設定し，その男性と女性とを等号で結びつけることを平等と捉える認識枠組みを脱しえていなかったことである[21]。これは，半世紀を遡る連盟時の平等観を既視感すら伴って想起させるものにほかならない。

別の視点に立って論を進めれば，CEDAWは女性の存在・経験を特殊化するまさにその反転として，男性の中心性を強化する力学を発動させるものともなった。構造的必然というべきか，女性の特殊性を強調するほどに女性の有標化＝周縁化が進み，女性専門機関のゲットー化が促されていったわけである。女性に関わる諸問題は他の人権諸条約機関からCEDAWの専管事項として別置される扱いを受けたが，肝心のCEDAWの制度的脆弱性は覆い隠しようもなく，履行監視機関の発する斬新な一般的勧告も，国連や国際社会一般に有意な影響を及ぼすことはおよそ期待しがたいのが実情であった。まさしくゲットーに身を置くゆえの悲哀と言うしかなかった[22]。

2．「女性の権利は人権である」ということ

自由主義アプローチをとろうとも特殊化アプローチとろうとも，女性の不可視化・周縁化を回避できなかったことは，新たな知の編成と運動戦略の導入をフェミニストたちに強く意識させる契機となった。その具現化への政治的道筋をつけたのはナイロビに招集された第3回世界女性会議 (1985年) である。「女性の権利は人権である」というスローガンの下に再編されることになるフェミニズム知の位相が既にそこに胚胎していた。開発分野のメインストリームを構成する諸計画・プロジェクトへの女性の効果的な参加を促すナ

---

21) ヒラリー・チャールズワース・クリスチーン・チンキン（阿部浩己監訳）『フェミニズム国際法』（尚学社，2004年）279頁。

22) O'hare, U. "Ending the 'Ghettoisation': The Right of Individual Petition to the Women's Convention", *Web Journal of Current Legal Issues*, Vol. 5 (1997), at http://www.webjcli.ncl.ac.uk/1997/issues 5 /o'hare.html (last visited January 8, 2008).

イロビ将来戦略[23]を跳躍台に，ジェンダーの主流化が勇躍，政治舞台の前景へと躍り出ていくことになる。ちなみに，ジェンダーという術語をもって性差別撤廃への取組みが定式化されるようになったのもこの時期（より精確には1990年代）からであった[24]。

　ジェンダーの主流化は，実際には相互に連動する2方面戦略のもとに進められていった[25]。1つは，ジェンダー化された社会にあって女性に特有に降りかかる権利侵害を，特殊なものとしてゲットーに押し込めるのではなく，普遍的な人権の枠内で公然と認知させることである。制度的には女性専門機関の中心化が図られる一方で，規範面では性と生殖に関する権利や性的指向の権利が主課題として前面に押し出されたが，そうした中でなんといっても最大の成功を収めたのは女性に対する暴力キャンペーンにほかなるまい。1993年の国連総会で採択された女性に対する暴力の撤廃に関する宣言[26]，そしてこれに引き続く国連人権委員会での特別報告者の任命[27]はその象徴的な成果である。女性に対する暴力，より一般的には男女の不平等が，女性と男性との間の歴史的に不均衡な力関係の結果として生じていることが国際的な規範文書において初めて明示的な承認を得られることになった[28]。暴力には，国家によるものにとどまらず，地域，そして家庭におけるものまでもが包摂されたのだが，そこには，「個人的なことは政治的なことである（Personal is political）」という，ジェンダー化された公私の境界の脱構築を企図するラディカル・フェミニズムの思想が明瞭に映し出されていた[29]。

---

23) The Nairobi Forward-Looking Strategies for the Advancement of Women, at http://www.un-documents.net/nflsaw.htm (last visited January 8, 2008).

24) Kouvo, S.,"The United Nations and Gender Mainstreaming : Limits and Possibilities" in *International Law: Modern Feminist Approaches* (supra note 14), p.240.

25) Otto, *supra* note 15, pp.120-24 ; Kouvo, *supra* note 24, p.244.

26) Declaration on the Elimination of Violence Against Women, UNGA Res.48/104 (1993).

27) UN Doc.E/DEC/1994/254 (1994).

28) UNGA Res.48/104, *supra* note 26, preamble cl.6.

29)「『個人的なことは政治的である』というスローガン［は］何よりもまずラディカル・フェミニズムに当てはまる」竹村和子『フェミニズム』（岩波書店，2000年）24頁。伊

2方面戦略のもう一方は，ジェンダーの視座を主流化し，すべての人権文書，さらにはすべての政策・計画のなかにジェンダーの視座を導き入れることである。CEDAWがゲットーに押し込められていた時，女性の問題が他の人権諸機関の関心対象とされなかったことについては既に述べたとおりだが，そうした閉塞的局面を打開し，すべての（人権）法事象をジェンダーという視座をもって再定式化することが求められた。その成果は，たとえば，人権条約機関の代表格とも言える自由権規約委員会が2000年に公にした男女平等に関する一般的意見28[30]などを通して鮮明にうかがい知ることができる。人権言説がいかに公的領域における男性の経験を中心に，つまり，公／男性を標準＝普遍として構成されるものであったのかが，ジェンダーの視座を踏まえた条約解釈の見直しを通じて遡及的に照射されている。

　男女の平等を達成する責務は女性専門機関だけの専管事項ではなく，すべての国連・国際機関が分有すべきもの，という認識は，1993年の世界人権会議，1994年の世界人口開発会議，1995年の第4回世界女性会議（北京会議）等を経て，国際社会の共通認識としての地位を獲得するに至ったと言って過言でない。とりわけ北京会議では12の主要関心領域が特定され，それぞれの領域において「政府その他の行為主体は，決定を下す前に女性および男性それぞれに対する影響が分析されるよう，ジェンダーの視座をあらゆる政策およびプログラムにおいて主流化する能動的かつ可視的な政策を促進すべき」ことを求められた[31]。

　ジェンダー主流化へのコミットメントはCSW，国連事務総長らの営み[32]に加え，1997年にはジェンダー主流化に関するハイレベル・パネルを招集した国連経社理によりさらに精錬されることになった。経社理の合意した結論（Agreed Conclusions on Gender Mainstreaming）が提示する，おそらく最も広範

　　田久美子「ラディカル・フェミニズム」江原由美子・金井淑子編『フェミニズム』（新曜社，1997年）22頁も参照。
30) UN Doc. HRI/GEN/1/Rev 5, 29 March 2000.
31) Beijing Declaration and Platform for Action, in *Report of the Fourth World Conference on Women*, Beijing, 4-15 September 1995, UN Doc.A/CONF.177/20/REV.1, Art. 79.
32) UN Doc.E/1997/66(1997).

に依拠されているジェンダー主流化の定義は次のようなものである[33]。

> ジェンダーの視座の主流化とは，あらゆる分野およびあらゆる次元において，計画されたいかなる行動（立法，政策または計画を含む。）についても女性および男性への影響を評価する過程をいう。それは，あらゆる政治的，経済的および社会活動領域において，男性のみならず女性の関心および経験を政策および計画の企画，実施，監視および評価に際して不可分のものとして組み入れる戦略である。それによって女性および男性が平等に利益を得て，不平等は永続化しない。究極の目標はジェンダー平等を達成することである[34]。

国連事務総長の報告書は，経社理合意結論の実施状況について概ね肯定的

---

[33] *Report of the Economic and Social Council for the Year* 1997, UN GAOR, 52nd Sess. Supp. No. 3, p. 24. なお，合意結論が沈黙したジェンダー平等の定義は「ジェンダー問題および女性の地位向上担当事務総長特別顧問事務所」(Office of the UN Special Adviser on Gender Issues and Advancement of Women)によって次のように定式化されている。「ジェンダー平等とは，様々な女性および男性集団の多様性を認めたうえで，女性および男性双方の利害，必要および優先事項が考慮されることを意味する。ジェンダー平等は『女性の問題』ではなく，女性のみならず男性に関係し，女性および男性を完全に関わらせるものである」(*OSAGI Fact Sheet* 1, August 2001)。

[34] 経社理はさらに，次の6つのジェンダー主流化原則を明示してもいる(*Report of the Economic and Social Council for the Year* 1997, *supra* note 33, p. 24)。(1)すべての活動領域の課題はジェンダーによる差異が分析できるように定められるべきであって，ジェンダー中立であることを前提とすべきでない。(2)ジェンダー主流化を実践に移す責任はシステム全域にわたっており，また，最高レベルに存する。成果についての責任は絶えず検証する必要がある。(3)ジェンダーの主流化は，政策決定に関わるすべてのレベルにおいて女性の参加を拡大するあらゆる努力を必要としてもいる。(4)ジェンダーの主流化は，国連システムのすべての部署において，具体的な措置，メカニズムおよび過程により制度化されなくてはならない。(5)ジェンダーの主流化は，対象を限定し，女性に特定された政策および計画または積極的立法に取って代わるものではなく，ジェンダー部署またはフォーカル・ポイントに代替するものでもない。(6)ジェンダーの主流化という概念を成功裡に実践に移すには，明確な政治的意思と，すべての利用可能な財源からジェンダーの主流化のために適切かつ必要な場合には追加的な人的および財政的資源を配分することが重要である。

な評価を与えている[35]が，実際のところ，今日ではジェンダーという用語が登場しない国際機関を見つけ出すのは困難なほどの状況に立ち至っている。ラディカル・フェミニズムの知を基盤として推進された主流化戦略は，事務総長自らが告白するようにいまだ道半ばではあるものの，ジェンダーという語の遍在化を前に，可視的な成果をあげていると評しても誤りではないように思えよう[36]。

　しかし，公文書の中にジェンダーという語を容易に見つけられるようになったからといって，ただちに，男女を取り巻く世界の現実も相応に変わったのだと結論づけるのではいささか安易にすぎる。そう結論する前に，主流化戦略の推進により国際社会のなにがどう変化しているのかを精確に見極めておかなくてはならない。なにかが変わったようでいて本質的にはなにも変わっていない，というのであれば，変わったように感じさせるだけ危険ななにものかがそこに潜んでいるということにはなるまいか。ジェンダーの主流化は，男女平等への道をリアルに切り開く魔法の杖になっているのだろうか。主流化戦略の中にあって，〈近代〉はいったいどこにいるのか。

III　主流化の深層

1．ジェンダーのレトリック，リアリティ

　主流化戦略には，当初から実質面で深刻な問題がまとわりついていた。その最も根源的なものは，ジェンダー概念そのものの理解に直接に関わっている。

　97年の経社理合意結論はジェンダーの定義を置かなかったものの，主流化

---

[35] *Review and Appraisal of the System-Wide Implementation of the Economic and Social Council's Agreed Conclusions on Mainstreaming a Gender Perspective Into All Policies and Programmes in the United Nations Sstem : Report of the Secretary-General*, UN Doc. E/2004/59（2004）．

[36] たとえば，2005年9月に開催された国連特別総会（ミレニアムプラスファイヴ・サミット）の成果文書（World Summit Outcome Resolution adopted by the General Assembly, UN Doc.A/RES.60/1,24 October 2005）を，ジェンダー平等の視座が明瞭に貫いていることはその典型的な証左であろう。

の中心を担う国連事務局女性の地位向上部（Division for the Advancement of Women：DAW）は，これを，「社会的に構築された男女の役割であって，公的および私的生活において，その性に基づいて付与されるもの」と定義している[37]。フェミニズムの依拠する社会構築主義の立場がそのまま移植されていることは一目瞭然である。この定義の中にある，性（sex）についての本質主義的な見方が重大な疑念にさらされるようになっている[38]点はさて置き，こうしたジェンダーの捉え方はジェンダーが〈二つの差異〉を意味するとの認識を伝達するものにほかならない。だが竹村和子が的確に思い起こさせてくれるように[39]，ジェンダーとは本来，男と女が水平に並存しているのではなく，「一つの垂直的な階層秩序」を構成していること，換言すれば，両者の間に非対称な権力関係が横たわっていることを明るみに出す鋭利な分析道具であったはずである。DAWの定義では，権力・階層性という，ジェンダーの本質を成すはずの部分がそっくり抜け落ちてしまっている。

　むろん，こうしたジェンダー概念の脱政治化はひとりDAWの責に帰すべきものではなく，そもそもフェミニズムじたいが，現実との折り合いをつけるため戦略的に推し進めてきた営為の顛末でもある。学問研究の世界では，心象面で両性の対称性を拡散させる中立的なジェンダー学（gender studies）が台頭し，権力のありかに思いを馳せる契機がますます薄まっていることにも留意しておかなくてはならない[40]。

　脱政治化されたジェンダー概念は，国連の実践の場にあってさらに脱臼の度合いを強めており，性と同義か，さらに言ってしまえば，女性と同義であるという次元にまで引き下げられつつある。その代表例が2000年に採択され

---

37) UN Doc. HRI/MC/1998/6, para.16.
38)「『セックス』と呼ばれるこの構築物こそ，ジェンダーと同様に，社会的に構築されたものである。実際おそらくセックスは，つねにすでにジェンダーなのだ。そしてその結果として，セックスとジェンダーの区別は，結局，区別などではないということになる」バトラー『前掲書』（注6）29頁。
39) 竹村『前掲書』（注29）20頁。
40) Braidotti, R., *Nomadic Subject : Embodiment and Sexual Difference in Contemporary Feminsit Theory* (1995), p.151.

た安保理決議1325であろう[41]。ジェンダーの主流化が安全保障の領域に到達したことを物語るものとしてフェミニストの間でも高く評価されている[42]。この決議は、あらゆる平和維持活動・和平交渉にジェンダーの視座（gender perspective）を組み入れるよう求めるもので、この点について異論を唱える国は少なくとも公式には1か国もなかった。

しかし、ジェンダーの視座という名の下にこの決議が具体的に名指しているものはと言えば、例外なく「女性（女児）」であり、ジェンダー＝女性という図式が決議全体を貫いていることがわかる。武力紛争下における力の行使が男性としてコード化されていることの問題性を構造的に問い直すという、ジェンダーが本来有する政治的効能は等閑に付されてしまった[43]。この決議の実施状況を検証する事務総長報告書でもジェンダーを女性とみなす認識は踏襲され、それだけでなく、ジェンダーを「女性と子ども（女子ども）」と等号で結んでいるところもある[44]。ジェンダーの視座とは、結局のところ、和

---

[41] UN Doc.S/Res/1325(2000).

[42] *E.g.,* Fung, L.,"Engendering the Peace Process: Women's Role in Peace-building and Conflict Resolution" in Durham H. and Gurd T.(eds.), *Listening to the Silences : Women and War*(2005), pp. 225-41. また、尾崎「前掲論文」（注11）173頁も参照。

[43] Charlesworth, H.,"Not Waving but Drowning : Gender Mainstreaming and Human Rights in the United Nations", *Harvard Human Rights Journal*, Vol. 18 (2005), pp. 15-16. 安保理決議に現れ出た女性の本質主義的な表象を批判するものとして、Orford, A., "Feminism, Imperialism and the Mission of International Law", *Nordic Journal of International Law*, Vol.71(2002), p. 282.

[44] *Women and Peace and Security : Report of the Secretary-General*, S.C. Res. 1365, UN Doc. S/2004/814(2004). 2004年に安保理はこの決議を実施するため行動計画の策定を求め、翌年に事務総長によってその計画が示され、2006年には決議の実施に関する進歩について事務総長の評価が示された（UN Doc. S/2006/770）。もっとも、平和維持活動における性暴力およびジェンダーに基づく暴力について報告する監視メカニズムまたはフォーカル・ポイントの設置を求める事務総長の提案は退けられている。この決議をめぐる進展については、True-Frost,C, "The UN Council Marks Seventh Anniversary of Resolution 1325 on Women, Peace and Security with Open Debate", *ASIL Insight*, Vol.11, Issue 29, December 17, 2007 at www.asil.org/insights/2007/12/insights071217.htm (last visited January 8 2008).

平交渉の場や軍隊内における女性の数を増やすだけ，ということになってしまっている[45]。

　北京会議においてもジェンダーという用語の使用に警戒感を示す国があったことから60か国から成る非公式コンタクト・グループが組織され，共通認識の構築を促す作業が行われていた。その作業結果をまとめた議長声明は，CSWの準備作業を受けて，ジェンダーという用語が通常の意味でのみ使用されるに過ぎないことを不必要と思えるほどに強調するものであった[46]。北京会議の成果文書の一つである行動綱領ではジェンダーが主に性・女性と同義に用いられているが，バチカンの行った解釈声明も，同行動綱領が「両性」を"both genders"という用語によって表現していることに注意を喚起している[47]。ジェンダーを生物学的な二つの性と同一視する認識がバチカンによって念を押すように確認されたと言ってもよい。

　1998年に採択された国際刑事裁判所（ICC）規程も，第7条3項において「この規程の適用上，「ジェンダー」とは，社会の文脈における両性，すなわち男性及び女性をいう。「ジェンダー」の語は，これと異なるいかなる意味も示すものではない」と定めるものとなった[48]。同様の定義は，2001年に南アフリカ・ダーバンで開催された反人種差別世界会議の最終文書でもそのま

---

45) 東チモール暫定統治機構（UN Transitional Administration in East Timor：UNTAE）はジェンダーの専門家をスタッフに組み入れるよう安保理から要請されて組織されたものの，予算措置が欠けていたためジェンダー担当部（Gender Affairs Unit:GAU）の設置は遅れ，しかも，その任務が明確でなかったこともあり，ジェンダーの視座は小規模なGAUの外にはほとんど広がっていかなかったとされる。そしてなにより，「ジェンダーの概念は，……すべからく女性に関するものと解釈されてしまっ［た］」。（Charlesworth H. and Wood, M.,"Women and Human Rights in the Rebuilding of East Timor", *Nordic Journal of International Law, supra* note 43, p.347）

46) *Annex IV : Statement by the President of the Conference on the Commonly Understood Meaning of the Term "Gender"*, UN Doc.A/Conf.177/20.

47) UN Doc. A/Conf.177/20, Chapter V, para.11.

48) 中島淨美「国連憲章におけるジェンダー規範―国内内部機関による基準設定と履行を中心に」植木・土佐編『前掲書』（注11）146頁。起草の経緯について，坂本一也「国際刑事法における『ジェンダーに基づく犯罪（gender-based crimes）』の展開」植木・土佐編『同上書』96－98頁。

ま採用されている[49]。ジェンダーを社会的構築物ととらえる見方は，既に述べたとおり国連内では初発から脱政治化された体を呈していたのだが，それに加えて，ICC規程に典型的に見られるように，そうした定義じたいが国際社会では支持を受けられない状況すら深まっている。同規程の日本政府（公定）訳では，ジェンダーが単純に「性」という日本語に置換されている。いかにも不精確なこの訳は，しかし，国際社会の現状に照らし，かつ大いなる揶揄も込めて言えば，あながち誤りではない，ということにもなろうか。

ところで，「ジェンダー問題および女性の地位向上担当事務総長特別顧問」は，2001年に刊行した文書において，ジェンダー主流化の制度的位相を次のように表現している[50]。

> 主流化とは女性の要素あるいはジェンダー平等の要素を既存の活動に付加することではない。それは，女性の参加を増やすこと以上のことを意味する。主流化は，ジェンダー平等の課題を政策決定，中期計画，計画予算，ならびに，制度的構造および過程の中心に位置づけることである。主流化は，男性のみならず女性の認識，経験，知識および関心を，政策決定，計画および意思決定に振り向けることを意味する。主流化は，目標，戦略および行動を変える必要性を示すことができる。それは，ジェンダー平等の促進に資する組織環境をつくり出すため…組織の変革を求

---

49) Durban Declaration and Programme for Action, footnote 1 in *Report of the World Conference Against Racism, Racial Discrimination, Xenophobia and Related Intolerance*, Durban, S.Afr., Aug. 31-Sep. 8, 2001, UN Doc. A/CONF. 189/12 (2002). この宣言・行動計画の翻訳として，ダーバン2001編『反人種主義・差別撤廃世界会議と日本』（解放出版社，2002年）308頁。ただし，ICC規程におけるジェンダー概念は単なる2つの性に本質主義的に還元されるものではないと説く有力な見解もある。Oosterveld, V., "The Definition of 'Gender' in the Rome Statute of the International Criminal Court : A Step Forward or Back for International Criminal Justice", *Harvard Human Rights Journal*, supra note 43, pp. 55-84. See *also*, Oosterveld, "Gender, Persecution, and the International Criminal Court : Refugee Law's Relevance to the Crime Against Humanity of Gender-Based Persecution", *Duke Journal of Comparative & International Law*, Vol. 17 (2006), pp. 49-89.

50) *Gender Mainstreaming : An Overview* (2001),

第9章　ジェンダーの主流化／文明化の使命

めることができるものである。

　97年の経社理合意結論がそうであったように，主流化に向けてなすべき事柄がここにも縷々列記されている。ただ，列記されてはいるもののいかにも漠としており，それ以上に，それらをどうやって実現するのかという施策がさらに不分明である。ジェンダーの主流化戦略は「誰もが理解できる戦略ではあるが，実際に何がなされるべきかについては誰もがはっきりとはわからぬもの」というサリ・コウボ（Kouvo, S.）の引用する一文[51]が事の要諦を適切に伝えているのではないか。

　いささか単純化して言ってしまえば，周縁に追いやられていた女性的価値・問題を中心に移行させる（integration）とともに全体構造そのものを変革すること（transformation）こそがジェンダー主流化の眼目であると要約はできるのだが，しかし変革については，その具体的な像が容易につかめぬことからなにをどうしてよいのかが定まらず，そのため主流化の名のもとに実際になしうるのはもっぱら女性を中心に招き入れることだけ，というのがこれまでの制度的実情であったように思う。要するに，ジェンダーの主流化とは，安保理決議1325の帰趨がまさにそうであるように，既存の構造はそのままに，その中にいかに女性を組み入れるかという「量」の問題に切り縮められてしまったに等しい観がある。

　ジェンダー概念を脱色／脱臼させて遍在化させる一方で，公的アリーナに身を置く女性の数を少しばかりは増やしてみせるという程度の「成果」しか主流化戦略がもたらさないのであれば，この戦略に固執し続けることにどれほどの意味があるのかを借問してもおかしくはないだろう。戦略の根本的見直しの時期が早々に来ているかもしれない，ということである。ただ，そうした問いを発する際に，「にもかかわらず」，ジェンダーの言説がグローバル戦略としての位置づけを，つまり真理の体制を築きあげたことの意味について考察しておくことも怠ってはなるまい。特に，主流化戦略は，米ソの冷戦が終わり国際社会で市場経済と民主主義が熱狂を帯びて称揚される時期に公然と推進されている。それが1つの「出来事」であればこそ，そこに働く力

---

51) Kouvo, *supra* note 24, p.239. また，ジェンダーの主流化を進める国連諸機関の調整が不十分であることを指摘するものに，尾崎「前掲論文」（注11）179頁。

学についていっそう敏感な眼差しを振り向けてもよいだろう。「女性の権利は人権である」という標語に集約されるフェミニズム知が国連の場で主流化の証印を与えられたことの含意は那辺にあるのかを探りあてておかなくてはならない。

　主流化は既に述べたように相互に連動する2つの方面から推し進められてきた。女性の権利を人権として認知させるという至極まっとうな目標を手繰り寄せるためである。だが，そのいずれの方面にあっても，女性の経験・声，とりわけ私的領域でこうむる女性の被害・苦痛を浮き彫りにすることを避けられないため，どうしてもそこには，保護を必要とする者／被害者としての女性像を産出する磁場が形成されてしまう。女性の被傷性を普遍的な人権言語に鋳直して表現しようとも，そこで鋳直されるのはあくまで女性の被傷性なのであって男性のそれではない。男性についてはジェンダー化された被害としてわざわざ言挙げする必要がない，ということであれば，標準＝普遍的な人間モデルはここでもやはり男性，という構図が描かれることになってしまうのではないか。ジェンダーの主流化は，女性の声を聴き，女性の経験を公的アリーナで可視化する営為を通じ，男性の無標性を再刻印する力学を発生させずにはいないわけである。

　別言すれば，主流化の過程において女性の特殊性＝有標性は減殺されるどころかえって強まり，女性の表象にしても，行為主体としてのそれではなく，被害者としてのそれがますます深められてしまっている。国連内でジェンダーの主流化を戦略化しえたのは，抗し切れぬほどの強い異論が差し挟まれなかったからでもあるのだが，それは，ジェンダーという概念が国際社会の営みの中で鋭利な牙をぬかれてしまったことだけに起因しているのではなく，より本質的には，女性をかよわき被害者と扱う保護主義言説と，女性をゲットーに押し込む男性中心主義言説との親和性が相応に保たれているからなのでもあろう[52]）。

2．〈近代〉とのきずな

　もっとも，おそらくそれ以上に看過できぬのは，ジェンダーの主流化と

---

52) Otto, *supra* note 15, pp.122-24.

〈近代〉との間に築かれた固ききずなではないか。主流化を推進するにあたり最も強い訴求力を発揮したのは女性に対する暴力撤廃キャンペーンであることは既に述べたとおりである。このキャンペーンにあって世界の女性たちは暴力の被害者としての属性を共有していることが強調された。女性は家父長的な権力構造に覆われ，世界いたるところで抑圧を受け続ける被害者であり，そのような存在としてシスターフッドを形成しうることが実に力強く説かれたのである[53]。

女性であること，しかもそれのみをもって世界の女性たちが連帯しうるとする認識は，だが，モハンティ（Mohanty C.）が言うように，社会的諸関係に入るに先立って，別個の文化内にある女性たちが１つのまとまったグループ・アイデンティティをもつという前提に立つものである[54]。こうした認識のあり方に対しては，それが主唱された米国内においても痛烈な異論が呈されている。女性は女性であるだけでなく，黒人でもあり，イスラムでもあり，ラティーナでもあり，先住民でもありうる。あるいは，レズビアンでもありうる。法の前に家父長的抑圧の被害者たる「女性」としてのみ召喚されうる，つまり無標の女性としてのみ登場しうるのは白人中産階級の異性愛指向の女性しかいまい。黒人の女性にしても先住民族の女性にしても，抑圧の淵源はジェンダーあるいは女性性という側面だけにあるのではない。彼女たちにとっての性差別は人種差別や貧困等と抜きがたく結びつき，それらすべてが同時に抑圧を生み出す源ともなっているのである[55]。

世界人権宣言が抽象的な人間像を屹立させる自由主義アプローチを採用することで女性に対する差別とりわけ「南」の女性に対する差別を深化させたように，主流化戦略もまた，抽象的な女性像の下に先進工業国の（特定の）女性たちの最優先課題を標準＝普遍とする帝国主義的な言説を発出するものとなっていると言わなくてならない。そしてこの点は，「文化」というもの

---

53) 米山『前掲書』（注７）121頁参照。

54) See Mohanty, C., *Feminism Without Borders : Decolonizing Theory, Practicing Solidarity* (2003), pp. 17-42.

55) Kapur, R., "The Tragedy of Victimization Rhetoric : Resurrecting the 'Native' Subject in International/Post-Colonial Feminist Legal Politics", *Harvard Human Rights Journal*, Vol. 15 (2002), p. 8.

の処遇を通していっそう明らかになる。

　主流化戦略は社会や家庭といった私的領域を規制対象に捉えることでリベラルな公私の境界を揺さぶる効能を有してはいるものの，私的領域に関心が及ぶということで，社会のありよう，あるいは文化というものが議論の俎上にのる（のせられる）可能性が広がっている。だが奇妙というべきか，主流化の中で関心・批判の矢が向けられる文化とはきまって「南」のそれであり，「北」（＝欧米）の文化にはまるで関心も問題もないかのようである。現に，主流化の担い手でもある欧米の主要人権NGOが女性に対する暴力の事例として優先的に取り上げてきたのは「南」のそれであり，また，名実ともに女性に対する暴力撤廃キャンペーンの知的・実践的指導者の1人であったバンチ（Bunch, C.）もまた，その運動のクライマックスとなった1993年の世界人権会議に際してこう述べていた。「インドでは，姻戚によってダウリが不十分だとして，毎年5000人以上の女性が殺害されている。裁判に付される加害者の割合はごくわずかである。伝統が『ダウリによる死』の慣行を育んでいる。…インドでは，毎日12人以上もの女性がそうした紛争の結果，その多くが事故を装った台所での火災によって命を落としているのだ」[56]。

　女性に対する暴力撤廃キャンペーンは難民法の領域にも強い波動を及ぼしている。私的領域で重度の暴力を受け「北」の先進工業国に逃れ出てきた女性庇護申請者が難民と認定される例は，ジェンダー・ガイドラインの策定等もあっていまや例外とは言えなくなっているのだが，そうした庇護申請者に向けられる眼差しを言表して，あるフェミニストはこう述べている。「難民の定義はジェンダーを理由に迫害を受けるという十分に理由のある恐怖を有するものにも拡張されるべきである。…そうした迫害の最も悪名高き例は，おそらく，女性の地位と振る舞いについて厳格な規則をもつイスラムであろう。もっとも，ヒンドゥー教の下にあるインド，部族法の下にあるアフリカ，そしてマチズモの伝統の下にあるラテン・アメリカでも状況は同じなのだが」[57]。

---

56) Quoted in *id.*, pp. 14-15.

57) Cipriani, L., "Gender and Persecution: Protecting Women Under International Refugee Law", *Georgia Immigration Law Journal*, Vol. 7 (1993), p. 513.

こうしたオリエンタリズムの臆面なき噴出は、残念ながら例外としてすませられるものではない[58]。「南」の後進性・幼稚性を画一的に描き出すことで「北」の先進性あるいは救世主としての優位性を逆照射するこの帝国主義言説において、「南」の女性たちは行為主体性をもたぬかよわき被害者であり、野蛮な文化を背景にした暴力から救い出されるのをひたすら待つ身とされる。そして「私たち＝北」はそうした女性たちを難民認定を通して救出する人道的な役割を負っている、というわけである。

 この言説にあってすっぽり抜け落ちているのは、肝腎の「北」（の文化）は果たして女性たちにとって安全なのか、という視点にほかならない[59]。痛快なことに、南アジアに出自をもつあるサバルタン研究者は、救世主役を課せられている米国の内情を近年の統計を用いてこう描き出している[60]。米国では毎年400万人の女性が夫または同棲するパートナーからの虐待を受けている。2分に1人の割合あるいは別の積算によれば毎年68万3280人もの女性がレイプされている。130万人の女性がレイプ関連の心的外傷後ストレス障害を負っており、毎年21万1000人ほどが同障害を新たに負う。

 この数字をもってすれば、女性に対する暴力が米国内で蔓延していると断ずることに躊躇を覚える者は、まっとうな判断力をもつかぎりまずいないのではないか。にもかかわらず、暴力撤廃キャンペーンにおいて米国内におけ

---

58) 第一世界のフェミニストたちが自らの文化のうちにある抑圧には沈黙する言説実践について、Gunning, I.,"Arrogant Perception, World-Travelling and Multicultural Feminism: The Case of Female Genital Surgeries", *Columbia Human Rights Law Review*, Vol. 23(1991-92), p. 189: Lewis, H.,"Between 'Irua' and 'Female Genital Mutilation'", *Harvard Human Rights Journal*, Vol. 8 (1995), p. 32.

59)「南」の女性たちを被害者（victim）とのみみなし、行為体（agency）としてのそれをいっさい否定してしまっているという問題や、「南」の中にある力強きフェミニスト運動―そのような表現を用いるかどうかは別として―の存在を忘却してしまっているという重大な問題もあることはもとよりである。See *generally*, Kennedy, D., "The International Human Rights Movement: Part of the Problem?", *Harvard Human Rights Journal, supra* note 55, pp.101-25.

60) Visweswaran,K.,"Gendered States : Rethinking Culture as a Site of South Asian Human Rights Work", *Human Rights Quarterly*, Vol.26(2004), pp. 507-508.

る暴力の蔓延が，野蛮な文化，それもキリスト教文化のゆえであるなどと分析されることはおよそ皆無と言ってよい。国際社会における真理の体制がいかに権力と癒着しているのかを示す一断面であろう。

　主流化の位相は，その偏面性もさることながら，自らの責任を等閑に付してやまぬ帝国主義言説の暴力的忘却の特徴をそのままに映し出すものでもある。たとえば，ダウリ殺人はインド文化の「後進性」の証として繰り返しその暴力性を非難されるものだが，ダウリじたいがインドの一部の共同体における伝統的制度であったにしても，ダウリ「殺人」は伝統でも慣行でもなく，むしろ〈近代〉の浸透によって生み出された悪弊とでもいうべきものである。また，ヒンズー教の女性たちに加えられる暴力に関連して頻繁に言及される火の使用は，銃へのアクセスが米国ほど容易でない社会では殺害の証拠を残さぬための便宜に過ぎないとも言われ，そうとすれば，火を用いての殺人を「文化」という枠でくくってしまうことにも強い疑念が呈されるのは当然であろう[61]。

　そしてなにより，ダウリへの期待値が高まった背景に市場経済の圧力があることを見落としてはならない。ダウリ殺人が顕在化しあるいは持続している背景には，国際的，つまりは「北」主導の政治経済構造が密接に与っている。殺害をいざなう金員や財の高騰は，明らかに文化の問題ではなく，国際経済の問題である。同様に，女性に対する暴力撤廃キャンペーンの中で代表例として取り上げられることの多いパキスタンやアフガニスタンにおける女性への暴力にしても，その背景には，暴力的な政策を推進した政治勢力に対する米国など「北」からの巨額の経済援助があったことも明らかになっている[62]。「南」の社会に暴力の広がりが見られるにしても，それは，ひとり当該社会の問題というわけではなく，むしろそれ以上に不均衡な国際政治経済構造のなせる業という側面が強いのが実相ではないのか。にもかかわらず，暴力撤廃キャンペーンは，「国際」を問題とすることはせず，国際法の力も借りながら，責任を現地（「南」）の中に封じ込める言説の生産にいそしんできたと言わなくてはならない。

　むろん国際法は，文化が「遅れ」ていても社会が「野蛮」であっても，そ

---

61) Kapur, *supra* note 55, pp. 13-17.
62) Visweswaran, supra note 60, pp. 502-503.

れをもってただちに法的非難を加えるようには構成されていない。法的責任は原則として国家の行為（作為／不作為）を媒介にして国際法の世界に投射されるのであり，現に，女性に対する暴力が私的領域で生じている場合に国際法が救済の手を差し伸べるのは，当該国が暴力を「相当の注意」をもって規制も救済もできないときである。

　主流化戦略の推進役である女性に対する暴力撤廃キャンペーンがそうした国際法の領域で残した最大の功績の一つは，国家責任に関する国際法の枠組みを押し広げながら，従来は国内問題にとどめられていた私的領域内での暴力を国際法＝国家責任の問題に昇格させたことにあると言って過言でないだろう[63]。こうして，生命への権利や拷問からの自由といった国際人権法の根幹を成す諸規範の妥当範囲が明瞭に私的領域に及ぶことにもなったのだが，これは国際法言説における公私の境界の引き直しを意味してもおり，そこにこそ，学術的にも実践的にも強く刻印されてしかるべき積極的な価値を見出すことができるのかもしれない[64]。

　しかしそうした功績・意義にしても，現実世界では，帝国主義言説の回収メカニズムからけっして自由と言うわけではない。端的に言って，公私の境界を引き直すとは言っても，国際法の構造そのものにはなんら本質的な変更は加えられておらず，それどころか，公私の境界が鳴動してもたらされたものはと言えば，ほかならぬ国家の規制権限の拡充である。国家は，いまや私的領域内での事象（女性に対する暴力）を無為に放置することは許されず，主権的権限を行使してこれを規制する法的義務を明瞭に負うものとされた。いわば，法的責任を発生させる注意義務の喫水線が上昇したわけである。ところが主流化戦略の俎上に上る「南」の諸国はそうした喫水線の上昇に耐える力を十分に有しえていないことから，国際法違反に問われる事態を常態的なまでに生み出さずにはいない。その様は第三世界諸国の制度的脆弱性（保護

---

[63] See *e.g.*, Cook, R., "Accountability in International Law for Violations of Women's Rights by Non-State Actors", in Dallmeyer, D. (ed.), *Reconceiving Reality : Women and International Law* (1993), pp. 93-116.

[64] チャールズワース・チンキン『前掲書』（注21）73-78頁，金城清子「フェミニズム国際人権法の展開」山下泰子・植野妙実子編著『フェミニズム国際法学の構築』（中央大学出版部，2004年）75-78頁など参照。

能力の欠如）を浮き彫りにし，救済を掲げた「北」の政治的・軍事的介入を正当化する帝国主義言説の磁場へと連結されていく。女性に対する暴力の撤廃を目指す公私の境界の引き直しは，こうして，ほかならぬ「北」の介入の契機を押し広げてもいる，ということである[65]。

「南」における暴力の問題を国家責任法に引き付けて物語ることは，さらに，そうした暴力の背後にある国際構造を不可視化する誘因ともなっている。「南」の社会での暴力には「北」／「国際」の関与が濃密に見て取れることは先に触れたとおりである。したがってそうした構造と対峙せぬことには暴力の撲滅は困難というしかないが，主流化の中で操られる言説は，国家責任法を媒介に，国家（「南」の国家ということなのだが。）の行為に焦点を絞り込む意識を自然化し，そこに連なる国際的な構造に論及する回路を遮断する効果をもたらすものともなってしまっている[66]。国家中心思考に染まる国際法言説のいざなう忘却のメカニズムとでも言えようか。

畢竟，〈悪〉とは，遅れた野蛮な「南」の文化であり，また，それを矯正できぬ脆弱な「南」の国家なのであろう。そうした〈悪〉に包まれて深刻な暴力を受け続けている「南」の被害者女性たちを国際法／制度を用いて助け出すこと。それこそが，女性に対する暴力撤廃キャンペーンがその深層において訴えるメッセージとなって（しまって）いるのではないか。なればこそ，「北」の象徴ともいうべき民主化・市場経済が〈絶対善〉として世界を覆う時期に，ジェンダーもまた主流化しえたのかもしれない。ジェンダーの主流化と〈近代〉との間に—おそらくは人道という名の善意によって—築かれた固ききずなの一端をそこに看取することができよう。あるいは，女性の人権言説の構築を通じた〈文明化の使命〉の現代的表出と言ってしまってもよいのかもしれ

---

65) 境界の引き直しがもたらす危険性を指摘するものに，Kennedy, D., "When Renewal Repeats: Thinking Against the Box", *New York University Journal of International Law and Polices*, Vol. 32 (2000), p. 335. また，構造そのものがおかしな場合に部分的な修繕を施すことでかえってゆがんだ構造の安定化につながってしまうことについて，Charlesworth, H. "Feminist Methods in International Law", *American Journal of International Law*, Vol. 93 (1999), p. 381.

66) Buss, D., "Austerlitz and International Law : A Feminist Reading at the Boundaries" in *International Law: Modern Feminist Approaches*, *supra* note 15, pp. 96-100.

ないが。

IV　フェミニズム，国際法の使命

1．開発・環境とジェンダー言説

　ジェンダーの主流化という術語を国際的な言説の中で用いる先鞭をつけたのは開発の分野である[67]。女性と開発援助についての支配的なアプローチは当初「開発における女性（WID）」という概念によって表象されていたが，しだいにその不十分さが認識され，1980年代後半には「ジェンダーと開発（GAD）」という概念にとって代わられたことはよく知られていよう[68]。1987年に発表されたブルントラント報告[69]は環境と開発との切り結びを決定づけるほどの言説効果を有するものであったが，現にGADも，持続可能な開発という概念を含みもつ「女性，環境，持続可能な開発（WESD）」という概念枠組みへと深化し，ジェンダーの視座がしだいに環境法領域にも浸潤していくことになる[70]。

　国際環境法文書がジェンダーに言及を始めるのはリオデジャネイロで開催された1992年の国連環境開発会議[71]を契機としている。持続可能な開発への

---

[67] See Jahan, R., *The Elusive Agenda: Mainstreaming Women in Development*（1995）. 尾崎「前掲論文」（注11）169頁。

[68] 川眞田嘉壽子「国際人権保障システムにおける『ジェンダーの主流化』」山下・植野編著『前掲書』（注64）87頁。

[69] World Commission on Environment and Development, *Our Common Future*（1987）.

[70] Rochett, A., "Transcending the Conquest of Nature and Women : A Feminist Perspective of International Environment Law", in *International Law: Modern Feminist Approaches, supra*, note 15, p.209.

[71] *Report of the United Nations Conference on the Human Development, Rio de Janeiro*, 3-14 June 1992, UN Doc. A/CONF 151/26(Vol.I). この会議では，環境と開発に関するリオ・デ・ジャネイロ宣言（Rio Declaration on Environment and Development）とアジェンダ21(Agenda 21: Programme for Action for Sustainable Development）が最終文書として採択されている。本稿では，同宣言はリオ宣言と略称し，その日本語訳は，松井芳郎（編集代表）『ベーシック条約集 2007』（東信堂，2007年）掲載のものを用いた。

行動計画を定めたアジェンダ21は，環境劣化が発展途上国の農村地域に住む女性たちに不均衡な影響を及ぼしていることを認めるなど，環境問題とジェンダーとの関わりを明瞭に認識するものとなった[72]。リオ宣言も第20原則で環境管理と開発に果たす女性の重要な役割を明記し，法的拘束力を有する文書としては生物多様性条約が前文において「生物の多様性の保全及び持続可能な利用において女子が不可欠の役割を果たすことを認識し……政策の決定及び実施のすべての段階における女子の完全な参加が必要であることを確認し」ている。

　ジェンダーの主流化が国際環境法の領域にも及んできていることはこうした諸規定からもうかがい知ることができるだろうが，しかしそれが地球環境そのものの改善をもたらしているのかと言えば，温暖化・砂漠化といったものの現状を見るまでもなく，肯定的な判断は控えざるをえないのが実情ではないか。環境法領域においても，実のところジェンダーのダイナミックスは女性の参加を拡充するという「量的」な側面にとどまってしまっている[73]のだが，それもさりながら，より根本的には，環境法の基層に横たわる〈近代〉が女性の参加を通して拡充され続けているところになにより留意しておく必要があろう。

　その具体的な現れは，1つには「西洋科学信仰」という言辞によって把握できるものである。それが典型的に湧出した例としてリオ宣言第9原則を想起してみるとよい。そこではこう規定されている。「国家は，科学的及び技術的な知見の交換を通じた科学的な理解を改善させ，また，新しくかつ革新的なものを含む技術の開発，適応，普及及び移転を促進することにより，持続可能な開発のための各国内の対応能力の強化のために協力すべきである」。オゾン層の保護のためのウィーン条約（4条），気候変動枠組み条約（4条g），

---

72) 準備過程において女性コーカスが果たした決定的な役割を紹介するものに，織田由紀子「グローバルな女性運動の形成と展開」山下・植野編著『前掲書』（注64）52-54頁。

73) Green, C., Joekes, S.and Leach, M.,"Questionable Links: Approaches to Gender in Environmental Research and Policy"in Jackson, C. and Pearson, R. (eds.), *Feminist Visions of Development : Gender Analysis and Policy* (1998), pp. 263-65.

生物多様性条約 (18条) といった環境法領域を代表する諸条約もおしなべて科学技術へのためらいなき信仰を告白している。

この信仰は，まさに信仰というにふさわしく，科学技術が「自然の征服」を通じて環境保護どころか環境破壊を促しているのではないかという問いには無関心を装いがちである[74]。科学技術信仰は，半面において，現地の女性たちによって培われ，営々と受け継がれてきた効果的な環境保護の知を非科学・非客観的として低位に貶める力学を発動させてもいる[75]。ここでも，権力によって真理がつくられているわけである。「北」から「南」への技術移転という発想にしても，科学技術信仰を強化するものにほかならず，日常生活を生きる第三世界の女性知の周縁化を促進していることには変わりない。

もう1つ留意すべきなのは，環境保護に向けた支配的モデルが依然として経済成長を柱としている点である。たとえば，2002年に採択された持続可能な発展に関するヨハネスブルグ宣言[76] 8 は，経済開発が持続可能な発展にとって不可欠であることを確認しているが，その土台を提供したリオ宣言は，第12原則で「経済成長と持続可能な開発をもたらすような協力的で開かれた国際経済システムの促進に協力すべきである」と規定し，アジェンダ21は国際経済法の依拠する新自由主義モデルへのいっそう明瞭な忠誠を誓うものともなっている[77]。経済成長により貧困を撲滅することが「持続可能な発展の

---

74) See *e.g.,* Shiva, V., *Staying Alive : Women, Ecology and Development* (1989), p.24. (本書の著者であるシバは，自然征服型の開発モデルのあり方に第三世界女性の視点から根源的な異議申し立てを行い，新たなヴィジョンを提示する研究者・活動家集団 DAWN (Development Alternatives with Women for a New Era : DAWN) を代表する論客である。) もっとも，予防原則や世代間衡平原則の導入には科学を全能視することへのいくばくかの懐疑が現れてもいる。

75) *Id.,* p.22.

76) *Report of the World Summit on Sustainable Development, Johannesburg,* 26 Ausgust-4 September 2002, UN Doc.A/CONF 199/20. ヨハネスブルグ宣言の日本語訳についても，リオ宣言と同じく，松井編集代表『前掲書』(注71) 掲載のものを用いた。

77) See *e.g.,* Agenda21 (*supra* note 71), para. 2.19. また，2002年にヨハネスブルグで宣言とともに採択された実施計画 (WSSD Plan of Implementation, *supra* note 76) は，貿易の自由化，外国直接投資と持続可能な開発とのつながりをさらに強く唱導するものとなっている。

もっとも重要な目的であり，不可欠の要件である」（ヨハネスブルグ宣言11）とされ，そのためには女性のエンパワーメントが欠かせないとの認識も示されている。

　女性がエンパワーされることそれじたいは一見すると無条件に良いことのように見受けられようが，しかし，エンパワーメントのモデルが市場市民としてのそれ，つまり，経済成長に寄与しうる力を備えた女性こそを「良き女性」と—暗黙裡ではあれ—措定する言説構成になっていることから，ここにも「南」の女性（の経済活動）を周縁化＝不可視化する帝国主義言説の位相が見て取れてしまう[78]。その結果として，サブシスタンス経済に従事する第三世界の女性たちは，その活動が自らの共同体の基本的ニーズを満たすものであっても，市場的価値を生み出さない以上，「貧困層」に括られ，矯正の対象とされてしまうわけである。ロチェット（Rochette, A.）が言うように，「持続可能な発展の役割は，『貧しき』人々（その多くは女性）を，資源と意思決定にアクセスできるようにすることで，市場経済への完全なる参加者に変容させること」[79]にあると評されてもしかたないのではないか。

　約言するに，国際環境法の基層が映し出しているものは科学知と市場経済を正しきものとする真理の体制（〈近代〉）と言ってよく，そのあり方を問い直さぬかぎり，ジェンダーの主流化がそうした体制を強化する動力として機能してしまうのは事理の必然でもあろう。「南」の女性たちの環境知や経済活動は主流化の中で周縁化され，排除と矯正の対象にすらなっている。「南」の女性たちを貧困から救い出すという〈文明化の使命〉が，国際法／制度という人道的な仲人を介し，ここでもジェンダー言説と固いきずなを形成しているということである。

2．取り残されることと抗うこと

　元来が既存の制度に対する先鋭的な異議申立ての武器であったものが，あ

---

[78] Otto, D., "Holding Up Half the Sky, But for Whose Benefit?: A Critical Analysis of the Fourth World Conference on Women", *Australian Feminist Law Journal*, Vol.6 (1996), p.23.

[79] Rochett, *supra* note 70, p.230.

る時点を境にその機能を転換させ，逆に制度を維持する保守的な機能を演ずるようになる，という代表例が人権概念である。ドネリー（Donnely, J.）は，そのほとんどがブルジョアであった当初の自然権の支持者たちが政治的抵抗の側からしだいに統制の側に移ったことにより，自然権概念が政治的変革の手段たることを終え，さらなる変革を阻害するために用いられるようになったことを私たちに思い起こさせてくれる[80]。またブロムレイ（Blomley, N.）は権利の請求が有力で進歩的な武器になりうることを認めながらも，それが司／法の領域において流通するようになると退歩的なものに転じてしまうことを指摘する[81]。換言すれば，先鋭的な概念も制度化され実定法化されることにより，非制度・非法状態にあった時点での切れ味を喪失し，それどころか，制度を固守するためのものに性格を切り換えられてしまうということである[82]。

　その隘路に，ジェンダー／主流化も陥っているように映る。制度・法の縁辺で変革を激しく求めていた時の躍動が，官僚文化の支配する国際制度の内に取り込まれたことにより，一転して保守の力学へと転換されてしまったということになるのかもしれない。眼前の情景を，チャールズワース（Charlesworth, H.）の論考のタイトルに倣って[83]少しばかりの比喩を交えて描写するなら，〈主流〉という流れが国連・国際社会を席巻しながらも，世界の多くの女性たち（とりわけ第三世界の女性たち）は，その流れに乗るどころか，流れの中で沈溺しあるいは流域の両岸におきざりにされたままでいるかのようである。

　もっとも，解放のための思想たるフェミニズムにとっては，沈溺しあるいはその両岸に佇んでいることにこそ有意ななにものかがある／残されているということなのではないか。そもフェミニズムが求めるべきは，主流の栄冠

---

[80] Donnely, J., *Universal Human Rights in Theory and Practice* (1989), p.29.
[81] Blomley, N., "Mobility Empowerment and the Rights Revolution", *Political Geography*, Vol.13 (1994), p.413.
[82] Stammers, N., "Social Movements And The Social Construction Of Human Rights", *Human Rights Quarterly*, Vol.21 (1999), P.997.
[83] Charlesworth, *Supra* Note 43.

を奪取するということではなく，女性たちに不利益を課す流れそのものを変えるということにあったはずである。〈文明化の使命〉を後背に抱えた巨流に身を任せる者が増えればそれでよい，ということにはならないであろう。むしろ，そうした誘惑に抗するなかにフェミニズム／国際法学の真髄が宿っているとも言えるのではないか[84]。

　主流化というものがもたらす悄然たる様を前にチャールズワースは，「『ジェンダーの主流化』という術語の力があまりに拡散してしまったいまでは，新たな言葉が必要になっている。…ジェンダーの主流化は，「合理的な」公的管理の道具と，性的不平等の撤廃という「不合理な」変革目標とを結びつけるものである。この結びつきは失敗を運命づけられているのかもしれず，女性と男性との間の不平等に対峙する官僚色の薄い戦略を見つけ出すほうが有益であるのかもしれない」[85]と仮借なく述べている。そこまで晦冥に言葉を紡ぐ勇気も知見も私はもちあわせていないが，しかしそうではあっても，単なる女性参加の拡大ではなく，国際秩序の前提認識・構造そのものを「変革」するために，主流の流れに沈溺し，その両岸に佇立する価値・声を再結集すべき必要性を説く彼女の訴えには強い共感を覚えずにはいない[86]。「他

---

84) フェミニズムは「あらゆる女を解放するために戦う政治理論であり，政治実践なのだ……。全面的な自由というこのヴィジョン以外のものは，フェミニズムではなく，単なる女の権勢の拡大にすぎない」(岡真理『彼女の「正しい」名前とは何か』(青土社，2000年) 169頁にあるバーバラ・スミスの引用)。もとより，世界のあらゆる文化を「高度に工業化した諸国」のそれに近づけ，第三世界の脆弱な女性たちを救い出す国際法のプロジェクトに従事するよう呼びかけるダマトのような国際法学者にとっては，大いに異論があるようだが。D'amato, A., "Book Review: Rebecca Cook (Ed.), Human Rights Of Women : National And International Perspectives", *American Journal Of International Law,* Vol. 89(1995), P. 840.

85) Charlesworth, *supra* note 43, p. 18.

86) 9・11を機に前景化された安全保障言説により周縁化・忘却を余儀なくされたとはいえ，2001年のダーバン会議（前掲注49参照）は，欧米諸国が従事してきた奴隷制と植民地支配に対する責任を厳しく問うことにより，今日に続く〈文明化の使命〉を根底から揺さぶる重大な契機を提供するものでもあった。また，同年から，世界経済フォーラムに対抗して始められた社会運動の合流地点ともいうべき「世界社会フォーラム」も，〈文明化の使命〉への重要な対抗軸を提供している。フェミニズム国際法学が連携すべ

者(the Other)」を眼差すそうした営みにこそ，フェミニズム国際法学は実践的で先鋭的なその知の力を注いでいくべきなのではないか[87]。

き知は，現在の国際社会のそこかしこに十分に見出すことができよう。阿部浩己「『人間』の終焉」松井芳郎編『人間の安全保障と国際社会のガバナンス』(日本評論社, 2007年) 177－180頁参照。
87) そしてもちろん，私たち＝「北」のフェミニスト（市民）は「私たち自身の主体的責任をまず，全うしなければならないはずだ」。岡『前掲書』(注84) 151頁。

第3部

国際機構と国際協力

第10章

国際機構の国際法人格
――非加盟国に対する対抗力――

江藤 淳一

I　はじめに
II　損害賠償事件
III　学説の展開
IV　法典化作業
V　おわりに

I　はじめに

　1990年代以降，2つの事情から，再び国際機構の国際法人格（international legal personality）の問題がさかんに議論されるようになった。1つは，欧州連合（EU）や欧州安全保障協力機構（OSCE）の国際法人格をめぐる議論であり，もう1つは，国際機構にかかわる国際責任の法典化作業における国際法人格をめぐる議論である。いずれも，国際機構の国際法人格が第三者に対していかなる効果をもつかという問題にかかわる。

　国際機構が国際法人格をもつかという問題は，国際連盟の誕生以降，活発に議論されるようになった。すでに戦間期には，国際機構の法人格が問題となる事例が生じており，そうした事例のなかには明確に法人格の存在を示しているものもある[1]。その後，1949年に国際司法裁判所（ICJ）は「国際連合

---

1) 最近再評価されているものとして，「スパルテル岬灯台国際委員会の法的性質」に関する意見書があげられる。Giuseppe Marchengiano, "The Juristic Character of the International Commission of Cape Spartel Lighthouse," *American Journal of International Law* (*AJIL*), Vol.25 (1931), pp. 339-47. この事例についての研究とし

の勤務中に被った損害の賠償に関する事件」（以下，「損害賠償事件」）の勧告的意見においてこの問題に関する重要な判断を示した[2]。これにより，少なくとも普遍的な国際機構に関しては国際法人格が認められるという考え方が確立した。

　しかし，この勧告的意見はその判断のなかにさまざまな要素を取り込んだため，その後の学説の展開において国際機構の国際法人格をめぐって見解の対立が生じた。とくに国際機構の法人格が非加盟国に対して対抗力（opposability）をもつか，すなわち，国際機構が非加盟国に対して何らかの権利を主張することができるのか，あるいは，国際機構が非加盟国に対して直接に義務や責任を負うことがあるのか，という問題は，国際機構の法人格の根拠の問題と密接にかかわりつつ，理論上重要な争点となった[3]。国際機構の活動がさまざまな分野に及び，国家ばかりでなく，その他の団体や私人との関係が問題になると，そうした第三者に対する対抗力の問題は実践的な課題ともなってくる。

　最近の国際機構の国際責任をめぐる議論では，この国際機構の国際法人格の対抗力についてそれを肯定的に捉える立場が有力になっている。しかし，それは，前提となる基準や効果の問題に関して不明確な部分を残しており，完全に問題を解明したというわけではなく，それに対する反対も依然として残っている。本稿では，こうした状況をふまえて，「損害賠償事件」を振り返り，その後の学説の展望を行い，最近の法典化作業における問題点を明ら

　　て，D.J.Bederman, "The Souls of International Organizations：Legal Personality and the Lighthouse at Cape Spartel," *Virginia Journal of International Law,* Vol.36（1996），p.275ff. 小寺彰「国際機構の法主体性―歴史的文脈の中の『損害賠償事件』」国際法学会編『日本と国際法の100年　第8巻　国際機構と国際協力』（三省堂，2001年）63-66頁。

2）*ICJ Reports* 1949, p.174. 以下，本文で判決にふれる際には，本文中に該当頁を記載する。

3）この点をめぐるザイドル・ホーヘンベルデルンとセイエステッドの論争については，植木俊哉「国際組織の国際責任に関する一考察（1）（3）―欧州共同体の損害賠償責任を手がかりとして」『法学協会雑誌』第105巻9号（1988年）35-39頁，第110巻2号（1993年）34-54頁。

かにしたい。

　なお，最近の議論では，非加盟国に対する対抗力とともに，その他の第三者に対する対抗力が問題となっている。しかし，私人も含めて第三者への対抗力を論じる場合，国際法と国内法の関係などやっかいな問題を検討する必要がある。本稿では対象を非加盟国に限定し，国際法上の問題として扱う。また，加盟国も国際機構との関係で第三者の立場に立つこともあるが，これについても国際機構の内部と外部を分けて検討する作業が必要になるので，本稿の対象外とする。

II　損害賠償事件

　国際連盟の時代，常設国際司法裁判所は国際機構の法人格について判断を示す機会をもたなかったが，ICJは，その設立後まもなく国連の国際人格について意見を示すことになった。それは，国連調停官が任務遂行中に殺害されるという事件に関して，国連が自らの被った損害とその職員が被った損害の両方について賠償を得るために国際請求を提起する権利を有するかという問題についての勧告的意見であった。裁判所は，請求を提起する権利は国際人格を前提としなければ考えられないという立場にたって問題の検討を行ったのである[4]。これによって，裁判所は，国際人格に関するさまざまな論点を提供することになったが，ここでは，法人格の意義，法人格の論証，法人格の対抗力の3点に関して裁判所の意見を検討する。

1．法人格の意義

　裁判所は，まず始めに，国連が国際請求を提起するような能力をもつかという問題に答えるためには，加盟国との関係において尊重されるべき権利を有するような地位を憲章が国連に付与しているかどうか，言い換えれば，国連は国際人格（international personality）を有するかが問題であると述べ，これはときに論争を惹起してきた学術上の表現であるが，しかし，ここでは，

---

[4] なぜ本件で裁判所が国際法人格を問題としなければならなかったかについて，小寺「前掲論文」（注1）68-70頁。

国連が国際人格を有すると承認されるならば，それは加盟国の負う義務の受益者たる能力をもつ実体であることを意味するものとして使われると指摘した（178頁）。

　そして，裁判所は国連が国際法人（international person）であると結論する際，国連が国家であるとか，その法的地位や権利義務が国家のそれと同じであるとか，まして，国連が「超国家」であるとかいうことではないと断ったうえで，それが意味しているのは，「国連が国際法の主体であり，国際的権利義務を享受することができ，そして，国際請求を提起することによりその権利を維持する能力を有するということである」と説明している（179頁）。ここで裁判所は，国際人格が国際法の主体を意味し，国際的権利義務を享受する能力をもち，国際請求を提起する能力をもつことを明確に述べた。すなわち，国際人格が認められれば，国際請求を提起する権利も認められるということである。他方，これに続いて，被害者に関する賠償請求の検討に入る際，裁判所は，国連は国際的平面で請求を提起し，交渉を行い，特別の合意を締結し，国際裁判所において請求を行う能力をもつことは疑いないとも指摘している（181頁）。この指摘は，国際人格一般についてのものか，国連だけに限ったものかが不明瞭である。前者であるとすれば，国際人格の効果として，条約締結権も認められることになるが，この点をめぐって見解がわかれる[5]。

　なお，裁判所は，国際機構一般に関する国際人格を論じる立場をとっているが，国連について「最高のタイプ」の国際機構と呼んだため，裁判所の見解は国連のような普遍的組織にのみ妥当するという見方をする論者もある[6]。

---

[5] この点に関しては，M.Rama-Montald,"International Legal Personality and Implied Powers of International Organizations," *British Year Book of International Law,* Vol.44 (1970), pp. 131-39.

[6] M.Mendelson,"The Definition of 'International Organization' in the International Law Commission's Current Project on the Responsibility of International Organizations," M.Ragazzi, *International Responsibility Today, Essays in Memory of Oscar Schachter* (2005), pp. 384-85.

2．法人格の論証

次に，裁判所は，この国際人格の有無の問題に答えるには，憲章が国連に付与しようと意図した性格がいかなるものかを検討しなければならないと述べ，国連の法人格の論証にはいる。

まず一般的に，いずれの法体系の法主体も，その性質または権利の範囲において必ずしも同一ではなく，その性質は社会の必要に依存すると述べる。そして，国際法の発展は，その歴史を通じて，国際生活の必要によって影響されてきたのであり，この発展により国連憲章に明記された目的と原則をもつ国際機構の設立に結実したと指摘し，「この目標を達成するには国際人格の付与が不可欠である」と論じる（178頁）。ここでは，具体的な目標の内容を示さないままに，国際人格の必要性が語られている。

ここから裁判所は，憲章や実行の検討に移る。まず憲章は，国連を諸国の行動を調整する単なるセンターとしたのではなく，諸機関を設けてそれに特別の任務を与えており，また，国連との関係における加盟国の地位を明記している（加盟国に対し国連の活動に援助を与え，安保理の決定を受諾し実行するよう要請していること，加盟国に勧告を行う権限を総会に与えていること，加盟国領域内における法律上の能力や特権免除を国連に与えていること，国連と加盟国の間での協定締結を定めていること）と指摘した。次に国連の実行（とくに協定締結）は，国連がいくつかの点で加盟国から切り離された地位を占め，必要があれば加盟国に一定の義務を想起させる責務を負うことを確認していると論じた。これに加えて，国連が政治的機関であり，重要な性格の政治的任務を負い，国際の平和と安全の維持，諸国の友好関係の発展，経済的，社会的，文化的および人道的性格の問題の解決における国際協力の達成，といった広い範囲を対象とし，また，加盟国との関係において政治的手段を有すると述べる。さらに，1946年国連特権免除条約は，各締約国と国連との間に権利義務を設定しており，国際平面以外で，国際人格を有する当事者の間以外で，このような条約が作用するとは考えられないことをあげている（178-79頁）。以上のように，ここでは，国連の組織構造，とくに加盟国との関係に焦点をあてて，国際人格の存在が導かれている。

さらに，裁判所は，創設者の意図に目を向ける。国連は広範な国際人格と国際平面で活動する能力の享有に基づいてしか説明できない任務や権利を行

使し享受するよう意図されており，実際に行使し享受しており，国連は現在のところ最高のタイプの国際機構であり，もしそれが国際人格を欠いているとしたならば，創設者の意図を実行することができないと指摘し，加盟国は，付随する責務と義務とともに，一定の任務を国連に委ねることにより，それらの任務を実効的に果たすために必要とされる権能をそれに与えたことが認められると述べる（179頁）。裁判所は，このように創設者ないしは加盟国が国連に国際人格を付与することを意図していたことを指摘するが，ここでいう意図とは，起草者の主観的意図ではなく，創設の事情と基本文書のなかに見出される客観的意図とみることができる[7]。

以上のように，裁判所は，国連の法人格の論証において，組織の目的，組織の構造，創設者の意図の3つを組み合わせている[8]。そのため，国際人格を論証するために何が必要かという点が不明瞭になってしまった。この意見からは，国際人格の論証は，一定の客観的規準に基づいて行われる単純な作業ではないようにみえるとも指摘される[9]。また，こうした論証は，次節でみるように，国際人格の根拠をどうみるかをめぐる学説の対立（主観説と客観説）の原因にもなった。

3．法人格の対抗力

以上の裁判所の見解は，国連と加盟国の間における国際人格の問題についてのものである。これに加えて，裁判所は，非加盟国に対する国際法人格の効果の問題，すなわち，対抗力の問題を取り上げる。本件はイスラエルという非加盟国（当時）に対する請求提起の問題であったためである。

---

7) C.F.Amerasinghe, *Principles of the Institutional Law of International Organizations* (2nd ed., 2005), p.81. 小寺彰は，「勧告的意見は，創設者の意思を根拠にあげるが，現実にそのように創設者が意図したという具体的な証拠は何等示されず，もっぱら国際連合の組織構造から意思を推定するという作業が行われているにすぎないのである。」と指摘する。小寺彰「GATTの国際法的地位」『関税と貿易』（1990年1月号）43頁。

8) この点に関し，小寺彰「国際組織の定義―国際組織の誕生」柳原正治編『国際社会の組織化と法（内田久司先生古稀記念）』（信山社，1996年）15頁。

9) Amerasinghe, *supra* note 7, p.81.

しかし，この点に関し，裁判所はごく簡単にしか見解を示さなかった。すなわち，「国際社会の構成国の大多数を代表する50カ国は，国際法に従って，単にこれら諸国のみに認められる人格ではなく，客観的国際人格を有する組織体を創設する権限を有していたのであり，国際請求を提起する能力もこれに含まれる。国連憲章に明記された目的および原則を達成するには，国際人格の付与が不可欠である。」(185頁)との立場（以下，「客観的人格」論）を示しただけである。

この簡単な指摘のなかにも混乱の要素が含まれている。その前段は，50カ国の創設者の意思を対抗力の根拠とみているようであるが，後段は客観的国際人格を主張し，加盟国の意思から離れた人格の存在を認めているようにもみえる10)。これは，法人格の根拠の問題ともあいまって未解決の争点となっている。

以上が，本稿にかかわる損害賠償事件の問題点であるが，以下にこれらの問題について学説での議論を検討する。

III　学説の展開

1．問題の整理

国際機構の法人格をめぐっては，学説では従来から，主観説と客観説の対立が続いているが，ここでは，その学説の対立状況を検討する前に，国際機構の法人格の根拠と効果について簡単に指摘しておきたい。

植木俊哉によれば，これから検討する主観説と客観説は，国際機構に国際法人格が認められる「根拠（淵源）」をめぐる対立である。すなわち，派生的法人格説・基本文書根拠説（本稿でいう主観説）は「加盟国の意思」を国際法人格の根拠とみる立場であるのに対し，客観的法人格説・客観存在説（本稿でいう客観説）は「一定の客観的事実の存在」を国際法人格の根拠とみる立場である。国際法人格の根拠の問題は，どのような具体的事実に基づいて国際機構の国際法人格が導かれるかという国際法人格の「要件」の問題（本稿で

---

10)　植木「前掲論文（3）」（注3）42頁。

いう法人格の論証）とは区別することが必要であるとされる[11]。

国際機構の国際法人格の効果についても見解の対立がある。一方には、法人格が存在するという事実から国際組織の具体的な権限が導かれるわけではなく、法人格は記述的な概念にすぎないとする立場[12]がある。これによれば、国際機構がどのような権限を有するかはその基本文書（それに基づく実行も含む、以下同じ）によって決まることになる。他方には、一般国際法上法人格を認められた国際機構は、それによって、国際請求、交渉、条約の締結、抗議、調査の要求等を行う権限をもつという立場がある。さらに、これらの権限を具体的にどの事項に関して行使できるかについては、その基本文書によって決まるという立場[13]と、基本文書によって禁止されないかぎり、これらの権限を最大限に行使できるという立場[14]がある。いずれの立場にたっても、程

---

11) 植木俊哉「国際組織の概念と『国際法人格』」柳原編『前掲書』（注8）48-49頁。
12) 佐藤哲夫『国際組織法』（有斐閣、2005年）97頁。同様に、クラッバースは、「国際法における人格は、『主体性』と同様、記述的概念にすぎない。物事の状態を記述するのには有用であるが、規範的には中身がなく、権利も義務も人格の付与から自動的に出て来るものではない。」とする。J. Klabbers, *An Introduction to International Institutional Law* (2004), p. 58. ブラウンリーも、「法人格が存在するという事実自身から、例えば、第三国との条約締結権や使節権といった特定の権限を自動的に導くことは避けるよう特別の注意を払う必要がある」と述べる。I. Brownlie, *Principles of Public International Law* (6th, ed., 2003), p.653. これに対して、小寺彰は、「加盟国が権利義務を付与する意思と法人格を付与する意思は別であり、前者の意思は後者の意思を前提にしなければならないと理解すれば、主観説においても法人格は一定の効果を生み、規範性をもっているのである」と指摘する。小寺彰「国際組織の法人格」寺沢ほか編『標準国際法〔新版〕』（青林書院、1993年）138-39頁。同様の見方として、N.D.White, *The Law of International Organizations* (2nd ed., 2005), p.34.
13) Amerasinghe, *supra* note 7, pp. 98-99. Rama-Montaldo, *supra* note 5, p. 141.
14) F. Seyersted, "International Personality of Intergovernmental Organizations, Do their Capacities Really Depend upon their Constitutions?" *Indian Journal of International Law*, Vol. 4 (1964), p. 53. この固有の権限論について、F. Seyersted, "Basic Distinctions in the Law of International Organizatons : Practice versus Legal Doctrine," J. Makarczyk (ed.), *Theory of International Law at the Threshould of the 21st Century* (1996), pp. 691-96. ツェマネクは、このアプローチと注13の論者のアプローチの結果は実際にはほとんど同じになると指摘している。基本文書を機能的に解釈すれば、禁止されてい

度の差はあれ，国際機構の権限の行使にはその基本文書がかかわることになる。

本稿では，国際機構の法人格の対抗力を中心に論じるので，法人格の対抗力が認められたうえでさらに問題となりうる国際機構の権限の対抗力については議論の対象外とする。

2．主観説

国際機構の国際法人格は，創設者の意思に基づくとするのが主観説である[15]。創設者の意思は国際機構の基本文書に明示または黙示に示され，それが国際機構の組織構造に反映する。この立場は国際法の淵源を国家の意思とする実証主義国際法の観念に合致しており，「損害賠償事件」も創設者の意思に目を向けていたことから，当初から有力な立場であった[16]。

この立場に対しては2つの点から批判が加えられる。1つは，長期にわたって存続する国際機構の性格が創設者の意思によって決定されるというのは不合理であるという批判である。この問題は本稿のテーマとは直接かかわらないのでここでは立ち入らない。もう1つは，国際機構と非加盟国との関係を説明できないという批判である。さきにみた「損害賠償事件」における「客観的人格」論は主観説では説明が困難であるように思われる。主観説の論者は，国際機構は条約上の制度であり，したがって，それは非加盟国には自動的には対抗できず，非加盟国の承認を要すると説く[17]。この立場に立つ場合，

ない事項については権限の行使を認めることが可能だからである。K.Zemanek,"The Legal Foundations of the International System,"*Recueil des cours*, Vol. 266（1997），p.91.

15) P. Sands / P. Klein, *Bowett's Law of International Institutions*(5th ed., 2001), p.475. I.Seidl-Hohenveldern/G.Loibl, *Das Recht der Internationalen Organizationen einschließlich der Supranationalen Gemeinschaften*(7 Aufl., 2000), p.49.

16) 小寺彰は，歴史的文脈に照らして「『損害賠償事件』意見は，……加盟国の意思を持ち出し，国際機構が国際法上の法主体性をもつのは，加盟国がそのような意思を持っていたからだと説明した。この議論によって国際機構法主体論を完成したのである。」と論じている。小寺「前掲論文」（注1）71頁。

17) Sands/Klein, *supra* note 15, p.475. Seidl-Hohenveldern/Loibl, *supra* note 15, pp.52-53. G.Schwarzenberger and E.D.Brown, *A Manual of International Law*(6th ed, 1976),

「客観的人格」論を否定してしまうか，あるいは，国連のような普遍的機構についてのみそれを限定的に受けいれるということになる。

　佐藤哲夫は，この「客観的人格」論について，国際法の合意主義的基礎と公的利益・公的機能の要請との間の矛盾を指摘する。すなわち，国際機構の法人格に一定の法的効果を付与する一般国際法が未確立といわざるをえない状況のなかで，裁判所は「国際社会の大多数の構成員に相当する50カ国」に言及することによって，「国際連合の果たす国際社会の公的機関としての機能や公的利益を強調し，国際連合の法人格の客観性を基礎づけようとしたと理解して良いのではないだろうか」という見方である。ただし，「現在の段階で国際組織の法人格の客観性を法的に説明することはできないと思われる」というのが佐藤の結論である[18]。

　主観説の立場から「客観的人格」論を肯定する議論として「事実上の国際政府」理論が考えられる。これは，憲法や行政法の概念から借用されたもので，大国を中心とする「事実上の国際政府」は，他の解決が不可能な状態において，一般的利益の擁護のために行動するのであり，それ故に，その行為は他国を有効に拘束すると考えるものである[19]。この理論は，19世紀ヨーロッパにおいて，重大な紛争や危機の後にすべての諸国が尊重すべき一定の地位を設定する大国間の協定を説明する際に持ち出された。「客観的人格」論を文字どおり素直に読めば，この「事実上の国際政府」理論によくあてはまる。しかし，この理論は現在の条約法の基本原則に反するものであり，一般に支持されるものではない。裁判所がこのような理論を採用して判断を示したものと考えることはやはりできない。

　そのためこれに代わるものとして，「黙示の同意」理論が提示される。これは，裁判所が客観的国際法人格を述べた際に，「たんにこれら諸国のみに認められる人格ではなく」という文言を添えている点に注目するものである。客観的国際人格は，加盟国の意思にではなく，第三国の態度に依存するので

---

　　　pp. 63-64. これに対して，国際法人格が第三者の承認によって決まるとすれば，創設者の意思の重要性は維持するのが困難になるとの批判がある。Klabbers, *supra* note 12, p. 54.

[18]　佐藤『前掲書』（注12）101頁。

[19]　P. Reuter, *Introduction au droit des traités* (3e ed., 1995), pp. 110-11.

あり，第三国の少なくとも黙認が必要との趣旨である。しかも，この黙認は国連のように大多数の諸国が創設する国際機構の場合であって，非加盟国の承認の意向が確定的に推定されうるような状況にのみ適用できると主張される[20]。

さらに，主観説に立ちつつ，慣習法類似のプロセスを通じて「客観化された」法人格を論ずる立場もある。これによれば，国際機構は，非加盟国を含む大多数の諸国により国際法主体として承認されることによって，当該機構を承認していない国に対しても法主体として客観化されることになる。この場合，当該機構を承認していない国も，固有の権利義務の担い手としての当該機構の地位を無視してはならず，尊重しなければならないという。これは，未承認国を無視できないのと同様であると説明される[21]。

これらの説明は理論的には成り立つかもしれない。しかし，現実には，多くの場合，このような黙認とか承認の有無が国際機構に関して議論されることはなかった。また，これらの説明は，創設者の意思を根拠とする主観説の立場から離れるものであって，むしろ客観説の立場に近づいているようにみえる。やはり，「客観的人格」論は主観説の立場からは説明できないと言わざるをえないであろう。

3．客観説

国際機構の法人格の根拠を一定の客観的事実の存在に求めるのが「客観説」である。より正確に言えば，一定の基準をみたす客観的事実が存在する場合に一般国際法に基づいて国際機構に法人格が付与されるという考え方である[22]。たとえば，しばしば引用されるブラウンリーは，(1)合法な目的をもち，

---

20) H.J.Hahn,"EURATOM: The Conception of an International Personality," *Harvard Law Review*, Vol. 71 (1958), p. 1049.

21) R.van der Hout, *Die völkerrechtliche Stellung der Internationalen Organizationen unter besonderer Berücksichtigung der Europäischen Union* (2006), p.80.

22) Amerasinghe, *supra* note 7, p.79. ヒギンズは，国際機構の法人格は当該機構を「承認した」者にのみ対抗できるという見解をとる論者がいるが，これは国際人格の客観的法的現実を無視するものである。ある属性がそこにあれば，人格は存在するのであり，それは承認の問題ではなく，客観的現実の問題であると述べる。R.Higgins,

機関を備えた永続的な国家の結合体, (2)法的権能と目的の点での, 国際機構とその加盟国との区別, (3)(1ないし2以上の国内体系のみではなく) 国際的平面で行使できる法的権能の存在, をこうした基準としてあげる[23]。こうした基準をみたした場合, その国際機構は一定の権限を有すると認められることになる。現在では, 後述の法典化作業で明らかになるように, この客観説が次第に有力になりつつある。

客観説の論者は「損害賠償事件」はこの説を支持しているとみる[24]。裁判所が, 国連の組織構造に検討を加えて国際法人格の認定を行っていることがその根拠である。しかし, 裁判所は, 客観説にとって重要なはずの, 国際人格が認められるための一定の基準を明確には示していない。そもそも, 国際機構の法人格の付与に関する一般国際法の存否をまったく論じてはいない。また,「客観的人格」論も, 50カ国の意思を根拠にしているようにみえることから, 客観説に決定的に有利な証拠とはいえない。したがって,「損害賠償事件」は客観説の根拠としては不十分といわざるをえない。

客観説に対しては, 次のような批判が加えられている。「客観説のような考え方は, 国際組織は設立諸国によりいかような形でも設立・修正されうる派生的な主体であるという基本的論理とは矛盾するのであり, この学説の主張するような内容の慣習法が確立しているかについては, いまだに否定的に考えざるをえない。」[25]同様に,「国家と同様に国際組織も一定の客観的事実が存在すればその事実に基づいて『国際法人格』が認められるという内容の

 Problems and Process : International Law and How We Use It(1994), pp. 47-48. なお, 国際機構の権利能力と行為能力を区別し, 国際法主体性(本稿でいう法人格)は客観説に基づいて一般に認められ, 具体的な権限ないし責任の範囲は主観説に基づいて特定されるという立場がある。秋月弘子『国連法序説』(国際書院, 1999年) 101頁。

23) Brownlie, *supra* note 12, p. 649.

24) Seyersted, *supra* note 14 (Personality), p. 53. Rama-Montald, *supra* note 5, pp. 125-26. Amerasinghe, *supra* note 7, pp. 80-83. ただし, アメラシンゲは, 裁判所が客観的基準を特定していない点を指摘しつつ, しかし, 裁判所が述べたことのなかにそれは含まれていると論ずる。ほかに, P. Gautier, "The Reparation for Injuries Case Revisited : The Personality of the European Union," *Max Planck Yearbook of United Nations Law*, Vol. 4 (2000), pp. 337-41.

25) 佐藤『前掲書』(注12) 101頁。

一般国際法又は国際慣習法の存在を立証することはそもそも困難であろう。」[26] こうして，客観説の問題点は，国際機構の法人格に関する一般国際法の未確立ということになる[27]。

しかし，にもかかわらず，客観説が次第に支持を集めているのは，国際機構の法人格に関する一般国際法の形成が進んでいることを意味するのであろうか。この点に関して，ツェマネクは，国際機構締結条約法条約のなかにその1つの傾向が見出されるとする。この条約では，国際会議における審議過程で，前文に「国際機構がその任務の遂行と目的の達成のために必要な条約を締結する能力を有することに留意し」という文言の挿入が提案され，なんら反対なく採択された。ツェマネクは，これによって，国際機構が一般国際法上条約締結権を持つと考えるのがこの条約の妥当な解釈だと指摘し，これは客観説の理論にきわめて近づいていると述べる[28]。

また，国際機構をめぐる国内裁判所の判決もあげられる。たとえば，国際すず理事会（当時加盟国24カ国）についてその非加盟国である米国のニュー・ヨーク州裁判所がその法人格を認めた判決（1988年1月25日）[29]，アラブ工業化機構の法人格を認めたスイス連邦最高裁判所の判決（1988年7月19日）[30]，イラン・米国請求権委員会の法人格を認めたオランダ最高裁判所の判決（1985

---

26) 植木「前掲論文」（注11）49頁。
27) ツェマネクは，セイエステッドの客観説の立場について，国家実行の裏づけがない点を問題としていた。K.Zemanek, *supra* note 14, pp.88-89.
28) K.Zemanek, "The United Nations Conference on the Law of Treaties Between States and International Organizations or Between International Organizations: The Unrecorded History of its 'General Agreement'," K-H.Böckstiegel et al (eds.), *Völkerrecht, Recht der internationalen Organisationen, Weltwirtschaftsrecht : Festschrift für Ignaz Seidl-Hohenveldern* (1988), p.671. この考えをとると，この条約の第6条は，条約締結権能の淵源について触れているのではなく，条約締結権能が行使される際の制限を述べているものとなる。なお，ツェマネクは，この会議の結果を受けて客観説の立場に移ったと述べている。*Annuaire de l'Institut de Droit International*, Vol.66-I (1995), p.325.
29) International Tin Council v. Amalgamet Inc., 524 NYS 2d [1988] p.971.
30) Westland Helicopter v. Arab Organization for Industrialization and Others, *International Law Reports* (*ILR*), Vol.80 (1989), p.657 (English translation).

年12月20日)[31]である。これらの判決は，当該国際機構の国際法人格を前提として判断を下しているが，その際，当該国政府がその国際機構を明示または黙示に承認しているか否かを問題としていない[32]。なお，イスラエルとエジプトによって創設された国際機構（多国籍軍・監視団）の特権免除に関し，国家と同様，主権的団体としての法的地位を認めたイタリア裁判所の判決（1994年3月14日）もある[33]。

　客観説の論者は，以上のような国家実行に加えて，非加盟国が現実に国際機構の法人格を否認したり，また，特別に承認を行うなどの事実がないことをあげて，その説を支持している。しかし，冷戦期にはソ連・東欧諸国がECの法人格の承認を拒むといった反対の実行があったことも考えると，客観説が諸国によって一般的に支持されていたと論ずることができるか疑問が残る[34]。いずれにしても，「損害賠償事件」の時点において，客観説を支持する一般国際法が確立していたとみるのは困難であろう。

　「損害賠償事件」において，裁判所が「客観的人格」論を示した際に，「国際社会を代表する50カ国」を根拠にあげたのはまさにこうした事情からであろう。裁判所は，国際機構の法人格に関する一般国際法の規則が確立していないなかで，当該機構の実効性を示すために「国際社会を代表する50カ国」に言及したと考えられるのである。裁判所は，国際法の確立した規則がない場合に，一定の事実の対抗力について国際法の原則に照らして判断する場合があり，その際，実効性の原則は重要な役割を果たしている[35]。国際機構の

---

31) AS v. Iran-United States Claims Tribunal, *ILR*, Vol. 94(1994), p. 327(English translation).

32) Amerasinghe, *supra* note 7, p. 88.

33) Sassetti v. Multilnational Force and Observers, *ILR*, Vol. 128(2006), p. 640(English translation). ただし，この判決は，当該機構にイタリア政府が関与した事実に言及している。

34) Mendelson, *supra* note 6, p. 387. ただし，アメラシンゲは，特定の国際機構について非加盟国がその法人格の承認を拒否した事例は最近はないと指摘する。Amerasinghe, *supra* note 7, p. 86. 同様の指摘として，van der Hout, *supra* note 21, p. 82.

35) この点に関しては，江藤淳一「国際法における欠缺補充の法理」『世界法年報』第25号（2006年）73-75頁。また，国際法学会［編］『国際関係法辞典〔第2版〕』（三省堂，2005年）573-74頁（「対抗力」の項，江藤淳一担当）。

法人格の場合も，国家の場合と同様に，実効性に基づいた考慮が求められるとみるのが妥当と思われる。そのかぎりでは，国際機構の本質は設立条約ではなくその行動の実効性にあるという見方[36]もできよう。

このように「客観的人格」論を実効性の点から捉えれば，それは（準）普遍的国際機構に限定されない[37]。EUやOSCEのような地域的国際機構であっても，それが固有の機関を備え，実効的な機能を果たしている場合には，その法人格の対抗力が認められる。また，法人格が明示に付与されているにもかかわらず，当該国際機構が独立した任務遂行力や機関をもたない場合や，設立諸国がその責任を回避するための口実となっている場合には，非加盟国はその法人格を無視することができる[38]。こうした考え方は，国際社会の実行に最も合致しているように思われる。

4．推定説

1990年代に，ヨーロッパ統合の過程のなかで，EUやOSCEが国際法人格を有するか否かが問題になった。とくにEUについては，その組織構造からみれば当然に国際法人格を有するとみられるものであったにもかかわらず，設立条約中に国際法人格を付与する明示の規定は設けられなかった。そのため，この点をめぐってさまざまな議論が展開された[39]。そのなかで，クラッバー

---

36) C.Bertrand,"La nature juridique de l'Organization pour la Sécurité et la Coopération en Europe(OSCE), " *Revue général de droit international public*, Vol. 102 (1998), pp.365-406.

37) アメラシンゲは，ICJは国連の準普遍性に言及したものの，それを客観的人格の成立の条件としておらず，加盟国数の多さは客観的人格の本質的要素では必ずしもないと指摘する。Amerasinghe, *supra* note 7, p.90.

38) *Ibid.*, p.85.

39) この点に関して，EUについては，庄司克宏「国際機構の国際法人格と欧州連合（EU）をめぐる論争」横田洋三・山村恒雄編『現代国際法と国連・人権・裁判（波多野里望先生古稀記念論文集）』（国際書院，2003年）131-65頁。Gautier, *supra* note 24, pp.341-61. J.W. de Zwaan,"The Legal Personality of the European Communities and the European Union,"*Netherlands Yearbook of International Law*, Vol.30 (1999), p.110. E.Paasivirta,"The European Union : From an Aggregate of States to a Legal Person?" *Hofstra Law & Policy Symposium*, Vol. 2 (1997), pp.45-59. クラッバースは，EUの

スは，とくにEUの法人格の問題に関連して，推定説（presumptive theory）という考え方を示した。

クラッバースは，国際法人格の基礎を主観説や客観説で捉えることはできないと主張する。それによれば，諸国がその創造物には国際法人格がないことを意図していた場合，そのような意図は尊重されるべきであって，国際機構は国際法人格をもつという国際法の規則によってそれを覆すことはできない。そして，実際には国際法人格の問題についてよりプラグマティックなアプローチがとられており，国際機構が国際法人格に基づいてしか説明できない行為を遂行すると，当該国際機構は国際法人格を有すると推定されるのである（推定的人格）[40]。かくして，国際機構の設立文書が人格について沈黙しており，国際機構が人格を示す行動をとらない場合には，人格は存在しないことになる[41]。しかしながら，多くの国際機構は人格の明示の付与がなくとも国際法活動を遂行するとみられる。クラッバースは，この考え方は「損害賠償事件」の「客観的人格」論とも合致していると説明する[42]。

この推定説は，加盟国が法人格の付与に反対している場合に，その国際機構の組織構造から判断して法人格を認めることを否定するところに眼がある。この指摘は確かにもっともであり，客観説の支持者も，設立の際における法人格付与についての明白な否定は考慮すべき要因としている[43]。この点

設立条約に法人格が設けられなかったのは，単なる見落としであり，国際法人格を与えないという意図ではないと指摘している。J. Klabbers, "Presumptive Personality : The European Union in International Law," M.Koskenniemi(ed.), *International Law Aspects of the European Union* (1998), p.239. なお，2007年12月13日に署名されたEUの新基本条約（リスボン条約）では，EUの法人格が明記された（46条A）。OSCEについては，M. Sapiro, "Changing the CSCE into the OSCE : Legal Aspects of a Political Transformation," *AJ IL*, Vol.89 (1995), pp. 631-37. Bertrand, *supra* note 36, pp. 365-406.

40) Klabbers, *supra* note 12, pp. 55-56.
41) *Ibid.*, p. 57.
42) *Ibid.*, p. 56.
43) Amerasinghe, *supra* note 7, p. 82. ホワイトも，「いったん設立された場合，反対の明示の意図がないかぎり，一定の要素をもつ組織は人格を有する」と述べており，設立諸国の意思を考慮する立場を示している。White, *supra* note 12, p. 32. この意味では，これらの客観説の論者は，意図の要素を客観的要素のなかにとりこんでいるといえる。

で，推定説は，法人格を実効性によって説明する立場と同じ考え方に立っているとみてよいだろう。加盟国が法人格の付与に反対している場合には，当該国際機構は独立した任務遂行能力をもたず，実効的に機能することはないと考えられるからである[44]。この場合に，とくに法人格の推定という説明をする必要はないと思われる。

IV 法典化作業

1980年代におきた2つの国際機構をめぐる訴訟，アラブ工業化機構事件と国際すず理事会事件を契機として，国際機構が第三者に対して負う賠償責任の問題に関心が集まった[45]。これを受けて，国際法学会 (Institut de Droit International) は，1995年に「国際機構が第三者に対して負う義務の不履行が加盟国にもたらす法的帰結」と題する決議（リスボン決議）を採択し[46]，国際法協会 (ILA) は，2004年に「国際組織の説明責任 (accountability)」に関する報告書をまとめている[47]。また，国際法委員会 (ILC) でも国際機構の国際責任に関する条文草案の審議が始まっている。ここでは，1995年に国際法学会が採択したリスボン決議と，2003年にILCが暫定的に採択した条文草案第2条の規定を取り上げる。いずれの作業も，国際法人格を有する国際機構を対象とするものであり，国際法人格が国際責任において一定の効果をもつことを前提としている。

---

44) この点につきEUに関し，Zwaan, *supra* note 39, pp. 90-91.

45) この2つの事件に関しては，田中清久「国際組織の加盟国の第三者責任に関する一考察―アラブ工業化機構事件及び国際すず理事会事件を手がかりとして」『法学（東北大学）』第68巻3号（2004年）145頁以下参照。

46) The Legal Consequences for Member States of the Non-fulfilment by International Organizations of their Obligations toward Third Parties, *Annuaire de l'Institut de Droit International*, Vol. 66-II (1996), p. 445 （国際法学会のHPにも掲載されている。At http://www.idi-iil.org/idiE/resolutionsE/1995_lis_02_en.pdf).

47) Accountability of International Organization, Final Report, Report of the Seventy-First Conference, Berlin (2004), p. 164. ILAは，国際機構の責任 (responsibility) については，ILCとほぼ同様の考え方に立っている。*Ibid.*, pp. 196-99.

第3部　国際機構と国際協力

1．国際法学会リスボン決議

　この決議は，第1条により，「この決議は，構成員とは異なる（distinct from that of its members）国際法人格を有する国際機構の場合において生ずる問題を扱う」と対象を簡単に特定する。1994年10月の決議案段階では，これに加えて第2条のなかに次のような規定がおかれていた[48]。

　(a) 国際機構は，その設立文書がそのことを定めている場合，又は，その構造，権能，目的及び機能に照らしそのことが必然的に推論される場合，国際法人格を有する。

　(b) 別個の意思（volonte distincte）の存在は，契約を結び，財産を所有し，訴訟の当事者となる能力とともに，国際法人格の証拠である。

　(c) 国際機構の国際人格は，国際法の問題として，第三者に対抗できるものであり，これは第三者による承認に基づくものではない。

　これらは最終的にはすべて削除されている。なお，ここでいう第三者は，採択された決議第2条(a)で「私人，国家又は団体を問わず，当該国際機構以外の者を意味する。これには，当該国際機構の構成部分としての資格以外の資格で行動する加盟国が含まれる。」とされている。

　このように決議案段階では，国際機構の国際法人格が第三者（これには本稿で扱う非加盟国も当然に含まれる）に対して対抗力をもつという客観説の立場が明確に示されていた。この問題の報告者であったヒギンズは，セイエステッドの見解を引用しながら，国際的平面での国際機構の客観的存在はたんに設立条約における広範囲にわたる参加の問題ではなく，客観的現実の問題であるとの見解に同意すると述べる。そして，第三者が契約で国際機構と取引する場合は，第三者は暗にこの現実を認めるのであり，契約以外の責任，すなわち，一般国際法上の義務に関しても設立文書によってもたらされた国際機構の客観的存在は同じ結論をもたらすという[49]。つまり，債務不履行の場合でも不法行為の場合でも，国際機構の法人格が第三者に対抗できるということである。

　ヒギンズは，サーモンを除けば，国際機構の法人格が第三者に対抗できる

---

48) *Annuaire de l'Institut de Droit International*, *supra* note 28, p. 465.
49) *Ibid.*, pp. 385-86.

との見解は委員の間で一般的に支持されていると指摘した[50]。サーモンは，「国際機構の国際人格が第三者に対抗できるかどうかまだわからない。加盟国に対して対抗できることは明らかである。国際機構の活動を受け入れている非加盟国，あるいは，国際機構と条約を締結したり，または，国際機構との条約を受諾している非加盟国にも対抗できる。言い換えれば，当該組織を国際機構として承認するすべての諸国である。そのほかに関しては，*res inter alios acta*（第三者間になされた行為）の一般原則を捨て去る理由が私にはみつからない。」[51]との立場である。これは，非加盟国の承認を前提とする主観説の立場であり，条約関係や契約関係のない不法行為の場合には，国際機構の法人格は第三者に対抗できないことになる。

　その後，シハタも，法人格の対抗力に疑問を投げかけている。この疑問は，いずれかの2カ国が，国際法の問題として，すべての国に対抗できる国際法人格を付与する権能をもつとは思わないという形で提起された。この例として，10カ国の領域を流れる河川に関する国際法上の問題を扱う国際機構を2カ国の沿岸国が創設する場合，その機構の国際法人格はその人格を明示または黙示に承認する他の沿岸国のみに対抗できるであり，すべての沿岸国にではないと指摘する[52]。しかし，この例は，本来当該2カ国が権能をもたない事項に関する国際機構の創設を想定しているようであり，適切な事例の提起といえるか疑わしい。

　最終的には客観説を明示するような規定は削除されたが，国際法人格が国際責任に効果を及ぼすのが否定されているわけではない。第3条は，「第1条の意味における国際機構は，第三者に対する自らの義務について賠償責任を負う。」[53]と規定し，法人格は賠償責任を伴うという原則を述べる。そして，問題となる加盟国の責任に関しては，第5条(a)で「国際機構の義務に関する加盟国の賠償責任の問題は，当該国際機構の規則に照らして決定される。」とし，同条(b)で「特別の事情においては，国際機構の加盟国は，黙認また

---

50) *Ibid.*, p.386.
51) *Ibid.*, p.337.
52) *Ibid.*, p.445.
53) この規定は，決議案の段階では「国際機構は，自ら法人格を有する場合には，第三者に対する自らの義務について賠償責任を負う。」であった。*Ibid.*, p.465.

は権利濫用のような国際法の関連する一般原則に従って，国際機構の義務について賠償責任を負う。」と規定する。また，これに加えて，同条(c)では「加盟国の保証を通じて」または「国際機構が法律上又は事実上加盟国の代理人として行動している場合」，加盟国が第三者に賠償責任を負う旨定めている。さらに，第6条(a)は「第5条に規定される場合を除き，加盟国がその加盟国たる地位のみによって，加盟国となっている国際機構の義務につき連帯で又は二次的に賠償責任を負うとする国際法の一般規則はない。」と規定している。

　これらの点に関し，ヒギンズは最終報告において次のように述べている。国際機構の義務不履行について加盟国の賠償責任を定める国際法の規則はないとの見解が多数の委員に共有された。また，賠償責任は，個々の国際機構の活動を規律する特定の条項に照らしてはじめて決定できるが，しかし，(加盟国に）賠償責任がないと述べる規則もないのが現実である。結局，説得力ある国際法の拠り所 (authority) が乏しいというところに行き着くことになる。委員のなかには，この答えは個別の国際機構の機能のなかに見出されるべきとして，その機能が「統治にかかわる (governmental)」場合，たとえば安全な輸送システムの提供である場合，国際機構にこの統治機能を割り当てる際，衡平により，国家が財政上の責任を維持するよう求められると指摘する者（シェルメルス）がいた[54]。

　以上のように，国際法学会のリスボン決議では，国際機構の法人格が賠償責任を伴うとの原則が確認された。これは，国際法人格が一般に第三者に対

---

54) *Ibid.*, pp. 461-62. この点に関し，委員として審議に参加したザイドル・ホーヘンベルデルンも，加盟国の賠償責任についてはすべての関連する規定と事情を考慮して衡平な解決を達成すべきとの考えを示している。I. Seidl-Hohenveldern, "The Responsibility of States Members for the Defaults of International Organizations, Continuing the Debate," S. Schlemmer-Schulte/K-Y. Tung, *International Finance and Development Law : Liber Amicorum Ibrahim F.I.Shihata* (2001), pp. 738-39. しかし，一般には，国際法学会は，ILCとともに，基本的に国際機構の専属責任の原則を支持したと理解されている。J.d'Aspremont, "Abuse of the Legal Personality of International Organizations and the Responsibility of Member States," *International Organizations Law Review*, Vol. 4 (2007), p. 95.

抗できると考えられた結果であろう。ただ，国際機構と加盟国の責任配分の問題については国際法の規則は未成熟とされ，基本的には国際機構の規則に委ねられた[55]。このため，国際機構の規則のなかで賠償責任に関する立場を明記することが望まれている（決議第9条1項）。

2．国際法委員会の暫定条文草案

ILCは，2000年に「国際機構の責任」の問題をその作業計画のなかにいれることを決定し，2002年にジョルジョ・ガヤを特別報告者に任命した。ガヤは，2003年から2007年までに5つの報告書を提出し，委員会は2007年までに第1条から第45条までの条文を暫定的に採択した。ここでは，このなかの第2条の国際機構の定義に関する問題を簡単に取り上げる[56]。第2条は次のように規定する[57]。

> この条約の適用上，「国際機構」という用語は，条約又は国際法により規律されるその他の文書によって設立され，それ自らの国際法人格を有する組織をいう。国際機構には，国家に加えて，その他の団体（entity）が含まれる場合がある。

この定義は，起草委員会の説明によれば，①設立の方法，②機構の法人格，③機構の構成員資格，の3つの要素から成る[58]。国際法学会の定義と比較す

---

[55] 加盟国の賠償責任が国際機構の規則によって決定されるという考え方は，第三者はそのような規則によって拘束されないという立場から批判を受けている。I. Brownlie, "The Responsibility of States for the Acts of International Organizations," Ragazzi, *supra* note 6, pp.355-70. S. Yee, "The Responsibility of States Members of an International Organization for its conduct as a Result of Membership or their Normal Conduct Associated with Membership," *Ibid.*, pp.435-54.

[56] この条文草案第1条から第3条については，吉田拓也「国際組織の国際責任―国際法委員会（2003年）における審議を素材として」『秋田論叢・法学部紀要』第20号（2004年）23頁以下参照。

[57] Report of the International Law Commission on the Work of its Fifty-fifth Session, General Assembly Official Records, Fifty-eighth Session, Supplement No. 10 (A/58/10), p.33.

[58] Statement of the Chairman of the Drafting Committee, at http:// untreaty.un.org /ilc/

ると，②において国際機構の国際法人格を前提としている点は共通するが，①では条約以外の文書が含まれている点，③では国家以外の構成員が考慮されている点[59]，がやや異なる。しかし，ここでは定義のこうした個々の問題ではなく，委員会の報告書における国際法人格についての説明に目を向けることにする。

　2003年のILCの総会への報告書では，国際法人格について次のように説明が行われている。まず，国際機構の国際法上の法人格の取得については，ある国際機構について国際法上の義務が存在するというだけで法人格をもつことを認めるものから，それ以上の要素を求めるものなどさまざまな見方がある。ICJは特定の必要条件を認定していないものの，国際法人格の取得について厳格な要件を設定しているようにはみえない（WHO・エジプト協定の解釈事件，武力紛争における核兵器使用の合法性事件の2つの勧告的意見を引用）。裁判所の言い方はきわめて一般的であり，国際法上の法人格の国際機構による取得についてリベラルな見解をとっているようにみえる[60]。

　また，この説明に続いて，裁判所の勧告的意見，とくに「損害賠償事件」の勧告的意見は，国際機構の法人格が存在する場合，それは「客観的」人格であるという見解を支持しているようにみえると指摘した[61]。この点に関し，特別報告者ガヤは，国際法人格の取得は事実の問題であり，設立文書の規定よりも，当該国際機構の行う活動の方が重要であるとの考え方を示していた[62]。したがって，国際機構の国際法人格は第三者の承認なしに対抗できるのであって，国際機構が国際責任を負うか否か判断する際，その法人格が被害国によって承認されているか否かを調べる必要はないことになる。他方，ただ紙の上で存在する国際機構は国際法において「客観的」人格を有すると

---

　　sessions/ 55/dc_statement_responsibility_of_intorgs.pdf
59）この文言は，フィッツモーリスが条約法の文脈において提案した国際機構の用語の定義から借りたものである。*Yearbook of the International Law Commission*, 1956, Vol.II, p. 108. 国際法学会のリスボン決議第2条(b)も同様の文言を用いている。
60）Report of the International Law Commission, *supra* note 57, pp. 41-43.
61）*Ibid.*, p.42.
62）First Reports on Responsibility of International Organizations, A/CN.4/532, pp. 11-15.

はみなされないと指摘されている63)。

このようにILCも，国際機構の国際法人格について客観説の立場にたって作業を開始した64)。しかも，ICJが国際法人格の基準を明らかにしていないことを指摘し，さらに，裁判所がリベラルな見解をとっていると推測している。ここでは「損害賠償事件」において「国際社会を代表する50カ国」という文言を添えた意味はまったく考慮されていない。こうして定義された国際機構は，第3条の一般原則65)によって，その違法行為について国際責任を負うことになる66)。

この客観説の立場に対して明確な見解を示している国はまだ少ない。そのなかで，中国は，第三者による紛争解決の場合は別として，ある国際機構が国際法人格を有するか否かについて，すべての客観的事実の分析に基づいて決定を下すのは，国家の基本的な権利であるとの見解を示している67)。今後，「客観的人格」論に対しては，さまざまな異論が提起されることが予想される。

なお，2007年のILCの審議において，国際機構の国際責任に関して加盟国に求められる措置についての規定（第43条）が採択された。これは，「責任を有する国際機構の加盟国は，この章の義務を効果的に履行するための手段

---

63) Report of the International Law Commission, *supra* note 57, p. 42.
64) メンデルソンは，この国際法委員会の国際法人格の捉え方に対して，主観説の立場から強い批判を加えている。Mendelson, *supra* note 6, pp. 380-89.
65) 第3条1項は，国家責任条文第1条にならって，「国際機構のすべての国際違法行為は，当該国際機構の国際責任を伴う。」と規定する。Report of the International Law Commission, *supra* note 57, p. 45.
66) この点に関して，国家が国際機構を利用して条約上の義務を回避しようとするのではないかという問題が懸念されている。ECの場合についてこの問題を指摘するものとして，P. J. Kuiper / E. Paasivirta, "Further Exploring International Responsibility : The European Community and the ILC's Project on Responsibility of International Organizations," *International Organizations Law Review*, Vol. 1 (2004), pp. 130-31. ICJの武力行使の合法性事件において3カ国（フランス，イタリア，ポルトガル）が責任を負うのはNATOであると主張した点について，Brownlie, *supra* note 54, p. 361.
67) Sixth Committee, Summary record of the 14th meeting on 27 October 2003, A/C.6/58/SR.14, paras. 47-50.

第3部　国際機構と国際協力

を国際機構に提供するため，当該機構の規則に従って，必要なすべての措置をとるように求められる。」と規定する。加盟国が，国際機構の法人格の陰にかくれて責任を回避するのを許すべきではないとの考えに基づくものであるが，この規定の根拠をどのように説明するかという問題が残ろう[68]。

V　おわりに

　ICJの「損害賠償事件」の勧告的意見は，国際機構の国際法人格が非加盟国に対しても対抗できるかという問題をはじめて提起した。当初は，主観説が有力であり，条約によって設立される国際機構の国際法人格は当該条約の第三国には対抗できないと主張された。しかし，その後，客観説が次第に支持を集め，一定の客観的事実の存在によって国際機構に国際法人格が認められ，その法人格は非加盟国にも対抗できると考えられるようになってきた。国際機構の国際責任に関する2つの法典化作業はそうした学説の傾向を反映して客観説を採用している。
　しかし，それらの作業は国際機構の国際法人格を認定する際の明確な基準を示していない。「別個の意思」の存在が重要な証拠とされているが，実際にそれをどのように判断するかは難しい問題である。これは，国際機構がきわめて多様な形態で存在しており，国際機構のなかの周縁部分をも取り込む一律の基準を設定することができないためである。そこには恒常的に国際法の欠缺が生じている。
　また，国際機構の国際法人格の効果の問題についても検討されるべき課題が残る。国際法人格の効果によってすべての場合に一律に国際機構が責任を負うというわけではない。国際機構と並んで，国際機構の加盟国の責任が追及される場合も考えられている。しかし，この加盟国の責任に関しても国際法の規則がないとの見解が示されている。ここにも国際立法によって補充さ

---

68) Report of the International Law Commission on the Work of its Fifty-ninth Session, General Assembly Official Records, sixty-second Session, Supplement No. 10 (A/62/10), pp.214-217. 責任を有する国際機構が賠償を行うことができない場合の加盟国の補充的な責任については，多くの諸国が反対の見解を示している。*Ibid.*, p. 215 note 543.

れるべき欠缺が存在している。

　こうした状況のなかでは，国際機構の法人格の対抗力をめぐって紛争が生じた場合，個々の事例に即して解決を考えるしかない。そこでは，国際機構の実効性に基づく判断が重要な要素になるであろうし，また，責任配分の問題が生ずるときには衡平の要請に配慮することが必要になろう。こうした考慮は，国際法における欠缺補充の場面に一般に共通する課題といえる。

第11章

ECの国際責任
——ILC国際組織責任条約草案と混合協定——

荒 木 教 夫

Ⅰ　はじめに
Ⅱ　ILCにおける国際組織責任条約草案の審議
Ⅲ　混合協定とECの国際責任
Ⅳ　結 語

Ⅰ　はじめに

　国家と同様に，国際組織も国際責任を負い，責任の発生要件も国家責任のそれとそれほど変わらない[1]。このことはILCの国際組織責任条約草案からも窺える。しかし，国際組織の形態は多様であり，国家の場合と全く同じに考えることはできない。例えばヨーロッパ共同体（以下，ECという）は，他の「伝統的」国際組織と質的に異なる特徴を有している。国際組織としてのECの国際責任を検討するとき，以下のようなECの独特な構造と「超国家的」性質に留意することが必要となる。

　①ECはEC自身の法秩序を有し，それによって規律される。すなわち，EC法は，共通市場を設立し，構成国，企業，個人間の法関係を調整する。ECは，一定事項に関する包括的な立法権を構成国から移譲されただけでなく，立法権の行使にあたり，閣僚理事会レベルで特定多数決制を採用するなど，決定

---

[1] Christian Tomuschat, 'The International Responsibility of the European Union' in Cannizzaro (ed.), *The European Union as an Actor in International Relations* (2002), 177.

手続も独特な構造を有している[2]。さらに、②EC法自体の特徴として、EC法は構成国の国内法秩序において直接適用されると同時に、それに優越し、構成国がEC法に違反したとき、EC内部においては、国際法に特有な国家責任法の問題は生じないとされる[3]。③ECは、その構成国が相互関係を処理したりまとめたりする場（forum）であるのみならず、それ自身が国際場裡でのアクターでもある。ECは自己の権限内事項についてECの非構成員（他の国際組織を含めて、以下、第三国という）との間で多くの協定を締結する。このとき、ECが構成国と共に、それぞれの権限にしたがって協定当事者となることが多い。この場合、ECと構成国のそれぞれがそれ自身の権限について国際責任を負うという事実はECの特異性の一つであろう。また、④EC設立基本条約の下で制定された立法は、大体においてECの機関ではなく、構成国の機関と裁判所によって実施される[4]。つまり、関税のようなECの排他的権限事項でさえ、その履行は国内関税当局によって実施される。第三国からの国際責任の追及という視点からは、特に③と④が関連性を有することになる。

　上述したように、ECは、自らの政策を実現する上で、自身が権限を有する事項について、第三国と条約を締結することができる。ECのみに委ねられた権限、すなわちECの排他的権限事項に関する条約であれば、その締結はECのみを当事者として締結することが可能であるが、第三国は、ECと構成国の権限配分に応じて条約内容を確定するよう義務づけられているわけではないから、多くの場合、ECはその構成国とともに、条約を交渉し、締結することになる。このような条約を混合協定（mixed agreements）という。例えば、国連海洋法条約は、ECの排他的権限事項である漁業に関する規定と、EC構成国の権限事項である海賊の取り締まりなどが混在したので、ECと構成国が共に締約国となっており、混合協定の一例である[5]。

2）A/CN.4/545, p. 18.

3）ジョセフ・ワイラー『ヨーロッパの変容』（邦訳）39, 60頁。

4）A/CN.4/545, p. 5, および、A/C.6/58/SR.14.

5）混合協定の概要およびその問題点については既に検討したことがある。拙稿「混合協定に関する若干の考察」『立法の実務と理論（上田章先生喜寿記念論文集）』（信山社、2005年）参照。

ECおよび構成国が，第三国と混合協定を締結したものの，その履行義務がECと構成国のいずれにあるのかをめぐって争われたとき，如何に処理されるべきであろうか。問題となった事項が，ECの排他的権限事項であった場合，たとえ，構成国の機関によって履行されたとしても，第三国は，ECのみを相手とすべきなのだろうか。ECの構成国は無関係であると主張できるのであろうか。ECと構成国のいずれもが扱うことのできる事項（共有権限事項）が問題となった場合はどうか。換言すれば，次のようになる。第三国との間で混合協定を締結した場合，ECと構成国は共に協定上のすべての義務を負うのか，または，第三国たる協定当事国に対して国際責任を負うべき主体は，EC内部の権限関係に従って決定されるのか[6]，第三国は，EC内での権限関係に従わなければならないのか，そして最も解決が困難と思われるのであるが，EC内部の権限関係が曖昧で，ECと構成国の双方が責任を回避しようとするとき，第三国は如何に対処すべきか，ということである。

　この問題に対して，Tomuschatは以下のように指摘する。EUとECの行為については，精密な手続規則が存在しているが故に，それらの行為と構成国のそれを区別するのは一般的にきわめて容易である。若干の場合に，EC管轄事項と構成国管轄事項を区別する正確な線が識別困難な場合はある。共有権限の場合もあるが，その場合は協定中に権限が明示的に言及される場合もあるし，ヨーロッパ裁判所（以下，ECJという）の判例で明確化される権限もある（例えば，Opinion 1/94）。したがって，第三国は誰が法的に（de jure）権限を持つのかについて，冗長な調査を行う必要はない。第三国は，事実上（de facto）行為した実体に対して如何なる請求を行っても良い，と[7]。しかし，ことはそれほど単純ではない。

　Bjorklundが指摘するように，そもそもECと構成国間の権限区分は必ずしも明確ではない。後述するように，権限の所在を宣言で明らかにするよう混合協定が義務づけていても，宣言自体の内容が必ずしも明確であるとは限ら

---

6) Eleftheria Neframi, 'International Responsibility of the European Community and of the Member States under Mixed Agreements', in Cannizzaro(ed.), *The European Union as an Actor in International Relations* (2002), 194.

7) Tomuschat, *supra* note 1, 189.

ない[8]。第三国は誰と接触すべきか判断できないことが多いわけである。ECおよび構成国からすれば，EC内部の権限配分を，国際法上の責任と連動させたいと考えているかもしれないが，不明確な場合には，その確認のために，第三国に不当な負担を強いることになりかねない。仮にECと構成国が責任を回避せんとして，請求が事実上拒否された場合の帰結は如何なるものとなるか等，手続が不明なのである。といって，ECまたはその構成国のいずれかのみに責任を負担させるよう予め決めておくこともできない。ECのみに責任を帰属させると構成国に留保されていたかもしれない権限が暗黙のうちに移譲されかねないし，後者のみの責任はECの自立性を損ねる。また，無条件の連帯責任は，ECと構成国の双方から敬遠される。

　以下で検討するのは，ECのような独特の国際組織が締結した混合協定の履行責任に関連して問題が生じたとき，現在ILCで作業が進められている国際組織責任条約草案が何らかの処方箋を提供できているのか，ECを含めた国際組織の法制度の多様性に十分対応できるのだろうかという点である。国際責任が，条約履行義務との関連でのみ生ずるものでないことはいうまでもない。しかし，ここでは，条約履行義務との関連で生ずる問題に限定して検討する。現時点でのECの国際実行では，「契約に基づく」実行以外で，国際責任に関連する実行はほとんどないからである[9]。ただし，紙数の制約があるので，国際責任の発生要件に絡むすべての問題を扱うことはできない。あらかじめ指摘させていただきたい。

---

8) Martin Bjorklund, Responsibility in the EC for Mixed Agreements-Should Non-Member Parties Care?, *Nordic J.of IL* (2001), 378. ECと構成国のいずれに権限があるのか第三国が情報の提供を求めても，ECは要請を拒否する場合が多い。その理由として，①情報の提供要請はECの内部事項に対する干渉であると考えていること，②権限の所在が絶えず変化しているので，的確に情報を提供できないためとされる。Moshe Hirsch, The Responsibility of International Organizations Toward Third Parties : Some Basic Principles (1995), p. 12. そもそも，明確に権限が区分できていないということもあろう。

9) P.J. Kuijper & E. Paasivirta, Further Exploring International Responsibility : The European Community and the ILC's Project on Responsibility of International Organizations, International Organizations Law Review 1 (2004), 138.

II　ILCにおける国際組織責任条約草案の審議

1．審議の経過

　ILCは，その第52会期で，長期作業プログラムの中に¢国際組織の責任&問題の検討を組み入れた[10]。その後，国連総会は，2001年12月12日の決議56/82の8節で，「国際組織の責任」問題に関する作業を開始するようILCに要請した[11]。2002年5月に，ILCは本問題を作業プログラムに組み入れ，特別報告者として，Giorgio Gajaを任命した[12]。

　2003年3月および2004年3月に，ILCおよび国連総会からの要請で，国際組織に帰属する行為についての構成国の責任問題に関する資料を収集するために，主だった国際組織から情報収集が行なわれた。ECは国際社会における積極的なアクターとして活動しており，国際組織の国際責任問題は自身の活動に特に関連性があるため，重大な関心を払ってきていた[13]。ECおよびその他の国際組織は，ILCと国連総会からの多様な質問に答えて，国際組織の国際責任問題に関するコメントと意見を提出した[14]。その間の2003年10月27日，ECは国連総会第6委員会で本問題について見解を表明した[15]。そこで，ECは，Ⅰで述べたように，「伝統的&タイプの国際組織と異なることを主張し，それゆえ，ILCの条文草案が，国際社会に存在する構造の制度的および法的多様性を十分反映すべきよう強調した。つまり，ECは，ILCが条文草案を立

---

[10]　Official Records of the General Assembly, Fifty-fifth session, Supplement No. 10 (A/55/10), chap. IX. 1, para. 729)

[11]　以下の記述も含め，経緯についてはもっぱら2008年ILC報告に依拠している。詳細は2000年以降のILO年次報告を参照。上記は，http://untreaty.un.org/ilc/reports/2007/english/chp8.pdf, para.325)。

[12]　Official Records of the General Assembly, Fifty-seventh Session, Supplement No. 10 (A/57/10 and Corr.1, paras. 461-463.

[13]　A/CN.4/2004, p.5.

[14]　これらのコメントと意見については，A/CN.4/545など，http://untreaty.un.org/ilc/guide/9_11.htm,Fに記載されている文書を参照。

[15]　A/C.6/58/SR.14.

案するとき、「ある程度独自な（sui generis）性質を有するECのような多様な事情と構造を考慮する」よう提案したのである[16]。

その一方で、ILCは、2003年から2008年にかけて、特別報告者からの報告を受領して検討し、1条から30条までの草案条項を採択してきた。

2．国際組織への行為の帰属と責任の帰属の関係

2006年に採択された国際組織の責任に関する草案第3条2項は、責任発生要件について国家責任と同様二つの要件を規定する。すなわち、作為または不作為から成る行為が、(a)国際法上、国際組織に帰属するとき、そして、(b)当該国際組織の国際義務違反を構成する行為であるとき、である。行為の帰属については、以下に記すように、ECとの関連でも複雑な問題が提起されている。ここでは混合協定と責任問題に関連する箇所のみを紹介しておく。

行為の帰属問題は、4条から7条で扱われている。特別報告者は、国際組織の責任が国家責任と全く同じ規定である必要はなく、必要な修正を加えて利用すべきであると指摘する[17]。

行為は必ずしも単独の法主体のみに帰属する必要はない。国際組織と一またはそれ以上の構成国に同時に帰属させることは可能である(6)。通常、行為が二重に帰属する場合は、共同責任または連帯責任となる。しかし、共同責任および連帯責任は必ずしも行為の二重帰属に依存する必要はない(8)。つまり、行為は国際組織か構成国のいずれかのみに帰属しても、他方が責任を負い得るということである。Gajaは、混合協定をその例としてあげている。ただし、あらゆる混合協定について共同責任または連帯責任を認めているわけではなく、ここでは、ECと構成国のそれぞれの権限に言及せず、したがって義務を区分していない混合協定の侵害の場合に限定しているようである。しかも、この場合の混合協定は二国間的なそれを意味しているものと思われる。報告者は、直後に、混合協定であるロメ協定を引き合いに出しているからで

---

16) Doc.A/57/10, 230, para.470.

17) Giorgio Gaja, Second Report, UNGA A/CN.4/541, 2 April 2004, 以下、本文中の括弧内の数字は、数字のみのときは、この報告のパラグラフを示す。したがって、ここでの指摘は特に指定がない限り、Gajaのコメントである。

ある。そして，このような協定の場合，責任者の決定にあたって行為の帰属は関連性を持たないという。つまり，混合協定であっても，二国間的性格を持つ協定のときは，行為がECと構成国のいずれかのみに帰属することが確認されても，双方が共同で責任を負う(8)としている。混合協定と国際責任の関係については，Ⅲで具体的に検討するが，二国間的性質を有する混合協定は，ECと構成国が単一の当事者とみなされることによるものであろう。

　国際組織に関連して生じるより重大な問題は，一定の権限が国際組織に移譲され，その国際組織が当該権限に関わる条約を第三国と締結した場合の国際責任に関して生じる。ECが排他的権限を持つ分野，例えば共通通商政策で第三国と協定を締結する場合がこれにあたる。ECが締結した貿易協定の履行が，少なくも部分的に構成国の機関，例えば税関職員に委ねられ，税関職員が国際組織の「支配下」に置かれていないときでも，当該国際組織は協定中の義務違反について責任を負わなければならないだろう。しかし，自身の行為として責任を負うのかどうかは，国際組織の責任に関して重要な問題となる(10)。Gajaによれば，このような場合であっても，国際組織の責任は，必ずしも行為の帰属に依拠する必要はないという。法令遵守を構成国の行為に依存させる状況では，権限を有する国際組織が義務を負うということであろう。構成国が期待されたように行為できないならば，義務違反となり，国際組織が責任を負うことになる。一般的に，国際組織の責任は，行為の帰属に依存するというのが草案3条に反映する要点だが，このことは，必ずしもあらゆる場合に妥当させる必要はない(11)というのがGajaの考え方である。

　Gajaは，国際組織の責任が行為の帰属に依存するものではないことを示す事例として国連海洋法条約付属書Ⅸを挙げる。附属書Ⅸの5条は，国際組織と構成国が国連海洋法条約の対象事項についてそれぞれの権限を宣言することを義務づけている。そして，「本附属書5条の下で権限を有する当事者は，本条約の義務に従うことができないとき，または違反したときは，責任を負う」(6条) とするだけで，行為の帰属への言及はない(12)とする。ただし，少なくとも権限の帰属は責任帰属の基準にしており，後述するように，混合協定では，権限の帰属先の曖昧さが問題となる。

3. 国際組織への行為の帰属に関する一般原則について（4条）

　上述したように，責任の発生のためには，必ずしも行為が国際組織に帰属する必要はないとGajaは指摘したが，Talmonはそうした考え方に異論を唱える。行為の帰属は，責任追及の出発点であるとし，ECの排他的権限事項について構成国が行為する場合に，ECへの行為の帰属について言及がないからといって，帰属が必要でないことにはならないという。実際に，ECは，一定の状況下で，構成国の機関の行為がECに帰属するという法的見解を表明したが，このECの見解は，諸国によって黙示的に受諾されてきたともいえよう。例えば，LAN事件でEC委員会の法務部長は次のような見解を示していたのである。「排他的権限事項について，構成国（関税）当局がEC法の履行機関として行為するとき，EC制度の『垂直的』構造を考慮すれば，当該構成国当局の行為は，EC自身に帰属すべきだという見解をECは有したのである」[18]。

　2004年に暫定的に採択された草案4条で規定された行為の国際組織への帰属に関する一般規則は間口が十分に広く，ECの排他的権限事項についてであれば，EC委員会法務部長が指摘した考え方で，ECと構成国との関係を処理できる。しかも，草案では機関のみならず，agentsという用語も使用されている。ILCはagentsという用語を極めて広い意味で理解しており[19]，公務員のみならず，「国際組織のルール」で決められた職務を遂行する自然人および法人も含める。そして，草案4条1項は，agentsたる構成国の行為もECに帰属することを示している。もっとも，それは，構成国当局がEC法を履行するか，ECのルールで委ねられたEC機関の当局としての要素を行使するときであり，かつその限りにおいてのみである[20]。いずれにせよ，Gajaの指摘するように，帰属は必ずしも必要ない，という前提ではないだろう。

　国際組織と機関およびagentsとの結びつきの存在を示すのに適切なのは

---

18) Doc.A/CN.4/541, para.11. LAN事件については，WT/DS62/R(1998)．なお，「垂直的」構造については，後述（III.2および3）。

19) A/59/10, 103, para.7.

20) Stefan Talmon, Responsibility of International Organizations : Does the European Community Require Special Treatment? in Maurizio Ragazzi(ed.), *International Responsibility Today* (2005), 412-413.

「国際組織のルール」である。「国際組織のルール」は，設立文書だけでなく，設立文書に従って採択された決定および決議，並びに当該国際組織の確立した実行を意味する(20)。

　ILC報告は，agentsについて以下のように述べている。機関とagentsの区別は，国際組織への行為の帰属のためには無関係であり，いずれの行為も国際組織に帰属し得る。人または団体が，「国際組織のルール」によって機関であると性格づけられる場合，その行為は国際組織に帰属する。他方，agentsというカテゴリーは捉えづらいので，2項で定義を加えている。この定義は「賠償事件」でのICJ勧告的意見によるものであり，ICJが述べたように，agentsとみなされるのに重要なのは，その人の公的性質ではなく，国際組織がその人を通じて行為するか否かという事実である[21]。

4．国家または国際組織によって他の国際組織の使用に委ねられた機関またはagentsの行為（5条）

　国際組織の人的資源は限られているので，構成国の機関の援助が必要となる。方法の一つは，国家がその機関を国際組織の使用に委ねることである(29)。このようなとき，一般的に帰属の問題は，当該機関の行為が，いずれの国家または国際組織に帰属するのか，つまり，使用に委ねた国家または国際組織なのか，それとも委ねられた国家または国際組織なのかである。このとき，二重帰属も排除されない(31)。このときの帰属の基準は，行為した機関に対する実効的支配如何である。国際組織が行為について実効的コントロールを行使しているのであれば，国際法上，行為はその国際組織に帰属する。国家機関が他の国際組織の使用に委ねられ国際組織に完全に配置換えとなると，当該国際組織のみに行為は帰属して，4条が適用されることになる。5条はこれと異なる状況を前提としており，ある程度，使用に委ねた側の機関としても行動する場合である。

　ここでの帰属問題は，安保理が許可した軍事活動に関連して生じてきた(32)。これはPKFでも生じており，国家は，国連の指揮命令系統外の行為について自国派遣軍将兵に対する規律権と刑事管轄権を維持しているので，自

---

21) ICJ, 1949, p.174, およびA/59/10, 4条(5)参照。

国将兵によるそのような行為については個別国家が責任を負う(33)。しかし，派遣協定中の規定は一般的であるため，特定の行動がどちらに帰属するのか問題が生ずる[22]。UNOSOM II は国連の指揮およびコントロールの外にあったから，軍隊の行為を国連に帰属させることは困難であった[23]。

ウィーン上級地方裁判所の判決（1979年2月26日）も同旨で，国連兵力引き離し監視軍（UNDOF）のオーストリア派遣軍構成員が兵舎で引き起こした器物損壊について，オーストリア政府が提訴された事件で，以下のように指摘した。「決定的なのは，損害を引き起こしたとされる人が，（組織的視点から見て）誰の機関であったかではなく，当該行為が生じた時点で，（機能的視点から見て）誰の名において，そして誰のために，その人が行為していたかである(37)。

5．国際組織により国際組織自身の行為として認められかつ採用された行為（7条）

7条は，前条までの規定に基づいて国際組織に帰属しない行為であっても，国際組織が当該行為を自身の行為と認めかつ採用する場合には，その限りにおいて，国際法上，当該国際組織の行為とみなされると規定する。行為が行なわれた後に行為を承認し，かつ採択するときの責任の所在についての規定である。「代理または承認（ratification）原則」を反映しているといえる。いずれにせよ，国家責任条約の場合と異なるアプローチはとらない。異なるルールを作成する理由もない(60)。

4条から7条までに規定された行為の帰属についていえば，Talmonが指摘するように，議論の出発点であるから，帰属は必ずしも必要ではないということはできないだろう。そもそも，3条の内容と矛盾してしまう。ECについていえば，第三者に対して明白にECの排他的権限事項とされているのであれば，当該事項を構成国の機関が処理するような場合でも，ECの機関として，またはagentsという用語の採用で，帰属の問題は処理できるように思われる。

---

22) A/59/10, 5条(1).
23) A/59/10, 5条(7).

6．国際組織の違法行為に関連する国家の責任（29条）

　混合協定の不履行の場合の責任問題を検討しようとする場合，29条も関連性を有する。29条は，「国際組織の国際違法行為に関する当該国際組織の構成国の責任」について規定する[24)][25)]。つまり，5までの検討事項が，国際組織の責任だったのに対して，本項では構成国の責任が対象となる。

　実行は，構成国の責任に消極的である。例えば，国際すず事件における英国国内裁判所の多数意見などがそれである。この事件で，多数意見を述べたLord Kerr（控訴裁判所）は，「国際すず理事会（ITC）自身の名義でITCが締結した契約から生ずるITCの債務について，どの国内裁判所でも，ITCの債権者に対して，連帯責任はいうに及ばず，構成国が責任を負うとするような，ITC構成国を拘束する国際法規則が存在するという結論をもたらす如何なる根拠も見出せなかった」[26)]と指摘した。同様に，貴族院のLord Templemanも，国際組織設立条約が，構成国の責任を明らかに否認するのでない限り，国際組織が債務支払不能なとき，国際組織の構成国に連帯責任を負わせる旨の国際法規則が存在するという主張について，「そのような国際法規則の存在について，1982年第6国際すず協定以前のときもその時もその後も，もっともらしい証拠はもたらされなかった[27)]」という。もっとも，上記の指摘は，構成国の連帯責任を否定してはいるものの，国際組織を当事者とする私的契約に関する紛争であり，限定的に理解する余地は残している。

　国際組織が国際違法行為を行ったときの構成国の責任問題について学説は分かれているが，国際法協会は，1995年の決議で6条a項を採択して，原則と

---

24) 29条第1項　25条から28条までの規定を損なうことなく，国際組織の構成国は，以下の場合に当該国際組織の国際違法行為について責任を負う。(a)構成国が当該行為に関する責任を受諾したとき (b)構成国が被害当事者をして，構成国が責任を負うことを信頼させた (rely on) とき　第2項　第1項に従って発生する国家の国際責任は，補完的なものである。

25) Giorgio Gaja, Fourth Report, UNGA A/CN.4/564/Add.2 (2006). 以下，本文中および註の括弧内の数字は，この報告のパラグラフを示す。

26) International Law Reports, vol. 80, 109.

27) International Legal Materials, vol. 29, 675.

して構成国の責任に否定的である[28]。

ただし，国際組織の違法行為について，国家が責任を負い得ることは排除されない。草案29条1項a号にあるように，構成国が国際責任を受諾する場合がそれである。このときの受諾は，明示的であるか黙示的であるかを問わない[29]。

草案29条1項b号に規定されるような場合，すなわち，構成国が国際組織に対して示した行為が，第三者をして当該構成国の責任を確信させるにいたったとされる事例（信頼の事例）は，Western Helicoptersに関する紛争の第二仲裁裁定で示された。仲裁パネルの認定によると，まず構成国は自らの責任を除外する意図を持っていなかった。そして，事件の特殊な状況が，「構成国の絶え間ない支持の故に，約束を処理する国際組織の能力について，当該国際組織と契約している第三者に信頼」をもたらしたのである(78)[30]。

信頼は，必ずしも黙示的受諾に基づく必要はない。信頼は，自らを拘束する旨の構成国の意思の表示とは受け取れない状況からも合理的に生じ得る。関連要素として示唆される一つは，構成国の少なさである。ただし，第三者が構成国の責任に依拠できるとすべき明確な推定は存在しない[31]。

草案29条2項は，1項に従って引き起こされる責任の性質を考慮したものである。これは，信頼に基づく責任発生にも適用される。事例の少なさからすれば，構成国が責任を受け入れるとき，構成国は補完的性質の責任しか受諾していないと考えるのが合理的であろう[32]。

以上が混合協定の履行をめぐる問題に関連して検討すべき主たる条文につ

---

[28] 6条a号 5条に明示された場合を除いて，構成国が，ただ単に構成員であることを理由として，自らが構成国である国際組織の義務について，競合的なものであれ補完的なものであれ，責任を負うという一般国際法規則は存在しない。

[29] UN Report of the International Law Commission 2006, General Assembly Official Records Sixty-first session, Supplement No. 10 (A/61/10), para. 6.

[30] 中間判決で裁判所は，構成国がその責任（liability）を正式に排除しないときは，第三国はそれを当てにできるとし，その根拠は法の一般原則と信義則であるとした（A/CN.4/564/Add.2 (2006), para. 76）。

[31] A/61/10, *supra.* note 29, para. 10.

[32] *Ibid.*, para. 13.

いての特別報告者およびILCのコメントである。前述したように，29条は全体的に構成国の責任負担に消極的である。1項aについていえば，構成国の明確な受諾であれば問題はなかろうが，黙示の受諾となると問題なしとはいえないだろう。さらに，同項b号にいう，信頼させるに至るとは如何なる程度をいうのか，その基準は明確でない。

　なお，4，5，7条は，国際組織への行為の帰属について，第三国に有利な規定と解釈できる。しかし，問題は，混合協定を締結したものの，そもそもECと構成国のいずれに権限があるのか不明確で，ひいてはいずれが責任を負うべきか曖昧なときである。後述するように，混合協定の特質の一つは，権限の所在が曖昧となる可能性が高いということである。このとき，agentsという概念を過度に拡大して解釈し，ECに行為と責任を帰属させ，ひいてはECへの権限の帰属を認めるような事態に至ることを構成国が認めることは決してないだろう。これを要するに，第三国からすれば，混合協定の不履行から生ずる問題処理に十分な草案とはいえないということになる。それでは，如何なる処方箋が必要となるか。混合協定の実態を検討しなければならない。

III　混合協定とECの国際責任

　ECに排他的権限の行使が認められる事項は制限的である。他方で，国際協定が対象とする事項は，ECと構成国の権限区分に応じて作成されるわけではないから，ECが第三国と協定を締結するときは，ECとその構成国が，ともに当該協定の当事者となる混合協定という形式を採用せざるを得なくなる[33]。

　混合協定はECに独特のものであり，これまでの一般的な国際組織には見られない形式の協定である[34]。EC自体が，従来であれば国家の有してきた多く

---

33) C.-D. Ehlermann, Mixed Agreements-A list of Problems, in O'Keeffe and Schermers (eds.), Mixed Agreements (1983), 143.
34) 混合協定の特殊性については，国家責任条約草案を審議したときに，Crawfordが既に明確に示している。「… EUの混合協定についてもその有用性について疑問が表明された。混合協定もまた，極めて特有な制度に服するものである。特別報告者は，到達

の権限を行使するようになったことに由来する。従来型の国際組織であれば，特定の権限行使がその設立基本条約で明確に定められ（権限の範囲内で黙示的権限は認められようが），国際組織が協定を締結するときも，その構成国が締約国となることはない。

ECと構成国が第三国との間で締結した混合協定の履行について，締約国たる第三国に対して責任を負うのは誰か。より一般的にいうと，①構成国の協定不履行についてECが責任を負うのはどのような場合か，②EC機関の行為について構成国が責任を負うのはどのような場合か。ECJが指摘するように，混合協定の場合，ECと構成国間の権限区分は内部問題かもしれない[35]。ただし，権限区分は第三国に影響を及ぼす。したがって，域外的性質も有する[36]。

1．二国間的混合協定と多角的混合協定

混合協定は，その締結の仕方で，二国間的な混合協定と多角的なそれとに分類できる。両者の区別は重要である。前者の例としては，ECがACP諸国と締結したパートナー協定があり，「一方をECおよび構成国，他方を条約のパートナーとして&と規定している。このようにECと構成国を単一の法人格とみなすような二国間的混合協定の不履行の場合の責任について，ECJは明確である。Ⅱ2で指摘したように，二国間的混合協定では，共同責任の考え方が明確に妥当している[37]。ECJは，上記のパートナー協定が関わるケースで，「協定中に，明示的な停止条項（derogations）がない場合，ECと構成国は，ACP諸国のパートナーとして，財政援助に関する約束を含めて，合意した約

した結論に収斂するかどうか，関連実行を明確に示すことが報告の役割であることに留意している。報告者自身が指摘したように，宇宙損害賠償責任条約の連帯責任制度も，EUの混合協定の制度も，国際法の一般的状況を反映したものとはいえない」。A/55/10, 2000, State Responsibility, para. 274.

35) Ruling 1/78, para. 35.

36) Marise Cremona, External Relations of the EU and the Member States: Competence, Mixed Agreements, International Responsibility, and Effects of International Law, EUI Working Papers, Law No.2006/22（European University Institute）, Report for FIDE 2006 20-21.

37) Kuijper, *supra* note 9, 123.

束から生ずるすべての義務の履行についてACP諸国に対して共同して責任を負う（jointly liable）」と指摘している[38]。

したがって，協定不履行による責任に関して，上述したように，ECと構成国が条約関係の枠組では単一の法人格とみなされるような二国間的混合協定に関する限り，特別な問題は提起されない。それら諸国の行動は，いわばECと構成国で構成される法人格に帰属する[39]。

ただし，このアプローチの帰結が如何なるものとなるのかについて，この時点でのECJがどれほど熟慮していたかどうかは不明である。ECJの推論は，集団としてのACP諸国にも同じように適用されるのか，Cotonou協定の人権義務違反があったときにACP諸国は連帯して責任を負うのかといった問題が残されている[40]。

二国間的協定でも，ECと構成国を単一の法人格とみなさないような場合はどうか。協定条文は権限が共有であることを明らかにすることもあるが，権限の範囲を明確にしない場合もある。例えばEEA協定2条c号がこれである。このような場合は，権限の所在を混合協定自体，または設立基本条約から推論するしかない[41]。そうなると，以下で述べる多角的混合協定の場合と同様に，第三国にとって無視できない問題が生ずることもあり得よう。

責任の帰属問題が複雑になるのは，特に多角的混合協定の場合である。ECは，構成国との間で権限を分割しており，協定の対象事項ごとに誰がどのように権限を行使するのかにより，多角的混合協定を分類することが可能である。多角的混合協定をめぐる国際責任を検討する場合，まずはECの権限が排他的か否か，そして，協定中に権限の所在を確認する規定を置いているかどうか等を基準として分類する必要がある。それらの状況に応じて責任のあり方も変わり得るからである。

---

38) Judgment of the Court of 2 March 1994. - European Parliament v Council of the European Union. -Case C-316/91, para. 29.
39) Talmon, *supra* note 21, 408.
40) Kuijper, *supra* note9 123.
41) Cremona, *supra* note 28, 22.

第3部　国際機構と国際協力

2．多角的混合協定における権限配分の型と国際責任

ECと構成国の権限関係は複雑で，学問的に分類される方法も多様であり，用語法も統一されてはいない[42]。

Rosas[43]によれば，権限は，大きくパラレル権限と共有権限（shared competence）に分類される。パラレル権限とは，ECも構成国も相互に関係なく独立して行使できる権限のことである。両者が同時に同一の条約当事者になれるし，同一の国際組織の構成員にもなれる。共有権限は，さらに共存（coexistent）権限と競合（concurrent）権限に分類できる。共存権限を伴う協定は，単一の協定中に，ECと構成国のそれぞれの排他的権限事項が並存する協定をいう。ECが排他的に権限を行使できる事項は，関税同盟，競争，通貨政策，通商政策，海洋生物資源の保存などであり，例えば，構成国が排他的権限を行使できる軍事・安全保障関係事項とECの排他的権限事項である通商事項とが同一の協定の対象となる場合，あるいは，公海上での警察権行使と漁業資源の保存管理とが同一協定で規律される場合（国連海洋法条約），ECと構成国がそれぞれの排他的権限事項について責任を負う。

競合権限は，ECと構成国の権限に明確に分離できない権限をいう。競合権限事項は非常に広範囲にわたっており，例えば，経済通貨政策に関する協定（111条5項），環境協定（174条4項），開発協定（181条2項）等については，ECのみならず，構成国も国際会議で交渉し，協定を締結できると明示的に規定されている。ただし，ECがこの権限を現実に行使すると構成国は行使できなくなるという性質の権限である。したがって，①まだEC自身が権限を行使していない場合，②ECが権限を行使してEC域内で立法措置をとったとして

---

42)「欧州の将来に関する代表者会議」幹部会は，2002年にEUと構成国の権限配分制度に関する報告書を作成している（CONC 17/02）。同報告は，EC/EUに付与される立法権限を，排他的権限，競合権限，補完的権限の三種とする。本文で紹介するRosasは，共有（shared）権限の下に，共存（coexistent）権限と競合権限を再分類するが，幹部会報告書は共有＝競合として，共存権限を検討の対象としていない。本文で指摘するように，混合協定を検討する場合，共存権限も含めて検討する方が有用であると思われるので，ここではRosasの分類法に従っている。

43) Allan Rosas, The European Union and Mixed Agreements in Alan Dashwood, Christophe Hillion(eds.), *The General Law of E.C. External Relations* (2000), 203-207.

も，最小限のルールしか規定しない場合，また，③域内でのECの立法措置の対象範囲が不十分で国際協定で規律されるべき事項の全てを対象としていない場合に，構成国が権限を行使し得ることになる。権限の所在が不明瞭という意味で，第三国にとってもっとも厄介なのが，この競合権限を含む混合協定となる。

　共存権限は，さらに垂直的共存権限と水平的共存権限に分類できる。この分類は，ECと構成国の国際責任のルールを検討するときに考慮する必要のある特徴である[44]。垂直的共存権限は，ECが混合協定の主要部分を締結する権限を有し，構成国の参加はこれら実質的部分の履行と執行に関する義務を履行するために必要とされる場合をいう。例えば，1995年のストラドリング魚種及び回遊性魚種の保存及び管理に関する国連海洋法条約の規定の解釈のための協定がそれである。EC閣僚理事会は，海洋生物資源の保存と管理はECの排他的権限だが，同協定第IV部の遵守および公海上の船舶に対する旗国管轄権行使に関する一定の執行措置のために構成国の参加を必要としたので混合協定とした。この場合の構成国の権限は協定の本質目的からすれば補助的なものでしかない。

　水平的共存権限は，ECと構成国が有する排他的権限の対象事項が同一の協定に規定される場合をいう。ECと構成国からすれば，実際上は，同一の文書に2つの異なる条約が存在することになる。したがって，協定締約国たる第三国にとっては，ECと構成国のそれぞれの責任の明確な線引きが必要となる[45]。ECと構成国の関係の水平的権限関係においても，国際責任について問題を提起する。というのは，権限の所在について線引きがあったとしても，いずれの権限なのか，第三国からは必ずしも明確とはいえない場合があり得るからである。

3．垂直的共存権限と行為の帰属

　特別報告者によれば，ECが排他的な権限を有する事項について協定を締結した場合で，構成国機関が当該協定を履行するときに違反が生じた場合，EC

---

44) Kuijper, *supra* note 9, 114.
45) A/CN.4/545(2004), 56th ILC Comments and observations received from IOs, p.19.

は当該違反について責任を負うという。国際責任について，構成国の行為のECへの帰属に関するECの立場は，前述した（Ⅱ.3）WTOでのLAN事件で示されている。

　事件は，米国が英国とアイルランドを相手としてパネルの設置を要請したことで始まった。米国がECを排除したことに対して，ECは，1994年のGATTの一部である関税譲許表の表題に言及し，本件についてはECのみが責任を負う当事者であると主張した。さらにECは，米国が表題で示唆される主権の移譲に気づいていたし，認識していたはずだとも繰り返し主張した。そして，この件について，米国はECを唯一の正しい当事者と認識すべきだとECは述べた。

　先に記したように，EC委員会法務部顧問は，EC制度の垂直的構造を所与のものとすれば，ECの排他的権限事項について，それを履行する構成国機関の行為は，ECに帰属すると考える[46]，つまり，構成国の関税当局の行為は，EC自身に帰属すべきであるとの見解を有しており，関税譲許という特定の分野に該当する全ての措置は，ECレベルで行われたものであれ構成国レベルであれ，国内当局の行為はECに帰属すべきことを暗黙のうちに認めたようだし，直ちにECが責任を負う用意のあることを強調している。これはパネル報告にも反映した。

　構成国の行為についてECが責任を負うとした場合，行為の帰属を国際責任発生の要件としている国際責任条約草案3条との関係はどうなるか。前節で述べたように，特別報告者は，一般的には国際組織の責任は行為の帰属によるものであるが，すべてそうだとは限らないと述べ，これに対して，ILCは，4条のagentsという用語を広く解釈して，ECと構成国の関係を処理しようとしている。agentsという用語は，「国際組織のルール」によって決定された任務を遂行する公務員だけでなく，私人も法人も含む。そして，EC法を履行する構成国の機関を網羅し得るものである[47]。したがって，明確に排他的とされているEC権限事項については，帰属の要件の充足に問題はない。構成国が争うのでなければ，一般的に，責任追及という点で，第三国が不利益を被る

---

46) Doc.A/CN.4/541, para. 11.
47) Talmon, *supra* note 21, 421.

こともないだろう。

4．水平的共存権限

　ECと構成国がそれぞれ排他的権限を有する事項について第三国と協定を締結する場合，混合協定とならざるを得ないが，この場合，ECと構成国の責任分担を明確にする必要がある。それでも不透明なときは多い。責任発生の根拠たる権限区分が，時間の経過とともに微妙に変化することもある。いずれかの条項について不履行があったとき，当事者たる第三国はECと構成国のいずれを相手にすればよいのか明確でないことも予期される。第三国は如何なる行動が可能となろうか。

　まず，権限区分はECの内部問題である。ECと構成国のいずれにどのような権限を配分すべきか，第三国がとやかく言うべき性質の問題ではない。ECJは，Ruling 1/78（para. 35）において以下のように述べる。

　「ヨーロッパ委員会が正しく指摘したように，混合協定の非EC構成国たる他の協定当事者に対して，ECとその構成国間でのこの争点に関する権限配分を明確にし，決定しておく必要はないと述べておくのがさらに重要である。とりわけ，権限関係は時の経過と共に変わるからである。他の当事者には，特定事項がEC内部で権限の配分を生じさせると指摘すれば十分である。というのは，権限の配分の性質はまさに内部問題（domestic question）であり，第三者が介入する必要はないからである。本件で重要なことは，協定の履行が不十分であってはならないということである…」

　最も肝要なことは協定が如何に履行されるかであるというのは確かである。ただし，これは相手が国家であれば通常の指摘であろうが，ECの場合にこの指摘はどれほど実態に適合的であろうか。「内部権限関係について域外諸国は無関係」ということは，混合協定の不履行から生ずる責任を内部の責任関係にかかわらず負うということか，あるいは連帯責任を暗示しているといえなくもないが，あらゆる混合協定についてそのような負担方法をECが考えているとは思えない。常にECが責任を負うわけではないとすれば，問題は，責任追及の手続が現状では明確に存在しないということにあろう。

5．競合権限をめぐる問題

競合権限の場合，第三者は最も重大な困難に直面する可能性がある。前述したように，ECに排他的権限があり，ECがその権限を行使して域内立法を行っても，環境基準の設定など十分な規制が行われないときなどは，構成国が権限を行使できるというのが競合権限の特徴である(ECが域内立法等により権限を行使した時点で，ECの排他的権限事項となる)。したがって，域内の権限配分状況は外部から見ると不透明たらざるを得ない。競合権限を含む混合協定違反があるときに，第三者はECと構成国のいずれを相手に責任を追求したらよいのか，見極めが困難であり，不利益をもたらしかねない。

6．権限宣言や明示規定があるとき

権限関係が不明確な場合を考慮して，ECのような地域的経済統合組織が締結する混合協定においては，権限関係の明確化のために様々な工夫を凝らしている。①条文中に明示規定をおいて権限関係を予め明確にしておく，②組織側に権限宣言を行うよう義務づけるなどである。

①の方法は，条文中にECと構成国が負担する義務を，権限を有するそれぞれの主体に直接明文で帰属させる。例えば，ECとハンガリーとの間の連合協定20条は，「ECは本協定の発効と同時にハンガリーを原産とする農産品の輸入に対する量的制限を廃止する」と規定し，他方で，60条は，「構成国とハンガリーは，直接投資に関係する資本の自由移動を相互に確保する」と規定していた。このような協定の場合，混合協定の拘束力は明らかにECと構成国に区分されている。そのため，ECと構成国は，別個のかつ有限の (separate and limited) 責任を負うことになる[48]。ただし，明示することの効果は必ずしも決定的なものではないという意見もある[49]。

②の権限宣言を要求する代表例は，後述する国連海洋法条約である。同条約の附属書IX（国際機関による参加）は，その第5条1項で，国際組織に権限移譲について明示的宣言の提出を義務づけている。それぞれの権限の範囲は，

---

48) Neframi, *supra* note 6, 197.

49) I.Macleod, I.D.Hendry,and Stephen Hyett, *The External Relations of the European Communities*(1996), 159.

国際組織の正式確認書または加入文書の宣言で明らかにされなければならない。宣言によって，ECと構成国の域内権限区分が協定の一部となり，区分は域内問題たることを停止する。そして，5条に基づいて権限を有する当事者は，それぞれが負う義務の不履行その他の如何なる違反についても責任を負うことになる（6条1項）。

明示規定や権限宣言は，混合協定中のどの部分がECの権限に該当し，どの部分が構成国の権限かを明らかにする。権限宣言は，ECのような地域的経済統合組織が多角的混合協定を締結するときに見られるもので，最近は増加傾向にある。ECの宣言は，協定中の特定の要件に従って，協定が関連する事項の権限を記載する。宣言の中には，ECが責任を負うのは，発効中のEC法が対象とする義務についてであると明記したり，または，それぞれの権限領域に該当する義務の履行についてであると明示しているものもある。そのような宣言は，ECと構成国のそれぞれの権限に従ってそれぞれの責任を示し，それを非構成国たる協定締約国に明らかにしている[50]。

宣言の目的について，ECJは以下のように指摘している[51]。「本議定書が規律する事項に関するECと構成国の各々の権限の範囲が，議定書中の義務履行に関する各々の責任の範囲を決定することはいうまでもない。…とりわけ，本協定またはその附属書の当事者たる地域的経済統合組織に，承認書で権限の範囲を宣言するよう要請し，権限の範囲の関連修正を寄託者に通知するよう要請している」。

いうまでもなく，宣言は，非構成国たる締約国に対して権限配分を示す意図を有する。ただし，一定の雛形があるわけではないので，宣言の内容は多様である。宣言が曖昧なときの手続も個々の協定によって大きく異なっている。例えば，宣言が関連するEC立法を示すだけで，ECまたはその構成国と

---

50) A/CN.4/545,22. 権限宣言に関する規定として，オゾン保護条約13条，京都議定書4条などを挙げることができる。京都議定書は，独特な責任レジームを創出している。すなわち，ECは，経済統合体全体のグローバルな約束を規定する特別条項を交渉する一方で，構成国間での差異のある約束の配分を許容させた。つまり，この場合，国際組織はグローバルな目標達成に責任を負い，その構成国は，域内で合意され，しかるべく通告された約束についてのみ責任を負うとしている。A/CN.4/545,23.

51) ECJ Opinion 2/2000(Cartagena議定書), para. 16.

の権限の関連性を非構成国たる締約国自身の判断に委ねているものもある[52]。

　国連海洋法条約附属書IX 5 条[53]に基づいて，ECは，1998年 4 月 1 日に宣言を出している[54]。国連海洋法条約に基づくECの権限宣言には，以下のような記述がある。「ECは一定事項について排他的権限を有し，その他の事項については，構成国と権限を共有する」[55]。この後に続いてECと構成国が排他的権限と共有権限を持つ事項が示される。例えば，漁業に関しては，魚種の保存および管理に直接関係しない多くの事項，研究および技術開発，開発協力などは，共有権限となる。ただし，言及されているこれらの多様な「一定の」事項が明確に何であるのかの徹底的な定義は見出されない。つまり，宣言は，ECが現実に共有権限を行使している範囲を明確にしていない。宣言には付録があり，そこには国連海洋法条約が規律する事項に言及しているEC理事会の命令や決定 (acts) が羅列されている。しかし，このリストは，単に並べられているだけで，国連海洋法条約のどの部分に言及しているのか不明であり，如何なる指針も提供していない。条約の当事国たる非構成国が，このリストからどの当事者とコンタクトをとるべきか推論するのは容易な作業ではない[56]。ECは常に進化の過程にあるので，宣言中の権限区分は常に時代遅れとなる可能性もある[57]。そこで，国連海洋法条約の場合，特定事項について責

---

52) 文化的表現の多様性の保護と促進に関する条約文化の多様性に関するUNESCO協定27条3項C号に基づくECの宣言。COM(2005)678 final 2005/0268(CNS).
53) 附属書IX第5条 1. 国際組織の正式の確認または加入文書は，本条約が規律する事項のうち，どの権限が本条約の当事者たる当該国際組織の構成国から国際組織に移転したのかを明示する宣言を伴わなければならない。
54) Declaration made upon formal confirmation(1 April 1998): Declaration made pursuant to article 5(1)of Annex IX to the Convention and to article 4(4)of the Agreement.
55) OJ C 155/127, Vol. 40, 23 May 1997.
56) Bjorklund, *supra* note 8, 379-380.
57) *Ibid.,* 381. Simmondsは以下のように指摘する。「ECの対外権限の範囲と行使は進化する性質を有し，今後，欧州共同体条約235条（現308条，引用者註）に含まれる黙示的権限理論が広く利用される可能性が高いので，この種の宣言は，必然的に暫定的なものにならざるを得ない」。K. R. Simmonds, European Economic Community and New

任を負うのは国際組織と構成国のいずれであるのかについて第三国が情報を求めることができ，これに対して国際組織に回答を義務づけている。合理的期間内に回答を得ないとき，または，矛盾した回答を得たとき，国際組織とその構成国は連帯して責任を負うことになる。

附属書IX6条2項の連帯責任規定は刺激的である。連帯責任は，非構成国たる締約国には有益である。この方式は，条約違反について誰が責任を負うのかという問題を解決するための良き手引きを提供しているといえる。これは，ILCがこの問題について今後の作業を行う際に留意しておくべき考慮事項であろう[58]。しかし，ECから見れば，権限を構成国から移譲した意味がなくなってしまうかもしれない。

国際組織犯罪条約（2000年採択のパレルモ条約）の36条3項に基づくECの権限宣言（2004年）は，国連海洋法条約と対照的で，協定関連事項のEC権限の概略を示すだけでなく，協定自体の関連条項に具体的に言及し，どの条項にECが拘束されるか示している[59]。

いずれにせよ，実定法上，連帯責任は例外的である。宣言を出すこと自体，明確な根拠がなければ義務的とはいえない。そこで，ECの非構成国たる混合協定締約国は，宣言以外に解決策を見出さねばならないことが多い。

権限宣言があるときの協定不履行責任はどうなるか。EC構成国がその権限事項について義務を履行しないからといって，非構成国たる協定締約国がECに申し立てを行っても，ECは責任を負わない。ECは構成国の権限事項について義務を負わないからである。しかし，EC構成国がEC権限内の義務を履行しないとして，非構成国たる協定当事国がECに履行の請求を行うとき，ECは当該義務を負っているので，国際レベルで責任を否定することはできない。ECの機関としての構成国の義務違反についてECは責任を免れない。

EC構成国が責任を負うのは混合協定で定められた自国の権限規定につい

Law of the Sea, 218, *Recueil des Cours* (1989-VI), p. 130.

58) Kuijper, *supra* note 9, 120.

59) Council Decision 2004/579/EC on the conclusion, on behalf of the European Community, of the United Nations Convention Against Transnational Organized Crime OJ 2004 L 261/69, ANNEX II.

てのみである。ECの非構成国たる他の締約国が，ECの二次法を根拠にEC構成国に申し立てを行なっても，混合協定上の義務がなければEC構成国が責任を負うことはない。EC設立基本条約(ニース条約)300条7項があるからといって，EC権限事項に該当する規定について構成国が国際的に拘束されることはない。7項は，あくまでECの内部関係を処理するだけである。この場合，構成国の国際責任を認めることは，ECの国際法人格の侵害になるか，または，条約の第三者効規則（条約は，当事者でない国家に義務を課すことはない）の侵害になろう[60]。

7．明示規定や権限宣言がない場合

　混合協定中に，ECと構成国が分担すべき義務について，明示的規定も権限宣言もないとき，また，たとえそれらが存在したとしても不明確なときで[61]，ECまたは構成国に協定の不履行があったとき，他の締約国はいずれを相手として責任を追及すべきか。ECと構成国は如何に対処すべきか。明示規定も権限宣言もないとき，一般的にECおよびその構成国が連帯責任または共同責任を負うべきかどうかは見解の分かれるところである。先例も不明確である。

　二国間的性質で，ECと構成国が単一の法人格とみなされるような混合協定に関して，ECJは，協定に起因する全ての義務の履行について，他の当事者に対して，ECと構成国が共同で（jointly）責任を負うとみなしているように見えることは前述したとおりである。この結論は，この種の協定の条文が「一方で」や「他方で」といった用語を使用していることからも指摘できる[62]。

　これ以外の混合協定についてはどうか。前述したように，初期のECJ判決（Ruling 1/78）は，ECとその構成国の権限配分を第三国に対して明らかにしておく必要はない，何故なら権限の配分はまさにECの内部問題だからである（para. 35）としていた。こうした考え方は，当時の雰囲気を表明したものであろう。具体的に問題となることが少ないこともあり，また，ECと構成国が

---

60) Neframi, *supra* note 6, 195-197.

61) EC非構成国にとって，混合協定中のECと構成国間の権限関係はほとんど不明確である。Bjorklund, *supra* note 8, 375.

62) C-316/91, para. 29, A/CN.4/545, 24.

第11章　ECの国際責任

連帯責任を事実上拒否しない限り，実際的な問題はなかったといえよう。しかし，必ずしも常に共同責任または連帯責任を認めたものではないということになれば，ECの非構成国たる締約国は座視できない問題に直面することになろう。多くの諸国が，混合協定を交渉中に，責任と約束履行が如何にして配分されるべきかについて，より正確な情報を要求するようになることは当然であるし[63]，ECと構成国がそのような要求に答えないという姿勢は，国際法の観点からは受け入れられないことになろう[64]。

この問題に関するECJの法務官（Avocat General）の意見は一貫していない。JacobsとTesauroは共同責任を示唆しているように見えるが，Mischoは逆の意見のように見える。

EDF事件におけるJacobs法務官の意見は次の通りである。

「…混合協定の場合，ECと構成国が共同で責任を負う（jointly liable）。ただし，協定中の規定が別の結論を指示している場合はこの限りでない」[65]。

TRIPSの手続規定に関連して，Tesauro法務官はヘルメス事件で次のように述べている。

「ECと構成国の双方がWTOのすべての協定に署名したこと，したがって，ECの非構成国たる締約国との関係で，双方とも当事者であることを忘れてはならない。そして，ECはこれらの協定に同意したものの，それは『ECの権限内にある事項』に限定されるのは確かだが，最終議定書もWTO協定も，権限に関する規定を持たず，ECと構成国が同等の地位にある原加盟国であることも真実なのである。こうした中でECと構成国が，非構成国たる締約国に対して，単一の締約国を構成し，あるいは少なくとも協定不履行の場合には同等の責任を負う当事者であることを認めるべきであろう」[66]。

---

63) Jean Groux and Philippe Manin, *The European Communities in the International Order*, 69.

64) Bjorklund, *supra* note 8, 375.

65) Opinion of Mr Advocate General Jacobs delivered on 10 November 1993.-European Parliament v Council of the European Union (Case C-316/91, para.69.

66) Opinion of Mr Advocate General Tesauro delivered on 13 November 1997. - Hermes International (a partnership limited by shares) v FHT Marketing Choice BV.14 (CaseC-53/96), para. 13.

355

他方，状況は異なるものの，ベルヌ条約事件でのMischo法務官の意見は以下の通りである。

「ECと構成国の他の締約国に対するそれぞれの義務が明確にされなかったという単なる事実から，EC権限内事項でない規定を含めて，当該協定全体の履行についてECが責任を負うという結論を他の締約国に推論させ得るというのは，私には確かなことだとは思えない。ECと構成国が混合協定という方式に依拠したという事実は，他の締約国に対して，協定が必ずしもECの権限内に該当するものではない事項を含むことを表明するのであり，ECが負っている責任は，ECの権限内事項についてのみであることを先験的に表明しているのである[67]」。つまり，彼によれば，第三国は権限の所在が不明のまま，自らのリスクで混合協定を締結したということになる。

Jacobsの意見は，協定中の特定箇所について，ECと構成国のいずれに権限があるのか権限宣言や明文の規定，または他の何らかの指標がないとき，責任は常に共同（joint）であるという。ただし，Jacobsの意見には若干の注釈が必要である。引用文の直前に述べられているように，この意見が述べられた事件で問題となった協定は，何度も指摘したように，ECと構成国が単一の法人格とみなされるような二国間的性質の協定であった。また，ここでJacobsが使っている共同責任という用語の意味は必ずしも明確ではない。

いずれにせよ，責任追及の手続が明確でないことが第1の問題である。第三国が権限区分について情報を提供するよう要請しても情報が得られないとき，他の締約国は，ECと構成国の双方に請求を提起することが可能でなければならない。Mischoの意見は，ECの非構成国に対して不当な負担を強いるものでしかなく，国際責任法上，正当なものではない。

第2の問題は，ECと構成国が負うべき責任の性質である。国連海洋法条約附属書Ⅸ6条[68]は連帯責任（joint and several）と規定したが，これは例外で

---

[67] Opinion of Advocate General Mischo delivered on 27 November 2001 Case C-13/00, Commission of the European Communities v Ireland, para. 30.

[68] 6条1．本附属書第5条の下で権限を有する当事者は，本条約の義務に従うことができないとき，または本条約を侵害したとき，責任を負うものとする。

2．国家たる当事者は，国際組織またはその構成国たる条約当事者たる国家に対し

ある[69]。Jacobsは共同責任に言及しているが，前述したように，その意味内容は明確ではない。国際法にはjoint liabilityの実行はほとんどなく，国際法上の定義も定かでないのである[70]。

連帯責任をECの混合協定に適用すれば，第三国は，ECそして/または構成国（単数複数いずれも）が混合協定のいずれの部分の履行も求め得ることになり，それゆえ，ECと構成国のいずれもが混合協定のどの部分の侵害についても責任を負わなければならないことになろう。これは，第三国にとって理想的な解決方法ではある。つまり，請求をどこに対して行なったらよいか自由に選択できる。ただし，ECと構成国からすれば容易に受け入れられるものではない。権限の所在が異なることがあるのに，混合協定上の全ての義務について，ECと構成国が連帯責任を負い，侵害を受けた第三国が構成国かECのいずれに対しても十分な満足を追及する権利があるというのはありそうもない[71]。

連帯責任の問題は，違法行為の実行者でないときは，国際責任法の下で，ECまたは構成国が相互に責任を負わせ得る根拠がないことである。垂直的権限関係の場合なら，ECが構成国の行為について責任を負うが，これは連帯責任とは異なる。構成国の機関の行為が，何らかの理由でECの行為となるだけである。ECに権限がないにも拘らず，構成国が行った行為をECに帰属させることは構成国が許容しないだろうし，他方，無条件で構成国に帰属させる

て，特定の問題に関して誰が責任を負うのかについて情報を求めることができる国際組織とその関係構成国は，この情報を提供するものとする。合理的期間内にこの情報を提供できないとき，または矛盾する情報を提供したときは，連帯責任を負わなければならない。

69) 連帯責任を規定するもう1つの最近の事例として，ECと構成国，そして米国との間で締結された衛星誘導システム（ガリレオ）に関する協定19条2項を挙げることができる。そこには，「本協定中の義務がECとその構成国のいずれの権限なのか不明確なとき，米国の要請に基づいて，ECとその構成国は，必要な情報を提供するものとする。適切に情報を提供できず，または矛盾した情報を提供したときは，連帯責任を負う」と規定されている。

70) I. Macleod, I.D. Hendry, and Stephen Hyett, *supra* note 45, 159.
71) *Ibid.*

ことになるとECの独自性（法人格性）を損なうだろう[72]。

　権限の所在が不明確なとき，共同責任という考え方が，国際社会の実態により適合していると思われる。ここで共同責任は，とりあえず，次のようなものをいう。ECと構成国が混合協定を締結するとき，ECと構成国は，ECグループとして責任を負う実体となる。ECグループに協定違反があったとき，ECグループが負う責任は共同責任（joint liability）であり，several責任を含まない。つまり，ECも構成国も，第三国に対しては，とりあえず集団として責任を負う主体となるが，具体的にいずれもが責任を負うことにはならない。なぜならば，第三国は協定の拘束力が分割されていることを受諾しており，その結果，EC内部での責任の分割原則も受諾しているからである[73]。

　共同責任の場合，最終的な責任者の決定はECグループ内部の問題となる。第三国は，混合協定に規定されたどの条文についても，ECと別個の法人格を持つものとしての構成国とのいずれにも権限の所在について問い合わせることができ，または責任追及のための申し立てを行うことができる[74]。EC内部の権限関係は時間の経過とともに変わることもあるから，第三国に対する不当なリスクの回避のため，不透明性の排除の要請に基づく原則である。こうした考え方は，ECの自律性の要請にも応えることができる。とすれば，応分の負担をECグループも受忍すべきであろう。第三国からの請求に対して，ECグループは，問題となった権限を有し，そして責任を負う実体を明確にするよう義務づけられる。その後は，その実体が第三国の請求に応じることになる。

　混合協定の場合で，権限の所在が外部からだと不明確なときの手続としては，これが妥当であろう。混合協定の独自の存在意義は維持され，ECと構成国の内部の権限配分も尊重される一方で，第三国の不利益も回避される。EC内部の権限関係が明確でないとき，それに由来する複雑さは，第三国を害するように作用させられるべきではない。第三国の正当な信頼は保護されなければならない[75]。

---

72) Neframi, *supra* note 6, 202.
73) *Ibid.*, 197.
74) *Ibid.*, 203.
75) Tomuschat, *supra*. note 1, 185.

もっとも，共同責任を国際責任条約でルール化する必要があるかといえば，特に必要としないだろう。ただし，請求はどこにするのか，どの程度の期間内に回答すべきなのか等々の手続的な事項について誠実に対応すべき義務は，国際組織責任条約に規定されるべきかもしれない。その意味で，草案に修正を加える必要はないというTalmonの指摘は妥当でない。

IV　結　語

「国際組織のルール」，そして，責任発生のもう一つの要件たる義務違反等，重要な問題が残されてはいるが，紙数の制約もあり，別稿に譲らざるを得ない。特に，権限配分の基準を提供する「国際組織のルール」が演ずる役割について，ECは特別な問題を提起しており[76]，この問題を検討していないのは，本稿の分析を不完全なものにしているといわざるを得ない。「国際組織のルール」は，国際機構条約法条約2条1項(j)に，「とりわけ，設立基本文書，それに従って採択された決定および決議，並びに組織の確立した実行を意味する」と定義され[77]，同条約46条2項と3項に関連して意義を持つ概念である。そこでの「明白性」基準を含めて，行為の帰属を検討する上で，国際責任にも関係してくる。とはいえ，混合協定と国際責任に関連するECに固有の問題について，概略は明らかにできたと思われる。

　ECのような地域的経済統合体の活動は，今後ますます活発となるであろう。混合協定という形式も一般化していくかもしれない。国際組織とその構成国がともに締約国となる協定については，少なくとも国連海洋法条約附属書IXが指示するような権限宣言を行なう義務を課すか，権限関係に関する明文の規定を入れる必要があるかもしれない。しかし，権限宣言等がある場合でも，曖昧なときはあるし，限界事例も生ずるであろう。そのようなとき，とりあえずは問題となる行為の実行者に対して問い合わせを行い，その後は，EC内

---

76) Cremona, *supra* note 28, 24.

77) (j) "rules of the organization" means, in particular, the constituent instruments, decisions resolutions adopted in accordance with them, and established practice of the organization.

部の問題として，しかるべき手順で責任の所在を決定して，速やかに請求国に情報を与える義務を設定する手続が求められる。本文で指摘したように，EC内部の権限関係が時間的に変化するであろうことを所与とすれば，これが妥当な解決方法であろう。

権限関係のみならず，EC内部の手続すら不明確なときはどうするか。たとえばECの場合，ECと構成国が明確にしておかないのは，ECと構成国の問題である。他の締約国には直接関係ない。権限関係が曖昧なときに，それによって生じる不利益を第三国が受任すべき義務はない。

多元的価値観の併存を前提とするECのような統合体[78]にとって，権限の所在が多様化するのは不可避である。ECが独自の法制度を維持することで，多様な価値観を尊重した新たな国際秩序の構想に貢献し得るためには，その制度が，域外諸国にとっても受け入れられるものでなければならない。混合協定を遵守する第三国に対する国際責任を検討するときに考慮されるべきは，一方で，法的確実性に対する第三国の利益，他方で，ECと構成国の統合過程で見られる流動的な権限関係への配慮とのバランスであろう。事前の権限宣言または協定への条文挿入は，一定程度の法的確実性を提供するであろう。もっとも，このような宣言や条文で全ての問題が解決するわけではないのは実行が示すとおりである[79]。したがって，上述したように，事後の手続も重要となる。

手続の明確化は第三国だけに資するのではない。明確化はEC，とりわけEC委員会にとっても重要となる。ECの機関，特に委員会は，如何なる条約違反についてもECが責任を負うべきだと強く感じる性向がある。さもないと，第三国と構成国が自らでECにおける国際責任について決定してしまうかもしれないからである[80]。また，手続の明示化は，第三国が混合協定の締結に躊躇しなくなるであろうから，EC自体にとっても有用であろう。

---

78) J.H.H. Weilerは，「憲法的寛容性」の必要性を強調する。多元的価値観の並存に基づいた重層的秩序の構築を重視するからである。ジョセフ・ワイラー「『憲法』という語句の力に関して：ヨーロッパ憲法の図像学」広部和也編『地域主義の制度論的研究』（信山社，2008年）所収参照。

79) Cremona, *supra* note 28, 25.

80) Kuijper, *supra* note 9, 138.

このように考えれば，現時点の国際組織責任草案条文がECの特殊性に対応できるかどうかは極めて怪しいといわざるを得ない。パラレリズム（国家責任条約草案との）と国際組織の多様性のため，Gajaは抽象的な一般原則に固執したものと思われる。Talmonは特別報告者の姿勢を擁護して，一般的な規定の仕方をする草案で十分であり，ECへの配慮は不要であるという。たしかに国際組織の多様性を考慮すれば，いちいち配慮することはできないかもしれない。しかし，混合協定を考えただけでも，国際組織と国家の国際責任の相違は明らかであり，特に地域経済統合の増大が混合協定の増大をもたらすとすれば，その特殊性に対する配慮は必要であろうし，それは手続規定に具体化されるべきであろう。

第12章
無害通航制度における沿岸国の権利と義務

佐 古 田 彰

I　はじめに
II　国連海洋法条約規定の概観
III　無害通航制度において沿岸国が執りうる措置
IV　無害通航制度における沿岸国の権利と義務
V　結　論

I　は じ め に

　無害通航制度は，国際法上十分に確立した制度である。この制度は，すべての国の船舶が領海において無害通航権を有し（1982年国連海洋法条約17条[1]），沿岸国は外国船舶の無害通航を妨害してはならない（24条1項第1文）とするものである。領海は沿岸国の主権が及ぶ水域である（2条1項）から，この無害通航制度はその沿岸国主権に対する重大な例外・制限ということになる[2]。
　さて，本稿は，この無害通航制度において設けられている様々な権利と義務を国家間の国際法上の権利義務関係として再構成し，この制度における

---

[1]　以下，特に断らない限り，引用の条文は国連海洋法条約の条文である。

[2]　T. Treves, "Navigation", R.-J. Dupuy and D. Vignes, eds., *A Handbook on the New Law of the Sea*, vol. 2 (1991), p. 906 ; F. Ngantcha, *The Right of Innocent Passage and the Evolution of the International Law of the Sea* (1990), p. 38 ; W. K. Agyebeng, "Theory in Search of Practice : The Right of Innocent Passage in the Territorial Sea", *Cornell International Law Journal*, vol. 39 (2006), p. 380 ; 横田喜三郎『海の国際法・上巻』（有斐閣，1959年）165頁。

個々の権利と義務の法的性質を明らかにするものである。国連海洋法条約は，無害通航制度として様々な実体（沿岸国，船舶，船舶の旗国）の権利と義務を規定しているが，それぞれの権利ないし義務の法的性質は必ずしも明らかではない。例えば，条文上は船舶が無害通航権を有するとするが，船舶はそれ自体国際法主体ではないから，正確にはこの「権利」を船舶の国際法上の権利として捉えることができない。とするとき，この「権利」はいかなる法的性質を持つのか，国際法主体の権利義務としていかに構成されうるかが問われなければならない。同じく，船舶の義務（例えば潜水船等の海上航行義務（20条））は法的にはどう理解されるのであろうか。このように，条約上は表面的には権利・義務として定式化されていても，法的に厳密にどうその性質を理解するかは別途考察が必要である。

　こういった権利と義務の法的性質は，いくつかの観点から考察することができる。例えば，権利に対応する義務，義務に対応する権利が何かを明らかにすることである。上の例でいうと，船舶の無害通航権に対応する義務は何かという観点から，この権利の法的性質を探ることができる。また，権利の侵害あるいはその義務の違反があった場合の法的効果を明らかにするという方法もある。上の例でいうなら，船舶の義務違反があった場合，いかなる法的効果が発生するのであろうか。こういった考察を通じて，無害通航制度を，国家間のすなわち沿岸国と船舶旗国の間の国際法上の権利義務関係として捉え直すことができる。上述のように無害通航制度は沿岸国の領海主権に対する例外・制限であるとされることから，沿岸国の権利と義務という形で論じるのが便宜的であろう。本稿は，このような趣旨で，無害通航制度における権利と義務を沿岸国の国際法上の権利と義務として再構成するものである。

　ところで，本稿は特に次の3つの問題意識を背景とする。第1に，ある法現象（法制度・法規則）を法主体の権利または義務として捉えその理解を試みるのは，法律学の基本である。この無害通航制度を法的観点から正しく理解するためには，条文の字面や規定の仕方ではなく個々の権利や義務の法的性質を丁寧に探ることが肝要である。本稿の問題意識の1つは，国際法上の権利と義務を明確にすることを通じて，国際法上の具体的な法制度・法規則の法的特徴を捉えることにある。

　第2に，法制度・法規則の実際の運用・解釈の必要に備えることである。

第12章　無害通航制度における沿岸国の権利と義務

ある法制度・法規則はそれだけで完結することは少なく，通常は他の実際的な法制度・法規則（特に紛争解決手続き）において現実に機能するが，こういった他の法制度・法規則は，義務の面から構築されている場合もある[3]し，権利面を中心に構築される場合もある[4]。したがって，ある法制度・法規則の実際的な運用・解釈まで視野に入れると，その法制度・法規則は権利面と義務面の両方から捉えなければ実際的な使用に耐えないことになる[5]。無害通

---

[3] 例えば，国家責任法は義務を主軸に置いた法体系である（国連国際法委員会（ILC）2001年国家責任条文案2条(b)参照）。責任制度は，権利面から組み立てることも可能である（日本民法709条参照）が，国際法学においては国家責任は権利面よりも義務面から論じられることが多い。佐古田彰「国家責任法における帰属と違法性の体系的関係」『早稲田大学大学院法研論集』第67号（1993年）114-115頁参照。

[4] 例えば，暫定措置は「権利を保全するためにとられるべき」ものである。国際司法裁判所（ICJ）規程41条1項。

[5] 例えば，国際海洋法裁判所が扱った1999年「みなみまぐろ事件」（暫定措置，NZ・豪対日本）において，原告は，国連海洋法条約290条5項に基づき自国の「権利」を保全するために暫定措置を要請した。原告は，保全を求めた権利について「みなみまぐろの管理と保全に関する権利」の表題の項でその法的根拠を64条及び116～119条に求めた。原告側暫定措置要請書16項（*ITLOS Pleadings* 1999, *vol. 4, Southern Bluefin Tuna, Provisional Measures*, pp. 9, 77）。しかし，これらの条文はこの事件との関係では，義務は定めているが権利は規定していない。実際のところ原告の主張（上記要請書16項及び原告側口頭弁論（*Ibid.*, pp. 439-441）参照）からもいかなる権利の保全を求めているのか明確でなく，また裁判所も保全されるべき権利の内容に全く言及しないまま権利保全を理由の1つとして暫定措置を指示している。*ITLOS Reports* 1999, p. 296, para. 80.

純粋に法律論として考えるなら，原告が依拠した条文が被告側に課された「義務」しか規定しておらず原告がそれを原告側の権利として再構成しえなかったことは，原告側の致命的な弱点であった。被告側の訴訟戦術としては，原告側のこのような法的構成の不備を徹底的に追及するという方法もありえたかも知れない。

なお，被告側弁護人の1人であった林司宣は，原告のこのような不明瞭な主張内容から，原告が保全を求めた権利は「資源開発の権利」であると読み取っている。林司宣「ミナミマグロ事件と国際海洋法裁判所の暫定措置」林司宣『現代海洋法の生成と課題』（信山社，2008年）373頁。この「権利」を，原告側は依拠した条文から導くことができたのであろうか。被告側は，この理解を出発点に立論すれば，科学論に拘泥することもなかったように思う。

航制度も，紛争が発生した状況において実際に機能する局面を想定するなら，国際法主体の権利と義務の両方から正確に分析しなければならない。

　第3の，そして真の問題意識は，国家間の権利義務関係が私人にとっていかなる法的意味を持つのかという点にある。国際法が国家間の権利義務関係を規律する法であるとしても，今日の私人の存在・活動が国際社会に様々な影響を与えている実情は，国際法学において無視しえない。とするとき，国際法規則は，そのような私人の存在・活動を国家間の権利義務関係においてどう理解し位置づけているであろうか。これを，純理論的に考察するのではなく個々の実定法規則から解き明かしていきたいと思う。無害通航制度についていうと，船舶が有するものとして定式化されている無害通航権が国家間の権利義務関係においていかなる法的意味を有するのかということであり，本稿はこれを明らかにするための前提的作業である。

　本稿は，そのような問題意識から，無害通航制度を国家の権利と義務として捉え直し，この制度の正確な理解に努めるものである。なお，本稿の扱う対象に関していくつか注意が必要である。第1に，本稿は，外国船舶の領海内の「横断的通航（lateral passage）」すなわち外国船舶が内水に入らずまた港湾施設に立ち寄ることなく領海を航行する通航（18条1項(a)の定める形態の通航）に限定して考察する。他の関連する状況[6]はこの横断的通航の特殊なものや例外的なものであり，説明の複雑さを避けるため取り扱わない。第2に，本稿は上記のような問題意識から，民間船舶の通航を対象としている。軍艦・政府船舶のみに関係する規則（29〜31条など）はそのまま国家間の権利義務関係を規律するものであり，これもまた説明の複雑さを避けるため無視した。第3に，本稿は自国籍船舶に関する旗国の一般的義務（94条や211条2項など）それ自体は扱わない。ただし，無害通航制度の内容に含まれるものと領海内の外国船舶に対する沿岸国措置に関係するものはその限りでない。第4に，本稿での考察は，便宜的に国連海洋法条約規定を対象としている。ただ，上述の権利義務の法的性質は，その権利義務の淵源が国連海洋法条約であるか領海条約その他の海洋法関連条約か国際慣習法かで異なるところはない。

　6）内水に向かう航行など（18条1項(b)），国際海峡における通過通航権（38条）・無害通航権（45条），群島水域における無害通航権（52条）など。

II　国連海洋法条約規定の概観

　まず最初に，無害通航制度において定められている様々な権利と義務の内容を，特にこれらが誰の権利としてあるいは誰の義務として定められているのかに注意を払いつつ，国連海洋法条約の関連規定から逐条的に確認しておきたい。なお，条文の後の【　】は条文に正式に付された見出しである。

1．国連海洋法条約規定における権利と義務
(1) すべての船舶に適用される規則（17〜26条）

　17条【無害通航権】は，「すべての国の船舶は，…無害通航権を有する。」と規定し，無害通航権を船舶の権利として定式化している。

　20条【潜水船その他の水中航行機器】は，潜水船等は領海においては海面上を航行しかつその旗を掲げなければならないと規定する。つまり，これは船舶の義務である。

　21条【無害通航に係る沿岸国の法令】は，沿岸国の法令制定権に関する規定である。まず1項は8の事項について沿岸国は無害通航に係る法令を制定することができるとし，沿岸国の法令制定権を定める。2項は外国船舶の設計等（CDEM）に関する沿岸国法令について規定するが，これは1項の補足的なものである。3項は1項の規定する沿岸国法令を公表すべきとし，沿岸国の義務を定める。4項は，船舶が沿岸国の法令及び「海上における衝突の予防に関する一般的に受け入れられているすべての国際的な規則」を遵守すべきと規定しており，これは船舶の義務である。

　22条【領海における航路帯及び分離通航帯】は見出しの通り航路帯・分離通航帯に関する規定である。1項は，沿岸国が，船舶に対し航路帯・分離通航帯を使用するよう要求することができるとし，2項は，特にタンカー・原子力船等に対して沿岸国は航路帯使用を要求することができるとする。これらは沿岸国の権利という形になっている[7]。3項は，航路帯設定において考

---

7) これらは，船舶の沿岸国法令遵守義務（21条4項）に含めて理解される。R. R. Churchill and A. V. Lowe, *The Law of the Sea*, 3rd ed. (1999), pp. 94-95; J. Z. Guang,

慮すべき事項を列挙しており，これは1項2項の権利行使にあたっての義務ということになる。4項は，航路帯を表示し公表すべき沿岸国の義務を規定する。

　23条【外国の原子力船及び核物質又はその他の本質的に危険若しくは有害な物質を運搬する船舶】は，原子力船等に，国際協定が定める文書の携行と特別の予防措置を義務付けている。これは前述の22条2項を補足するものとされる[8]が，22条2項は沿岸国の権利として定められているのに対し23条は船舶の義務という形になっている。

　24条【沿岸国の義務】1項は，沿岸国は無害通航を妨害してはならないことを定める。17条と共に無害通航制度の中核をなす規定であり，見出しの通り，沿岸国の義務を規定する。2項は，沿岸国が危険を公表すべき義務を明記しており，これも沿岸国の義務である。

　25条【沿岸国の保護権】1項は，沿岸国は有害通航を防止するため，自国の領海内において必要な措置を執ることができるとし，3項は，沿岸国が一定の事情において無害通航を一時的に停止しうることを規定する。いずれも，沿岸国の権利として定められている。

　26条【外国船舶に対して課し得る課徴金】は課徴金についての規定である。1項は，沿岸国に対し外国船舶への課徴金を禁止する。つまり，沿岸国の義務である。2項は，沿岸国が課徴金を課しうる場合についての規定であり，つまり沿岸国の権利について定める。この規定も，沿岸国法令制定権との関係で理解される[9]。

(2) 商船及び商業的目的のために運航する政府船舶に適用される規則（27～28条）

　"Conflicts between Foreign Ships' Innocent Passage and National Security of the Coastal States", J. M. Van Dyke, L. M. Alexander and J. R. Morgan eds., *International Navigation : Rocks and Shoals Ahead?* (1988), p. 113.

8) S. N. Nandan and S. Rosenne, eds., *United Nations Convention on the Law of the Sea 1982 : A Commentary* (hereinafter cited as "*Virginia Commentary*"), vol. 2 (1993), p. 218, para. 23.1 ; S. Ghosh, *Law of the Territorial Sea* (1988), pp. 147-148

9) Churchill/Lowe, *supra* note 7, p. 95. なお，課徴金の未払いは有害通航となるという見方もある。Ngantcha, *supra* note 2, pp. 177-178.

27条【外国船舶内における刑事裁判権】は，船舶内で行われた犯罪行為に対する逮捕と捜査に関する規定である。1項は，沿岸国は原則として船舶通航中に刑事裁判権を行使してはならないとしつつ，4つの例外的場合を示す。この刑事裁判権行使の禁止は，should notであるから法的義務ではなく礼譲である[10]ため，これを権利義務として捉えるのは正しくないが，あえて言うなら禁止については沿岸国の義務であり例外については沿岸国の権利ということになろう。3項及び4項は，刑事裁判権を行使する場合の法的義務を定めている。5項は，船舶が領海に入る前に船内において行われた犯罪に関連して沿岸国が逮捕・捜査のために措置を執ることを禁止しつつ，例外的にこれが許される2つの場合を示す。これも禁止については沿岸国の義務であり例外については沿岸国の権利ということになる。

　28条【外国船舶に関する民事裁判権】1項は，沿岸国に対し，領海通航中の外国船舶内にある者に関して民事裁判権を行使するための船舶停止・航路変更を禁止する。これも規定はshould notであり法的義務ではないが，あえていうと，これは沿岸国の義務ということになろう。2項は沿岸国は，船舶に対し民事上の強制執行又は保全処分を行うことはできないことを原則としつつ，例外的に認められる場合を示す。これらの規定は，禁止については沿岸国の義務，例外については沿岸国の権利ということになろう。

　(3) 船舶による海洋汚染に適用される規則（19条2項(h)，及び第12部第5節
　　　～第7節（特に211条4～6項，220条2～7項及び223～232条））

　もう1つ，外国船舶による海洋汚染行為について，領海を通航している船舶に関わる範囲で触れておきたい[11]。国連海洋法条約は，同条約に違反する領海内における故意のかつ重大な汚染行為を有害通航とした（19条2項(h)）。それとは別に，船舶による汚染行為について，第12部【海洋環境の保護及び保全】において，立法，執行及び保障措置に関する沿岸国の権利と義務に関

---

10) 山本草二『海洋法』（三省堂，1992年）144－145頁；Churchill/Lowe, *ibid.*, pp. 97-98.
11) 厳密には第12部の規定は無害通航制度に含まれないが，これらの規則は領海通航中の外国船舶にも関わるため，今日では無害通航制度と関係づけて論じられるのが一般である。条文上も，無害通航に関する関連規定への言及がいくつかある（211条3項4項，220条2項）。

して複雑な仕組みを用意した。

　まず立法であるが，船舶による領海内での汚染行為については，前述のように沿岸国は法令制定権を有し，これには汚染関連規則が含まれることが明記されている（21条1項(f)，211条【船舶からの汚染】4項第1文）。ただし，上述のように沿岸国の法令は，国際的規則・基準の実施でない限り外国船舶の設計等（CDEM）には適用されない（21条2項)[12]。その汚染関連規則は，適当に公表されなければならず（21条3項），差別的であってはならず（24条1項(b)，227条【外国船舶に対する無差別】），無害通航を妨害してもならない（24条1項第1文，211条4項第2文)[13]。他方，船舶による排他的経済水域内での汚染行為についての沿岸国法令制定権は，211条5項・6項に定められている。

　次に執行であるが，外国船舶による沿岸国法令・国際的規則に違反する汚染行為が領海または排他的経済水域内で行われその船舶が領海内に所在しているという状況での沿岸国の執行について，220条【沿岸国による執行】2項以下が定めている。まず，2項は，船舶による領海内での法令等に違反する汚染行為に対し，沿岸国は，第2部第3節【領海における無害通航】の規定の適用を妨げることなく，自国の法律に従って「手続（船舶の抑留を含む。）」を開始することができるとする。他方，船舶による排他的経済水域内での汚染行為に関する3項以下は，2項より手続きを厳格にしている。まず，3項は，沿岸国が当該違反船舶に対して必要な情報の提供を要請できるとする。旗国は，自国船舶がその要請に従うよう措置を執らなければならない（4項）。これは本稿の扱う範囲で海洋法条約が明記する唯一の旗国の義務である。船舶の汚染行為の結果が一定の状況に至り，かつ当該船舶が情報の提供を拒否するなどの状況が加わった場合には，沿岸国は当該船舶に対し物理的な検査を実施することができる（5項）。更に一定の状況が加わった場合に，沿岸国は自国の法律に従って「手続（船舶の抑留を含む。）」を開始することができる（6項）。7項は6項の規定の特則であり沿岸国の執行権の制限である。

---

[12] この21条2項の規定は，特に海洋環境保護に関する第12部との関連で意味を持つとされる。*Virginia Commentary*, vol. 2, *supra* note 8, pp. 201-202, para. 21.11(f)．

[13] Churchill/Lowe, *supra* note 7, p. 347.

最後に，保障措置（safeguard）についてである。沿岸国は，船舶に対し執行の手続きを行うにあたり第12部第7節【保障措置】（223条～233条）の規定に従わなければならない（220条2項・6項）。この保障措置は多様であり内容も複雑であるため詳述できないが，多くは沿岸国の義務を内容とする。ただし，次の3点について注意が必要である。第1に，226条【外国船舶の調査】1項(c)は，旗国は，自国の船舶が釈放を拒否された場合は，速やかに通報を受けるものとし，第15部【紛争の解決】の規定に従い船舶の釈放を求めることができると定める。これらは旗国の権利ということになるが，後述するように前段と後段とで区別される。第2に，231条【旗国その他の関係国に対する通報】は，国（つまり沿岸国）に，第6節【執行】の規定により外国船舶に対して執った措置を旗国に通報すべき義務等を課している。これは旗国に対する沿岸国の義務として規定されている。第3に，232条【執行措置から生ずる国の責任】である。この規定は，国は，第6節の規定により執った措置が違法であった場合等でこれにより生じた損害について責任を負う（liable）とし（第1文），いずれの国もこのような損害に関し自国裁判所において訴えを提起する手段につき定める，とする（第2文）。この第1文の責任（liability）は，学説上違法行為責任であるとされている[14]。

なお，この汚染行為に関連する権利と義務はすべて沿岸国または旗国の権利義務として規定されており，船舶の権利義務という形をとっていないことに注意が必要である。

2．条約規定の整理と問題点

(1) 権利と義務の整理

以上の権利と義務を，権利主体と義務主体に分けて整理すると，次のようになる。

まず，規定されている船舶の権利は，船舶の無害通航権（17条）のみである。船舶の義務としては，潜水船等の義務（20条），沿岸国法令等の遵守義務

---

14) M. H. Nordquist, S. Rosenne and A. Yankov, eds., *Virginia Commentary*, vol. 4 (1991), p. 380, para. 232.6(a)；林久茂「第232条注釈」『新海洋法条約の締結に伴う国内法制の研究』第4号（日本海洋協会，1985年）56頁。

(21条4項)及び原子力船等の義務(23条)の3種がある。

　他方，沿岸国の権利としての規定は多く，主なものとして，沿岸国の法令制定権(21条1項(22条及び26条を含む))，有害通航防止権(25条1項)，刑事裁判権(27条1項5項)及び民事裁判権(28条2項)がある。また，海洋汚染に関して，法令制定権(211条4項第1文,5項6項)，執行権(220条2項5項6項)及び情報提供要請権(220条3項)がある。

　沿岸国の義務に関する規定も多く，主なものとして，無害通航妨害禁止(24条1項)，危険公表義務(24条2項)，課徴金賦課禁止(26条1項)のほか，刑事裁判権関係(27条)と民事裁判権関係(28条)がある。また，海洋汚染に関して，保障措置(223～232条)(特に旗国への通報義務(231条)，賠償責任(232条第1文)及び国内裁判手続き提供義務(同第2文)を含む)がある。

　旗国の権利としては，沿岸国による船舶抑留に関して沿岸国から通報を受ける権利及び船舶の釈放を求める権利(226条1項(c))がある。旗国の義務は，海洋汚染に関連する沿岸国からの情報提供要請に自国船舶が従うように措置を執るという義務(220条4項)が唯一のものである。

(2) 無害通航制度の理解の困難さ

　このように無害通航制度において個々の規則として様々な権利と義務が設けられているが，この制度の具体的内容は非常に分かりにくい。それは，主に次の3点の理由によるものと思われる。

　第1に，(1)で整理したように，各規則における権利主体・義務主体がバラバラであり，統一的な視点で規則が策定されていない。第2に，条文上はそれぞれの権利・義務が様々な状況について定められているが，各状況がどのような関係にあるのかよく分からない。そのため，沿岸国がいかなる状況においていかなる措置を執ることができるのかを体系的・整合的・段階的に捉えることが容易でない。そして第3に，無害通航制度は沿岸国の領海主権に対する例外・制限であるという冒頭で述べた基本原理が，個々の規則において貫徹された形で定式化されていない。この基本原理で考えるなら，沿岸国の権利はすべて沿岸国の主権そのものであり，その主権行使に対する制限として沿岸国の義務あるいは旗国の権利という形で定式化されるのが自然であろう。そもそも，沿岸国は主権という形で包括的な権利を持つのであるから，更に個別に沿岸国権利が定められること自体，奇妙である。

これらは条文作成技術の粗雑さによるところが少なくないが，いずれにせよ条文からは不明な点が多く，解釈に委ねられる部分が大きい。次の節では，この第2の点として指摘した沿岸国が執りうる措置について学者の解釈を手がかりに考察して，無害通航制度における様々な権利と義務の具体的内容を更に探ることとしよう。

III 無害通航制度において沿岸国が執りうる措置

上述のように無害通航制度において沿岸国が執りうる措置は状況に応じて異なるが，条文上はその措置と状況は体系的・整合的・段階的に規定されていない。ここでは，IIでの概観を踏まえて，船舶の通航が有害である場合，無害である場合，船舶が条約上の義務に違反した場合，及び海洋汚染行為が行われた場合の4つの状況に分けて，それぞれにおいて沿岸国が執りうる具体的な措置を考察してみた。

1．有害通航に対し一般に沿岸国が執りうる措置

まず，船舶の通航が有害である場合の沿岸国措置についてであるが，国連海洋法条約では，「必要な措置」を執ることができると規定する（25条1項）。では必要な措置とは何か。一般的には沿岸国の執りうる措置はその対象となる行為・状況により異なることになる[15]が，具体的には，学説上次のものが指摘されている。

まず，当該行為の中止の要請・口頭での警告[16]，領海外への退去要請[17]はもちろん可能である。船舶に直接対するものとしては，領海からの排除・退

---

15) I. A. Shearer, "Problems of Jurisdiction and Law Enforcement against Delinquent Vessels", *International and Comparative Law Quarterly*, vol. 35 (1986), p. 325；杉原高嶺『海洋法と通航権』（日本海洋協会，1991年）67頁。

16) D. R. Rothwell, "Coastal State Sovereignty and Innocent Passage", *Marine Policy*, vol. 16 (1992), p. 431；杉原『同上書』67頁；奥脇直也「海洋汚染防止と沿岸国」『海上保安国際紛争事例の研究』第1号（海上保安協会，2000年）130頁。

17) 杉原『同上書』67頁；山本『前掲書』（注10）146頁；奥脇「同上論文」130頁。

去[18]，領海外への航路変更[19]，領海内への立入防止[20]，船舶の進路妨害・体当たり行動（bumping off）[21]のほか，船舶への臨検[22]，抑留[23]，拿捕・強制処分[24]，刑事裁判権などの法的手続きの開始[25]も可能である。警告射撃や執行措置に付随する武器の使用も許される[26]。ただし，物理的な強制措置は緊急かつ重大な場合に限られ[27]，武器使用も必要性と比例性による制限に服する[28]。

ところで，ここでの沿岸国措置に対する制約については若干の注意が必要である。無害通航の尊重が沿岸国の領海に対する主権の例外・制限であることを考えると，有害通航に対してはその制限がなくなり沿岸国は完全な主権・管轄権を回復することになる[29]。その点を強調するなら有害通航に対する沿岸国措置は無制限であるとも考えうる[30]が，実際には25条1項は「必要性」の要件を課しており，沿岸国の措置は決して無制限ではない。結局のところ，領海主権には無害通航制度とは別の制約原理が存在すると理解すべき

---

18) Treves, *supra* note 2, p. 915; Churchill/Lowe, *supra* note 7, p. 87; 兼原敦子「沿岸国としての日本の国内措置」『ジュリスト』第1232号（2002年）64頁。

19) K. Hakapää and E. J. Molenaar, "Innocent Passage - Past and Present", *Marine Policy*, vol. 23 (1999), p. 132.

20) 水上千之「第25条注釈」『新海洋法条約の締結に伴う国内法制の研究』第2号（日本海洋協会，1983年）50頁。

21) Rothwell, *supra* note 16, p. 431.

22) 小田滋『注解国連海洋法条約・上巻』（有斐閣，1985年）124, 130頁；兼原「前掲論文」（注18）64頁；Rothwell, *ibid.*, p. 431.

23) Hakapää/Molenaar, *supra* note 19, p. 132.

24) 小田『前掲書』（注22）124, 130頁；兼原「前掲論文」（注18）64頁；Churchill/Lowe, *supra* note 7, pp. 87, 349.

25) Treves, *supra* note 2, p. 915; Hakapää/Molenaar, *supra* note 19, p. 132.

26) Rothwell, *supra* note 16, p. 431；兼原「前掲論文」（注18）64頁。

27) 杉原『前掲書』（注15）67頁。

28) 兼原「前掲論文」（注18）64, 65頁。

29) Treves, *supra* note 2, p. 915；坂元茂樹「無害でない通航を防止するための必要な措置—不審船への対応を考える」『前掲書』（注16）51頁；奥脇「前掲論文」（注16）130頁。

30) Churchill/Lowe, *supra* note 7, p. 349；Agyebeng, *supra* note 2, p. 384.

第12章　無害通航制度における沿岸国の権利と義務

ものと思われる[31]。

2．無害通航に対し一般に沿岸国が執りうる措置

次に，船舶の通航が無害である場合についてである。沿岸国は無害通航を妨害してはならない（24条1項）から，逆に，妨害に当たらない限り沿岸国は無害通航中の船舶に対し何らかの措置を執ることができるといえる。条文上は，無害通航の実際上の否定と法令の差別的適用を禁止する（24条1項(a)(b)）にとどまり，具体的にどういう行為がこの「妨害」に該当するのかを明らかにしていない。抽象的には均衡性または合理性（proportionality or reasonableness）が基準ということになろう[32]が，具体的措置として学説上次のようなものが示されている。

まず，沿岸国は，通航が無害であるかどうかを検認する（verify）こと[33]及び航行状況の監視や無線による船舶情報の確認を行うことができる[34]。旗国に対し通報することも可能である[35]。また，27条に基づく限度で刑事裁判権

---

31) これは厳密にいうと25条1項と領海主権の関係の問題にも関わるが，本稿の観点からは「必要性」の制約の有無が重要である。この点について，25条1項と主権を区別せずに扱うものとして Treves, *supra* note 2, p. 915，両方を併記して慎重な扱いをするものとして兼原敦子「航行利益と執行措置」『海上保安国際紛争事例の研究』第2号（海上保安協会，2001年）8，10-11頁があるが，両者とも沿岸国が執りうるのは「必要な措置」としている。

32) B. Smith, "Innocent Passage as a Rule of Decision : Navigation v. Environmental Protection", *Columbia Journal of Transnational Law*, vol. 21 (1982), p. 91 ; Treves, *supra* note 2, pp. 918-919.

33) 1930年国際法典編纂会議「領海の法的地位」最終条文案5条所見（League of Nations Doc. C. 230. M. 117. 1930. V, p. 7 (rep. in League of Nations Doc. C.351(b).M.145(b).1930.V, p. 214 (rep. in S. Rosenne ed., *League of Nations, Conference for the Codification of International Law* ［1930］, vol. IV(1975), p. 1416)))；1956年ILC海洋法条約草案17条注釈（*Yearbook of the International Law Commission*(hereinafter cited as "*YbILC*") 1956, vol. II, p. 273）；奥脇「前掲論文」（注16）130頁。これは一般に有害通航に対する措置（25条1項）として論じられるが，検認は有害であることが判明していない段階での措置なので，ここでは無害通航の場合の措置として扱った。

34) 兼原「前掲論文」（注18）64頁。

35) 奥脇「前掲論文」（注16）123頁参照。

375

の行使が認められ，したがって捜査・逮捕が可能である。立入検査に必要な限りで外国船舶を停船させることもできる[36]。しかし，措置は船舶が措置を受けた後再び無害通航を継続しうる限界内でなされなければならない[37]。

他方，船舶そのものに対して直接に物理的な干渉を行うような執行措置は大部分認められない[38]。すなわち，沿岸国は，領海から船舶を排除してはならず[39]，また，刑事裁判権行使 (27条) の場合であっても船舶の拿捕 (arrest)・抑留を行うことはできないとされる[40]。船舶の没収も認められない[41]。その他，22条に基づく航路帯の指定にあたり，例えば喫水の深いタンカーに対し浅い航路を通航するよう要求することは，無害通航の否定として24条1項違反となる[42]。一時的停止権 (25条3項) については，要塞地区の設定などにより通航を永久的に禁ずることはできない[43]。しかし，一定の状況において，船舶に対し民事上の強制執行と保全処分 (arrest) を行うことは認められる (28条2項)。

3．船舶の義務の違反に対し沿岸国が執りうる措置

第3に，船舶の義務の違反があった場合である。条約上規定されている船

---

36) 水上千之「第24条注釈」『前掲書』(注20)50頁；Hakapää/Molenaar, *supra* note 19, p. 136.
37) 林久茂「無害通航制度と沿岸国の国内法」『新海洋法条約の締結に伴う国内法制の研究』第1号（日本海洋協会，1982年）47頁；Hakapää/Molenaar, *ibid.*, p. 136.
38) 山本『前掲書』(注10) 145頁；Treves, *supra* note 2, p. 923.
39) 水上千之「第21条注釈」『前掲書』(注20) 47頁；兼原「前掲論文（国内措置）」(注18) 64頁．
40) 拿捕について，小寺彰「外国船舶拿捕の法的位置付け」海上保安体制調査研究委員会『各国における海上保安法制の比較研究』（海上保安協会，2005年）49頁及び兼原「同上論文」64頁，抑留について，奥脇「前掲論文」(注16) 138, 139頁．これに対し，拿捕しうるとする見解として，G. Fitzmaurice, "Some Results of the Geneva Conference on the Law of the Sea", *International and Comparative Law Quarterly*, vol.8(1959), p. 95, fn.51 がある。この点については学説上あまり議論がなく，後述するように拿捕と抑留の関係や220条2項との整合性の問題にも関わり，複雑な解釈問題をもたらす。
41) 林「前掲論文」(注37) 47頁．
42) Ghosh, *supra* note 8, p. 147.
43) 小田『前掲書』(注22) 125頁。

舶の義務は前述したように3つある。
　(1) 潜水船等の義務（20条）
　潜水船等が20条の定める義務を遵守しなかった場合，これが有害通航となるかどうかについては，見解が分かれる。この義務の違反それ自体では当然には有害とはいえないとする見方[44]が強いが，無害通航に該当しないとする見解も有力である[45]。したがって，義務不遵守の船舶に対し沿岸国が執りうる措置も，これが無害通航であるかどうかで区別して考察する必要がある。
　潜水船等の行為が無害である場合に沿岸国が執りうる措置は，まず航行を妨害してはならないという一般的条件に基づかなければならない[46]。その上で，海面上の航行・旗の掲揚がなくてもそれだけでは無害性を失わないという立場に立てば，沿岸国はまずこれらの行為を要請することができ，また，潜水船の識別のため，沿岸国は潜水船を浮上させるための合理的な手段（船体に触れない範囲での弾薬の爆発を含む）を執ることができる。潜水船がこれらの要請に従わずあるいは識別通知を行わない場合は，有害とされうる[47]。
　他方，潜水船等の行為が有害である場合，一般的には25条1項に基づき「必要な措置」を執ることができることになる[48]。必要な措置はまず退去警告である[49]が，最後の手段として合理的な範囲内での武力行使も，学説上は適法とされる[50]。
　(2) 沿岸国法令等の遵守義務（21条4項）
　まず，沿岸国法令違反と有害通航との関係であるが，これについては古く

---

44) Fitzmaurice, *supra* note 40, p. 98; D. P. O'Connell, *The International Law of the Sea*, vol. I (1982), p. 297; F. D. Froman, "Uncharted Waters: Non-innocent Passage of Warships in the Territorial Sea", *San Diego Law Review*, vol. 21 (1984), p. 663; Treves, *supra* note 2, pp. 927-928.

45) 山本『前掲書』（注10）146頁 ; Agyebeng, *supra* note 2, p. 389. Churchill/Lowe, *supra* note 7, p. 82は，通航ではないと理解する。

46) Treves, *supra* note 2, p. 928.

47) Treves, *ibid.*, p. 928.

48) Treves, *ibid.*, p. 928.

49) 山本『前掲書』（注10）146頁。

50) O'Connell, *supra* note 44, p. 297; 山本『同上書』146頁; D. J. Harris, *Cases and Materials on International Law*, 6th ed. (2004), p. 424.

から議論があったが，遅くとも1958年領海条約の採択以降は沿岸国法令違反は当然には有害通航とならないという理解が確立している[51]。したがって，実際上はともかく観念的には両者は区別されなければならない。

法令等違反が同時に有害通航を構成する場合は，有害通航に対して「必要な措置」を執ることができる。他方，法令等違反はあるが無害である場合，24条に反しない限り国内法令の定めるすべての措置を執りうるとされる[52]。具体的な措置としては，法令等違反行為者（船舶所有者を含む）に対し罰金その他の罰則を科すことができる[53]。この場合，船舶自体の航行が遅れることがあっても許容されるが，罰金の支払いまたは支払いの調整が済み次第，進行が許されなければならない[54]。他方，船舶を領海から排除することはできない[55]。

(3) 原子力船等の義務（23条）

外国の原子力船等は，国際協定が定める文書を携行し当該協定が定める特別の予防措置を執らなければならない（23条）。沿岸国は，かかる文書を検認することができるのはもちろんである[56]。では，これらの船舶がこれらの行動をとらなかった場合，その通航は有害となるのであろうか，またこのような船舶に対し沿岸国はいかなる措置を執ることができるのであろうか。

学説上は，文書不携行については無害通航権を否定できないが，特別の予防措置の不遵守については有害となる可能性があるとされる[57]。予防措置不遵守については，これを定める国際協定が船舶の領海退去措置等を認めている場合には，その限りで通航の無害性が否定されるという趣旨であろう。し

---

51) Fitzmaurice, *supra* note 40, pp. 94-95 ; O'Connell, *ibid.*, p. 273 ; 山本『同上書』131－132頁；Churchill/Lowe, *supra* note 7, pp. 84-86.

52) Treves, *supra* note 2, p. 923.

53) Fitzmaurice, *supra* note 40, pp. 94, 95, fn. 51 ; 水上「前掲注釈（第21条）」（注39）47頁。

54) Fitzmaurice, *ibid.*, pp. 94, 95, fn. 51.

55) 水上『前掲書』（注39）47頁。

56) Ghosh, *supra* note 8, p. 148.

57) 坂元茂樹「原子力船及び危険又は有害な物質を運搬する船舶の無害通航権」『海洋法関係国内法制の比較研究』第1号（日本海洋協会，1995年）6頁。

たがって，結局のところ，沿岸国が執りうる措置はこの国際協定の定めるところによるということになる[58]。

4．海洋汚染行為に関して沿岸国が執りうる措置

最後に，海洋汚染行為を行った領海航行中の外国船舶に対して沿岸国が執りうる措置についてである。まず汚染行為が有害である場合(19条2項(h))は，25条1項に基づき「必要な措置」を執ることができる。汚染行為が無害であるが27条1項(a)または(b)に該当する場合は，27条1項に基づき沿岸国は船舶内において刑事裁判権を行使（停船，臨検，逮捕及び訴追を含む）することができる[59]。その他については，第12部（特に220条2項・6項）に従い措置が執られることになるが，この場合，執られる措置は罰金を支払った後またはその他の満足できる調整を行った後にその通航を行うことができるようなものでなければならない[60]。これが汚染行為を行った船舶に対する沿岸国措置についての恐らくは最も穏当な捉え方と思われ，また段階的に措置の程度が低くしたがって船舶の通航に対する障碍も低くなるようにも見えるが，実際には条文上はこの捉え方のように体系的・整合的・段階的な形で定められていないため，いくつか注意が必要である。

第1に，220条2項に基づき手続を開始しうる状況と無害通航との関係である。起草過程では現220条2項に基づく沿岸国措置は無害通航を害することも可能とする提案と逆に有害通航の場合に限るという提案とがあったが，結局，両者の関係は不明確のまま残された[61]。上述の捉え方は，この点を曖昧にしている。

第2に，有害通航に対しても220条2項に基づき手続を開始しうるとして，この場合に船舶に対して執りうる措置の法的根拠と船舶への影響についてで

---

58) ただし，この国際協定に基づく措置が海洋法条約に抵触しないかどうかは別途慎重な検討が必要であろう。この点につき，長岡憲二「海洋環境保護を理由とする無害通航の規制」『関西大学法学論集』第54巻6号（2005年）193－196頁参照。
59) Shearer, *supra* note 15, p. 326 ; 奥脇「前掲論文」(注16) 133, 134頁。
60) Hakapää/Molenaar, *supra* note 19, p. 136.
61) 栗林忠男『注解国連海洋法条約・下巻』（有斐閣，1994年）115, 116頁。Hakapää/Molenaar, *ibid.*, p. 136は，220条2項と第2部第3節の関係が循環していると指摘する。

ある。上述の捉え方は25条1項を優位させているが，220条2項が第2部第3節の特別法であるとして220条2項を優位させて適用するという解釈の余地もある[62)]。また，上述の捉え方は25条1項の方が船舶に対する影響が大きいという認識があるが，実際には必ずしもそうとはいえない[63)]。

　第3に，第1とも関係するが，220条2項・6項に基づき拿捕（arrest）が可能かどうか，判然としない。学説上はこれらの規定の「手続（船舶の抑留（detention）を含む。）」には拿捕が含まれるとしてこれを肯定する見方が一般であり[64)]，また条約作成にあたり拿捕と抑留の意味の違いを踏まえた上で限定的な意味を持つ当初案の拿捕の語に代えて抑留の語を用いたという経緯[65)]から考えても，肯定的に解されうる。しかし，「1．」「2．」で述べたように，拿捕は有害通航に対して認められる措置であり無害通航に対しては認められないはずであるから，解釈上の疑義が残る。これは，拿捕と抑留の関係の問題でもある[66)]。

　第4に，220条2項に基づき手続を開始しうる状況であるが，無害通航であって，かつ27条1項(a)(b)に該当し沿岸国が刑事裁判権を行使しうる場合の沿岸国措置の法的根拠である。27条1項に基づく措置は「2．」で述べたように船舶の抑留は認められず他方で乗組員の逮捕も想定されているが，220条

---

62) 兼原「前掲論文」（注31）10, 11頁はいずれの解釈の可能性も否定しない。

63) Hakapää/Molenaar, *supra* note 19, p. 137. 他方，沿岸国にとっても，有害通航を認定して25条1項に基づく措置を行うことは実際上は困難な場合が多く，無害通航であることを前提に沿岸国措置を考察することが実際的とされる。奥脇「前掲論文」（注16）132頁。このように，沿岸国措置の執りやすさや船舶への影響は，必ずしも単線的ではない。

64) 小田『前掲書』（注22）127, 128頁；Shearer, *supra* note 15, pp. 328, 335；中野勝哉「抑留と訴追以外の行政措置」海上保安体制調査研究委員会『前掲書』（注40）62頁。他方，Churchill/Lowe, *supra* note 7, p. 349は，拿捕の根拠を220条2項ではなく第2部第3節の規定に求める。

65) *Virginia Commentary*, vol. 4, *supra* note 14, pp. 295, 300-301, paras. 220.8, 220.11(e), 220.11(i)；栗林『前掲書』（注61）116頁。

66) なお，1999年「船舶のArrestに関する条約」1条2項（1952年旧条約1条2項も同じ）は，"arrest"を"detention"の語で定義するが，これは民事海事請求という限定された文脈であるため，海洋法条約220条2項の解釈に有用でないと思われる。

2項は船舶の抑留を認めしかし230条2項により身体刑が禁止されているため，沿岸国が執りうる措置がいずれの根拠に基づくのかで異なることになる。上述の捉え方は，27条1項を優位させている[67]。

以上のように，海洋汚染行為に対する沿岸国措置は条文上不明な点が少なくなく，無害通航制度に関する規定とどう整合的に理解するかについて，解釈上の大問題が存在する。

5．小　括

このように，無害通航制度において，沿岸国が領海内を通航している外国船舶に対しいかなる措置を執りうるかは明らかではないし学説上も必ずしも十分に解明されているとは言い難い。ただ，以上の考察から，次の2点を指摘することができよう。

1つは，無害通航制度における様々な権利と義務の法的意味合いをかなりの程度ではっきりと見いだすことができることである。すなわち，それぞれの状況において論じられているのは沿岸国が船舶に対し執りうる措置であって，「2．」での旗国への通報を除き旗国との関係で論じられてはいない。つまり，無害通航制度において想定されているのは，沿岸国が船舶に対し何らかの措置を執るということである。

もう1つは，その沿岸国措置を発動する契機となる船舶の行動の評価基準として，通航の無害性の有無，沿岸国法令の遵守の有無及び条約義務の遵守の有無の3者があることである。ただし，一般的にも個別の状況においてもこれら3つの評価基準は必ずしも整合的ではなく，またこれらの評価基準に基づき沿岸国が執りうる措置の程度と内容も必ずしも段階的に位置づけられているわけでもないことに，注意が必要である。

---

[67] 27条を優位に置く立場としてSmith, *supra* note 32, p. 80, 220条2項を優位に置く立場として，奥脇「前掲論文」（注16）139－140頁，いずれの解釈の可能性も否定しない立場として，兼原「前掲論文」（注31）11，12頁がある。

IV 無害通航制度における沿岸国の権利と義務

　では，これまで紹介した様々な権利と義務を，特に権利侵害または義務違反があった場合の法的効果について考察をし，沿岸国の権利と義務という形で再構成しつつ，その法的性質を明らかにしよう。なお，ここでの考察にあたっては，対象とする状況が国家の主権下にある領海で生じた民間船舶に関わる国家間紛争が含まれることから，国内的救済原則の適用が問題となり[68]，この原則が適用されるかどうかにより上記の法的効果の説明も異なりうる。この問題は本稿の最後でも言及するように無害通航制度を理解する上で興味深い視点を提供するが，ここでは説明の便宜上国内的救済原則は無視して扱うこととする。

---

[68] 違法行為地を基準に考える（C. F. Amerasinghe, *Local Remedies in International Law*, 2nd ed.(2004), pp. 173-178，また2006年ILC外交的保護条文草案15条注釈 (*Official Records of the General Assembly, Sixty-first Session, Supplement No.10* (A/61/10), pp. 80-83, paras. 7-10) 参照）なら，無害通航権をめぐる紛争に対し国内的救済原則が適用されないと考える理由は特に見あたらないようにも思える。Ngantcha, *supra* note 2, p. 188参照。しかし，いわゆる自発的結合（voluntary link）の考え（前記ILC外交的保護条文草案15条注釈（*Ibid.*, pp. 80-83, paras. 7-10）参照）に依拠する場合，船舶が沿岸国の領海に入域したのは無害通航権が国際法上保障されているためであるとしてそこに沿岸国の管轄権に服従するという船舶側の意思は見いだせないと考えるなら，この原則の適用に疑問の余地が残る。また，国連海洋法条約の審議では，ほとんどの海洋法紛争は国家の直接の利益を伴う国家間紛争となりうるとして，国内的救済原則の適用を全面的に否定する意見もあった。M. H. Nordquist, S. Rosenne and L. B. Sohn eds, *Virginia Commentary*, vol. 5(1989), pp. 79-80, para. 295.1；A. O. Adede, *The System for Settlement of Disputes under the United Nations Convention on the Law of the Sea*(1987), pp. 32-33. この問題はまだ学説上もほとんど議論がなされておらず，一般論のみからはっきりとした結論を導くことはできない。なお，本稿は条約の定める義務的紛争解決手続きの利用を前提とした考察を行っているのではないから，国内的救済を規定する295条はここでは関係ない。

1．権利侵害・義務違反の法的効果：権利と義務の法的性質

(1) 船舶の権利の侵害：船舶の権利の法的意味

　船舶の権利は，無害通航権（17条）のみである。沿岸国によるこの権利の侵害つまり無害通航の妨害が沿岸国の国際違法行為を構成することは明らかである。しかしこの場合に船舶の通航権を主張しあるいは沿岸国に対し抗議しうるのは船舶の旗国である[69]から，ここで改めて論じるまでもなく，この権利は法的には旗国が沿岸国に対して有する国際法上の権利として理解されるべきものである[70]。この旗国の権利に対応する沿岸国の義務は，いうまでもなく無害通航妨害禁止義務（24条1項）である[71]。

(2) 船舶の義務の違反：船舶の義務の法的意味

　民間船舶の義務の違反の法的効果は，2つに分けて考察しうる。

　1つは，船舶の旗国の国際法上の責任の観点である。民間船舶（私人）の行為は本稿の文脈では原則通り国家責任法上の国家の行為とみなされない[72]から，旗国の責任が生じうるのは，自国の民間船舶がこれらの義務を遵守するよう確保する国際法上の義務が旗国に課せられ，旗国がその国際法上の義務に違反した場合ということになる。この点につき，21条4項と23条の船舶の義務の遵守を確保すべき旗国の義務を第7部【公海】の94条【旗国の義務】5項から導くという見方もある[73]。この見方に立てば，船舶の義務違

---

69) C. J. Colombos, *The International Law of the Sea*, 6th ed. (1967), p. 87; Harris, *supra* note 50, p. 423; P. C. Jessup, *The Law of Territorial Waters and Maritime Jurisdiction* (1927), pp. 122-123. ただし，実際に外交的行動がとられるようになったのは比較的新しく，米国がスペインに対して行った1895年からのこととされる。

O' Connell, *supra* note 44, p. 265。

70) Treves, *supra* note 2, pp. 906-907.

71) Treves, *ibid.*, pp. 906-907.

72) 2001年ILC国家責任条文4条参照。また，佐古田彰「帰属要件の認定基準」『早稲田法学会誌』第46巻（1996年）2頁参照。

73) *Implications of the United Nations Convention on the Law of the Sea, 1982 for the International Maritime Organization*, Study by the Secretariat of IMO (LEG/MISC/1, 27 July 1987) (rep. in Netherlands Institute for the Law of the Sea, *International Organizations and the Law of the Sea: Documentary Yearbook 1987*, vol. 3 (1989), 340), para. 63)。このIMO事務局の見解は，「確保する責任（responsibility

反が旗国の国家責任をもたらす余地がある[74]。しかし，この場合の旗国の責任を導くのは旗国の義務違反であって，船舶の義務違反の直接の法的効果として旗国の責任が生じるのではないから，ここで旗国の責任についてこれ以上論じる必要はなかろう。

もう1つの，より直接的な意味を持ちうる側面は，船舶の義務違反に対し沿岸国が何らかの措置を執りうるという点に着目して，前述したように船舶の義務を沿岸国の措置発動のための基準として捉えることである。船舶がこれらの義務を遵守する限り沿岸国は措置を発動することはできないが，逆に義務の違反がある場合は沿岸国は何らかの措置を執ることができる。その意味で，船舶の義務は沿岸国の権利行使のための基準として位置づけることができよう。

(3) 沿岸国の権利の侵害：沿岸国の権利の法的意味

沿岸国の権利はそのまま沿岸国の権利ということになるが，沿岸国の権利の侵害がいかなる法的効果を伴うか，その権利侵害の具体的態様は何かという視点で眺めると，この権利の法的意味の理解は容易でない。例えば，21条1項の法令制定権や25条1項の有害通航防止権が侵害されるというのはどういう状況を指すのであろうか。他国・外国船舶が沿岸国によるこれらの権利の行使を実力を持って阻止するという状態をいうのであろうか。上述したように，沿岸国は領海において主権を有しているのであるからからこれらの権利が個別に規定されること自体奇妙でもある。

思うに，これら認められた権利の範囲を超えた規制や措置は，外国船舶の無害通航権を違法に阻害したとして旗国に対して国家責任を負うこととな

...to ensure)」として紹介されている（*Virginia Commentary*, vol. 2, *supra* note 8, p. 220, para. 23.8(b); *ibid.*, vol. 4, *supra* note 14, p. 343, para. 226.11(b). また，坂元「前掲論文」(注57) 5頁参照)。

74) *Virginia Commentary*, vol. 4, *ibid.*, p. 343, para. 226.11(b). Ngantcha, *supra* note 2, pp. 178-179は，第3次国連海洋法会議で船舶の行動に関連して旗国が責任を負いうるような提案がいくつか出されたことに留意して，一般原則に従い無害通航中の船舶の行動に関して旗国が責任を負う可能性を強調する。また，Treves, *supra* note 2, p. 907 も，無害通航制度における船舶の行動に関する旗国の義務の存在を示唆する。しかし，理論上はともかく，旗国が責任を負う現実的可能性は低いと思う。

る[75]から，これらの沿岸国権利は，沿岸国措置の合法性基準として機能すると考えるべきであろう。つまり，これらは沿岸国の「権利」という形をとってはいるが，本質においては沿岸国が旗国に対して負う国際法上の義務である。

(4) 沿岸国の義務の違反：沿岸国の義務の法的意味

沿岸国の義務はそれ自体が沿岸国の主権の行使に対する制約であり，この義務の違反は国際法違反であることは明らかである。したがって，沿岸国は旗国に対し違法行為責任を負う。つまり，この沿岸国の義務は，沿岸国が旗国に対して負う国際法上の義務である。

(5) 海洋汚染行為に関する規則における法的効果

最後に，海洋汚染行為に関する規則についてである。これはかなり複雑な内容を持つ。

(a) 旗国に関わる権利と義務

まず，旗国の側の権利及び旗国に対する沿岸国の義務であるが，226条1項(c)の定めるような通報を旗国が沿岸国から受けなかった場合は，それ自体で沿岸国の違法行為責任が発生するものと思われる。即時釈放を要求する権利は，義務的手続（具体的には292条[76]）の利用の権利であるから，この旗国の権利は厳密には沿岸国に対する実体的権利ではない。もう1つ，231条の通報義務の沿岸国による違反が沿岸国の違法行為責任を伴うことは確かであろうが，この場合に措置自体が違法となるかどうかは議論の余地があろう。もし措置が違法とされるのなら，この通報義務は措置の合法性基準としても機能しうる。

他方，220条4項の旗国の義務であるが，この義務は「船舶が情報の提供を拒否」（220条5項）しないようにするためのものであるから，結局，この情報提供が拒否されたなら沿岸国は5項に基づき執行措置を執ることができるだけのことでしかない。したがって，この義務は，その違反が旗国の国家責任を発生させるような性質を持たない。

---

75) 山本草二『国際法〔新版〕』（有斐閣，1994年）371頁。
76) *Virginia Commentary*, vol. 4, *supra* note 14, p. 336, para. 226.1; 栗林『前掲書』（注61）131，282頁。

(b) 沿岸国の権利と義務

沿岸国の権利についていうと，上記(3)と同様に，法令制定権（211条4項，5項，6項）と執行権（220条2項，5項，6項）はこれを越えた法令や措置が禁止されているという意味で本質的には沿岸国の義務として理解される。また情報提供要請権（220条3項）も，その手続きを尽くさなければ220条5項の手続きを行うことができないから，この権利は220条5項の執行権行使のための手続き要件，つまり沿岸国の義務である。沿岸国の義務は改めて述べるまでもなく，そのまま沿岸国の義務である。このように，これら条文上の沿岸国の権利と義務はいずれも本質的に沿岸国の法的義務である。

これらの義務の違反は，沿岸国の違法行為責任を伴うと考えられる。ただし，執行にあたっての義務違反の法的効果については232条に一応の定めがありまずはこれに従うべきことになろうが，232条の存在がかえって解釈上の複雑さを生み出している。紙数の関係で詳しく取り上げることができないが，3点のみ簡単に触れておきたい。第1に，当該執行措置が無害通航の妨害（24条1項違反）に該当するかどうかと損害が発生したかどうか（232条）の2つの基準の組み合わせにより，義務違反の法的効果の法的根拠が4通りに分けられる[77]。第2に，第2文（国内的裁判手続きを用意する義務）に違反した場合の法的効果は，それのみで違法行為責任が発生するのではなく，恐らく第1文の定める責任その他の責任が旗国から直ちに追及されるということであろう。第3に，第1文は前述のように国家の違法行為責任を定めた規定として理解されているから，その責任は当然沿岸国が旗国に対して負うべき責任ということになるが，第2文は沿岸国が民間船舶に対して負うべき国内法上の責任の存在を示唆している。第1文の責任と第2文の責任がどのような関係にあるのか，その理解は容易でない。

結局のところ，これまで述べてきたことからも分かるように，第12部の規

---

[77] (i) 無害通航の妨害にあたりかつ損害が発生している場合（24条1項違反と232条の適用），(ii) 無害通航の妨害にあたりかつ損害が発生していない場合（24条1項違反），(iii) 無害通航の妨害にあたらずかつ損害が発生している場合（232条の適用），及び(iv) 無害通航の妨害にあたらずかつ損害が発生していない場合（国家責任の一般原則の適用），の4通りである。

定は第2部第3節の無害通航制度とほとんど整合的に作成されておらず，そのことが解釈上の大問題の原因となっている。

2．無害通航制度の基本原理からの論理的帰結
(1) 無害通航制度における沿岸国の権利と義務

以上のことから，無害通航制度における様々な実体の様々な権利と義務は，次のようにまとめることができる。

まず，①船舶の権利（無害通航権）は旗国が沿岸国に対して有する権利である。②船舶の3つの義務は，沿岸国が措置を執る権利のための基準であり，したがって沿岸国の権利として構成されうる。次に，③条約で沿岸国の権利として定められているもの（第12部の規定を含む）は，その権利の行使を制約することに主眼が置かれていることから，本質的には沿岸国の義務として理解されるべきものである。④沿岸国の義務（同）はそのまま沿岸国の義務である。⑤旗国の権利として定められているものは，権利性を持つもの（通報を受ける権利）と権利とは言えないもの（即時釈放を要求する権利）とがある。①と⑤の旗国の権利に対応するのは沿岸国の義務であるから，結局のところ，②が沿岸国の権利，それ以外が沿岸国の義務ということになる。

(2) 基本原理に従った論理的帰結とその派生的帰結

更に論を進めてみよう。沿岸国はそもそも自国領海に対して主権を有するのであるから，沿岸国の権利はすべて主権の具体的発現に他ならない。したがってそれを改めて権利として性格規定することそれ自体，意味がないとも言える。この点につき，(1)の③の理屈を突き進めるなら，②の沿岸国の権利も本質的には沿岸国の義務として理解することができる。沿岸国が主権を有する海域で一定の状況において権利を行使しうるというのは，その状況以外では当該権利を行使してはならないという義務（主権行使に対する制限）に他ならないからである。したがって，結局のところ，①～⑤の無害通航制度における様々な実体の様々な権利・義務は，すべて本質的には沿岸国の義務ということになる。一見奇異な結論ではあるが，沿岸国が領海に対して主権を有し無害通航制度が沿岸国主権の例外・制限として位置づけられるという基本的原理に従う限り，そのように理解するのが理論的必然である。

このような理解に立つなら，国連海洋法条約で新たに加えられた規則であ

る第12部の規定（多くは沿岸国の義務）も，その沿岸国主権に対する制限が条約により新たに追加されただけということになる。また，条文規定にはないため本稿では取り上げなかったが，無害通航制度に対する沿岸国による近年の挑戦（海洋保護区や特別の種類の船舶に対する事前通航・許可の義務づけなど[78]）もその主権に対する制限の緩和の主張として位置づけられる。更にいうと，無害通航制度をめぐる紛争は，国内的救済原則の適用条件に照らすなら，当然に国内的救済原則が適用されることになる。

無害通航制度は非常に複雑な内容を持ちつつも，領海主権とその例外・制限という基本原理に従うなら，結局のところそのような論理的帰結になる，といえよう。

V 結 論

無害通航制度における様々な実体の様々な権利と義務は，詳細に見ていくと非常に分かりにくい内容を持つが，結局のところすべて本質的には沿岸国の義務として理解されるというのが，本稿の結論である。無害通航制度が沿岸国主権に対する例外・制限として位置づけられるという基本原理を前提とする以上，これらの権利と義務が結局は沿岸国主権を制約する義務として機能するということは，この基本原理から導かれる当然の帰結といえる。しかしながら，この基本原理は果たして本当に妥当しているのであろうか。ここでは紙数の許す範囲で，この点について少し考察を加えてみたい。

(1) 領海主権と無害通航制度の関係

領海に対する沿岸国権限の法的性質については，古くから争いがあった。20世紀初頭まではこれを沿岸国の権利の束として捉える見方（地役権説）が有力に主張された[79]が，1930年の国際法典編纂会議において主権説が採用さ

---

78) Churchill/Lowe, *supra* note 7, pp. 91-92, 392-395 ; Hakapää/Molenaar, *supra* note 19, pp. 141-142 ; 長岡「前掲論文」（注58）186－202頁。

79) Churchill/Lowe, *ibid.*, pp. 72-74 ; 山本『前掲書』（注75）361頁。地役権説については，O'Connell, *supra* note 44, pp. 68-71参照。無害通航制度は，主権説よりもむしろ地役権説の方が調和しやすいとされる（Churchill/Lowe, *ibid.*, p. 72)。

第12章　無害通航制度における沿岸国の権利と義務

れて（最終条文案1条）以降は主権説が広く支持され[80]，現在に至る。1958年領海条約でも（1条1項），1982年国連海洋法条約でも（2条1項），沿岸国の権限が主権であることについては異論なく受け入れられている。

　ここで注意しなければならないのは，この「領海主権」の意味である。国家が有する自国領域に対する主権は，包括性（comprehension）（または総合性（generality；généralité）・完全性（full；plénitude））と排他性（exclusivity；exclusivité）により特徴づけられ[81]，このことは領海主権についても同様である[82]。上述のように主権説が広く支持される過程においてこの沿岸国権限は領土に対する主権と本質において変わらないという考えが広く支持された[83]という経緯にも留意する必要がある。

　しかし，主権説が支持されたその過程において，この領海主権という考えは無害通航制度に服することを条件として受け入れられたという事実[84]は，強調されなければならない。つまり，元々領海主権は無害通航制度と不可分一体のものとして実定法上の存在が認められたのであって，領土主権と同一の領海主権の存在がまずあってその例外・制限として無害通航制度が位置づけられるというわけではなかったのである。このことは，沿革的には，海洋（公海と沿岸水域の両方を含む）における航行の自由が先に存在し，その航行の

---

80) O'Connell, *ibid.*, pp. 75-80；Churchill/Lowe, *ibid.*, pp. 74-75.

81) 山本『前掲書』（注75）232, 267, 270-273, 279頁；P.-M. Dupuy, *Droit international public*, 8e éd.(2006), p. 65; S. T. Bernárdez, "Territorial Sovereignty", R. Bernhardt ed., *Encyclopedia of Public International Law*, vol. 4 (2000), pp. 826-827.

82) 山本『同上書』346頁。特に包括性・完全性について，1933年「ダビド号事件」米国＝パナマ一般請求委員会判決（*Reports of International Arbitral Awards,* vol. 6, p. 384）; O'Connell, *supra* note 44, pp. 80-81；Churchill/Lowe, *supra* note 7, p. 75.

83) 前記国際法典編纂会議最終条文案1条所見（League of Nations, *supra* note 33 (C.230.M.117.1930.V), p. 6 (rep. in Rosenne ed., *supra* note 33, p. 1414)); 前記1956年ILC海洋法条約草案1条注釈（*YbILC, supra* note 33, p. 265）。1958年までには，領土主権と領海主権は，無害通航権を例外として，区別されなくなったとされる。W. L. Schachte, Jr., "The History of the Territorial Sea from A National Security Perspective", *Territorial Sea Journal*, vol. 1 (1990), pp. 152-153. なお，後掲（注86）のColombosの見解参照。

84) Churchill/Lowe, *supra* note 7, pp. 75, 81.

自由を害さない範囲で沿岸国の権限が認められその権限が領海主権として構成されるようになったことからも，首肯しうる[85]。その意味では，杉原の指摘するように，無害通航権は領海主権の例外と見るべきでない[86]。無害通航制度が，沿岸国主権とそれに対する制限という非常に明瞭な原理で説明されながら，実際には関連する権利義務が複雑で分かりにくくまた解釈の幅を許すような内容を持っていることの原因の1つは，この点の理解の違いにあるように思われる。

　そのように考えると，条文解釈上明確にできなかった点や本稿で指摘したいくつかの疑問点も，ある程度説明がつく。例えば，国内的救済原則の適用可能性についていうと，包括的な領海主権を前提とするならこの原則の適用は基本的に肯定されるべきであるのに対し，無害通航制度による制約が内在するものとしての領海主権であるなら，国内的救済原則の適用可能性は無害通航制度と調和的に考察せざるを得ず，当然にはこの原則が適用されることにはならない。また，国際法規則が繰り返し国内法令に言及するなど無害通航制度において他には見られないほどに国内法令に重要な位置づけが与えられていることも，包括的な領海主権を前提としていないことの現れであるように思われる。ここでは詳述する余裕はないが，沿岸国の主権下における私人の行動を対象とするのであるから，本来ならこれは国内法上の問題であり国際法はせいぜい結果の確保を求めるだけで十分であるはずである。国際法がここまで国内法令に逐一言及するのは，領海主権の持つ領土主権とは異なる固有の特徴の現れとして考えるべきであろう。

---

85) 杉原高嶺『国際法学講義』（有斐閣，2008年）303頁は，この沿革を特に重視する。1930年国際法典編纂会議での条文作成にあたっても，元々の原案は沿岸国権限への言及はなく通航の自由が強調された内容であった。O'Connell, *supra* note 44, p. 267.

86) 杉原『前掲書』（注15）65頁。主権説が確立した当時，無害通航を領海主権の例外・単なる制限とは捉えない見解も強かった（E. M. Borchard, "Editorial Comment : The United States-Panama Claims Arbitration", *American Journal of International Law* (hereinafter cited as "*AJIL*"), vol. 29 (1935), p. 104 ; G. Gidel, Le droit international *public de la mer,* t. 3 (1934), p. 203）。Colombos, *supra* note 69, pp. 90-91は，特に無害通航制度に言及しつつ，領海主権は領土主権のような絶対性・排他性を持たず管轄権の権利あるいは限定された主権であるとし，領海主権を更に制限的に捉える。

このように，無害通航制度は，元来，沿岸国の包括的な領海主権に対する例外・制限としてではなく領海主権と不可分一体のものとしてつまり内在的制約として成立したのであって，この制度の個々の規則も，領海主権ではなく沿岸国の個別の具体的な権利との関係で形成されてきた。したがって，これをすべて沿岸国の義務として性格規定するのは，無害通航制度の沿革と本質を無視した単純に過ぎる捉え方と言わざるを得ないのである。

(2) 主権説確立後の進展・変化：包括的領海主権論の拡がり

ところが他方，状況を複雑にするのが，領海主権の考えが確立した（1930年国際法典編纂会議）後の，特に第2次大戦後の，海洋法の進展・変化である。ここにおいて，包括的な領海主権という考え方が徐々に強くなってきているように思われる。例えば，27条及び28条が"should not"という曖昧な語を用いたことについていうと，1930年の国際法典編纂会議条約案が"may not"という明確な禁止を定め（8条・9条），1956年のILC草案も同じく"may not"の語を採用しながら（20条1項・21条1項），1958年の第1次国連海洋法会議においてこの表現は領海主権の考えと両立しないとする米国の主張が受け入れられ"should not"の語に修正され（領海条約19条1項・20条1項），これが国連海洋法条約にそのまま維持されたという経緯がある[87]。つまり，1958年の時点ですでに，沿岸国の刑事裁判権・民事裁判権に関する規則において包括的な領海主権という考えが反映されていることが分かる。また，大陸棚制度についていうと，大陸棚に対する沿岸国の主権的権利という考えも，包括的な領海主権という考えを暗黙のうちに認めているということもできる[88]。

---

87) D.P.O'Connell, *The International Law of the Sea*, vol. II (1984), p. 960 ; Churchill /Lowe, *supra* note 7, pp. 97-98. 米国は，1930年会議の時も同様の提案をしたが，この時は支持されなかった。L. T. Lee, "Jurisdiction over Foreign Merchant Ships in the Territorial Sea : An Analysis of the Geneva Convention on the Law of the Sea", *AJIL*, vol. 55 (1961), pp. 83-84 ; O'Connell, *ibid.*, p. 960.

88) 東京高裁は，1984年「オデコニホン社事件」において，大陸棚に対する主権的権利について，「目的においては制限されるが，右目的の範囲内においては完全な性質を有し，包括的かつ排他的であって，領域主権と異なるところがない。」と判示した。『訟務月報』30巻8号1479頁。領海よりも沿岸国の権限が弱い大陸棚に対する沿岸国権限を領域主権と同じ包括性と排他性を持つものとして理解するのであるから，裁判所のこの理解は領海主権の包括性をまさに含意しているといえる。

そして，この考えが最も強く表れているのが，国連海洋法条約第12部の汚染関係規則である。これらの規則は，本稿で概観したように沿岸国義務を中心に策定されており，基本的に沿岸国の領海主権の存在を前提とした上でこれに対する例外・制限という内容になっている。第12部の規定と無害通航制度とをどう調和させるかが解釈上の大問題として現れているのは，両者の依って立つ前提が異なるからと見ることができる。この傾向は今日更に進んでいるといえ，上述のような海洋保護区や特定の種類の船舶に対する事前通報・許可制度も，これが沿岸国主権の存在を前提とした考えを背景に持つからこそ，問題として現れたという側面もあろう[89]。

このような何十年にも亘る進展と変化に鑑みると，無害通航制度は，改めて，包括的な領海主権に対する例外・制限として捉え直す必要があるのかも知れない。またその際，船舶技術が高度に発達している現在において，外国船舶の横断的通航すなわち沿岸国の港・内水への入域を伴わない通航について，無害通航制度の存在を必要としこの制度を確立させた19世紀・20世紀初頭の時代と同様の基本原理を維持すべき実態的要請がどの程度存在しているのか，その点の検証も必要となろう。

いずれにせよ，領海主権との関係においてどのような原理で無害通航制度を捉えるのかが，理論上・解釈上の大きな課題であると思う。なお，前述のように，領海主権には無害通航制度とは別の制約原理（有害通航に対する沿岸国措置の「必要性」の要件）が存在する点にも，注意が必要である。

(3) 結びに代えて

最後に，冒頭で指摘した，民間船舶にとっての無害通航権の法的意味について触れて，結びに代えたい。

本稿で示したように，船舶の無害通航権は法的には旗国の国際法上の権利として捉えるべきものである。とするとき，ではその旗国の国際法上の権利は船舶にとってどのような法的意味を持つのであろうか。船舶にとっては単なる反射的利益に過ぎないのであろうか，それとも沿岸国の国内法上の権利として存在しうるものなのであろうか，あるいは別の法的意味があるのであ

---

[89] 長岡「前掲論文」(注58) 206頁は，表面的には本稿と逆の結論であるが，依って立つ原理の転換に着目する点で注目しうる。

ろうか。232条第 2 文は，旗国の国際法上の権利が船舶にとっての国内法上の権利という形で現れていると見ることもできるが，そうだとしてそのような仕組みをなぜ設けることができるのだろうか。

　このような法現象は，投資保護等の分野では，混合仲裁裁判所，投資紛争解決国際センター（ICSID）あるいはイラン＝米国請求裁判所（Iran-United States Claims Tribunal）など，私人が国際裁判所で国家の国際法上の権利・義務を援用しうるという仕組みにおいて顕著に見いだすことができる。人権分野も本質的には同様に見ることができよう。国家の国際法上の権利・義務のうち私人が援用しうるものとそうでないものとが区別されるのであるなら，これらの現象は，その国家の権利・義務に内在する何らかの特別な性質が，国際裁判制度を用意することによって現実に発現したものとして理解することができる。更に言うと，国内裁判所での国家の国際法上の権利・義務の私人による援用も，国家の持つ実体的権利に内在する性質という点では同じ法現象として捉えることができる。これは私人の扱いに関わる国家の国際法上の権利義務についての 1 つの視座であり，今後の研究課題として提示しておきたい。

（2008年 8 月13日稿）

第13章

生物多様性における環境影響評価の履行

井 上 秀 典

　I　はじめに
　II　生物多様性とEIA
　III　EIAに関連する国際条約
　IV　EIAの各段階における生物多様性の問題
　V　おわりに

I　は じ め に

　生物多様性条約[1]（以下，CBD）の目的は生物多様性[2]の保全，持続可能な利用，遺伝資源の利用から生じる利益の公正で衡平な分配である[3]。目的の1つである生物多様性に関して，「地球の生命支持能力または生物が周囲の環境

1）生物多様性条約に関する主な論文として，磯崎博司「生物多様性条約の法的意義と今後の展開」『環境法研究』第22号（1995年）31頁以下，西井正弘［編］『地球環境条約－生成・展開と国内実施』（有斐閣，2005年），114頁以下（「第6章生物多様性条約とカタルヘナ議定書」藤倉良担当），パトリシア・バーニー／アラン・ボイル著（池島大策・富岡仁・吉田脩訳）『国際環境法』（慶應義塾大学出版会，2007年）644頁以下参照。
2）生物多様性関係の主な論文として，磯崎博司「生物多様性の保全をめぐる論点と関連条約」信夫隆司編『環境と開発の国際政治』（南窓社，1999年）158頁以下，磯崎博司「生物資源の保護と利用」国際法学会編『開発と環境（日本と国際法の100年・第6巻）』（三省堂，2001年）137頁以下参照。
3）遺伝資源アクセスと利益配分について，たとえば林希一郎「生物遺伝資源アクセスと利益配分に関する途上国の国内法と国際ルールの発展－生物多様性条約における利益配分と知的財産権」『三菱総合研究所所報』第41号（2003年）160頁以下参照。

に適応する能力は生物学的な多様性すなわち，生態系と生物種と遺伝子のそれぞれについて，多様であることに根ざしている。」[4]とされている。

　生物多様性への関心はこれまで環境影響評価[5]（Environmental Impact Assessment, 以下EIA）関連条約および法に十分に反映されてこなかった。しかし，生物多様性とEIA法制度との結びつきは生物多様性条約6条aに規定されているように生物多様性国家戦略を通じて行われてきた[6]。特に戦略的環境アセスメント（Strategic Environmental Assessment, 以下SEA）に関しては，生物多様性条約10条aおよび6条bにそれぞれ生物資源の保全および持続可能な利用についての考慮を「自国の意思決定」に組み入れること，生物多様性の保全および持続可能な利用について関連のある部門別また部門にまたがる「計画および政策」に組み入れることを規定している。

　生物多様性条約14条は締約国に，生物多様性に著しい悪影響を及ぼす開発行為に対し悪影響を回避または最少にするためEIA手続きを導入し，公衆の参加を求めるように要請している。また，生物多様性に著しい影響を及ぼすおそれがある計画および政策の環境への影響に十分な考慮が払われることを確保する措置をとらなければならないと規定する。さらに，締約国の管理下で行われる活動で他国またはいずれの国の管轄にも属さない区域の生物多様性に著しい影響を及ぼすおそれのあるものに関し，通報，情報交換および協議を行うことを促進すると規定する（17条）。このような措置は生物多様性の

4）磯崎博司『国際環境法』（信山社, 2000年）44頁。
5）EIAについて，石橋可奈美「環境影響評価（EIA）と国際環境法の遵守」柳原正治編『国際社会の組織化と法（内田久司先生古稀記念論文集）』（信山社, 1996年）249頁以下，児矢野マリ『国際環境法における事前協議制度－執行手段としての機能の展開』（有信堂, 2006年）97－99頁，南諭子「国際環境法の発展と環境アセスメント」『一橋論叢』第115巻1号（1996年1月）190頁以下，同「国際環境法における環境アセスメントの『事前審査』機能－国家による環境保護義務の履行確保の視点から」『一橋論叢』第118巻1号（1997年7月）162頁以下参照。わが国の環境影響評価に関する法制度について，大塚直『環境法（第2版）』（有斐閣, 2006年）221－246頁，また「特集環境影響評価法」『ジュリスト』第1115号（1997年7月）4－91頁参照。
6）生物多様性条約の趣旨を受けて第3次生物多様性国家戦略が，2007年に生物多様性基本法が2008年に成立している。

第13章　生物多様性における環境影響評価の履行

保全および持続可能な利用に著しい悪影響を及ぼし，または及ぼすおそれのある活動のプロセスまたは種類を特定することを義務づけていることと関連する。一度，特定されれば8条1で規定されるように当該プロセスや活動は管理または規制されなければならない。14条実施のための措置を検討したのが生物多様性条約第4回締約国会議で採択された決議IV/10Cである[7]。

本決議は以下に関する情報を事務局に報告するように締約国に要請する。
① 生物多様性に関連する環境影響および相互的社会経済的側面を考慮した影響評価
② SEA
③ 生物多様性の考慮をEIAに十分に統合するための方法および手段
④ EIAに関する既存の法制度の報告
⑤ 国境を越える影響を伴う活動を含む地域におけるEIAに関する報告および事例研究

締約国会議では「特に水鳥の生息地として国際的に重要な湿地に関する条約（以下，ラムサール条約）」および「移動性野生生物種の保全に関する条約（以下，ボン条約）事務局」との連携を要請し，その結果，締約国は個々のプロジェクトに対するEIAのみならず意思決定や計画レベルで生物多様性を考慮するSEAによって環境影響評価の促進を締約国に求めている[8]。

そして2002年生物多様性条約第6回締約国会議では生物多様性条約締約国会議決議VI／7Aを受けてガイドラインが準備され，生物多様性に関連する事項をEIAおよびSEAの法制および手続きに統合するガイドライン案を確認した。そして，エコシステムアプローチを考慮して生物多様性をEIAおよびSEAのすべての段階で取り入れることをさらに発展させることを確認している。また，「EIAの法制度・プロセスおよびSEAに生物多様性関連事項を組み込むためのガイドライン」および「先住民の社会および地域社会により伝統的に占有または利用されてきた神聖な場所および土地・水域で行うことが提案されている開発，または当該場所および土地に対して影響を与える可能性のあ

---

[7] COP4DecisionIV/10C Impact assessment and minimizing adverse effects: consideration of measures for the implementation of Article 14.

[8] Decision V/18, para 2 (a).

る開発に関する文化的,環境的,社会的な影響評価の実施に対する勧告」を採択した[9]。ガイドラインは1971年ラムサール条約第8回締約国会合でも決議Ⅷ9として確認されている[10]。また,ボン条約第7回締約国会議決定Ⅶ2では前文でEIA, SEAの重要性を指摘するとともに,ガイドラインを適切に利用するようにすすめている[11]。さらに2006年生物多様性条約第8回締約国会議で決定Ⅷ／28が採択され,同時に生物多様性影響評価ガイドライン(Impact assessment:Voluntary guidelines on biodiversity-inclusive impact assessment)が確認されている[12]。

　本稿では前述の諸ガイドラインを適宜,参照しながら生物多様性とEIA実施を巡る問題点を,特にスクリーニング,スコーピング,公衆参加,パートナーシップ,情報提供を中心に,指摘して論じていく。本稿の目的は生物多様性とEIAの関係を検討することである。すなわち,生物多様性とEIAのあるべき姿を検討し,最後に生物多様性条約におけるEIAの履行はどうあるべきかの示唆を行う。

Ⅱ　生物多様性とEIA

1．定　義

　最初に,Compliance（遵守）とImplementation（履行）の使い方が一般的に曖昧ではっきりしていない。UNEPのガイドラインによるとComplianceとは「多国間環境協定およびそれらの改正のもとで締約国が義務を履行することをい

---

9) COP6 Decision Ⅵ/7, "Further development of guidelines for incorporating biodiversity-related issues into environmental-impact-assessment legislation or processes and in strategic impact assessment", http://www.cbd.int/decisions/?dec=VI/7.

10) COP8 Resolution Ⅷ9, 'Guidelines for incorporating biodiversity-related issues into environmental impact assessment legislation and/or processes and in strategic environmental assessment' adopted by the Convention on Biological Diversity (CBD), and their relevance to the Ramsar Convention.

11) http://www.cms.int/bodies/COP/cop7/proceedings/pdf/en/part_I/Res_Rec/RES_7_02_Impact_Assessment.

12) UNEP/CBD/ COP/8/27/Add.2, 9 January 2006.

第13章　生物多様性における環境影響評価の履行

う」。また，Implementationとは「とりわけ，多国間環境協定およびそれらの改正のもとで義務履行のために採択かつ／または採用する関連する法，規則，政策，および他の措置，提案をいう」としている。いいかえれば遵守は国際的な文脈で使用され，履行は国内的な文脈で使われている[13]。

生物多様性の定義は，生物多様性条約2条で「すべての生物の間の変異性をいうものとし，種内の多様性，種間の多様性および生態系の多様性を含む」とされている。

生物多様性条約の目的にはエコシステムアプローチが必要である[14]。エコシステムアプローチとは衡平な方法で保全および持続可能な利用を促進する土地，水および生物資源の統合的管理アプローチをいう。エコシステムアプローチにはその前提となる重要な要素が3点ある。第1に生体の構成要素の管理は単に種および生息地の管理に焦点を当てるだけでなく生物体のエコシステムレベルでの経済社会的な配慮がなされていることである。第2に土地，水および生物資源の管理が衡平な方法で持続可能な場合，固有の境界(natural boundary)内で統合され，またエコシステムの固有の機能を利用しなければならない。

第3にエコシステムの管理は社会的なプロセスである。すなわち意思決定および管理のための仕組みおよびプロセスの発展を通じて地域社会が関与しなければならない[15]。

EIAおよびSEAに関して次の定義を用いる。

(a) EIAとは，「プロジェクト案または開発案について，社会経済，文化および人の健康への相互に作用しあう影響を，プラス面もマイナス面も含めて考慮し，生じうる環境影響を評価するプロセスをいう」。そして，EIAの基本的構成要素として次の段階が必ず含まれている。

i) スクリーニング：プロジェクトまたは開発計画のうち，完全な，また

---

13) "UNEP guidelines on Compliance with and Enforcement of Multilateral Environmental Agreements" 2002, Decision SS.VII/4.
14) 生物多様性条約第5回締約国会議（2000年）Decision V/6, Annex 1. CBD COP-5 Decision 6 UNEP/CBD/COP/5/23.
15) Background Document to CBD Decision VIII/28 Annex2, April 2006, p. 20.

は部分的な影響評価を要するのはどれかを判定する。

ⅱ）スコーピング：生じうる影響のうち評価すべきものはどれかを特定し，影響評価における評価事項を導き出す。

ⅲ）影響評価：提案されているプロジェクトや開発によって生じうる環境影響を予測，特定する。提案されているプロジェクトによる相互連関的な影響およびその社会経済的影響を考慮して行う。

ⅳ）影響緩和措置の特定（開発を進めないこと，影響を回避できる代替案または代替地を探すこと，プロジェクト案に保護手段を組み込むこと，マイナスの影響に対する代償措置を提供することなど）

ⅴ）プロジェクトを承認するかどうかの決定

ⅵ）開発活動，予測される影響，および提案された影響緩和措置のモニタリングと評価

（b）SEAとは，「提案された政策，計画またはプログラムの環境面での影響について，意思決定のできるだけ早い段階で，経済的・社会的問題と同等に考慮し，また適切に対処できるように，当該影響を特定・評価する，体系的かつ包括的な公式のプロセス」をいう[16]。SEAは，本質的に，プロジェクトのEIAよりも幅広い活動や地域を対象とし，往々にして長期間にわたって行われる。SEAは，ある部門全体（たとえば国のエネルギー政策など）または一定地域（地域開発計画の場合など）に適用されることもある。SEAの基本的段階はEIAの手順と同様であるが，その範囲が異なる。SEAは，プロジェクトレベルのEIAに代わるものではなく，その必要性を減ずるものでもないが，環境上の問題（生物多様性を含む）を意思決定プロセスに円滑に組み入れるのに役立ち，プロジェクトレベルでのEIAをより効果的なプロセスにすることが多い。

生物多様性の問題については，エコシステムアプローチが，活動案や政策案を評価するための適切な枠組みとなる[17]。この概念は締約国会議の決定Ⅴ／6で示されている。このアプローチにしたがって，問題の時間的規模と空間的規模を適切に判断するほか，提案されているプロジェクトや政策の影響

---

16) *Ibid.*, p. 16.

17) Jo Treweek "Ecological Impact Assessment", 2005, Blackwell Publishing.

を受ける生物多様性の機能およびその機能の人間にとっての有形，無形の価値，適応型の影響緩和措置の種類，および意思決定における利害関係者の参加の必要性を判断すべきである。本稿では以上の概念に従って論稿を進めていく。

２．EIAの原則および枠組み

　生物多様性にEIAを組み入れるのに前提となる重要な考え方は①悪影響の回避・最小化，②予防原則[18]，③地域，伝統，先住民の知識（地域的アプローチ），④公衆参加，パートナーシップである。

　生物多様性におけるEIAの概念的枠組みは，2002年に出され，その後，EIAにおいて国際的な活動を行っている国際影響評価学会（International

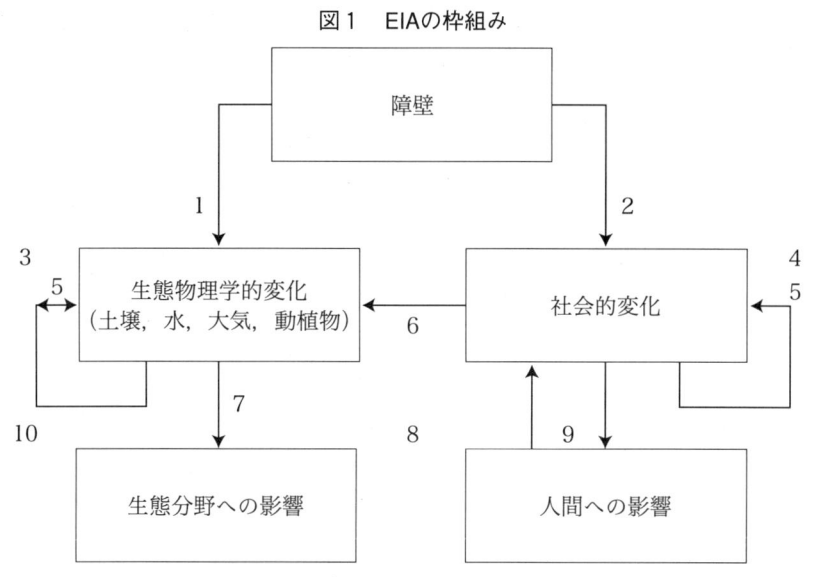

図1　EIAの枠組み

出典：Roel Slootweg, Arend Kolhoff, 'A generic approach to integrate biodiversity consideration in screening and scoping for EIA', *Environmental Impact Assessment Review*, vol. 23 (2003).

---

18) Cooney & Dickson ed. "Biodiversity & the Precautionary Principle" 2005 Earthscan Publication p. 73.

Association for Impact Assessment, IAIA) によって発展した[19]。以下に図示する枠組みが生態物理学および社会環境において具体的な障壁となって現れ，それらをEIAのなかに統合する手段を提供している。

物理的(1)および社会経済的(2)障壁は生態物理学(3)および社会的(4)変化に導かれる。さらに，その中の一部はより高い段階の変化に結びつく(5)。そして社会的変化のうち一部は生態物理学的変化へとつながっていく(6)。影響の範囲内かつ影響のもとで(7)生態系のタイプによって生態物理学的変化は生物多様性の様々な側面に影響を及ぼす。これらの影響が著しい場合は，生物多様性によって提供されている生態系分野にも影響を及ぼすこととなる(8)。生態系分野への影響は社会における様々なステークホルダーによる評価における変化，すなわち人間への影響につながる(9)。住民は生態系分野の価値変化に反応し，結果的(10)に新しい社会的変化へと導かれていく。

一方でMillennium Ecosystem Assessmentは図2のような枠組みを使用している[20]。また，自然資源管理のための情報提供を目的としており，エコシステムに基づいたEIAに特徴がある。

III　EIAに関連する国際条約[21]

EIAの手続きに関しては，関連する国内，地域，国際レベルの，法律，規制，ガイドライン，その他の政策文書を参考にすべきである。すなわち，国

---

19) International Association for Impact Assessment (IAIA), 'Biodiversity in Impact Assessment', 2005.

20) http://www.millenniumassessment.org/en/index.aspx.
　The Millennium Ecosystem Assessment は人類の繁栄に対するエコシステムの変化を評価するもので，2001年〜2005年に実施されたプログラムである。世界のエコシステムの状況と動向の最新の科学的評価行うと同時に保全および持続可能な利用のための行動の科学的基礎を提供している。

21)　EIA関連条約については以下参照。UNEP "Manual on Compliance with and Enforcement of Multilateral Environmental Agreements" 2006. Carolina Lasén Díaz, 'Legislative complementarity and harmonisation of biodiversity-related multilateral environmental agreements' UNDP/UNEP/GEF 2002.

第13章　生物多様性における環境影響評価の履行

図2　Millennium Ecosystem Assessmentによる概念的枠組み

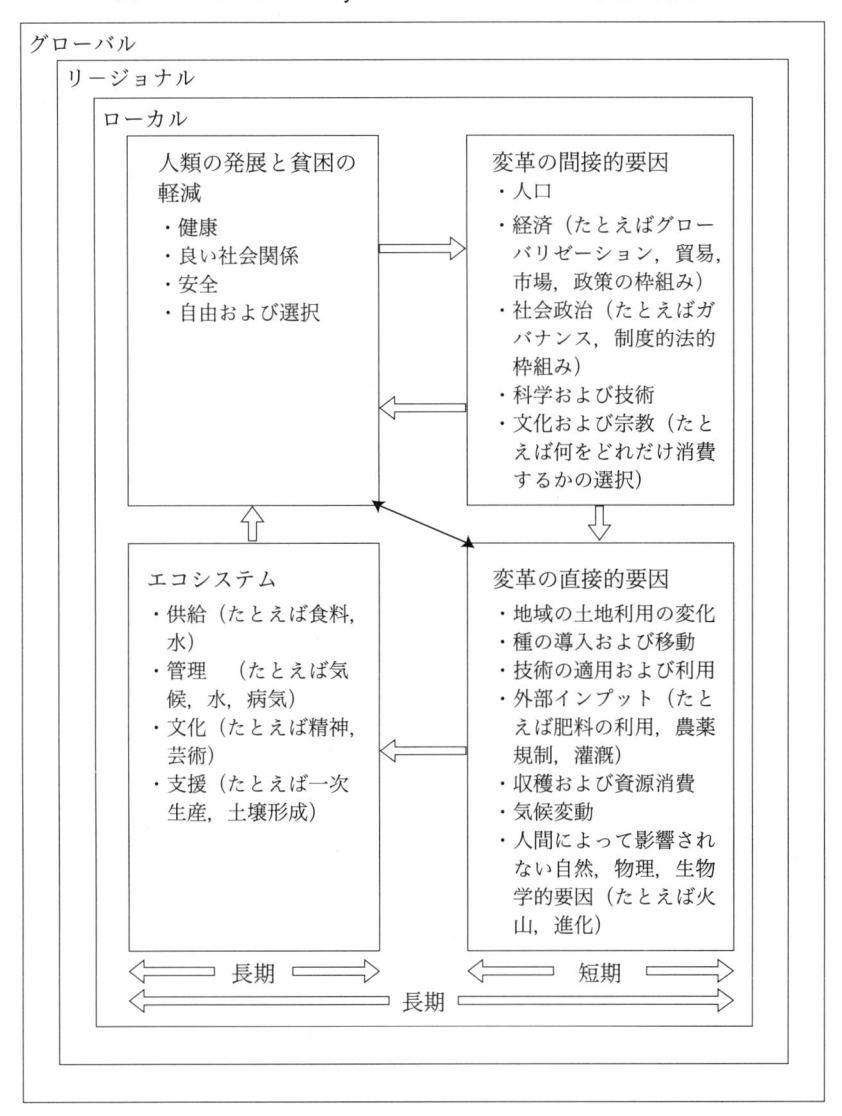

```
グローバル
┌─────────────────────────────────────────────┐
│ リージョナル                                  │
│ ┌─────────────────────────────────────────┐ │
│ │ ローカル                                  │ │
│ │ ┌──────────────┐    ┌──────────────┐    │ │
│ │ │人類の発展と貧困の│    │変革の間接的要因│    │ │
│ │ │軽減          │ →  │・人口         │    │ │
│ │ │・健康         │    │・経済（たとえばグロー│
│ │ │・良い社会関係   │ ←  │ バリゼーション，貿易，│
│ │ │・安全         │    │ 市場，政策の枠組み）│
│ │ │・自由および選択  │    │・社会政治（たとえばガ│
│ │ │              │    │ バナンス，制度的法的│
│ │ │              │    │ 枠組み）        │
│ │ │              │    │・科学および技術    │
│ │ │              │    │・文化および宗教（た│
│ │ │              │    │ とえば何をどれだけ消費│
│ │ │              │    │ するかの選択）    │
│ │ └──────────────┘    └──────────────┘    │ │
│ │      ↑                    ↓           │ │
│ │ ┌──────────────┐    ┌──────────────┐    │ │
│ │ │エコシステム    │    │変革の直接的要因│    │ │
│ │ │・供給（たとえば食料，│ │・地域の土地利用の変化│
│ │ │ 水）          │    │・種の導入および移動│
│ │ │・管理（たとえば気│ ← │・技術の適用および利用│
│ │ │ 候，水，病気）  │    │・外部インプット（た│
│ │ │・文化（たとえば精神，│ │ とえば肥料の利用，農薬│
│ │ │ 芸術）        │    │ 規制，灌漑）    │
│ │ │・支援（たとえば一次│ │・収穫および資源消費│
│ │ │ 生産，土壌形成） │    │・気候変動       │
│ │ │              │    │・人間によって影響され│
│ │ │              │    │ ない自然，物理，生物│
│ │ │              │    │ 学的要因（たとえば火│
│ │ │              │    │ 山，進化）      │
│ │ └──────────────┘    └──────────────┘    │ │
│ │    ← 長期 →          ← 短期 →         │ │
│ │           ← 長期 →                    │ │
│ └─────────────────────────────────────────┘ │
└─────────────────────────────────────────────┘
```

出典：Biodiversity-Inclusive Impact Assessment Information document in support of the CBD delines on Biodiversity in EIA and SEA' 2005.（筆者により一部加工）

の生物多様性戦略および行動計画，CBDおよび生物多様性に関連する条約や協定（特に，絶滅のおそれのある野生動植物の種の国際取引に関する条約（CITES），ボン条約およびその関連協定，特にラムサール条約），南極条約環境保護議定書，「越境EIA条約（以下，エスポー条約）」，「環境に関する情報のアクセス，意思決定における市民参加，司法へのアクセスに関する条約（以下，オーフス条約）」，SEA議定書，国連海洋法条約，EIAに関するEU指令およびその改正指令，自然生息地および野生動植物の保全に関する1992年5月21日のEU指令（92/43/EEC）や，野鳥の保全に関するEU指令（79/409/EEC）などがある。

　SEAを手段として，生物多様性国家戦略・行動計画（Action Plan）と国の開発戦略の統合を進めることを考慮すべきである。この統合を進めることにより，行動計画のプロセスを通じて保全の明確な対象を定めること，それらの対象をEIAのスクリーニングやスコーピングの対象として用いること，および影響緩和措置の策定にそれらの対象を用いることを図る。

　特にEIAにおける公衆参加とその前提となる環境法情報へのアクセスは保障されなければならない。この点に関して地域的な条約として限定されるがオーフス条約ならびにエスポー条約およびSEA議定書，EUの戦略的アセスメント指令がある[22]。

1．オーフス条約

　オーフス条約は，①環境に関する情報へのアクセス権，②意思決定における市民参加，③環境問題に関する司法へのアクセス権，についての国際的な最低基準を定めている[23]。

　「開発と環境に関するリオ宣言」第10原則で，「環境問題は，それぞれのレベルで，関心のあるすべての市民が参加することによって，最も適切に扱われる」と，公衆民参加の重要性を明記している。公衆参加にはその前提として情報公開制度が欠かせない。公衆が公的機関の保有する環境情報の開示を

---

[22] 石橋可奈美「環境影響評価」水上千之・西井正弘・臼杵知史編『国際環境法』所収（有信堂，2001年）196頁．

[23] Convention on Access to Information, Public Participation in Decision-making and Access to Justice in Environmental Matters http://www.unece.org/env/pp/documents/cep43e.pdf.

求めることができる権利を保障し，公的機関は市民からの請求に応じて情報を提供しなければならないと規定する。

環境情報には，①大気，水，土壌，景観，生物多様性などの状態に関する情報，②①の環境に影響を与えるか与えるおそれのある要因，活動，措置に関する情報や環境に関する政策決定に用いられる経済分析や経済仮説，③人の健康や安全，文化遺産，建築物に関する情報が含まれおり，生物多様性も対象となっている。

文書，映像，音声，電子ファイルなどあらゆる形態の情報が含まれる。また，情報開示拒否理由は　希少種の生息地などその情報が関わる環境に開示することが悪影響を及ぼすなど条約上のものに限定される（4条）。

さらに，公衆が環境情報に効果的にアクセスできることを確保する義務を締約国は負っている（5条）。オーフス条約は，さらに環境に関する政策決定について，早い段階での公衆参加の権利を規定している（6条〜8条）。

附属書Ⅰが定める事業活動（原子力発電所等を含むエネルギー関連，金属の生産・処理，鉱業，化学産業，廃棄物処理，大規模な排水処理，パルプ生産等の工業，自動車道路や高速道路，空港，鉄道，航路などの建設，地下水の汲み上げや人工地下水涵養システム，水資源移送業務，石油・ガスの商業目的の抽出，ダムその他の設備，各種パイプライン，家畜の集中飼養，泥炭掘削，空中送電線工事，化学貯蔵設備，など）の許可決定の過程への公衆参加について定めている（6条）。

また，環境にかかわる計画やプログラム，政策の決定（7条），そして環境に重大な影響を及ぼしうる行政規則，法的拘束力ある規範文書の策定に関する意思決定過程への公衆参加も規定している（8条）。

さらに，環境情報に関して司法へのアクセス権が認められる場合として，①情報開示請求にかかわる事項，②許可決定や手続的合法性にかかわる事項，③私人や公的機関の国内法に反する作為不作為の司法審査を規定する。

また，原告適格の範囲を拡大して，十分な利益を有する公衆，，または，締約国の行政訴訟法が権利の侵害を要件としている場合，権利侵害を主張する公衆および条約上のNGOに，原告適格が認められる[24]。

---

24) 高村ゆかり「オーフス条約にみる欧州の情報公開と市民参加」『環境情報科学』32－2, 30－35, 2003年）所収。

オーフス条約遵守・履行のためにオーフス条約に基づく環境情報開示指令が採択され，同指が2003年2月14日に発効した[25]。指令は，一般市民の環境情報へのアクセス権を強化するためのもので，加盟国政府は2005年2月14日までに同指令を国内法とし整備しなければならない。

指令では，関係当局に対して可能な限り広範囲に環境情報を一般に開示することを義務付けている。一般市民により特定情報の開示が請求された場合，1ヵ月以内に情報を提供しなければならない。

国連欧州経済委員会（UNECE）は遵守メカニズムを構築した。メカニズムでは，締約国は他の締約国の遵守に関して申し立て，自国に関する遵守について申告ができる。また，事務局は加盟国の遵守に関する情報を委員会に照会をすることができ（決定 I／7），一般市民およびNGOがオーフス条約の義務を遵守していないとみなした国について遵守委員会に異議を申し立てることができる。さらに，委員会は独自に遵守に関して審査をすることができる。遵守委員会の権限は原則として関係国への勧告を行い，加盟国の要請にしたがって，遵守報告書を作成する。また10条2に基づいて各締約国による定期報告書を基礎にこの条約の実施状況を継続的に検討しなければならない。
極端なケースではオーフス条約の締約国会議に勧告を行うことができる。この場合，締約国会議が不遵守国に，警告または宣告などの措置をとるかどうかを決定する[26]。

オーフス条約15条（遵守審査）の義務にしたがって2002年10月の第1回会合では遵守審査に関する決定 I／7を採択し，遵守委員が選ばれた。2008年の第3回会合では遵守問題について委員会報告および勧告案を含む3年間の審査が加盟国によって行われた[27]。

---

25) Directive 2003/4/EC of The European Parliament and of The Council of 28 January 2003 on public access to environmental information and repealing Council Directive 90/313/EEC.

26) Convention on Environmental Impact Assessment in a Transboundary Context http://www.unece.org/env/eia/eia.htm.

27) ECE/MP.PP/2008/5 and Add. 1 to 10.

2．エスポー条約・SEA議定書および越境EIAガイドライン

生物多様性に関して，生息地が国境をまたがっている場合がある。その際，国境を越えたEIAが必要となる。国境を越えるEIAを定めた条約として，エスポー条約およびSEA議定書がある[28]。

1）エスポー条約

エスポー条約はこれまでに2回改正されておりⅡ/4 (2001)では，条約上の手続きへの公衆参加は民間団体特に，NGOを明記し，UNECE　域外でも条約当事国になることができるとした。また，Ⅲ/7 (2004)では，影響を被る国を越境EIAの対象とし，遵守に対する審査，付属書Ⅰ（行為リスト）の改訂を規定した。なお，エスポー条約は後述のSEA議定書によって補完される。

エスポー条約上の義務規定は条約の適用（2.2条，2.5／App.Ⅰ+Ⅲ），通報（3.1条），参加の表明（3.3条），情報提供（3.6条），公衆参加（3.8条），EIA文書の作成（4条／App.Ⅱ），影響を被る機関および公衆参加適用上のEIA文書の配布（4.2条），当事者間の協議（5条），最終決定（6.1条），最終決定文書の通告（6.2条）であり，任意規定はプロジェクト開始後の評価（7.1条／App.Ⅴ）である。

エスポー条約は以下のような各種のガイドラインおよび手引きを採択している。

a．実用手引き(Guidance on the practical application of the Espoo Convention-Guidelines on good practice and on bilateral and multilateral agreements)[29]

b．公衆参加手引き(Guidance on public participation in EIA in a transboundary context)[30]

---

[28] EIAおよび越境EIAに関して国際条約・ガイドラインに現れた規定は生物多様性条約の他に国連海洋法条約204条，～206条，194条，11部実施協定付属書1～2条，ストラドリング・ストックス及び高度回遊性魚種に関する国連協定5条，ボン条約3条，付属書Ⅰ，ボン条約決議Ⅶ／2前文2．南極条約環境保護議定書3, 8条，付属書Ⅰ1～5条，北極環境保護宣言，北極環境保護宣言，北極EIA／北極環境保護戦略ガイドラインがある。http://www.unece.org/env/eia/documents/links_between_conventions/Transboundary%20EIA%20Review%20-%20Shortened.pdf.

[29] Annex IV to report of 3rd meeting of Parties, ECE/MP.EIA/6, and ECE/MP.EIA/8.

[30] Annex VIII to report of 3rd meeting of Parties, ECE/MP.EIA/6, and ECE/MP.EIA/7.

c．地域協力手引き（Guidance on subregional cooperation）[31]

　d．カスピ海越境EIAガイドライン（Guidelines on EIA in a Transboundary Context in the Caspian Sea Region-produced by UNEP, UNECE, EBRD and the Caspian Environment Programme）[32]

　カスピ海沿岸5ヵ国（アゼルバイジャン，イラン，カザフスタン，ロシア連邦，トルクメニスタン）の間で越境EIAを実施するためのガイドラインである。沿岸国は独特の生態系が存在するが，近年開発行為によるその侵害が著しい。UNDP，世界銀行，UNEPによる調査の結果，カスピ海環境計画およびカスピ海海洋環境保護条約の実施が勧告された。1991年にはエスポー条約が採択されたが，具体的な実施が決まっていなかった。そして，2003年10月UNEP，UNECE，EBRD共催のもとでガイドラインが採択された。

　e．Guidelines on EIA in a Transboundary Context for Central Asian Countries
　カザフスタン，キルギスタン，タジギスタンはエスポー条約の当事国であったが，実際の条約実施が遅れていた。それを解消するために2004年に採択された[33]。

　2）SEA議定書[34]

　締約国には計画案およびプログラム案の段階でのEIAが課せられる。ただし，任意で政策や立法に対してもEIAを課すことができる。早い段階でのEIAであるので持続可能な開発の手段として有用である。

　多くの開発分野で政府の意思決定への公衆参加を規定する。公衆は計画およびプログラムに対する知る権利を有するだけでなく，意見を言う権利を有し，その意見が反映され，なぜ反映されたかを知らされる権利を有する。

　戦略的意思決定への参加はエスポー条約およびオーフス条約を基礎とする。
　計画およびプログラムの環境への影響を考慮するだけではなく，人間の健康，地域の法制の考慮にも重点を置いている。目的は以下による健康を含む環境の高度な保護である。

---

31) Annex V to report of 3rd meeting of Parties, ECE/MP.EIA/6.
32) http://www.caspianenvironment.org/newsite/Documents-TransboundaryEIA.htm.
33) http://www.unece.org/env/eia/central_asia.htm.
34) http://www.unece.org/env/eia/sea_protocol.htm.

① 計画およびプログラムの開発において健康を含む環境への完全な配慮の確保
② 政策および法制の詳細において健康を含む環境への関心を考慮することに資すること
③ SEAの明確, 透明でかつ効果的な手続きの確立
④ SEAにおける公衆参加の提供
⑤ 健康を含む環境への関心を持続可能な開発を意図した措置および手法に統合

SEAの定義は,「健康を含んだ予測される環境影響評価であり, その構成は計画またはプログラムにおける環境報告書およびその準備の範囲決定, 公衆参加および協議の実施, 環境報告書および公衆参加ならびに協議の結果を考慮することである」(2条6)。特に従来の定義と違う点は健康, 公衆参加が含まれている点である。

3) EUのEIA指令およびSEA指令[35]

EUではSEA指令案（共通の立場）が2000年3月の欧州理事会で採択された後[36], 欧州議会の審議を経て成立した。

EUにおけるEIA制度は, 予防原則に基づき, EIA指令およびその改正指令により定められている[37]。EIA指令は事業段階でのEIAを行うものである。また, SEA指令が定められている[38]。SEA指令は2001年7月に発効し, 各加盟

---

[35] EIA指令およびSEA指令については, 環境アセスメント制度研究会『環境アセスメントの最新知識』(ぎょうせい, 2006年) 参照。

[36] 一定の計画およびプログラムの環境に及ぼす影響の評価に関する欧州議会および欧州理事会の指令案 "Directive2000 of the European Parliament and of the Council of the assessment of the effects of certain plans and programmes on the environment"

[37] EAI指令：Council Directive 85/337/EEC of 27 June 1985 on the assessment of the effects of certain public and private projects on the environment (Official Journal L 175)。改正EAI指令：Council Directive 97/11/EC of 3 March 1997 amending Directive 85/337/EEC on the assessment of the effects of certain public and private projects on the environment (Official Journal L 073)。

[38] SEA指令：Directive 2001/42/EC of the European Parliament and of the Council of 27 June 2001 on the assessment of the effects of certain plans and programmes on the environment (Official Journal L 197)。

国で2004年7月21日から実施されている。

　SEA指令は政策，計画，プログラムに対するEIAであり，実施日以降に開始された政策，計画，プログラムについてEIAが必要となる[25]。また，加盟国は2004年7月21日までにSEA指令を国内法として整備することが求められている。しかし，期限内に国内法を制定したのはキプロス，チェコ，デンマーク，アイルランド，ラトビア，リトアニア，マルタ，スロベニアおよびイギリスの9ヵ国であった[39]。SEA指令により，意思決定のより早い段階から，市民が影響力を行使できるようになる。

　EIAとSEAの関係について従来からEU内でも問題となっていたが，図3のようにその整合性が表される。

　SEAは前述の定義のように政策(policy)，計画(plan)，プログラム(programme)を対象とするEIAである。事業に先立つ上位計画や政策などのレベルで環境への配慮を意思決定に統合(意思決定のグリーン化)するための仕組みである。政策，計画，プログラムを対象に十分な環境情報のもとに適切に環境保全上の配慮を行うための手続きでもある。計画・プログラムは政策に示された目標を達成するための事業を体系的・計画的に行うため，どのような事業をいつ，どこで，どのように実施することが必要であるかを示すものである。

　計画およびプログラムにEIAの履行を義務づけ，加盟国は指令の要求事項を計画，プログラムを作成するための既存の手続きに統合するか，指令に適合するためにもうけられた手続きに取り入れるか，どちらかの国内的措置をとる必要がある。

　対象は環境に著しい影響を及ぼすおそれのある以下のプログラムである。
・農林業，エネルギー，産業，交通，廃棄物処理，水管理，通信，観光，都市および農村計画または土地利用の分野の事業アセスの対象事業の枠組みとなる計画

---

39) http://europa.eu/rapid/pressReleasesAction.do?reference=IP/04/975&format=HTML&aged=0&language=EN&guiLanguage=en. また，2007年11月8日，欧州司法裁判所はイタリア政府がSEA指令の履行を怠ったとの判決を出している。Judgment of the Court (Eighth Chamber) of 8 November 2007, Commission of the European Communities v Italian Republic, Case C-40/07.

第13章　生物多様性における環境影響評価の履行

図3

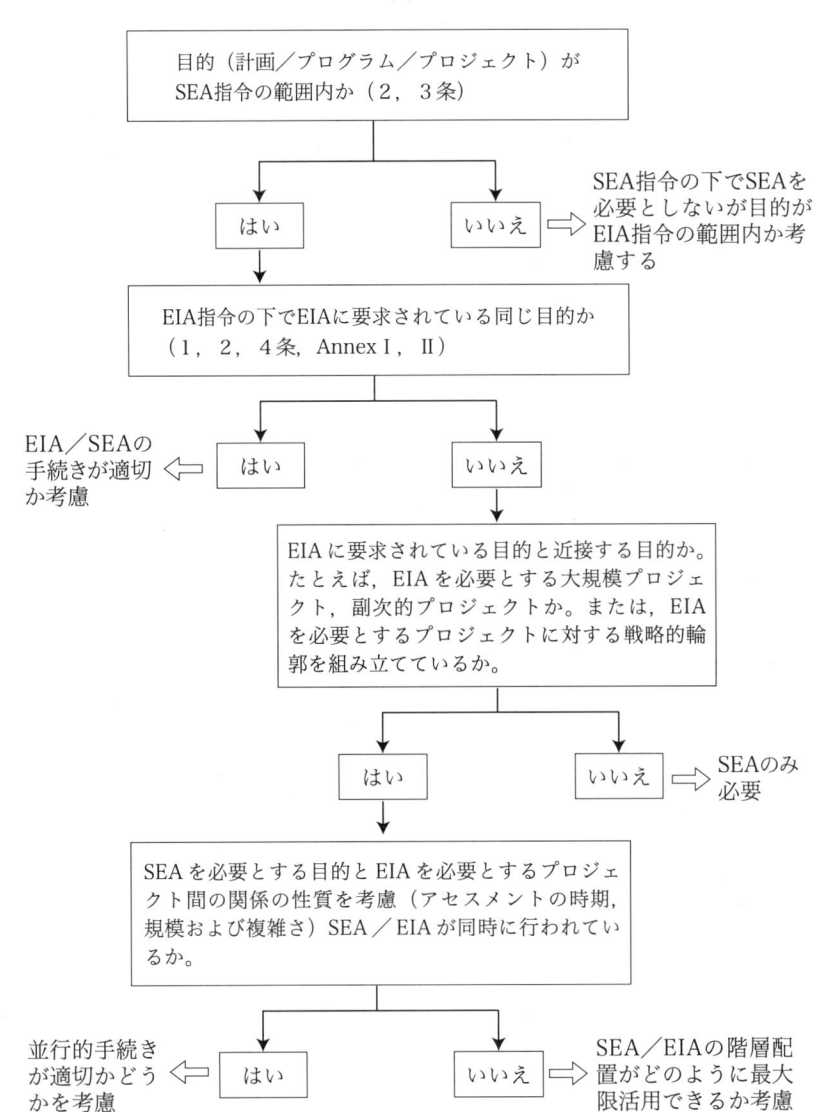

```
          ┌─────────────────────────┐
          │ 目的（計画／プログラム／プロジェクト）が │
          │   SEA指令の範囲内か（2，3条）     │
          └─────────────────────────┘
                    │
          ┌─────────┴─────────┐
          ▼                   ▼
       ┌─────┐             ┌─────┐    SEA指令の下でSEAを
       │ はい │             │いいえ│ ⇒ 必要としないが目的が
       └─────┘             └─────┘    EIA指令の範囲内か考
          │                            慮する
          ▼
  ┌──────────────────────────┐
  │ EIA指令の下でEIAに要求されている同じ目的か │
  │     （1，2，4条, Annex I，II）         │
  └──────────────────────────┘
                    │
          ┌─────────┴─────────┐
          ▼                   ▼
       ┌─────┐             ┌─────┐
  EIA／SEAの │ はい │             │いいえ│
⇐ 手続きが適切└─────┘             └─────┘
   か考慮                       │
                                ▼
              ┌──────────────────────────┐
              │ EIAに要求されている目的と近接する目的か。│
              │ たとえば，EIAを必要とする大規模プロジェ │
              │ クト，副次的プロジェクトか。または，EIA│
              │ を必要とするプロジェクトに対する戦略的輪 │
              │ 郭を組み立てているか。                │
              └──────────────────────────┘
                    │
          ┌─────────┴─────────┐
          ▼                   ▼
       ┌─────┐             ┌─────┐    SEAのみ
       │ はい │             │いいえ│ ⇒  必要
       └─────┘             └─────┘
          │
          ▼
  ┌──────────────────────────┐
  │ SEAを必要とする目的とEIAを必要とするプロジェ │
  │ クト間の関係の性質を考慮（アセスメントの時期，│
  │ 規模および複雑さ）SEA／EIAが同時に行われてい │
  │ るか。                                  │
  └──────────────────────────┘
                    │
          ┌─────────┴─────────┐
          ▼                   ▼
       ┌─────┐             ┌─────┐    SEA／EIAの階層配
 並行的手続き│ はい │             │いいえ│ ⇒ 置がどのように最大
⇐が適切かどう└─────┘             └─────┘    限活用できるか考慮
  かを考慮
```

出典：The Relationship between the EIA and SEA Directives, Final Report to the European Commission, August 2005 http://ec.europa.eu/environment/eia/pdf/final_report_0508.pdf

・野生動植物の生息地の保全に関する指令に従ってアセスメントが必要であるとされたもの

評価について以下のことが要求されている。

・環境報告書にはその計画およびプログラムの実施による環境への著しい影響とともに，その目的や地理的範囲を考慮した合理的な代替案を明らかにし，記述し，評価すること

指令発効後，加盟国は3年以内に必要な規定を整備する。

・評価書に記載される情報は現在の知見および評価手法，計画・プログラムの内容および詳細さの程度，意思決定プロセスの他の段階において適切に考慮することが可能かどうかの程度等を考慮し，合理的に必要とされる情報が含まれること

Ⅳ　EIAの各段階における生物多様性の問題

1．生物多様性においてEIAを取り入れるべきレベル

　EIAは生物多様性に対する影響を遺伝子，種，生態系のレベルで取り入れることが可能である。現在，EIAが種のレベルに集中している傾向があるが，遺伝子レベルの影響を特定することは現在の科学的知識の欠如から複雑になっている。それゆえ，EIAにおいて遺伝子レベルの考慮が働いていないことは森林や農業分野において問題を抱えている。すなわち集約生産システムの長期持続性が遺伝子の変化によって大きな影響を受けている。生態系においても遺伝子レベルの影響は計量することが困難であるが，絶滅の危機に瀕している種の適応のために重要である。遺伝子改変生物の放出の社会環境上の影響に対する評価手法はこれまで見過ごされてきた。また，遺伝子改変生物放出のリスク評価手続きは社会的，生態学的問題を見過ごしてきた。生態系レベルの影響はプロジェクトごとに分析するのは困難であるとともに生態系の変化に関しての知識が不十分である。生物多様性の各レベルは密接に関連しており，生態系レベルから他のレベルへのつながりが重要である。

　オーフス条約においても前文に「遺伝子改変生物が意図的に環境中に放出されることに関しての公衆の懸念」が明記されている。

2．EIAにおける生物多様性の価値

　EIAが生物多様性の価値を取り入れ，生物多様性保護や利用の社会的意義を考慮することが重要である[40]。その理由は生物多様性が持続するかまたは損なわれるかは人間の行為にかかっているからである。倫理，文化，宗教的な価値は重要であり，同時に現在の世代とともに将来の世代の必要性をみたすものでなくてはならない。仮に社会的側面が軽視されれば生物多様性と関連する重要な価値は開発計画において軽視されると同時に持続可能な開発の道具としてのEIAが効果的なものでなくなってしまう。それゆえ開発の際のEIAに社会的価値を考慮することが大切である。

　このような価値を含めるためにはEIAにおいてステークホルダーが，生物多様性がどのような機能を持っているかについて認識することが必要である。一方で，生物多様性の地域利用を非公開にするというような地域の機密性も尊重し，生物多様性へのアクセスや利益の衡平な配分も考慮されなければならない。以下に示すものは生物多様性に関する価値の例である。

・河口域：漁獲可能な魚の供給，エコツーリズム
・湿地：水質改善，洪水対策，灌漑，魚の供給，食糧の供給，建設資材の供給，エコツーリズム
・農業生態系：食糧の供給，遺伝子材料の貯蔵，一定の作物または家畜の種に伴う文化的伝統，野生生物の保護，生産コストの削減，持続的生産
・森林：木材供給，水質保全，土壌保全，重要な食材用の種の多様性，医薬用植物，伝統的狩猟地域，伝統的または地域的に意義のある種，絶滅の危機に瀕している種とその保全，持続可能な暮らし

　さらに土地利用の観点からのアプローチは生物多様性の価値を考える場合，重要な生物多様性資源が明確になり，また開発地域または計画に対する代替案の存在が必要である。普遍的な価値が土地利用に優先して考慮されなければならない。

　生物多様性の価値を引き出すような手法は現在までEIAにおいては十分に開発されてこなかった。たとえば住民の知識を開発計画や実施に組み入れる場合の世界銀行，IDAなどのガイドラインにその例を見ることができる。そ

---

40) OECD, "Handbook of Biodiversity Values" 2002.

れゆえEIAやSEAで生物多様性に関する住民の知識を取り入れた手引きとなるものが必要である。

〈世界銀行ガイダンス〉

世界銀行が融資する案件については被融資者にEIAを義務づけている。世界銀行のEIA手続きについては世界銀行業務マニュアル・業務政策（1999年1月，改正2004年8月）[41]および世界銀行業務マニュアル・銀行手続（1999年1月，改正2004年8月）に規定される[42]。本方針は特に動植物の生息地を含んだ保障のための包括的な方針だと考えられている。これらの方針には予防原則が規定されているわけではないが，EIAが必要な事業のスクリーニングを行っている。OP4.01は以下の4つのカテゴリーに事業を分類する。

カテゴリーA：過敏な，多様なまたは先例のない著しい環境への悪影響をもたらすおそれ。

カテゴリーB：人間の居住地または環境上重要な地域への潜在的な環境への悪影響 —— 湿地，森林，草原および他の動植物生息地を含む —— カテゴリーAの事業より少ない悪影響。

カテゴリーC：スクリーニング以外は環境への悪影響が最小限になる可能性（likely）または環境への悪影響なし。カテゴリーCの事業についてはEAは必要なし。

カテゴリーF1：環境への悪影響につながる可能性のある副次的事業において財政手段を通じた銀行資金の投資を含む。

これらのカテゴリーにおいては，潜在的または可能性という言葉が使われているように直接，予防原則と言っていないまでも実質的に不確実性という要素を含むのであり，予防原則が適用されると解釈することができる。

生物多様性およびEIAツールキットは生物多様性とEIAに関わる実務家向けにかかれたものであるが，EIAにおいて生物多様性に配慮して審査する点および世界銀行によってEIAにこのような配慮を適用することに焦点を与えている。したがって生物多様性といった科学的不確実性を扱う当該ガイダンスはスクリーニング，スコーピング，影響評価に関して適切である。

---

41) Operational Policy OP 4.01.
42) Bank Procedure BP 4.01.

〈アジア開発銀行のガイドライン〉

アジア開発銀行はEIAガイドラインを作成し，アジア開発銀行環境政策およびアジア開発銀行の事業における環境配慮に関する実施マニュアルにおいて充足すべき条件を記述する[43]。アジア開発銀行は事業の計画から実施段階まですべての段階で環境への配慮を求めている。ただし，EIAの程度および範囲は事業の性質に依拠している。しかし，予防原則には触れておらず科学的不確実性にも言及していない[44]。

以上のようなガイドラインの拘束力について，ガイドラインを遵守していなければ開発の際の融資が行われない。

3．EIA手続き段階での生物多様性の考慮

EIAの手続きには様々な段階があるが，その手続きのなかでどの段階で生物多様性が考慮されるべきであるのか。以下では各段階に分けて検討する。

1）スクリーニング

スクリーニングは，どの事業をEIAの対象とするのかという問題である[45]。どの事業を対象とするかというスクリーニングの段階では一般的に生物多様性の考慮は働かない。生物多様性においては種や生息地域に関する基準が利用される。保護種や生息地域のリスト，絶滅の危機に瀕している種のリストや脆弱な地域の情報は生物多様性が問題となる場合には重要である。ただし，SEAにおいてはこのような情報は個別の計画案が提示される前に利用されなければならない。スクリーニング基準に生物多様性関係の基準が含まれていなければ，生物多様性に重大な影響を及ぼすかもしれない案がスクリーニングをすり抜ける危険性がある。したがって生物多様性に関する基準を既存または新規のスクリーニング基準に加えるよう考慮すべきである。

---

43) http://www.adb.org/documents/guidelines.
44) 西井編『前掲書』（注1）51頁は県境影響評価の法的地位に関して「現状においては，越境的な影響を越えて，重大な環境危険を伴う活動一般に対し，環境影響評価が一般国際法上，要請されるとみるのは困難であろう」とする。
45) Neil Craik, *The International Law of Environmental Impact Assessment* (2008), p. 133

以下はガイドラインに現れたスクリーニングの基準である。また，生物多様性国家戦略・行動計画を策定する過程では，保全の優先順位や対象といった貴重な情報が生み出され，これがEIAにおけるスクリーニング基準の策定を進める際の指針となりうる。

〈スクリーニング基準〉
カテゴリーA：EIAが義務付けられるもの
基準が次のような場合にEIAが義務付けられる。
・保護区域での行為
・保護種や保護区域に影響が及ぶ保護区域外での行為
・生態学的または進化の過程で重要だとされる生態回廊における行為
・重要なエコシステムを提供している区域における行為
・絶滅危惧種の生息地
・産物採取行為または土地利用形態の変化または直接，ある大きさの区域に影響する行為
・最小距離にわたる生息地の破壊をもたらすインフラの整備
・重要なエコシステムを提供する区域での排出，排出物かつ／または化学物質，放射能，熱または騒音の放出から生じる行為
・生態系の構成，構造または重要なプロセスを変えてしまい／生態系の修復および重要なエコシステムを提供する区域のエコシステムにかかる行為[46]

EIAが義務付けられる行為の例としてレベル別に以下のことが考えられる。
(a) 遺伝子レベル
・現地において，社会的，科学的，経済的に重要で，法的に保護されている栽培植物または家畜およびその近縁種の品種，栽培品種，系統，遺伝子，またはゲノムの消失を引き起こす（たとえば法的に保護されている栽培植物または家畜およびその近縁種の品種，栽培品種，系統に導入遺伝子を伝達する可能性を持つ遺伝子組換え生物を導入することによる）。
(b) 種レベル

---

46) Background Document to CBD Decision VIII/28 Appendix 1 :Indicative set of screening criteria to be further elaborated at national level, April 2006, p. 42.

- 採取，汚染その他撹乱をもたらす活動によって，法的に保護されている種に直接的に影響が及ぶ。
- 生息地の減少，種の存続を脅かすような生息地の変更，保護されている種の捕食者や競争者，その寄生生物，外来種，遺伝子組換え生物の導入などによって，法的に保護されている種に間接的に影響が及ぶ。
- 渡り鳥の中継地，回遊魚の繁殖場，ワシントン条約によって保護されている種の商業取引などの重要な事例に関して，上項にあげたすべてに直接的，間接的に影響が及ぶ。
- 法的には保護されていないが絶滅の恐れがある種に直接的，間接的に影響が及ぶ。

(c) 生態系レベル
- 法律による保護区域に位置している
- 法律による保護区域の周辺に位置している
- 法律による保護区域への排出，区域内を流れる地表水の水路変更，保護区域にまたがる帯水層の地下水の取水，騒音や光などによる撹乱，大気汚染などによって，その保護区域に直接的な影響がある。

カテゴリー B：EIAの必要性またはレベルについての判定を要するもの
- 関連するエコシステムを提供する区域での排出，排出物かつ／または化学物質，放射能，熱または騒音の放出から生じる行為
- 生態系の構成，構造または重要なプロセスを変えてしまい／生態系の修復および関連するエコシステムを提供する区域の生態系にかかる行為
- 重要かつ関連するエコシステム区域における産物採取行為，土地利用の変更，または内水エコシステムの変更，海洋沿岸エコシステムの変更につながる行為ならびにカテゴリー Aの範囲内のインフラの構築

　EIAを求める法的な根拠はないが，提案されている活動が生物の多様性に重大な影響を及ぼす可能性が疑われたり，不確実性を解消したり，限定的な影響緩和措置を立案するために限定的な調査が必要となると考えられる場合。このカテゴリーには「影響を受けやすい地域」が含まれるが，この概念はよく引き合いに出されるものの，用いるのはむずかしい。いわゆる「影響を受けやすい地域」が法的な保護の対象となっていない以上，この考え方を実際に用いるのはむずかしいため，ここではより現実的な代替手法を示す。

次に挙げる基準の区分は，生物多様性におよびうる影響を示している。したがって特に注意が必要である。

(a) おそらく生物多様性と関係があると思われる法的地位を持つが，生物多様性が法的に保護されていない地域またはその周辺における活動，またはその地域に影響を及ぼす活動。たとえば，ラムサール条約湿地は国際的に重要な湿地として正式にその価値が認められているが[47]，この認識が自動的にこれらの湿地における生物多様性の法的な保護を意味するわけではない。別の例として，先住民の社会や地域社会，採取が認められている保護区，景観保護地域，ユネスコの生物圏保護地域や世界遺産地域などの自然や文化遺産の保全に関する国際条約の対象となる地域に位置する地域などがある。

(b) 生物多様性への影響がありうるか，影響の及ぶ可能性が高いが，法律上は必ずしもEIAの実施は必要とされない。

(i) 遺伝子レベル
・遺伝子組換え生物の導入を含め，新たな品種による，農業，林業，水産業における品種・系統の交代

(ii) 種レベル
・非在来種を導入するすべての場合
・影響を受けやすい種や絶滅の恐れのある種がまだ保護されていない場合 影響を受けやすい種が固有種やアンブレラ種の場合，分布域の辺縁部に生息しているか分布域が限られている場合，急速に減少している種の場合に，これらの種に直接的，間接的に影響を及ぼすあらゆる活動。地域の生計や文化にとって重要な種には，特に注意する。
・種を直接的に利用するあらゆる採取活動（漁業，林業，狩猟，植物採取（生きた動植物資源を含む）など。
・種の個体群の生殖隔離につながるあらゆる活動（道路や鉄道など）

(iii) 生態系レベル
・生物多様性が依拠する資源の利用に関わるすべての採取活動（地表水・地下水の利用，粘土，砂，砂利などの露天採掘など）

---

47) Ramsar Convention Secretariat, *Ramsar handbooks for the wise use of wetlands*, 2nd Edition (2004).

・土地の開墾または湛水を含むすべての活動
・環境汚染を招くすべての活動
・人の移住をもたらす活動
・生態系の生殖隔離につながるすべての活動
・社会にとって価値のある生態系の機能に重大な影響を及ぼすすべての活動。これらの機能のなかには，比較的重要視されていないカテゴリー群に依存しているものがある。
・多様性の高い地域，多数の固有種や絶滅危惧種を含む地域，原生の自然が残る地域，移動性の種にとって必要な地域，社会的，経済的，文化的，科学的に重要な地域，あるいは代表的な，固有の（希少種や影響を受けやすい種を産する）または進化等の重要な生物学的プロセスに関係するなど，生物多様性にとって重要であるとして知られている地域でのすべての活動

2）スクリーニングに関連する問題

生物多様性条約の目的である生物多様性の保全と持続可能な利用，およびそこから生じる利益の衡平な配分を考慮し，EIAに関する調査では表１のような問題がある。

3）スコーピング

スクリーニングの段階で重要だとされた問題は，スコーピングによって焦点が絞られる[48]。これは，EIAにおいて評価事項を導き出すために行われる。

評価項目を何にするかというスコーピングは生物多様性保全にとって大変重要である。この段階で開発の際の評価項目にならなければ，スコーピング以降の手続きに何ら生物多様性が評価されないからである。生態系の機能が無視され，特に生態系に関する情報が欠如している場合，この段階において生物多様性が考慮されないことが多い。様々な分野の開発に対し，生物多様性の潜在的影響を評価するためにも評価項目に組み入れることが重要となる。

スコーピングの段階では代替案ごとに評価項目を決定する作業が行われ，調査においてより詳細な考慮を行うために行われる。スクリーニングにおいて生物多様性との関連が明らかになった場合に以下の点が，スコーピングに

---

48) Craik, *supra* note 45, p. 139.

第3部　国際機構と国際協力

表1　生物多様性への影響のスクリーニングに関する問題

多様性のレベル	生物多様性の保全	生物多様性の持続可能な利用
生態系の多様性	対象となる活動は，直接または間接的に，生態系や土地利用形態に深刻なダメージを与えるか，またはその完全な消失を引き起こし，その結果，科学的／生態学的価値もしくは文化的価値をもつ生態系の消失を引き起こすか。	対象となる活動は，人間による利用が破壊的または持続不可能な方法で行われることによって，生態系（ecosystem）または土地利用形態の持続可能な利用に影響を及ぼすか（社会経済的価値をもつ生態系の消失）。
種の多様性	対象となる活動は，直接的，間接的に種の個体群の消失を引き起こすか。	対象となる活動は，種の個体群の持続可能な利用に影響するか。
遺伝子の多様性	対象となる活動は，科学的，生態学的，文化的価値を持つ地域限定種の個体群の消滅を引き起こすか。	対象となる活動は，社会的，科学的，経済的に重要な栽培植物／栽培品種かつ／または家畜およびその近縁種の品種，系統，遺伝子またはゲノムの局地的な消失を引き起こすか。

出典：UNEP/CBD/ COP/ 8 /27/Add.2, January 2006

関して考慮されなければならない[49]。

　(a) プロジェクトのタイプを記載し，自然と関連する各プロジェクト行為，規模，立地，時期，期間および頻度を明確にする。

　(b) 生物多様性の損失がないこと，生物多様性の回復を含んだ可能な代替案を明確化し，立地，規模，候補地，設計，および技術の代替案を含んでいる。

　(c) 開発による予測される生態物理学的変化（土壌，水，大気，動植物）または社会経済的変化を記載すること。

　(d) 生態物理学的変化影響による空間的，時間的規模を決定し，生態系と潜在的累積影響との連結性の影響を明らかにする。

　(e) 生態物理学的変化の影響の範囲内にある生態系および土地利用のタイ

---

49) Refined guidelines on biodiversity considerations in EIA and SEA（Part1：EIA）prepared in response to decision VI/7-A, para 3 DRAFT for REVIEW Version 4 July 2005.

プを記載する。

（f）生態系または土地利用のタイプにとって，配置，構造（時間および空間においてどのように生物多様性が構成されているか），主要プロセス（生物多様性がどのように維持されているか）に関連して生態物理学的変化が生態系への影響を引き起こす可能性があるかどうかを決定する。不可逆的影響およびかけがえのない損失を中心に緩和措置を考慮する。

（g）影響を受ける地域に対しては提案では欠如している生物多様性に関する基本および予測情報の収集を行う。

（h）ステークホルダーとの協議を通じて影響を受ける生態系または土地利用タイプによって提供される現在および潜在的生態系分野を明らかにし，社会に対して指し示す価値を決定する。脆弱なステークホルダーを中心に生態系分野からの受益者および損失者を表示する。

（i）非公表の段階でどの分野が主にプロジェクトによって影響を受けるかを決定し，不可逆的およびかけがえのない損失を中心に緩和措置を考慮に入れる。

（j）生物多様性および生態系分野の著しい損失に対し，回避，低減，救済のための可能な措置を明らかにする。

（k）影響の意義の評価：ステークホルダーとの協議で予測影響の重要性を明らかにする。現状，歴史的状況，将来の状況（プロジェクトの不存在など）外面的な関連状況（影響の地理的重要性：地方／地域／国家／大陸／地球），といった関連状況に対する予想影響の重要性を明らかにする。

（l）意思決定サポートに必要な情報収集のために必要な調査を明らかにする。

（m）方法論および期間に関する詳細を提供する。

4）影響予測

信頼できる情報がなくては生物多様性に対する影響を予測することは不可能である。基本的な情報不足とEIAを行う予算不足がネックになっている。実際は意思決定に利用可能な情報はごく限られているという現状がある。ガイドラインも次のように指摘する。「生物多様性に関して得られる情報は，一般に記述的で限定的であり，数値的な予測の根拠としては使えない。影響評価に使える生物多様性についての基準を作成または編纂し，個々の影響の

重要性を評価する際に対比できるような測定可能な基準や目標を定めることが必要である。生物多様性国家戦略・行動計画のプロセスで定められた優先事項や目標は，こうした基準を策定する際の手引きとすることができる」[50]。

5) 影響評価・意思決定

ガイドラインも指摘するようにマイナスの影響のなかには広い範囲に及ぶものがあり，影響が特定の生息地や生態系あるいは国の領域の範囲内にとどまらない場合も考えられる。このため，EIA報告書に含まれる環境管理計画や戦略では，エコシステムアプローチを考慮しつつ，地域および国境を越えた影響を考慮しなければならない。特に戦略的アセスメントにおいては生息域の喪失がどの程度許容されるのか，どのレベルで資源利用が持続可能かの評価が必要である。

意思決定における生物多様性の問題は，スクリーニングやスコーピング，データの収集・分析，代替案や影響緩和措置を選択するための影響予測などのプロセスを通じ，意思決定が行われるときに考慮すべき重要な要素である。したがってプロジェクトの提案者と意思決定機関は，別々の主体であることが必要である。また，意思決定に際しては生物多様性に対する著しいリスクが科学的に不確実な場合に予防原則が適用される必要がある。

エスポー条約においてはEIA書の作成に関して原因国から被影響国へ情報の提供が規定され，原因国と被影響国の公衆双方によるEIA手続きへの参加（情報提供と意見表明，2条6）が規定されている[51]。

6) フォローアップ

事後審査においても開発後の問題点を指摘する点は生物多様性において十分に考慮されていない。生物多様性の持つ問題点や地域の不確実性に対して十分な事後審査が行われなければならない。このような不確実性は公衆参加の手続きの重要な部分を形成する。EIAはあくまでも予測であるので，実際プロジェクトが完成したご本来の予想と違う結果が生じることも十分考えられる。フォローアップにはモニタリング，環境監査が含まれる[52]。

---

50) *Supra* note 15 p.36.
51) Craik, *supra* note 45, p. 150.
52) Patricia Birnie, Alan Boyle, Catherine Redwell, *International Law and the*

4．生物多様性に関するEIAおよびSEAの役割

　事業アセスメントにおいては生物多様性への影響の低減には問題がある。特に事業者によっては生物多様性の影響低減に関して専門家がいないという場合も多い。開発地域が狭すぎて生息地域を置き換えても生息できない場合がある。また，開発後の地域が壊されたのと同じ種類の生息域の置き換えがふさわしくない場合もある。

　それゆえSEAが重要な生息域の生物多様性保全にとって提案段階で重要な意味を持つようになる。SEAは初期段階での生物多様性保全に潜在的な地域を特定するのに有用である。さらに，SEAは多数の事業者によって行われる生物多様性保全の枠組みを提供し，受益者にとって永続的な利益をもたらす。すなわち，SEAによって基本調査のための準備期間が確保され，事後のフォローアップやモニタリングの枠組みが作られ，土地利用や生態系への影響を考慮に入れた評価を行うことができる。

　このようにSEAは生物多様性に関する開発への影響評価に対するエコシステムアプローチだということができる。

　SEAの利点は開発に際し，横断的な問題を含んだ生物多様性について評価を行うことができる点である。このことは開発によって影響を受ける生物多様性にとっては重要である。また持続可能な開発国家戦略にも大いに関連する。生物多様性の保全や持続的利用に影響を及ぼす可能性のある行為に対し，景観や自然の生態的群集を構成する地域の観点と一体になったSEAが必要である。

　生物多様性国家戦略の策定も持続可能な開発の観点からSEAと表裏一体のものとしてとらえることができる。また，リスクアセスメントの観点から生物多様性におけるSEAを考慮することが必要である[53]。

5．発展途上国における生物多様性とキャパシティビルディング

　発展途上国において生物多様性の管理とEIAに割り当てる物的および人的

　　Environment 3rd edition (2009), p. 167.
　53)　Phillipe Sands, *Principles of International Environmental Law*, 2nd edition (2003), p. 819.

資源の確保が重要である。以下のような問題があった。
　1）従来政府内におけるキャパシティビルディングに重点が置かれてきたので，民間やNGOで働く人々の訓練が行われてこなかった。
　2）EIAはしばしば単独で行われてきた。その結果，生物多様性に関しては地域計画の枠組みに組み入れられなかった。
　3）開発受入れ国のEIA法制度に従って開発行為が評価されるというコンセンサスがあった。その場合，法制度が不十分で国際的な基準が適用されないことがあった。
　4）社会環境や経済的な影響に対する考慮がなされず，生物多様性の利用に関する環境質の基準が不明確であった。
　生物多様性条約12条(a)，カルタヘナ議定書22条はキャパシティビルディングを規定している。

6．公衆参加・パートナーシップ

　EIAは意思決定の際の情報，参加，透明性に特色を持つ。公衆関与は結果的に有効なEIAの前提条件であり，異なるレベルで実施される。すなわち，通知（1方向の情報の流れ），協議（双方向の情報の流れ），真の参加（アセスメントの共有）である。国によって法律上の要件や参加のレベルは異なるが，公衆参加はスコーピングおよび審査段階で求められるのが一般的である。
　生物多様性に関して，ステークホルダーは以下のように3つに分類される[54]。
① プロジェクト利害関係者：プロジェクトによって既存の生態系を利用するグループ
② プロジェクトにより影響を被る者
③ 一般利害関係者：生態系分野の管理に対し責任を有する国家および地方公共団体，影響を被る者を代表する機関（消費者団体，労働組合など）[55]，

---

54) Refined guidelines on biodiversity considerations in EIA and SEA (Part2 : SEA) prepared in response to decision VI/7A, para 3 DRAFT for REVIEW Version 7 July 2005.
55) Nicholas A. Robinson, "IUCN as Catalyst for a Law of the Biosphere : Acting Globally and Locally", *Envtl. L.,* Vol. 35(2005), p. 249.

生物多様性の固有の価値を代表する機関（自然保護のNPO，NGOなど），開発に際し，直接または間接的に影響を被る一般公衆（民主的手続きの透明性），生物多様性に関する意思決定によって影響を被るであろう将来世代のステークホルダー（現段階では存在しないステークホルダーではあるが，考慮に入れることが必要である）。

このようにステークホルダーの概念は広く単なる利害関係者ではない。

しかし現段階では公衆参加には次のような制限的要素がある。

① 貧困
② 地域環境：距離が離れていることによるコミュニケーションの難しさ
③ 識字：現地語による報告書等がないため関与が制限される。
④ 地域文化：男女差別のように地域の文化や慣習が公衆参加を阻害している。
⑤ 言語：多くの言語が存在するところではコミュニケーションが困難になる。
⑥ 法制度：伝統的システムと抵触し資源に対する権利と責任に関して混乱が生じている。
⑦ 利益団体：異なる利益を持つ。
⑧ 秘密性：プロジェクトの代替案に初期段階から関わることに反対する提案者にとって重要である。

公衆参加とともに重要な要素がパートナーシップ（協働）である。パートナーシップは事業者，行政，公衆の3者が協働によってEIAを進めていくことが重要である。単なる一方向の説明ではなく双方向のコミュニケーションを図ることによってパートナーシップが実現される。

オーフス条約において，その目的に「現在および将来の世代のすべての人々が，健康と福利に適した環境のもとで生きる権利の保護に貢献するため，締約国はこの条約の規定にしたがって，環境に関する情報へのアクセス，意思決定における公衆参画，司法へのアクセスへの権利を保障する」と規定し環境情報へのアクセスおよび意思決定における公衆参加を保障している。エスポー条約においてもSEAへの早い段階での参加規定がある（8条)[56]

---

56) EIAに関して，公衆参加に言及した国際条約・ガイドライン規定は生物多様性条約

V　お わ り に

　持続可能な開発における生物多様性を巡るアセスメントの役割を考えなければならない。すなわち，生物多様性条約の流れからすると生物多様性，持続可能な開発とEIAは密接に関連している。すなわち国家の持続可能な開発戦略を実施する上でEIAは重要な役割を果たしている。

　生物多様性を考慮に入れたEIAは開発と生態学的関係を考える場合に非常に重要である。人間の行為が資源としての生態学的損害を回避する点から構成されれば開発の必要性にも言及することができる。

　生物多様性に重大な害が及ぶリスクに関して科学的に不確実性がある場合，意思決定においては前述の予防原則の考え方をとるべきである。予防原則の考え方をとる必要がある理由は，①種の多様性を保全し，②経済分野での政策決定に際し，土地利用および野生生物保全に重点が置かれるべきであり，③商業開発を行う野生種は持続可能な方法で利用されなければならないからである。

　実際，すべての経済活動は環境資源をベースとして行われていると言っても過言ではない。それゆえ無分別な環境資源の利用は将来不可逆的な損害をもたらすことが指摘されている[57]。ECの生息地および種指令は加盟国に対し生息地および野生種の保全に「望ましい保全状態」を保つように要請している[58]。2004年に出された国際影響評価学会の勧告によれば予防原則は生物多様性が損なわれるあらゆる段階で適用されなければならないとするとしている[59]。また，国際NGOで各国の環境保全に影響力を持つ国際自然保護連合（The World Conservation Union, IUCN）の2004年11月に開催された第三世界保

　　の他に国連海洋法条約197条〜201条，ボン条約決議Ⅶ/2前文6, 7, 南極条約環境保護議定書6条，付属書Ⅰの6条，北極EIA／北極環境保護戦略ガイドラインなどがある。
57) Arrow *et al.*, 'Economic growth carrying capacity, and the environment', Ecological Applications 6, 1996.
58) Habitats and Species Directive 92/43/EEC.
59) http://www.iaia.org.

全会議（Third World Conservation Congress）では情報収集，不確実性の低減および新規情報に基づく決定の再評価に努力する際にも予防原則が適用されるべきだとしている。形式面では，生物多様性保全の際のEIAの導入についてはガイドラインおよびマニュアルの形式で採択されるものが多い。この点で法的拘束力の観点からすると弱いものがあるが，これまで国際環境法の発展過程からみるといわゆるソフト・ローの形式を取るものがその後，条約に結晶化する場合が多くみられる。したがって，今後生物多様性保全の要素を理想的なEIAに取り入れることが促進されることが必要である。

　以上述べてきたように，生物多様性関連条約にEIAを組み入れる際に考慮すべき要因の中でも地域に重点を置いたアプローチが必要である。なぜならば地域の生態系変化の影響を受けるのは地域住民だからである。さらに公衆参加，パートナーシップもEIA実施には欠かせない重要な要素である。

林 司宣先生略歴・業績一覧

略　　歴

1938年1月2日　三重県鈴鹿市に生まれる

1　学　歴

1957年4月	早稲田大学法学部入学
1961年3月	同卒業（法学士）
1962年4月	早稲田大学大学院法学研究科入学
1964年3月	同終了（法学修士）
1964年4月	同博士課程入学
1964年9月	米国 Tulane University School of Law 修士課程入学（フルブライト留学生）
1965年5月	同修士課程終了（LL.M.）
1965年9月	米国 University of Pennsylvania 大学院入学（国際関係論専攻）
1966年5月	同修士課程終了（M.A.）
1967年5月	同博士課程中退
2008年11月	早稲田大学博士（法学）

2　海外研究

1971年4月〜10月　Woodrow Wilson International Center for Scholars フェロー（Washington, D. C.）

3　職　歴

1967年7月	国立国会図書館調査立法考査局外務課
1969年4月	法政大学教養学部専任講師
1971年11月	国連本部法務局法務官
1980年1月	国連日本政府代表部参事官のち公使

林　司宣先生略歴・業績一覧

1988年11月　　国連本部法務局海洋問題・海洋法部次長のち部長
1996年11月　　国連食糧農業機構（FAO）事務局長補（水産局長）
1999年4月　　早稲田大学法学部教授
2004年9月〜2006年8月　　早稲田大学法学会会長
2008年4月〜　海洋政策研究財団特別研究員
2008年5月　　早稲田大学名誉教授

業　　績

1　著　書

『現代海洋法の生成と課題』（信山社，2008年）

2　共編著

『海洋法テキストブック』（有信堂，2005年）
『国際紛争の多様化と法的処理―栗山尚一先生・山田中正先生古稀記念論集』（信山社，2006年）
New Directions in the Law of the Sea : Global Developments（New York : Oceana Pub./Oxford Univ. Press. Loose-leaf, updated annually since 1995）
New Directions in the Law of the Sea : Regional Developments（New York : Oceana Pub./Oxford Univ. Press. Loose-leaf, updated annually since 1995）

3　監　修

『国際海運委員会―船舶の安全に関する調査』（全日本海員組合，2002年）

4　共同執筆

「国際契約と国際法」土井輝生（編）『国際契約ハンドブック』（同文舘，1971年）
「紛争の強制的解決」経塚・杉山・宮崎（編）『新版国際法講義』（青林書院新社，1981年）
"The Role of National Jurisdictional Zones in Ocean Management," in Paolo Fabbri, ed., *Ocean Management in Global Change*（London/New York: Elsevier, 1992）
"The 1988 IMO Convention on the Suppression of Maritime Terrorism," in Henry Han,

ed., *Terrorism and Political Violence: Limits and Possibilities of Legal Control*（New York : Oceana Publications, 1993）

"Regulation of Land-based Marine Pollution," in J. Hickey and L. Longmire, eds., *The Environment : Global Problems, Local Actions*（Westport, Conn.: Greenwood Press, 1994）

"The Straddling and Highly Migratory Fish Stocks Agreement," in E. Hey, ed., *Developments in International Fisheries Law*（The Hague/London/Boston: Kluwer Law International, 1999）

"The 1995 UN Fish Stocks Agreement and the Law of the Sea," in D. Vidas and W. Ostreng, eds., *Order for the Oceans at the Turn of the Century*（The Hague/London/Boston : Kluwer Law International, 1999）

「極地」国際法学会編『日本と国際法の100年第2巻:陸・空・宇宙』（三省堂, 2001年）

"The 1995 Agreement on the Conservation and Management of Straddling and Highly Migratory Fish Stocks: Significance for the Law of the Sea Convention," in H. Caminos, ed., *Law of the Sea*（Aldershot : Ashgate Pub. Co., 2001）

（共同調査報告）International Commission on Shipping, *Inquiry into Ship Safety - Ships, Slaves and Competition*（Newcastle, Australia : NeatCorp Group, 2001）

「公海漁業」水上千之編『現代の海洋法』（有信堂, 2003年）

"Three Decades' Progress in High Seas Fisheries Governance: Towards a Common Heritage Regime?" in M. Nordquist, et al. eds., *The Stockholm Declaration and Law of the Marine Environment*（Leiden/Boston : M. Nijhoff Publishers, 2003）

"Illegal, Unreported, and Unregulated (IUU) Fishing : Global and Regional Responses," in D. Caron and H. Scheiber, eds., *Bringing New Law to Ocean Waters*（Leiden/Boston: M. Nijhoff Publishers, 2004）

"Regional Fisheries Management in the East China Sea," in M. Nordquist, J. N. Moore and Kuen-chen Fu, eds., *Recent Developments in the Law of the Sea and China*（Leiden/Boston: M. Nijhoff Pub. 2006）

「他国の排他的経済水域における軍事的活動」島田・杉山・林編『国際紛争の多様化と法的処理―栗山尚一先生・山田中正先生古稀記念論集』（信山社, 2006年）

「漁業の国際的規制とその課題」栗林忠男・秋山昌廣編『海の国際秩序と海洋政策』（東信堂, 2006年）

"Regional Fisheries Management Organizations and Non-Members," in Tafsir Malick Ndjaye and Rüdiger Wolfrum, eds., *Law of the Sea, Environmental Law and Settlement of Disputes. Liber Amicorum Judge Thomas A. Mensah* (Leiden/ Boston: M. Nijhoff Pub. 2007)

5　論　文

「ジブラルタルの国際法上の地位」『レファレンス』第206号（1968年12月）

"Soviet policy on the regulation of high sea fisheries," *Cornell International Law Journal*, vol. 5, no. 2(1972)

「国連と新海洋法立法過程」『国際問題』第165号（1973年12月）

"Comparative National Legislation on Offshore Pollution," *Syracuse Journal of International Law and Commerce*, vol. 1, no. 2(1973)

"An International Machinery for the Management of the Seabed : Birth and Growth of the Idea," *Annals of International Studies* (Geneva), no. 4 (1973)

「経済水域概念」『国際法外交雑誌』第73巻4号（1974年）

「国連憲章の改正と再検討」『国際問題』第189号（1975年）

「テロリズムの国際規制」『ジュリスト』第644号（1977年）

「国際公務員」『海外事情』第26巻11号（1978年）

"Strengthening the principle of the peaceful settlement of disputes : United Nations efforts and Japan," *Japanese Annual of International Law*, no. 27 (1984)

「国連における南極問題」『国際法外交雑誌』第84巻4号（1985年）

"The Antarctica question in the United Nations," *Cornell International Law Journal*, vol. 19, no. 2(1986)

"Japan and deep seabed mining," *Ocean Development and International Law*, vol. 17, no. 4(1986)

"The dispute settlement clause of the 1986 Vienna Convention on the Law of Treaties," *New York University Journal of International Law and Politics*, vol. 19, no. 2(1987)

「南極条約体制の課題とその将来」『国際問題』第353号（1989年12月）

"Registration of the first group of pioneer investors by the Preparatory Commission for the Law of the Sea Convention," *Ocean Development and International*

Law, vol. 20, no. 1 (1989)

"The Obligations of the Registered Pioneer Investors : Toward a New Understanding at the Law of the Sea Preparatory Commission," *Ocean and Shoreline Management*, vol. 14, no. 4 (1990)

"Fisheries in the North Pacific: Japan at a Turning Point," *Ocean Development and International Law*, vol. 22, no. 4 (1991)

「国連事務総長の周旋活動（1）、（2）」『国際法外交雑誌』第90巻1、3号（1991年）

"The management of transboundary fish stocks under the Law of the Sea Convention," *International Journal of Marine and Coastal Law*, vol. 8, no. 2 (1993)

"The Oceans Agenda at the UNCED Process : a UN/DOALOS Perspective," in M. Nordquist, ed., *National Policy and the Oceans : Sixteenth Annual Seminar of the Center for Oceans Law and Policy, University of Virginia School of Law*（Charlottesville, Va. 1993）

「国連海洋法条約第11部に関する事務総長協議と実施協定」『国際法外交雑誌』第93巻5号（1994年）

"United Nations Conference on Straddling Fish Stocks and Highly Migratory Fish Stocks : An Analysis of the 1993 Sessions," *Ocean Yearbook*, vol. 11 （1994）

"UNCLOS Part XI Agreement, with Particular Reference to the Status of Registered Pioneer Investors," in *International Advisory Conference on Deep Seabed Mining Policy*（KORDI, Seoul, 1994）

「国連海洋法条約と海洋環境の保護・保全」『海洋時報』第75号（1994年12月）

「国連改革のヴィジョン」『ジュリスト』第1058号（1994年12月15日）

「海洋環境破壊規制の最近の動向」『海洋時報』第77号（1995年6月）

"The role of the United Nations in managing the world's fisheries," in Gerald Blake, et at., eds., *The Peaceful Management of Transboundary Resources* （London/Dordrecht/Boston : Trotman/M.Nijhoff, 1995）

"The 1995 Agreement on Straddling Fish Stocks and Highly Migratory Fish Stocks: Significance for the Law of the Sea Convention," *Ocean and Coastal Management*, vol. 29 (1995)

"The role of the Secretary-General under the Law of the Sea Convention and the Part

XI Agreement," *International Journal of Marine and Coastal Law,* vol. 10, no. 2 (1995)

"Prospects for Universal Acceptance of the Part XI Agreement," *Georgetown International Environmental Law Review,* vol. 7, issue 3 (1995)

"Effect of the entry into force of the United Nations Convention on the Law of the Sea on the oceans and coastal areas," in *SEAPOL Singapore Conference on Sustainable Development of Coastal and Ocean Areas in Southeast Asia : Post-Rio Perspectives* (National University of Singapore, 1995)

"The 1994 Agreement for the Universalization of the Law of the Sea Convention," *Ocean Development and International Law,* vol. 27, no. 1 (1996)

"Enforcement by non-flag states on the high seas under the 1995 Agreement on Straddling and Highly Migratory Fish Stocks," *Georgetown International Environmental Law Review,* vol. 9, issue 1 (1996)

"Archaeological and historical objects under the United Nations Convention on the Law of the Sea," *Marine Policy,* vol. 20, no. 4 (1996)

"Division of the Oceans and Ecosystem Management: A Contrastive Spatial Evolution of Marine Fisheries Governance," *Ocean and Coastal Management,* vol. 43, no. 6 (2000) (co-author with S. M. Garcia)

「公海上の船舶に対する旗国以外による取締り―1995年越境分布資源協定による新展開」『早稲田法学』第75巻2号（2000年）

"The Southern Bluefin Tuna Cases : Prescription of Provisional Measures by the International Tribunal for the Law of the Sea," *Tulane Environmental Law Journal,* vol. 13, no. 2 (2000)

"Toward the Elimination of Substandard Shipping : The Report of the International Commission on Shipping," *International Journal of Marine and Coastal Law,* vol. 16, no. 3 (2001)

"The Problem of Substandard Shipping: Towards Responsible Flag States," in D. Johnston and A. Sirivivatnanon, eds., *Ocean Governance and Sustainable Development in the Pacific Region. Selected Papers, Commentaries and Comments Presented to the SEAPOL Inter-Regional Conference, Bangkok, 21-23 March* 2001

"High Seas Fisheries Governance: Recent Trends and Issues in the Asia-Pacific Region," in N. Azimi, M. Fuller and H. Nakayama, eds., *Sea and Human Security : Proceedings of an International Conference, Hiroshima, March 2002*（University of Texas at Austin, 2002）

「地域的漁業機関による資源管理と公海の自由」『早稲田法学』第78巻2号（2003年）

「国際漁業法の新展開と公海の自由」『国際法外交雑誌』第102巻2号（2003年）

"Jurisdiction over Foreign Commercial Ships in Ports : A Gap in the Law of the Sea Codification," *Ocean Yearbook*, vol. 18 （2004）

"Global Governance of Deep-Sea Fisheries," *International Journal of Marine and Coastal Law*, vol. 19, no. 3 （2004）

"Military and Intelligence Gathering Activities in the EEZ : Definition of Key Terms," *Marine Policy*, vol. 29, no. 2 （2005）

"Military Uses of the Exclusive Economic Zone and the United States,"in *Proceedings of International Workshop on the United States and the UN Convention on the Law of the Sea, 2 December 2005, Academia Sinica, Taipei*（Taipei, Academia Sinica, 2005）

「島・岩についての国際法制度」　海洋政策研究財団『沖ノ鳥島の維持再生に関する調査研究平成18年度報告書』(2007年3月)

「排他的経済水域の他国による利用と沿岸国の安全保障」『国際安全保障』第35巻1号（2007年6月）

"International Measures to Combat Illegal, Unreported and Unregulated (IUU) Fishing and Japan," *Japanese Yearbook of International Law*, vol. 51 (2008)

6　その他

「海洋法の現状と展望」『外交フォーラム』第11号（1989年8月）

「海洋汚染・環境問題の現状と対策」日本海洋協会『平成4年度海洋問題講演集』（日本海洋協会, 1992年）

「国連による国際法の発展」『法学教室』第145号　（1992年10月）

Commentaries on Articles 2-14, in S. Nandan and S. Rosenne, eds., *United Nations Convention on the Law of the Sea : A Commentary*, vol. 2(The Hague / Boston / London : M.Nijhoff, 1993)

"United Nations: Activities linked to the entry into force of the United Nations Convention on the Law of the Sea," *International Journal of Marine and Coastal Law,* vol. 9, no. 2 (1994)

「海の持続可能な利用・開発と国連」『季刊国連』1995年2号

Book review : E.D. Brown, *The International Law of the Sea,* vols. I and II (1994). *American Journal of International Law,* vol. 90, no. 1 (1996)

"Japan : New Law of the Sea Legislation," *International Journal of Marine and Coastal Law,* vol. 12, No. 4 (1997)

「急ピッチで進む海上・港湾テロ対策」『海洋白書2004創刊号』

「国連の法務分野での勤務」 勝野正恒・二村克彦編『国際公務員をめざす若者へ』（国際書院, 2005年）

"Introductory Note to the Regional Cooperation Agreement on Combating Piracy and Armed Robbery against Ships in Asia," *International Legal Materials,* vol. 44, no. 4 (July 2005)

「海洋をめぐる世界の取組み」『海洋白書2005』

「沿岸国海域・排他的経済水域と安全保障」『海洋白書2007』

「海洋をめぐる国際的協調と国際協力：国連等世界レベルの動き」『海洋白書2008』

〈編者紹介〉

島田 征夫　早稲田大学法学部教授

古谷 修一　早稲田大学法科大学院教授

国際法の新展開と課題　林 司宣先生古稀祝賀

2009（平成21）年2月25日　初版第1刷発行

編　者	島　田　征　夫 古　谷　修　一
発行者	今　井　　　貴 渡　辺　左　近
発行所	信山社出版株式会社 〒113-0033　東京都文京区本郷6-2-9-102 電　話　03（3818）1019 ＦＡＸ　03（3818）0344

Printed in Japan

©2009, 島田征夫・古谷修一　　印刷　松澤印刷　　製本　大三製本

978-4-7972-2616-4　C3332

		本体価格
林 司宣 著　現在海洋法の生成と課題		10000 円
島田征夫・杉山晋輔・林司宣　編 栗山尚一先生・山田中正先生古稀記念論集 **国際紛争の多様化と法的処理**		11000 円
廣部和也 編　地域主義の制度論的研究		4800 円

信山社

本体価格

編集代表　小田滋・石本泰雄
編集協力　樋口陽一
祖川武夫論文集　国際法と戦争違法化　　9600 円

日本立法資料全集本巻　国際法先例資料(1)(2)
柳原正治 編著　**不戦条約（上）（下）**　　各43000 円

柳原正治 編　内田久司先生古稀記念論文集
国際社会の組織化と法　　14000 円

佐島直子 編集代表　**現代安全保障用語事典**　　6000 円

信山社

		本体価格
戸波江二・北村泰三・建石真公子・小畑郁・江島晶子 編集 ヨーロッパ人権裁判所の判例		6800 円
芹田健太郎著　永住者の権利		3689 円
広瀬善男 著　主権国家と新世界秩序		4200 円
広瀬善男 著　日本の安全保障と新世界秩序		4200 円

信山社